중국어의 정확한 쓰임과 뉘앙스까지 확실하게 배운다!

중국인처럼
발음하고 표현하는
네이티브 중국어

설우진 지음

동양북스

네이티브 중국어
중국인처럼 발음하고 표현하는

초판 4쇄 | 2019년 9월 5일

지은이 | 설우진
발행인 | 김태웅
편집장 | 강석기
편　집 | 정지선, 김다정
디자인 | 방혜자, 김효정, 서진희, 강은비
마케팅 | 나재승
제　작 | 현대순

발행처 | 동양북스
등　록 | 제10-806호(1993년 4월 3일)
주　소 | 서울시 마포구 동교로 22길 14 (04030)
구입문의 | 전화 (02)337-1737　팩스 (02)334-6624
내용문의 | 전화 (02)337-1762　dybooks2@gmail.com

ISBN 978-89-8300-926-5 13720

ⓒ 설우진, 2013

▶ 본 책은 저작권법에 의해 보호를 받는 저작물이므로 무단 전재와 복제를 금합니다.
▶ 잘못된 책은 구입처에서 교환해 드립니다.
▶ 도서출판 동양북스에서는 소중한 원고, 새로운 기획을 기다리고 있습니다.

http://www.dongyangbooks.com

제가 중국에서 유학생이라는 학생신분으로 시작해, 베이징에서 어엿한 의료인으로 생활하기까지 참 파란만장한 세월을 보냈습니다. 순간순간 어려운 고비도 있었지만, 중국은 제게 많은 행운과 기회를 준 것은 분명해요. 지금 이순간에도 제가 오래도록 간직한 꿈을 곧 실현시켜줄 소중한 무대를 제공해주고 있으니까요.

학창시절에는 강의 듣고, 시험 잘 보고, 친구 사귀고, 여행 다니는 목적을 위해 중국어 공부에 집중했다면, 지금은 중국인 환자를 진료하고, 중국 학생들에게 강의를 하고, 클리닉을 잘 운영하는 등의 목적만 달라졌을 뿐, 중국어 공부를 매 순간 손에서 놓은 적이 없는듯해요. 여기서 제가 여러분께 중국어를 잘하기 위한 몇 가지 팁을 소개해 드릴께요.

첫 번째는 "끈기를 가져라!"

중국어 공부는 배에 식스팩을 만드는 과정과 비슷해요. 열심히 음식 조절을 통해 매끈한 복근을 만들었어도, 잠시만 방심해도 금세 티가 나잖아요. 중국어도 마찬가지에요. 하루에 일정시간을 규칙적으로 투자해 반복 또 반복하는 것만이 유일한 승리의 길이에요. 너무 뻔한 이야기지만 그래서 더 중요합니다.

두 번째는 "중국어 공부의 목적을 잘 설정하라!"

언어학 전공자나 앞으로 중국어 교육과 관련된 일에 종사코자 공부를 하는 것은 학습자체가 수단이면서 곧 목적이 되는 경우에요. 반면에 중국어가 하고자 하는 일에 하나의 방편으로 작용한다면 이는 공부자체가 수단. 즉 도구가 되는 것이죠. 중국어 공부의 목적을 집 자체에 두느냐, 아니면 집을 짓기 위한 하나의 도구로 보느냐에 따라 학습 성취도가 달라집니다. 이것은 외국어 정복하기의 가장 중요한 수칙중의 하나에요.

세 번째는 "중국인의 문화를 완전 정복하라!"

우리는 유창한 발음과 수려한 어휘를 쓰는 것을 두고 "네이티브스럽다"라고 하는데, 이 말은 절반만 맞아요. 진짜 중국어를 잘 하려면 완벽히 그들의 문화에 젖어 들어야 해요. 역사를 포함한 그들의 습관, 유행, 정치, 경제, 사회 전반을 아우르는 시대적 이슈. 이 모든 것에 대한 꾸준한 탐구와 공부가 동반되어야 합니다.

중국어 공부 하기 참 쉽지가 않죠? 사실 위의 세가지 법칙을 모두 아우르는 게 하나 있어요. 그건 바로 **무식하게 들이대기**입니다. 쫄지 말고! **Just do it!**

설 우 진 저자

이 책의 차례

머리말 · 3
차례 · 4
이 책의 구성 · 6
중국어 발음편 1~6 · 8

Part 01 인사
认识你很高兴
만나서 반가워요 (Nice to meet you)
16

Part 02 쇼핑
逛街
쇼핑하기 (Go to the shopping)
46

Part 03 식당
去餐厅
식당에 가다 (Go to a restaurant)
78

Part 04 병원
我肚子疼
배가 아파요 (I have a stomachache)
118

Part 05 연예인
明星
연예인 (Entertainer)
154

Part 06 미용
烫头发
파마하다 (Have a perm)
184

Part 07 사랑
爱上
사랑에 빠지다 (Fall in love)
210

| Part 08 결혼 | **你愿意嫁给我吗?** 나랑 결혼해줄래? (Will you marry me?) | 248 |

| Part 09 교통 | **坐出租车** 택시를 타다 (Take a taxi) | 276 |

| Part 10 성형 | **整容美女** 성형 미인 (Plastic beauty) | 314 |

| Part 11 학교 | **学校生活** 학교 생활 (School life) | 346 |

| Part 12 직장 | **上班族** 샐러리맨 (Businessman) | 390 |

| Part 13 전화 | **喂** 여보세요 (Hello) | 438 |

| Part 14 인터넷 | **上网** 인터넷 하다 (Browsing the internet) | 470 |

 이 책의 구성

 테마 맛보기!

중국어 표현을 배우기 전에 14개의 테마를 사진과 재미있는 에피소드가 어우러져 전반적인 중국 문화 체험을 간접적으로 해봄으로써 중국어 학습의 흥미를 이끌어 냅니다.

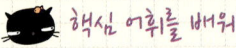 핵심 어휘를 배워요!

주요 핵심 표현을 어떤 상황에서 쓰이는지 대화로 자세하게 배웁니다.

단어와 표현의 정확한 뉘앙스를 배워요!

친절한 문장의 단어 설명과 핵심 표현의 정확한 형식의 쓰임과 뉘앙스를 배웁니다. 한층 더 네이티브스러운 표현을 구사할 수 있습니다.

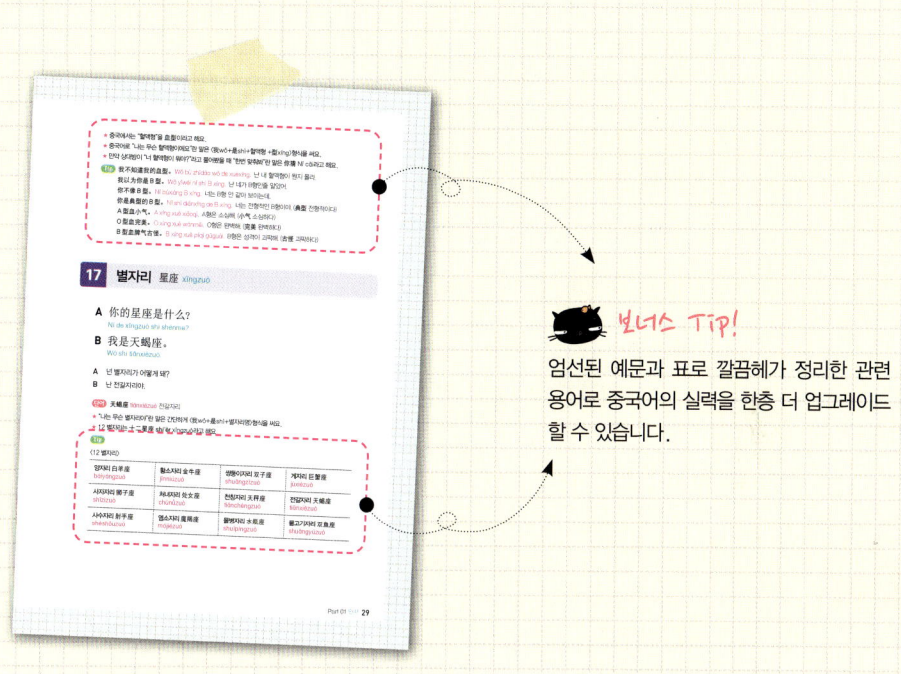

보너스 TIP!

엄선된 예문과 표로 깔끔하게 정리한 관련 용어로 중국어의 실력을 한층 더 업그레이드 할 수 있습니다.

china talk! talk!

저자의 재미있고 맛깔스럽게 풀어나가는 스토리로 중국의 정치·경제·문화·이슈 등 다양한 정보를 배우는 코너로 진정한 중국통이 되기 위한 밑거름이 됩니다.

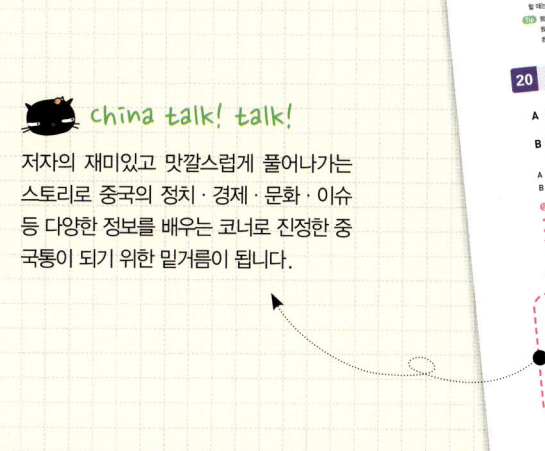

1

중국어의 기본, 간체자와 한어병음

우리가 배울 중국어는 보통화(普通话)입니다. 보통화는 중국에서 통용되는 한자인 간체자를 사용하며, 한어병음으로 발음을 표기합니다. 그 중 한어병음은 '성모 + 운모 + 성조'로 이루어집니다. 함께 책을 보며 살펴볼까요?

명 동쪽

간체자 동쪽 방향을 뜻하는 글자 东입니다. 우리가 알고 있는 한자 東과는 모양이 다르지요? 표준어에서는 1956년부터 기존의 복잡한 글자를 간단하게 바꾼 새로운 표기법, 간체자를 사용하고 있습니다. 예전의 표기법은 번체자라고 구분하여 부르는데, 지금도 홍콩이나 타이완에서는 이 번체자를 사용한답니다.

한어병음 한자는 뜻글자이기 때문에 东만 보아서는 어떻게 읽는지 알 수 없습니다. 그래서 알파벳을 이용한 발음기호, 한어병음으로 알려줍니다. 东은 'dōng'으로 읽는데, 이 한어병음이 '성모 + 운모 + 성조'로 이루어져 있습니다.

성모 우리말의 자음에 해당하며, 21개가 있습니다.

운모 성모를 제외한 나머지 음절을 말하며, 38개가 있습니다.

성조 음절의 높낮이를 말하며, 4성이 있습니다.

중국어의 6가지 기본 운모

38개의 운모 중에서 가장 기본이 되는 6가지 기본 운모를 먼저 알아봅시다.

a ①
'**아**'처럼
입을 크게 벌리고
혀는 낮게.

o
'**오어**'처럼
입을 동그랗게
오므렸다가 풀어주고
혀는 중간 뒤쪽에.

e ②
'**으어**'처럼
입술을 옆으로 살짝 벌리고
윗니와 아랫니도 벌리고
혀는 뒤쪽 중앙에.

i ③
'**이**'처럼
입술을 옆으로 살짝 벌리고
윗니와 아랫니는 거의 붙이고
혀는 아래쪽 앞에

u
'**우**'처럼
입술을 내밀고.

ü ④
'**위**'처럼
입술을 동그랗게 내밀고.

① ian, üan의 형태로 쓰일 경우에는 우리말의 '에' 발음에 가깝습니다.
　tiāntiān [티엔티엔] 매일, yuǎn [위앤] 멀다
② e의 기본 발음은 '으어'이지만, ie, ei, üe의 형태로 쓰일 때는 우리말의 '에'에 가깝게 발음합니다.
　yéye [예예] 할아버지, fēijī [페이지] 비행기, yuè [위에] 달
③ 보통 '이'로 발음하지만, z, c, s, zh, ch, sh, r 뒤에서는 '으'에 가깝게 발음합니다.
　jī [지] 닭, xī [시] 서, chī [츠] 먹다, sì [쓰] 4, 넷
④ 우리말 '위'의 발음은 '위이'에 가깝지만 ü는 처음부터 끝까지 입술을 오므리고 있어야 한다는 점을 주의하세요.

※ i, u, ü가 다른 성모 없이 단독으로 사용될 때는 앞에 특정 성모를 첨가하여 yi, wu, yu로 표기합니다.
　이때 yu의 u는 ü를 의미하므로 '유'가 아니라 '위'로 발음해야 합니다.

3

중국어의 21가지 성모

성모는 자음을 뜻합니다. 영어보다 더 세고 된소리로 발음합니다.

● **쌍순음** : 윗입술과 아랫입술을 붙였다가 떼면서 발음하세요.

※순치음

※ 순치음 f 는 윗니와 아랫입술을 붙였다가 떼면서 발음하는데, 영어의 [f] 발음과 비슷합니다.

● **설첨음** : 혀끝을 앞니 뒤에 댔다가 떼면서 발음하세요.

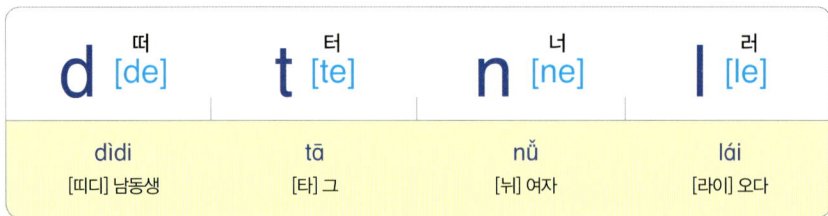

● **설근음** : 혀뿌리로 목구멍을 막았다가 떼면서 발음하세요.

◑ **설면음** : 입을 옆으로 벌리고 혀를 평평하게 하면서 발음하세요.

◑ **권설음** : 혀끝을 말아 입천장에 붙였다가 약간 떼면서 발음하세요.

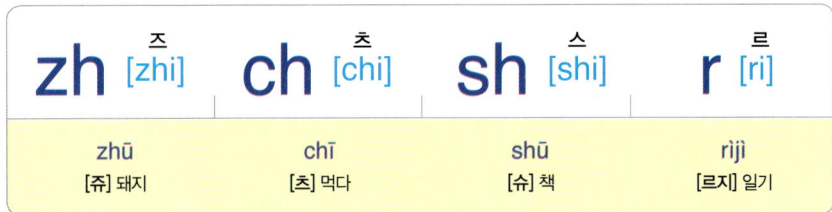

※ 중국어 발음 중에서 가장 어려운 발음입니다. 여러 번 반복해서 연습하세요!

◑ **설치음** : 혀끝을 윗니의 뒤쪽에 댔다가 떼면서 발음하세요.

※ '쯧쯧'하고 혀를 찰 때와 위치가 같습니다. 권설음과는 확연하게 다른 발음입니다.

중국어의 4가지 성조

중국어 발음과 성조를 처음 배울 때 목이 조금이라도 쉬지 않으면 반칙입니다. 무슨 소리냐구요? 중국어에는 4개의 성조가 있는데, 노래하듯이 높낮이를 확실하게 구분해서 큰소리로 연습을 해야 합니다. 그래서 열심히 하다 보면 자기도 모르게 목이 쉬게 됩니다.
자, 준비됐나요?

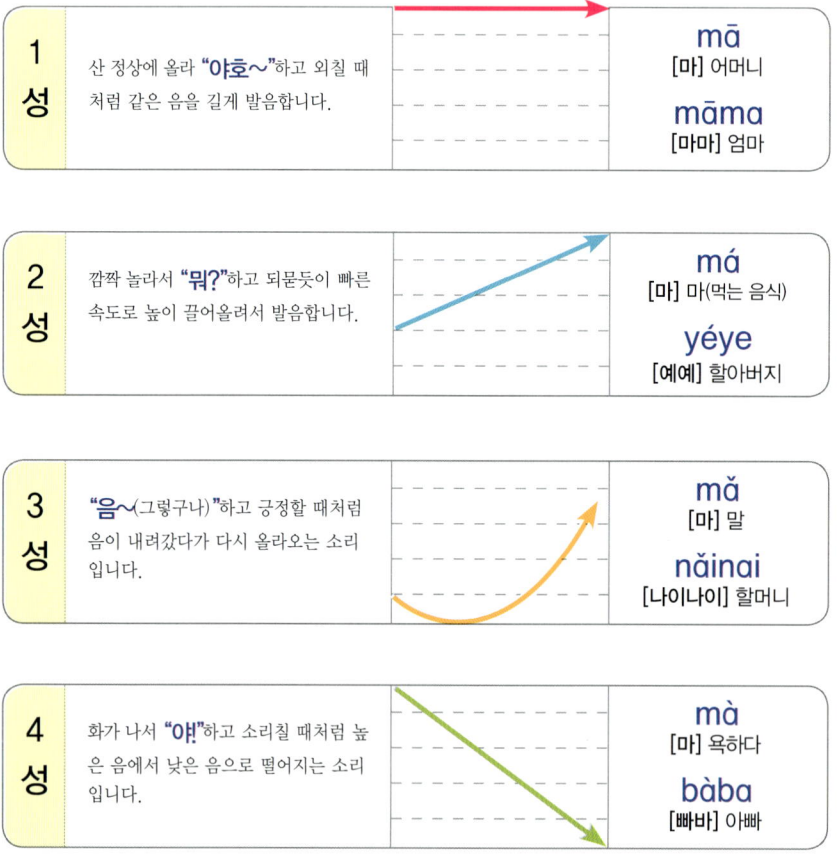

성조의 표기 규칙

성조 부호는 음절표기상 운모(a, e, o, u, i) 위에 붙는데, 다음과 같은 규칙이 있습니다.

① 운모 중에 a가 있으면 반드시 a에 성조를 붙입니다.
　　tā [타] 그　　　hǎo [하오] 좋다　　　kuài [콰이] 빠르다　　　lái [라이] 오다

② 운모 중에 a가 없으면 e와 o에 성조를 붙입니다.
　　gěi [게이] 주다　　　hē [허] 마시다　　　duō [뚜어] 많다　　　kǒu [커우] 입

③ 운모 중에 a, e, o가 없으면, -iu는 u에, -ui는 i에 성조를 붙입니다.
　　liù [리우] 여섯, 6　　　jiǔ [지우] 아홉, 9　　　shuǐ [쉐이] 물　　　tuǐ [퉤이] 다리

④ 운모 i에 성조를 붙여야 할 경우에는 i 위의 점을 떼고 붙입니다.
　　bǐ [삐] 펜　　　sì [쓰] 넷, 4　　　chī [츠] 먹다　　　zìjǐ [쯔지] 자신

경성

두 음절 이상의 단어 가운데 마지막이나 가운데 음절은 종종 본래의 성조 대신 짧고 가볍게 발음하는 경우가 있는데, 이것을 '경성'이라고 합니다. 두 음절 중에서 앞 음절은 제대로 발음해 주고 뒤 음절은 살짝 발음하면서 끊어주는 겁니다. 경성은 성조부호를 표기하지 않습니다.

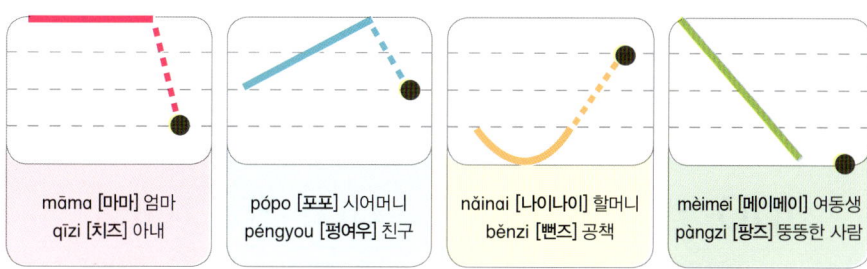

māma [마마] 엄마
qīzi [치즈] 아내

pópo [포포] 시어머니
péngyou [펑여우] 친구

nǎinai [나이나이] 할머니
běnzi [뻔즈] 공책

mèimei [메이메이] 여동생
pàngzi [팡즈] 뚱뚱한 사람

5

중국어의 13가지 복운모

복운모는 기본 운모가 2개 이상 합쳐진 발음입니다. 주요 운모인 a, o, e를 다른 운모보다 상대적으로 길게 발음합니다.

◐ 앞 운모의 발음을 길~게!

ai 아이	ei 에이	ao 아오	ou 오우
nǎinai [나이나이] 할머니	mèimei [메이메이] 여동생	māo [마오] 고양이	kǒu [커우] 입

※ e는 i, u, ü를 만나면 발음이 '어'가 아닌 '에'로 변합니다(ei, üe, uei).

◐ 뒤 운모의 발음을 길~게!

ia 이아	ie 이에	ua 우아	uo 우어	üe 위에
jiā [쟈] 집 yá [야] 치아	yéye [예-예] 할아버지	huā [화] 꽃 wā [와] 파다	wǒ [워] 나	yuè [위에] 달

※ ia는 i를 너무 짧게 읽어 우리말의 '야'처럼 읽으면 안 됩니다.
　i로 시작하는 복운모 앞에 성모가 없으면 i는 y로 표기합니다.
※ ua는 u를 너무 짧게 발음하여 '아'처럼 읽으면 안 됩니다.
　u로 시작하는 복운모 앞에 성모가 없으면 u는 w로 표기합니다.
※ ü로 시작되는 복운모 앞에 성모가 없으면 ü는 yu로 표기합니다.

◐ 가운데 운모의 발음을 길~게!

iao 이아오	iou 이오우	uai 우아이	uei 우에이
yào [야오] 약	qiú [치우] 공	shuài [솨이] 잘생겼다	shuǐ [쉐이] 물

※ iao는 앞에 성모가 없으면 yao로 표기합니다.
※ iou는 앞에 성모가 없으면 you로 표기하고, 성모가 있으면 '성모 + iu'로 표기합니다.
※ uai는 앞에 성모가 없으면 wai로 표기합니다.
※ uei는 앞에 성모가 없으면 wei로 표기하고, 성모가 있으면 '성모 + ui'로 표기합니다.

6

중국어의 16가지 비운모

비운모는 콧소리가 나는 운모를 말합니다.

an 안 fàn [판] 밥	**ian**① 이엔 tiāntiān [티엔티엔] 매일
uan② 우안 tuántǐ [투안티] 단체 wǎn'ān [완안] 저녁 인사	**üan**③ 위앤 yuǎn [위앤] 멀다
en 언 běnzi [뻔즈] 공책	**in** 인 jīnzi [진즈] 황금
uen④ 원 wèntí [원티] 문제 chūntiān [춘티엔] 봄	**ün** 윈 xùnliàn [쉰리엔] 훈련 yùndòng [윈똥] 운동
ang 앙 pàngzi [팡즈] 뚱뚱한 사람	**iang**⑤ 이앙 jiānglái [쟝라이] 장래
uang 왕 chuáng [촹] 침대 wǎngqiú [왕치우] 테니스	**eng** 엉 péngyou [펑여우] 친구
ing 잉 Yīngguó [잉꿔] 영국	**ueng**⑥ 웡 wēng [웡] 노인
ong⑦ 웅 Zhōngguó [중꿔] 중국	**iong**⑧ 융 xióng [슝] 곰

① '이안'이 아니라 '이엔'으로 읽습니다. 앞에 성모가 없으면 yan으로 표기합니다.
② 앞에 성모가 없으면 wan으로 표기합니다.
③ '위안'이 아니라 '위앤'으로 읽습니다. 앞에 성모가 없으면 yuan으로 표기합니다.
④ 앞에 성모가 없으면 wen으로, 성모가 있으면 un으로 표기합니다.
⑤ 운모 앞에 성모가 없으면 yang으로 표기합니다.
⑥ 이 발음 앞에는 다른 성모가 오지 않습니다. 그래서 표기할 때는 항상 weng으로 표기합니다.
⑦ 너무 강하게 '옹'으로 발음하면 어색합니다. '옹'과 '웅'의 중간 발음쯤으로 소리 내보세요.
⑧ 운모 앞에 성모가 없으면 yong으로 표기합니다.

PART
01

认识你很高兴
반가워요

만나서 반가워요

우리가 중국어를 처음 배울 때 제일 먼저 배우는 말. 바로 영어 Nice to meet you에 해당하는 认识你很高兴 Rènshi nǐ hěn gāoxìng이란 표현일 텐데요. 근데 이 말은 뭐랄까 중국사람들이 그리 썩 잘 쓰진 않아요. 외국인과 중국사람을 만날 때, 주로 외국인이 인사차 잘 쓰지만, 중국사람들끼리는 별로 안 쓴답니다. (아예 안 쓴다는 건 아니고요~) 우리로서는 중국사람을 처음 만나면 왠지 "만나서 반가워요!"란 멘트를 한 번쯤은 날려줘야 속이 편해질 것도 같지만 말이에요. 중국사람들은 认识你很高兴을 단어의 순서를 바꿔서, 즉 "무척 반가워요. 당신을 만나서"란 의미의 很高兴认识你 Hěn gāoxìng rènshi nǐ를 많이들 써요.

hello! 你好!

01 성함이 어떻게 되세요? 您贵姓? Nín guì xìng?

A 您贵姓?
　　Nín guì xìng?

B 我姓张，叫东建。
　　Wǒ xìng Zhāng, jiào Dōngjiàn.

A 성함이 어떻게 되세요?
B 전 장씨이고, 이름은 동건이에요.

단어 姓 xìng 성씨 | 叫 jiào 부르다

★ 您贵姓?은 중국 사람들이 통성명할 때 애용하는 표현이죠. 대답할 때는 예문처럼 〈我wǒ+姓xìng+성씨, 叫jiào+이름〉의 형식을 쓰면 돼요. 좀 복잡한가요? 좀 더 간단하게 대답하려면 〈我wǒ+叫jiào+성씨+이름〉형식을 쓰세요. 我叫张动建 Wǒ jiào Zhāng dòngjiàn (전 장동건이라고 해요) 처럼요.

Tip 你叫什么名字? Nǐ jiào shénme míngzi? 이름이 뭐에요?
　　　您怎么称呼? Nín zěnme chēnghū? 성함이 어떻게 되세요?

🐱 China talk! talk!

중국사람과 통성명할 때 您贵姓? Nín guì xìng?하고 물으면 열이면 열 다 我姓王 wǒ xìng Wáng(전 왕씨인데요) 혹은 我姓张 Wǒ xìng Zhāng(전 장씨인데요)처럼 오로지 자기 성만 얘기해요. 우리 입장에선 "왜 이름은 안 알려주지? 비밀인가? 라고 좀 당황할 수도 있는데요. 您贵姓? 이란 말 자체가 원래 성씨만 물어보는 표현이라 그래요. 물론 대답할 때 자기 이름까지 다 말해주는 사람도 있지만, 대부분은 성만 얘기합니다. 그래서 那叫什么名字? Nà jiào shénme míngzì? (그럼 이름은요?)라고 이름을 따로 물어봐야 하죠. 중국사람들이 상대방 이름을 물어볼 때 잘 쓰는 방식이 3가지가 있어요. 첫 번째는 "너 이름이 뭐야?"란 뜻의 你叫什么名字? Nǐ jiào shénme míngzi? 이것은 친구들이나 나이가 비슷한 또래끼리 잘 써요. 대답할 때는 "부르다"란 뜻의 叫 jiào를 써서 〈我wǒ+叫jiào+성씨+이름〉형식을 쓰죠. 두 번째는 "성함이 어떻게 되세요?"란 뜻의 您贵姓?이 있죠. 비즈니스로 처음 사람을 만나거나 아님 조금 격식을 차릴 때 쓸 수 있죠. 대답할 때는 그냥 我姓张처럼 성만 말해도 되고, 성과 이름을 다 같이 말해도 돼요. 세 번째는 "어떻게 호칭을 하나요?"란 뜻의 您怎么称呼?가 있어요. 이 표현 역시 격식을 차리거나 연장자에게 성함을 물어볼 때 자주 쓰는 표현입니다. 1번은 친구끼리. 2, 3번은 예의를 갖추거나 연장자에게 성함을 물어볼 때 써요. 이제 이해가 되셨죠? 저는 보통 중국 사람들과 통성명을 할 때 2번과 3번을 골고루 이용하는 편이에요. 여러분도 입맛에 맞게 골라 쓰세요.

02 만나서 반가워요 幸会 xìnghuì

A 您好，我叫张东健。
Nín hǎo, wǒ jiào Zhāng Dōngjiàn.

B 幸会，幸会。
Xìnghuì, xìnghuì.

A 안녕하세요. 전 장동건이라고 해요.
B 만나서 반가워요.

단어 您好 nín hǎo 안녕하세요(你好의 존칭) | 叫 jiào 부르다

★ 幸会는 "만나서 반갑습니다"란 뜻의 인사말이에요. 중국사람은 보통 幸会를 두 번 반복해서 幸会, 幸会라고 말하는데, 이는 상대방에게 반가움을 두배로 표시하는 느낌을 줘요.

Tip 很高兴认识你。Hěn gāoxìng rènshi nǐ. 만나서 반가워요.
认识你很高兴。Rènshi nǐ hěn gāoxìng. 만나서 반가워요.

China talk! talk!

幸会는 공식적인 장소에 어울리는 격식있는 인사말이에요. 비즈니스 상의 미팅이나 중요한 고객을 만날 때 사용하는 표현이죠. 그래서 20대 젊은 사람들끼리는 잘 안 쓴답니다. 만약 중국으로 어학연수나 유학을 갔는데, 같은 또래 중국인 친구들에게 幸会를 써서 인사하면 상대방이 아마 피식~하고 웃거나, 혹은 "나를 너무 어렵게 생각하지 마!"같은 말을 할거에요. 저 같은 경우는 아무래도 나이가 있는 편이라 새로운 중국인 친구들을 소개받을 때는 꼭 幸会란 말을 써요. 반갑게 幸会, 幸会라고 말하며 악수를 청하거나 명함을 건네죠.

03 만나뵙게 돼서 영광이에요 很荣幸见到你 hěn róngxìng jiàndào nǐ

A 很荣幸见到你。
Hěn róngxìng jiàndào nǐ.

B 哪里哪里!
Nǎlǐ nǎlǐ!

A 만나뵙게 돼서 영광이에요.
B 별말씀을요.

단어 很 hěn 매우 | 荣幸 róngxìng 영광이다 | 见到 jiàndào 만나다, 뵙다

★ 很荣幸见到你는 직역하면 "아주 영광이에요. 당신을 만나서"로, 우리말의 "만나뵙게 돼서 영광이에요"와 같은 인사말이에요. 이때 우리식으로 어순을 바꿔 很荣幸见到你 Hěn róngxìng jiàndào nǐ라고 하기도 해요.

★ 哪里哪里는 상대방이 과분한 칭찬을 하거나 혹은 자기를 높여줄 때 우리말의 "아니에요, 별말씀을요"같은 뜻의 관용 표현이에요.

Tip 我更荣幸。Wǒ gèng róngxìng. 제가 더 영광이죠.

04 말씀 많이 들었어요 早有耳闻 zǎoyǒu ěrwén

A 我对你早有耳闻。
   Wǒ duì nǐ zǎoyǒu ěrwén.

B 我也是。
   Wǒ yě shì.

A 그쪽에 대해 말씀 많이 들었어요.
B 저도요.

단어 对 duì ~에 대해서, ~에 대하여

★ 早有는 "진작에, 일찌감치", 耳闻은 "귀로 듣다"로, 早有耳闻은 우리말의 "예전부터 많이 들어왔다, 일찍이 많이 들었다"란 뜻이에요.

★ 우리가 첫만남 때 자주쓰는 "그쪽 말씀 많이 들었어요"란 말은 "~에 대해서, ~에 대하여"란 뜻의 对를 써서 〈주어+对duì+상대+早有耳闻zǎoyǒu ěrwén〉형식을 써요.

★ 예문의 我也是는 "나도 그래", 영어 Me too의 뜻이에요.

★ 중국사람들은 "그 쪽에 대해 말씀 많이 들었어요"란 말을할 때 提起 tíqǐ란 어휘도 잘 써요. 提起는 "언급하다, 말을 꺼내다"란 뜻이에요. 보통 "늘, 항상, 자주"란 뜻의 부사 经常 jīngcháng과 함께 써요.

Tip 我经常听小李提起你。Wǒ jīngcháng tīng Xiǎo Lǐ tíqǐ nǐ. 샤오리한테 말씀 많이 들었어요.
小李经常提起你。Xiǎo Lǐ jīngcháng tíqǐ nǐ. 샤오리가 그쪽 얘기 많이 했어요.

05 과연 듣던 대로 미인이시네요 百闻不如一见，果然是美女
bǎiwén bùrú yíjiàn, guǒrán shì měinǚ

A 百闻不如一见，果然是美女。
　　Bǎiwén bùrú yíjiàn, guǒrán shì měinǚ.

B 哪里哪里！
　　Nǎlǐ nǎlǐ!

A 과연 듣던 대로 미인이시네요.

B 별말씀을요!

단어 百 bǎi 백(100) | 闻 wén 듣다 | 不如 bùrú ~만 못하다 | 果然 guǒrán 과연 | 美女 měinǚ 미녀

★ 百闻不如一见은 직역하면 "백번 듣는 것은 한번 보는 것만 못하다"로, 즉 "백문이 불여일견"이란 뜻이죠. 果然是美女 는 "과연 미인이다"란 의미에요.

★ 百闻不如一见，果然是美女는 풀이하면 "백문이 불여일견이라, 과연 미인이시네요"로, 이는 우리말의 "과연 듣던대로 미인이시네요"라고 해석될 수가 있어요. 문장이 다소 복잡하지만, 첫맛남 때 상대방에게 큰 호감을 줄 수 있는 고급스러운 멘트에요.

★ 哪里哪里는 "별말씀을요, 천만에요"로, 상대방의 칭찬에 대해 겸손함을 표할 때 쓰는 관용표현이에요.

Tip 过奖。Guò jiǎng. 과찬이세요.
　　　不足挂齿。Bùzú guàchǐ. 황송할 따름입니다.
　　　百闻不如一见，果然是美男。Bǎiwén bùrú yíjiàn, guǒrán shì měinán. 과연 듣던 대로 미남이시네요.

06 나이가 어떻게 되세요? 你多大了？ Nǐ duō dà le?

A 你多大了？
　　Nǐ duō dà le?

B 我今年23岁。
　　Wǒ jīnnián èrshí sān suì.

A 나이가 어떻게 되세요?

B 저 올해 스물세 살이요.

단어 今年 jīnnián 올해 | 岁 suì 살(나이)

★ 你多大了?는 연령대가 비슷한 사람끼리 서로 나이를 묻는 표현이에요. 주의! 이때 상대를 높이겠다고 존칭인 您 nín을 써서 您多大了? Nín duō dà le?라고 하면 한국식 중국어가 되요.

★ 중국어로 "저 올해 몇 살이에요"란 말은 〈我wǒ+今年jīnnián+나이+岁suì〉형식을 써요. 근데, 중국 젊은이들은 〈我wǒ+나이+了le〉형식으로 줄여서 많이 써요. 예를 들어 我今年23岁는 간단하게 我23了라고 줄일 수가 있어요.
★ 만약 나이 차이가 많이 나는 사람의 나이를 물으려면 您多大年纪了? Nín duō dà niánjì le?라는 표현을 써요.

Tip 您多大年纪了? Nín duō dà niánjì le? 연세가 어떻게 되세요?
我今天20岁。Wǒ jīntiān èrshí suì. 나 올해 스무 살이야.
我今年20了。Wǒ jīnnián èrshí le. 나 올해 스물 살이야.
我20了。Wǒ èrshí le. 나 스무 살이야.

China talk! talk!

네이티브 스피커를 지향하는 독자분들을 위한 프리미엄 팁! 중국에도 우리말의 "어르신, 춘추가 어떻게 되세요?"처럼 70~80세 이상 되신 어르신들께 나이를 여쭙는 공손한 표현이 두 가지 있어요. 하나는 您高寿了? Nín gāo shòu le?이고 다른 하나는 您贵庚? Nín guìgēng? 인데요. 高寿와 贵庚은 모두 "연세, 춘추"란 뜻이에요. 제가 전공의로 근무했던 대학병원 암병동에는 연세가 많이 드신 환자분들이 많이 계셨어요. 회진을 돌 때 중국인 어르신들께 您高寿了?라고 나이를 여쭤보면 다들 大夫, 你可真有礼貌 Dàifu, nǐ kě zhēn yǒu lǐmào (의사 선생님, 예의가 참 바르시네요)하며 좋아하셨답니다.

07 너 만으로 몇 살이야? 你周岁多大了? Nǐ zhōusuì duō dà le?

A 你周岁多大了?
Nǐ zhōusuì duōdà le?

B 我周岁23了。
Wǒ zhōusuì èrshí sān le.

A 너 만으로 몇 살이야?
B 나 만으로 스물세 살.

단어 周岁 zhōusuì 만한 살. 만나이

★ 중국사람들은 나이를 말할 때 우리와 달리 보통 "만나이"로 말해요. 종종 한국사람이 중국사람과 서로 나이를 물을 때 그런 차이를 모르고 괜히 "내가 한 살 더 많네. 형이라고 불러"라고 했다간 낭패를 볼 수도 있죠. 중국사람들도 자기네끼리 "그거 만나이에요? 아니면 그냥 나이에요?"라고 잘 물어봐요.
★ 반대로 일반나이. 즉 태어나면서 한 살로 치는 만 나이는 虚岁 xūsuì라고 해요.

Tip 你的年纪是周岁还是虚岁? Nǐ de niánjì shì zhōusuì háishi xūsuì? 너 나이 만이야 아니면 그냥 나이야?

08 말씀 놓으세요 你讲话不必那么客气 Nǐ jiǎnghuà búbì nàme kèqi

A 我比你小，你讲话不必那么客气。
Wǒ bǐ nǐ xiǎo, nǐ jiǎnghuà búbì nàme kèqi.

B 那好吧。
Nà hǎo ba.

A 제가 더 어려요. 말씀 편하게 하세요.

B 그럴게요 그럼.

단어 比 bǐ ~보다 | 小 xiǎo 어리다 | 讲话 jiǎnghuà 말하다 | 不必 búbì ~할 필요가 없다 | 那么 nàme 그렇게 나 | 客气 kèqi 예의를 차리다

★ 예문의 我比你小는 "나는 당신보다 작다"란 말로, "내가 당신보다 키가 작다" 뜻이 아니라 "내가 당신보다 나이가 어리다"는 의미에요.

Tip 你讲话可以随便一点。Nǐ jiǎnghuà kěyǐ suíbiàn yìdiǎn. 말씀 편하게 하셔도 돼요.
那我讲话就不客气了。Nà wǒ jiǎnghuà jiù búkèqi le. 그럼 제가 말 편하게 할게요.
我比你年纪小。Wǒ bǐ nǐ niánjì xiǎo. 제가 그쪽보다 나이 어려요.
我比你年纪大。Wǒ bǐ nǐ niánjì dà. 제가 그쪽보다 나이 많아요.
我年纪和你一样。Wǒ niánjì hé nǐ yíyàng. 저 그쪽이랑 나이 같아요.

China talk! talk!

한국사람들은 정말 예의가 바르죠. 나이가 한두 살만 차이 나도 서로 고개를 숙여 인사를 하고, 존칭을 쓰고, 연장자 앞에서는 술도 등을 돌려 마십니다. 중국사람들은 우리의 이런 모습을 꽤 신기하게 바라본다는 거에요. 제가 근무하는 중국병원의 후배의사들이 제가 교수님께 깍듯이 고개 숙여 인사만 해도 "아니~ 선배 뭐 그럴 것까지야."같은 시선으로 바라보니까요. 회식을 할 때도 나이가 적든 많든 서로 술도 한 손으로 따르고 친구처럼 술을 마셔요. 중국도 물론 같은 유교문화권이라서 연장자에 대한 애티튜드를 상당히 중시하지만, 한국처럼 너무 예의를 따지면 상대방이 되려 부담을 느껴 좋은 관계형성에 방해 될 때가 많아요. 만약 중국사람과 진정한 프랜드쉽을 맺고 싶거나, 정말 중국통이 되고 싶다면 다음 두 가지를 지키시면 돼요. 첫째, 入乡随俗 rùxiāng suísú 이 말은 "그 고장에 가면 그곳의 풍속을 따른다"는 말이에요. 둘째, 需要客气，但不必那么客气 xūyào kèqi, dàn búbì nàme kèqi 이 말은 "예의가 중요하긴 하지만, 지나친 예의는 삼가라"란 뜻이죠. 이 두 가지는 제가 중국에서 10년 넘게 고군분투하며 몸소 체득한 노하우랍니다.

09 띠 属 shǔ

A 你属什么?
Nǐ shǔ shénme?

B 我属马。
Wǒ shǔ mǎ.

A 띠가 어떻게 되세요?

B 저 말띠에요.

단어 属 shǔ (십이지의) 띠 | 马 mǎ 말 | 什么 shénme 무엇

★ 중국사람들도 우리처럼 나이와 함께 띠를 참 잘 물어봐요. "넌 띠가 뭐야?"란 말은 예문처럼 你属什么?라고 해요. 참 간단하죠?
★ 중국어로 "전 무슨 띠에요"라고 말하려면 〈我wǒ+属shǔ+띠〉형식을 써요.
★ 12가지 띠를 뜻하는 십이지는 十二地支 shí'èr dìzhī라고 해요.

Tip

쥐 鼠 shǔ	소 牛 niú	호랑이 虎 hǔ	토끼 兔子 tùzi
용 龙 lóng	뱀 蛇 shé	말 马 mǎ	양 羊 yáng
원숭이 猴 hóu	닭 鸡 jī	개 狗 gǒu	돼지 猪 zhū

10 몇 년생이세요? 你哪年出生的? Nǐ nǎ nián chū shēng de?

A 你哪年出生的?
Nǐ nǎ nián chūshēng de?

B 我是90年生的。
Wǒ shì jiǔshí nián shēng de.

A 몇 년생이세요?

B 저 90년생이에요.

단어 哪年 nǎ nián 어느해 | 出生 chūshēng 출생하다 | 90年生 jiǔshí nián shēng 90년생

★ 중국어로 "저 몇 년생이에요"란 말은 〈我wǒ+是shì+출생년도년+年nián+生shēng+的de〉형식을 써요.

★ 중국사람들은 "어느해"란 뜻의 哪年을 발음할 때 "나 니엔"이라고 하지않고, "나이 니엔" 또는 "네이 니엔"이라고 해요.

Tip 我是90年生，属马。 Wǒ shì jiǔshí nián shēng, shǔ mǎ. 저는 90년생 말띠에요.
　　　不告诉你。 Bú gàosu nǐ. 안 가르쳐 주지.
　　　问那个干嘛？ Wèn nàge gànma? 그건 물어서 뭐해?
　　　拿出身份证！ Ná chū shēnfènzhèng! 민증까봐!
　　　问淑女的年纪很失礼。 Wèn shūnǚ de niánjì hěn shīlǐ. 숙녀의 나이를 묻는 건 실례야.

 China talk! talk!

중국에는 나이별로 세대를 구분하는 특유의 명칭이 있어요. 예를 들어 70년대 이후 출생이면 70后, 80년 이후 출생했으면 80后, 90년대 이후 출생이면 90后라고 불러요. 각각 "qīlínghòu, bālínghòu, jiǔlíng hòu"라고 발음해요. 중국 신문이나 뉴스를 보면 아이양육비로 고통받는 70后, 대학 졸업후 직장을 못 구해서 쩔쩔매는 80后, 철모르고 예의 없는 자유분방한 90后라고 세대별로 특징을 구분짓기도 해요.

11　띠동갑　一轮 yìlún

A 你女朋友多大了？
　　Nǐ nǚ péngyou duō dà le?

B 和我差一轮。
　　Hé wǒ chà yìlún.

A 너 여자친구 몇 살이야?

B 나랑 띠동갑이야.

단어 女朋友 nǚ péngyou 여자친구 ｜ 和 hé ~와 ｜ 差 chà 차이가 나다 ｜ 一轮 yìlún 한 바퀴

★ 중국어에도 우리말의 "띠동갑"에 해당하는 말이 있어요. 바로 一轮이란 말인데, 이는 "한 바퀴"란 뜻으로, 나이차가 12살 나는 띠동갑을 의미해요.

★ 중국어로 "너랑 나랑 띠동갑이야"란 말은 "너와 내가 한 바퀴 차이가 난다" 즉 我和你差一轮 Wǒ hé nǐ chà yìlún 처럼 표현해요.

Tip 你和女朋友年纪差多少？ Nǐ hé nǚ péngyou niánjì chà duōshǎo? 너 여자친구랑 나이 몇 살 차이나?
　　　我和女朋友差4岁。 Wǒ hé nǚ péngyou chà sì suì. 나 여자친구랑 네 살차이 나.
　　　我女朋友比我大4岁。 Wǒ nǚ péngyou bǐ wǒ dà sì suì. 내 여자친구가 나보다 네 살 많아.
　　　我女朋友比我小4岁。 Wǒ nǚ péngyou bǐ wǒ xiǎo sì suì. 내 여자친구는 나보다 네 살 어려.
　　　我和女朋友同岁。 Wǒ hé nǚ péngyou tóngsuì. 나 여자친구랑 동갑이야.

12 우리 동갑이야 我们同岁 Wǒmen tóngsuì

A 我今年23岁。
Wǒ jīnnián èrshí sān suì.

B 我们同岁。
Wǒmen tóngsuì.

A 난 올해 스물세 살이야.
B 우리 동갑이네.

단어 今年 jīnnián 올해, 금년 | 岁 suì 나이 | 我们 wǒmen 우리

★ 同은 "같다", 岁는 "나이"로, 同岁는 우리말의 "동갑"을 뜻해요.

Tip 你几月生的? Nǐ jǐ yuè shēng de? 너 몇 월생인데?
我八月生的。Wǒ bā yuè shēng de. 나 8월생이야.
叫我哥。Jiào wǒ gē. 형이라고 불러.
叫我姐。Jiào wǒ jiě. 누나라고 불러.

 China talk! talk!

중국 국가 주석이었던 후진타오가 방한했을 때 청와대에서 환영 만찬회가 열렸었죠. 그때 이영애와 장나라가 참석을 했었는데요. 알려진 바로는 후 주석이 드라마 〈대장금〉을 좋아해서 이영애의 왕팬이라고 해요. 근데 다음날 우리나라 신문에 이런 기사가 났었어요. "이영애, 중국 국가 주석에게 반말하다" 오잉? 이게 뭔가 해서 기사 내용을 보니 후 주석과 악수를 하며 인사를 나눌 때 이영애가 중국어로 "안녕하세요"라고 인사를 했는데. 존칭인 您好 Nín hǎo가 아닌 你好 Nǐ hǎo라고 했다는 것이었죠. 기사에는 어찌 중대한 자리에서 국빈에게 그런 실수를 범했느냐며 국격을 떨어뜨리는 엄청난 실례를 범했다고 난리법석이었죠. 물론 다음날 이영애는 분명 您好라고 했다고 해명을 했었죠. 여러분도 잘 알듯이 중국어에는 우리처럼 존댓말이 엄격하지가 않아요. 你好라고 인사를 하면 그게 우리말의 "안녕!"처럼 반말이 되는건 절대 아니에요. 설령 이영애가 정말 你好라고 인사를 했다 치더라도 반말이라고 할 정도로 큰 실례를 한건 아닙니다. 그때 후 주석은 이영애와 인사를 나누면서 매우 흐뭇한 표정이었죠. 또 중국 네티즌들은 이영애가 유창한 중국어로 후 주석에게 인사를 했다고 매우 옹호하는 분위기였습니다.

13 동안 娃娃脸 wáwaliǎn

A 你不像30岁。
Nǐ bú xiàng sānshí suì.

B 我是娃娃脸。
Wǒ shì wáwa liǎn.

A 그쪽은 서른 살처럼 안 보이세요.
B 제가 동안이거든요.

단어 不像 bú xiàng ~같지 않다. ~처럼 안 보이다

★ 娃娃는 "아기", 脸은 "얼굴"로, 娃娃脸은 "앳된 얼굴", 즉 "동안"을 말해요.

Tip 중국어로 "노안"은 어떻게 말할까요? 혹시 우리식대로 老脸 lǎoliǎn Oh! No! 그런 말은 없어요! 대신 얼굴이 실제 나이보다 늙어 보이는 사람한테 "생긴 게 무척 조급하다"라고 애둘러 표현해요. 他长得挺着急啊 Tā zhǎngde tǐng zháojí a (쟤는 완전 노안이야)이런식으로요. 아마 얼굴만 조급하게 늙어간다는 그런 의미겠죠?

14 어려 보이다 显得年轻 xiǎnde niánqīng

A 你显得真年轻!
Nǐ xiǎnde zhēn niánqīng!

B 过奖!
Guòjiǎng!

A 너 진짜 어려보인다!
B 과찬의 말씀!

단어 显得 xiǎnde ~처럼 보이다 | 真 zhēn 정말 | 年轻 niánqīng 젊다 | 过奖 guòjiǎng 과분하게 칭찬하다

★ 우리가 평소 잘쓰는 "넌 참 어려 보여", "넌 참 나이 들어 보여"란 말은 "~처럼 보이다" 뜻의 显得를 써서 〈주어+ 显得xiǎnde+真zhēn+年轻niánqīng (老lǎo)〉형식으로 써요.

★ 예문의 过奖은 우리말의 "과찬이야, 과찬의 말씀" 같은 어감이에요.

Tip 他显得真年轻。Tā xiǎnde zhēn niánqīng. 걔는 진짜 젊어 보여.
他显得真老。Tā xiǎnde zhēn lǎo. 걔는 진짜 노티나 보여.

15 넌 생일이 언제야? 你生日是什么时候?
Nǐ shēngrì shì shénme shíhou?

A 你生日是什么时候?
Nǐ shēngrì shì shénme shíhou?

B 我生日10月4日。
Wǒ shēngrì shí yuè sì rì.

A 넌 생일이 언제야?
B 내 생일은 10월 4일이야.

단어 生日 shēngrì 생일 | 什么时候 shénme shíhou 언제

★ 중국어로 양력 생일은 阳历生日 yánglì shēngrì, 음력생일은 阴历生日 yīnlì shēngrì라고 해요.
★ "오늘이 내 생일이야"란 말을 중국사람들은 "오늘 나 생일을 보내"라고 표현해요. 그래서 "보내다, 지내다"란 뜻의 过를 써서 今天我过生日 Jīntiān wǒ guò shēngrì라고 해요. 물론 우리식대로 今天是我生日 Jīntiān shì wǒ shēngrì라고도 하고요. 하지만 전자를 훨씬 더 잘 써요.

Tip 明天我过生日。Míngtiān wǒ guò shēngrì. 내일이 내 생일이야.
我过阳历生日。Wǒ guò yánglì shēngrì. 난 양력생일 세.
我过阴历生日。Wǒ guò yīnlì shēngrì. 난 음력생일 세.
我阳历阴历都过。Wǒ yánglì yīnlì dōu guò. 난 양력 음력 둘다 다 세.
你过阳历生日还是阴历生日? Nǐ guò yánglì shēngrì háishi yīnlì shēngrì?
넌 음력생일세, 아님 양력생일 세?

16 혈액형 血型 xuèxíng

A 你的血型是什么?
Nǐ de xuèxíng shì shénme?

B 我是B型。
Wǒ shì B xíng.

A 너 혈액형이 뭐야?
B 나 B형이야.

단어 B 型 B xíng B형 | 什么 shénme 무엇

★ 중국에서는 "혈액형"을 血型이라고 해요.
★ 중국어로 "나는 무슨 혈액형이에요"란 말은 〈我 wǒ+是 shì+혈액형+型 xíng〉형식을 써요.
★ 만약 상대방이 "너 혈액형이 뭐야?"라고 물어봤을 때 "한번 맞춰봐"란 말은 你猜 Nǐ cāi라고 해요.

Tip 我不知道我的血型。Wǒ bù zhīdào wǒ de xuèxíng. 난 내 혈액형이 뭔지 몰라.
我以为你是B型。Wǒ yǐwéi nǐ shì B xíng. 난 네가 B형인줄 알았어.
你不像B型。Nǐ búxiàng B xíng. 너는 B형 안 같아 보이는데.
你是典型的B型。Nǐ shì diǎnxíng de B xíng. 너는 전형적인 B형이야. (典型 전형적이다)
A型血小气。A xíng xuè xiǎoqì. A형은 소심해. (小气 소심하다)
O型血完美。O xíng xuè wánměi. O형은 완벽해. (完美 완벽하다)
B型血脾气古怪。B xíng xuè píqi gǔguài. B형은 성격이 괴팍해. (古怪 괴팍하다)

17 별자리 星座 xīngzuò

A 你的星座是什么?
Nǐ de xīngzuò shì shénme?

B 我是天蝎座。
Wǒ shì tiānxiēzuò.

A 넌 별자리가 어떻게 돼?

B 난 전갈자리야.

단어 天蝎座 tiānxiēzuò 전갈자리

★ "나는 무슨 별자리야"란 말은 간단하게 〈我 wǒ+是 shì+별자리명〉형식을 써요.
★ 12 별자리는 十二星座 shí'èr xīngzuò라고 해요.

Tip

12 별자리

양자리 白羊座 báiyángzuò	황소자리 金牛座 jīnniúzuò	쌍둥이자리 双子座 shuāngzǐzuò	게자리 巨蟹座 jùxièzuò
사자자리 狮子座 shīzizuò	처녀자리 处女座 chǔnǚzuò	천칭자리 天秤座 tiānchèngzuò	전갈자리 天蝎座 tiānxiēzuò
사수자리 射手座 shèshǒuzuò	염소자리 魔羯座 mójiézuò	물병자리 水瓶座 shuǐpíngzuò	물고기자리 双鱼座 shuāngyúzuò

18 키가 어떻게 되세요? 你有多高? Nǐ yǒu duō gāo?

A 你有多高?
　　Nǐ yǒu duō gāo?

B 我1米75。
　　Wǒ yī mǐ qīshí wǔ.

A 키가 어떻게 되세요?

B 저 1m 75에요.

★ 상대방의 신장을 물어보는 "너 키가 몇이야?"란 말을 중국에서는 너 얼마나 높아? 你有多高?라고 표현해요.
★ 중국어로 "신장"은 身高 shēngāo, "키"는 个儿 gèr이라고 해요. 个儿의 발음은 "껄~"
★ "키가 크다"할 때 "크다"는 "높다"란 뜻의 高를 쓰고, 반대로 "키가 작다"할 때 "작다"는 低 dī가 아닌 "(키가) 낮다"란 뜻의 矮 ǎi를 써요.

Tip 你的身高是多少? Nǐ de shēngāo shì duōshǎo. 너 신장이 어떻게 돼?
　　 你个儿真高。Nǐ gèr zhēn gāo. 너 키가 정말 크다.
　　 你个儿真矮。Nǐ gèr zhēn ǎi. 너 키가 정말 작다.
　　 你比我个儿高吗? Nǐ bǐ wǒ gèr gāo ma? 너 키 나보다 커?
　　 你比我个儿矮吧? Nǐ bǐ wǒ gèr ǎi ba? 너 키 나보다 작지?
　　 他跟我个儿差不多。Tā gēn wǒ gèr chàbuduō. 쟤 키 나랑 비슷해.

19 고향이 어디세요? 你的老家在哪儿? Nǐ de lǎojiā zài nǎr?

A 你的老家在哪儿?
　　Nǐ de lǎojiā zài nǎr?

B 我老家在首尔。
　　Wǒ lǎojiā zài Shǒu'ěr.

A 고향이 어디세요?

B 제 고향은 서울이에요.

단어 在哪儿 zài nǎr 어디 있어요? | 在 zài ~에 있다 | 首尔 shǒu'ěr 서울

★ 老家는 말 그대로 "오래된 집". 즉 우리말의 "고향, 고향집"을 뜻해요. 老家는 또한 우리가 말하는 주민 등록상의 "본적"을 가리키기도 해요.
★ 중국어로 "제 고향은 ~에요"란 말은 〈我wǒ+老家lǎojiā+在zài+지역〉형식을 써요.

★ 주의! 중국어를 갓 배우신 분들은 "고향"이란 말을 故乡 gùxiāng이라고 쓰는 경우가 종종 있어요. 물론 故乡도 "고향"의 뜻이지만, "아~ 그리운 나의 고향!"처럼 문학 작품 같은 데서나 쓰이지 "고향이 어디세요?"같은 말을 할 때는 절대 안 쓴답니다.

Tip 我在首尔出生的。Wǒ zài Shǒu'ěr chūshēng de. 전 서울에서 태어났어요.
我在首尔出生长大的。Wǒ zài Shǒu'ěr chūshēng zhǎngdà de. 전 서울에서 태어나고 자랐어요.
我父母的老家在釜山。Wǒ fùmǔ de lǎojiā zài Fǔshān. 제 부모님 고향은 부산이에요.

20 토박이 土生土长 tǔshēng tǔzhǎng

A 你是哪儿的人?
Nǐ shì nǎr de rén?

B 我是在首尔土生土长的。
Wǒ shì zài Shǒu'ěr tǔshēng tǔzhǎng de.

A 어느 지역 출신이세요?

B 전 서울 토박이에요.

단어 哪儿 nǎr 어디, 어느 | 人 rén 사람 | 在 zài ~에서

★ 土生土长은 풀이하면 "땅에서 나고, 땅에서 자라다"로 우리말의 "토박이"에 해당하는 표현이에요.
★ "저는 어디 토박이에요"란 말은 〈我wǒ+是shì+在zài+지역+土生土长tǔshēng tǔzhǎng+的de〉형식을 써요.
★ 예문의 你是哪儿的人?은 직역하면 "당신은 어디 사람이세요?"로, 이는 상대방의 출신지역이 어딘지 묻는 말이에요. 우리로 치자면 "어느 지역 출신이세요?, 고향이 어디세요?"라고 묻는 것과도 같죠. 중국사람들은 첫만남 때 꼭 이 같은 표현을 써서 상대방이 베이징 출신인지, 상하이 출신인지 아니면 쓰촨성 출신인지를 물어본답니다.

Tip 我是在釜山土生土长的。Wǒ shì zài Fǔshān tǔshēng tǔzhǎng de. 저는 부산 토박이에요.
我是在北京土生土长的。Wǒ shì zài Běijīng tǔshēng tǔzhǎng de. 저는 베이징 토박이에요.

China talk! talk!

중국사람들은 상대방 출신지를 물을 때, "고향이 어디세요?"란 말 외에도 "어느 민족이세요? 你是哪个民族? Nǐ shì nǎ ge mínzú?"라고 잘 물어봐요. 중국 사람들 신분증을 보면 이름 옆에 "한족, 만주족, 위구르족, 조선족" 등 어느 민족인지 적혀있습니다. 현재 중국에는 총 1억 명이 넘는 55개의 소수민족이 있어요. 한족은 전체 인구의 90% 이상을 차지하고요. 한족 다음으로 인구가 많은 소수민족은 좡족으로 1,600만 명 정도돼요. 북방지역의 허저족은 인구 4,600명으로 적은데, 전 슈퍼주니어 멤버 한경이 바로 이 허저족 출신이랍니다.

21 어느 대학 나오셨어요? 毕业于哪个大学?
bìyè yú nǎge dàxué?

A 你毕业于哪个大学?
Nǐ bìyè yú nǎge dàxué?

B 我毕业于首尔大学。
Wǒ bìyè yú Shǒu'ěr dàxué.

A 어느 대학교 나오셨어요?

B 저 서울대 나왔어요.

단어 毕业 bìyè 졸업하다 | 于 yú ~에서, ~에서부터 | 哪个 nǎge 어느 | 大学 dàxué 대학 | 首尔大学 Shǒu'ěr dàxué 서울대

★ "저는 ~대학 졸업했어요"란 말은 〈我wǒ+毕业bìyè+于yú+대학명〉형식을 써요.

★ "저는 ~대학 졸업했어요"란 말을 다르게는 〈我wǒ+是shì+대학명+毕业bìyè+的de〉형식으로 쓰기도 해요.
두 표현 모두 중국인들이 잘 써요.

Tip 我毕业于北大。Wǒ bìyè yú Běidà. 저 베이징대 졸업했어요. (北大 베이징 대학)
我是北大毕业的。Wǒ shì Běidà bìyè de. 저 베이징대 졸업했어요.
我是北大出身。Wǒ shì Běidà chūshēn. 저 베이징대 출신이에요.
我毕业于同所大学。Wǒ bìyè yú tóng suǒ dàxué. 나도 같은 대학 나왔어요. (同所大学 같은 대학)
我没上大学。Wǒ méi shàng dàxué. 저 대학 안 나왔어요.
我是高中毕业的。Wǒ shì gāozhōng bìyè de. 저 고졸이에요.

22 우리 동문이야 我们是同门 Wǒmen shì tóngmén

A 我是北大毕业的。
Wǒ shì Běidà bìyè de.

B 我们是同门。
Wǒmen shì tóngmén.

A 나 베이징대 졸업했어.

B 우리 동문이야.

단어 北大 Běidà 베이징 대학(北京大学의 줄임말) | 毕业 bìyè 졸업하다

★ 같은 학교 출신을 뜻하는 "동문"은 중국도 우리와 똑같이 同门이라고 해요.

Tip 동창:同学 tóngxué / 동창회:同学会 tóngxuéhuì

23 몇 학번이세요? 你是哪级的? Nǐ shì nǎ jí de?

A 你是哪级的?
Nǐ shì nǎ jí de?

B 我是09级的。
Wǒ shì líng jiǔ jí de.

A 몇 학번이세요?
B 저 09학번이요.

단어 哪 nǎ 몇, 어느 | 级 jí 학년, 학번

★ 우리가 상대방 나이를 우회적으로 물을 때 잘 쓰는 "몇 학번이세요?"란 말. 중국도 우리와 정서가 비슷해선지 상대방 학번을 잘 물어봐요. 你是哪级的?는 우리말의 "몇 학번이세요?"에 해당하는 말로, 상대방의 대학입학연도, 즉 "학번"을 물어보는 표현이에요.

★ 우리도 학번을 얘기할 때, 10학번, 09학번, 08학번 이렇게 뒷 두자리만 말하듯 중국도 같아요. "저 ○○학번이에요" 란 말은 〈我wǒ+是shì+학번 뒷 두자리+级jí+的de〉형식을 써요.

Tip 我是你的学长。Wǒ shì nǐ de xuézhǎng. 제가 그쪽 선배인데요. (学长 학교 선배)
你是我的学弟。Nǐ shì wǒ de xuédì. 그쪽은 제 후배네요. (学弟 남자 후배)
你是我的学妹。Nǐ shì wǒ de xuémèi. 그쪽은 제 후배네요. (学妹 여자 후배)

24 직업이 뭐에요? 做什么工作? zuò shénme gōngzuò?

A 你是做什么工作的?
Nǐ shì zuò shénme gōngzuò de?

B 我上班。
Wǒ shàngbān.

A 무슨 일을 하세요?
B 저 회사다녀요.

단어 做 zuò ~하다 | 什么 shénme 무슨, 어떤 | 工作 gōngzuò 일, 직업 | 上班 shàngbān 출근하다

★ 你是做什么工作的?는 "당신은 어떤 일을 하세요?"란 말로, 상대방의 직업을 묻는 표현이에요.
★ 우리말의 "저 회사에 다녀요, 저 회사원이에요"란 말은 그냥 간단하게 "저 출근해요"란 뜻의 我上班이라고 해요. 만약 대학생이라면 "저 대학 다녀요"란 뜻의 我上大学 Wǒ shàng dàxué라고 하면 되죠.

★ 중국사람들이 상대방 직업을 물어볼 때 잘 쓰는 말로는 你是搞什么的? Nǐ shì gǎo shénme de?가 있어요. 이 표현 역시 "하시는 일이 뭐에요?"란 뜻이에요.

Tip 我上大学。Wǒ shàng dàxué. 저 대학생이에요.
我是个体。Wǒ shì gètǐ. 저 개인사업해요. (**个体** 개인사업)
我开饭馆。Wǒ kāi fànguǎn. 저 식당을 운영해요.
我做买卖。Wǒ zuò mǎimài. 저 장사해요.
我是公务员。Wǒ shì gōngwùyuán. 저 공무원이에요.
我是无业青年。Wǒ shì wúyè qīngnián. 저 집에서 놀아요. (**无业青年** 백수)
我没有职业。Wǒ méiyǒu zhíyè. 저 직업 없어요.

25 취미 爱好 àihào

A 你有什么爱好?
Nǐ yǒu shénme àihào?

B 我喜欢睡觉。
Wǒ xǐhuan shuìjiào.

A 취미가 뭐에요?

B 전 잠자는거 좋아해요.

단어 爱好 àihào 취미 | 喜欢 xǐhuan 좋아하다 | 睡觉 shuìjiào 잠자다

★ 你有什么爱好?는 "당신은 무슨 취미가 있어요?"란 말로, 우리말의 "그쪽은 취미가 뭐에요?, 취미가 어떻게 되세요?"란 뜻이에요.

Tip 我喜欢听音乐。Wǒ xǐhuan tīng yīnyuè. 전 음악 듣는 거 좋아해요.
我喜欢看电影。Wǒ xǐhuan kàn diànyǐng. 전 영화보는 거 좋아해요.
我喜欢吃东西。Wǒ xǐhuan chī dōngxi. 전 먹는 거 좋아해요.
我喜欢看书。Wǒ xǐhuan kàn shū. 전 책 읽는 거 좋아해요.
我喜欢运动。Wǒ xǐhuan yùndòng. 전 운동하는 거 좋아해요.
我喜欢散步。Wǒ xǐhuan sànbù. 전 산책하는 거 좋아해요.
我喜欢喝酒。Wǒ xǐhuan hē jiǔ. 전 술 마시는 거 좋아해요.
我喜欢唱歌。Wǒ xǐhuan chànggē. 전 노래 부르는 거 좋아해요.
我喜欢飙车。Wǒ xǐhuan biāochē. 전 드라이브하는 거 좋아해요.

26 형제자매 兄弟姐妹 xiōngdì jiěmèi

A 你有几个兄弟姐妹？
Nǐ yǒu jǐ ge xiōngdì jiěmèi?

B 我是独生女。
Wǒ shì dúshēngnǚ.

A 형제자매가 어떻게 되세요?

B 저 외동딸이에요.

단어 几个 jǐ ge 몇 명 | 兄弟 xiōngdì 형제 | 姐妹 jiěmèi 자매 | 独生女 dúshēngnǚ 외동딸

★ 우리는 가족사항을 물을 때 "형제가 어떻게 되세요?"라고 묻지만, 중국에선 "자매"까지 붙여서 "형제자매가 어떻게 되세요?"라고 물어봐요.

★ 중국은 한 가정 한 자녀 정책을 엄격히 시행해서 전부 외동딸, 외동아들만 있을 것 같지만, 실제로는 형제자매가 두 명이상 되는 가정도 의외로 많답니다.

★ 만약 중국어로 "제 위로 누나 한 명 있어요", "제 아래로 남동생 하나 있어요"란 말을 할 때 "위로", "아래로"란 말은 각각 上面 shàngmiàn, 下面 xiàmiàn을 써요.

Tip 我是独生子。Wǒ shì dúshēngzǐ. 나 외동아들이야.
我上面有个姐姐。Wǒ shàngmiàn yǒu ge jiějie. 내 위로 누나 한 명 있어.
我上面有个哥哥。Wǒ shàngmiàn yǒu ge gēge. 내 위로 오빠 한 명 있어.
我下面有个妹妹。Wǒ xiàmiàn yǒu ge mèimei. 내 밑으로 여동생 한 명 있어.
我下面有个弟弟。Wǒ xiàmiàn yǒu ge dìdi. 내 밑으로 남동생 한 명 있어.
我是长子。Wǒ shì zhǎngzǐ. 난 첫째야.
我是末子。Wǒ shì mòzǐ. 난 막내야.

 China talk! talk!

중국은 한 가정 한 자녀 정책을 엄격히 시행하고 있어요. 이런 산아제한 정책을 중국에서는 计划生育 jìhuá shēngyù라고 불러요. 만약 이를 어기면 막대한 벌금을 물어야 해요. 근데 벌금이 과연 얼마일까요? 벌금 부과기준은 지역별로 달라요. 보통 해당 도시 연평균 주민소득의 3~10배를 징수하는데. 베이징은 공식적으로 24만위안. 우리돈으로 거진 5천만 원 가까운 벌금이 책정되어 있죠. 한번은 베이징의 한 법대 교수가 둘째를 낳아 벌금으로 24만위안을 부과받았는데, 이에 항의해 런민대 육교 위에서 피켓 시위를 벌인적도 있었어요. "내 대신 벌금을 내주면 영원히 당신의 노예가 되겠소!"라고 쓰인 피켓을 들고서요. 하지만 무조건 둘째를 못 낳는 건 아니에요. 만약 부모가 모두 형제자매가 없으면 자식을 한 명 더 낳을 수가 있죠. 그 외에 소수민족, 농촌출신, 혁명열사의 자녀는 예외적으로 둘째를 허용하고 있어요. 근데 중국의 부자들은 벌금을 시원하게 내고 아이를 계속 낳거나, 아예 미국, 홍콩, 싱가포르 등 해외 원정 출산으로 출산 정책의 법망을 피하고 있답니다.

27 결혼은 하셨어요? 你结婚了吗? Nǐ jiéhūn le ma?

A 你结婚了吗?
　　Nǐ jiéhūn le ma?

B 我还没结婚。
　　Wǒ háiméi jiéhūn.

A 결혼은 하셨어요?
B 저 아직 결혼 안 했어요.

단어 结婚 jiéhūn 결혼하다 | 还没 háiméi 아직 ~하지 않다

★ 중국어로 유부남은 "부인이 있는 남자"란 뜻의 有妇之夫 yǒu fù zhī fū, 유부녀는 "남편이 있는 부녀자"란 뜻의 有夫之妇 yǒu fū zhī fù 라고 해요. 주의! 이때 "남자, 남편"이란 夫 fū와 "부녀자, 부인"이란 뜻의 妇 fù는 발음은 같지만 성조가 달라 자칫 잘못 발음하면 뜻이 완전 바뀌게 된답니다.

Tip 我结婚了。Wǒ jiéhūn le. 저 결혼했어요.
我是单身。Wǒ shì dānshēn. 저 싱글이에요.
我有两个孩子。Wǒ yǒu liǎng ge háizi. 저 애가 둘이에요.
我孩子都上小学了。Wǒ háizi dōu shàng xiǎoxué le. 저 애가 벌써 초등학교 다녀요.
我是有妇之夫。Wǒ shì yǒu fù zhī fū. 저 유부남이에요.
我是有夫之妇。Wǒ shì yǒu fū zhī fù. 저 유부녀에요.

28 꿈 梦想 mèngxiǎng

A 你的梦想是什么?
　　Nǐ de mèngxiǎng shì shénme?

B 赚大钱。
　　Zhuàn dàqián.

A 넌 꿈이 뭐야?
B 돈 많이 버는 거.

단어 赚 zhuàn 벌다 | 大钱 dàqián 큰돈 | 什么 shénme 무엇

★ 梦想은 잠잘 때 꾸는 "꿈"이 아니라, 이루고자 하는 꿈, 소망, 소원을 뜻해요.
★ 중국어 "나의 꿈은 ~야"라고 말하고자 할 때는 〈我 wǒ+的 de+梦想 mèngxiǎng+是 shì+꿈〉형식을 써요.

Tip 我的梦想是当家庭妇女。Wǒ de mèngxiǎng shì dāng jiātíng fùnǚ. 난 평범한 주부가 되는 게 꿈이야.
我的梦想是娶个美女。Wǒ de mèngxiǎng shì qǔ ge měinǚ. 난 예쁜여자랑 결혼하는 게 꿈이야.
我的梦想是环游世界。Wǒ de mèngxiǎng shì huányóu shìjiè. 난 세계일주하는 게 꿈이야.
我的梦想是赚大钱。Wǒ de mèngxiǎng shì zhuàn dàqián. 난 돈을 많이 버는 게 꿈이야.
我的梦想是助人为乐。Wǒ de mèngxiǎng shì zhù rén wéi lè. 난 남을 도우면서 사는 게 꿈이야.
我没有梦想。Wǒ méiyǒu mèngxiǎng. 난 꿈이 없어.
我的梦想是嫁给有钱人。Wǒ de mèngxiǎng shì jià gěi yǒu qián rén.
난 돈 많은 남자랑 결혼하는 게 꿈이야.

29 너 밥먹었니? 你吃饭了吗? Nǐ chīfàn le ma?

A 你吃饭了吗?
Nǐ chīfàn le ma?

B 我刚吃过了。
Wǒ gāng chī guo le.

A 너 밥먹었니?

B 나 방금 먹었어.

단어 吃 chī 먹다 | 饭 fàn 식사. 밥 | 刚 gāng 방금. 막

★ 중국의 대학 및 회사의 점심시간은 한국보다 좀 빨라요. 한국은 보통 12시가 넘어야 점심시간이 시작되는데, 중국사람들은 보통 11시~11시 30분 사이에 점심식사를 해요. 저녁도 보통 6시를 전후로 먹고요. 식사 시간만큼은 중국도 "만만디"가 아니랍니다.

Tip 我没吃饭。Wǒ méi chīfàn. 나 밥 안 먹었어.
我还没吃饭。Wǒ háiméi chīfàn. 나 밥 아직 안 먹었어.
我正要吃饭。Wǒ zhèngyào chīfàn. 나 밥 이제 막 먹으려고.
我不想吃饭。Wǒ bù xiǎng chīfàn. 나 밥생각 없어.
你为什么还不吃饭? Nǐ wèishénme hái bù chīfàn? 너 왜 아직 밥을 안 먹었어?
现在才几点就吃饭了? Xiànzài cái jǐ diǎn jiù chīfàn le? 지금이 몇 시인데 밥을 먹어?
现在几点还不吃饭? Xiànzài jǐ diǎn hái bù chīfàn? 지금이 몇 시인데 아직 밥을 안 먹어?
我本来不吃早饭。Wǒ běnlái bù chī zǎofàn. 나 원래 아침밥 안 먹어.
我本来不怎么吃早饭。Wǒ běnlái bù zěnme chī zǎofàn. 나 원래 아침밥 잘 안 먹어.

30 너 왔구나 你来了 Nǐ lái le

A 你来了!
Nǐ lái le!

B 我今天来得挺早。
Wǒ jīntiān lái de tǐng zǎo.

A 너 왔구나!
B 나 오늘 일찍 나왔어.

단어 来 lái 오다 | 今天 jīntiān 오늘 | 挺 tǐng 매우 | 早 zǎo 일찍, 빨리

★ 중국사람들은 회사나 학교에서 서로 인사를 나눌 때 你来了라는 말을 참 잘 써요. 你来了는 "너 왔어, 왔니"로, "안녕하세요"란 뜻의 你好, 또는 您好를 대신해서 쓰는 인사말이죠. 특히 아침에 회사에 출근하거나, 강의실에서 수업 시작 전 서로 인사를 나눌 때 쓰여요.

★ 주의! 你来了는 왠지 가벼워 보이지만 결코 예의 없어 보이는 인사말은 아니에요. 저도 아침에 병원에 출근하면 교수님께 您来了 Nín lái le(오셨어요)라고 인사를 하거든요.

Tip 恩, 我来了。 Ēn, wǒ lái le. 어, 나 왔어.
您早! Nín zǎo! 좋은 아침이에요!
早! Zǎo! 좋은 아침!

31 나 갈게 我走了 Wǒ zǒu le

A 下班了，我走了。
Xiàbān le, wǒ zǒu le.

B 明天见!
Míngtiān jiàn!

A 퇴근해야겠다. 나 갈게!
B 내일 보자!

단어 下班 xiàbān 퇴근하다 | 走 zǒu 가다 | 明天 míngtiān 내일 | 见 jiàn 보다

★ 我走了는 중국사람들이 서로 헤어질 때 잘 쓰는 인사말이에요. 우리말의 "나 갈게, 나 간다"와 똑같은 어감을 주는 표현이죠.

★ 중국인들은 실생활에서 "안녕히 계세요, 안녕"이란 뜻의 再见 대신 我走了라는 표현을 훨씬 많이 써요. 再见사람은 뭐랄까 딱딱하면서도 좀 포멀한 느낌을 줘요. 우리가 평상시 잘 쓰는 "김 부장님! 저 가볼게요, 교수님! 이만 가보겠습니다"같은 말은 모두 이 我走了란 표현을 쓰면되요.

> **Tip** 我先走了。 Wǒ xiān zǒu le. 나 먼저 갈게.
> 我先下班了。 Wǒ xiān xiàbān le. 나 먼저 퇴근할게.
> 我先回家了。 Wǒ xiān huíjiā le. 나 먼저 집에 갈게.
> 我该走了。 Wǒ gāi zǒu le. 나 이제 가야겠다.

32 잘가 拜拜 bàibai

A 我先走了。
Wǒ xiān zǒu le.

B 拜拜!
Bàibai!

A 나 먼저 갈게!

B 잘가!

★ 拜拜는 헤어질 때 쓰는 인사말로, 우리말의 "안녕, 잘가"란 뜻이에요.
★ "빠이 빠이"라 좀 유치한듯 보이지만, 현재 중국의 20~30대는 헤어질 때 서로 再见 zàijiàn보다 拜拜를 훨씬 더 많이 쓴다고 생각하셔도 되요.
★ 拜拜는 중국사람들이 헤어질 때 뿐만 아니라, 전화를 끊을 때도 잘 쓰는 인사말이에요.

> **Tip** 我走了! Wǒ zǒu le! 나 간다!
> 您慢走。 Nín màn zǒu. 살펴가세요.
> 路上小心点。 Lù shàng xiǎoxīn diǎn. 조심히 가.

China talk! talk!

헤어질 때 하는 중국어 인사말이 뭐죠? 바로 "안녕" 또는 "안녕히 계세요"란 뜻의 再见 zàijiàn 이잖아요. 요즘 중국 젊은이들은 영어 Bye에서 따온 인사말인 拜拜를 훨씬 더 잘 써요. 어느 정도냐 하면 최근 3년간 제게 再见을 써서 인사했던 중국사람들이 거의 없었을 정도예요. 얼핏 우리가 듣기에 "빠이 빠이"하면 좀 유치하게 들리지만 그 친구들에겐 별로 어색하지 않나봐요. 저도 병원을 퇴근하고 집에 갈 때면 20대 후반의 남·녀 동료의사들 모두 저에게 "빠이 빠이"라고 한답니다. 만일 중국에 갔는데 사람들이 "빠이 빠이"라고 인사한다고 "뭐야 이거 애도 아니고…"이렇게 생각하지 마세요. 하지만 제가 나이 차가 많이 나는 사람이나 교수님들께 "빠이 빠이"라고 하면 좀 웃기겠죠? 그땐 그냥 老师, 再见 Lǎoshī, zàijiàn (선생님, 안녕히 가세요)라고 하거나 您慢走 Nín màn zǒu (살펴가세요)라고 하는게 훨씬 적합해요.

33 나오지 마 别送了 bié sòng le

A 我送你吧!
Wǒ sòng nǐ ba!

B 别送了，我可以一个人走。
Bié sòng le, wǒ kěyǐ yí ge rén zǒu.

A 내가 바래다 줄게.

B 나오지 마. 나 혼자 갈 수 있어.

단어 送 sòng 배웅하다. 바래다 주다 | 可以 kěyǐ ~해도 괜찮다 | 一个人 yí ge rén 한 사람 | 走 zǒu 가다

★ 别送了는 누가 자기를 배웅하려 할 때, 이를 정중히 거절하는 표현으로, 우리말의 "나오지 마, 안 바래다줘도 돼"와 같은 뜻이에요.

★ 我可以一个人走는 직역하면 "나는 한 사람이 가도 괜찮다"로, 우리말의 "나 혼자 가도 돼, 나 혼자 갈 수 있어"란 뜻이에요.

Tip 冷了，快回去吧。Lěng le, kuài huí qù ba. 춥다. 빨리 들어가.
别送了，回去吧! Bié sòng le, huí qù ba! 나오지 마. 어서 들어가!
那不送了。Nà bú sòng le. 그럼 안 나갈게.
我送你到门口。Wǒ sòng nǐ dào ménkǒu. 문 앞까지 바래다줄게.
我送你到地铁站。Wǒ sòng nǐ dào dìtiězhàn. 지하철역까지 바래다줄게.
到家了给我打电话。Dào jiā le gěi wǒ dǎ diànhuà. 도착하면 나한테 전화해.
我开车送你回家。Wǒ kāichē sòng nǐ huíjiā. 내가 차로 집까지 바래다줄게.

34 오랜만이야 好久不见 hǎojiǔ bújiàn

A 小李，好久不见。
Xiǎo Lǐ, hǎojiǔ bújiàn.

B 真是好久不见。
Zhēnshì hǎojiǔ bújiàn.

A 샤오리, 오랜만이야.

B 정말 오랜만이다.

단어 好 hǎo 꽤. 많이 | 久 jiǔ 오래 | 见 jiàn 만나다 | 真是 zhēnshì 정말이지. 정말로

★ 好久不见은 풀이하면 "꽤 오랫동안 만나지 않다"로, 우리말의 "오랜만이야, 오래간만이다"란 뜻이에요.
★ "정말 오랜만이다!, 야~ 이게 얼마 만이니"처럼 어감을 더 강조하고 싶으면 앞에 "정말로, 진짜로"란 뜻의 부사 真是를 붙여 말해요.
★ 好久不见은 好久不见了 hǎojiǔ bújiàn le 혹은 好久没见面 hǎojiǔ méi jiànmiàn처럼 다양한 형태로도 쓰여요. 이 3가지 표현 모두 뜻은 똑 같아요.

Tip 小李，好久没见面。 Xiǎo Lǐ, hǎojiǔ méi jiànmiàn. 샤오리, 오랜만이다.
我们好久没见面了。 Wǒmen hǎojiǔ méi jiànmiàn le. 우리 안 본지 정말 오래됐다.
我们一年没见面了。 Wǒmen yī nián méi jiànmiàn le. 우리 안 본지 1년 됐어.
我们一年多没见面了。 Wǒmen yī nián duō méi jiànmiàn le. 우리 안 본지 1년도 넘었어.
我们没见面多久了？ Wǒmen méi jiànmiàn duōjiǔ le? 우리 안 본지 얼마나 됐지?
我都快记不住你的脸了。 Wǒ dōu kuài jìbúzhù nǐ de liǎn le. 나 네 얼굴 까먹는 줄 알았어.
(记不住 기억 못하다)

35 그동안 잘 지냈어? 你过得怎么样? Nǐ guò de zěnmeyàng?

A 你过得怎么样?
Nǐ guò de zěnmeyàng?

B 老样子。
Lǎoyàngzi.

A 너 그동안 잘 지냈어?

B 똑같지 뭐!

단어 过 guò 보내다, 지내다 | 怎么样 zěnmeyàng 어떠하다

★ 你过得怎么样?은 우리말의 "너 그동안 잘 지냈니?, 그동안 잘 지내셨어요?"의 뜻으로, 누군가를 오랜만에 만났을 때 쓰는 인사말이에요.
★ 老는 "원래의, 고유의", 样子는 "모습"으로, 老样子는 "변하지 않은 모습"을 뜻해요. 우리가 누군가를 오랜만에 만났을 때 잘 쓰는 "그대로네, 똑같네"와 같은 뜻이에요.

Tip 我过得挺好。 Wǒ guò de tǐng hǎo. 나 잘 지냈어.
我过得不好。 Wǒ guò de bù hǎo. 나 잘 못 지냈어.
我过得一般。 Wǒ guò de yībān. 나 그냥 그래.
我过得还行。 Wǒ guò de háixíng. 나 그럭저럭 지내.
我过得凑合。 Wǒ guò de còuhe. 나 그냥저냥 지내.

36 너 그대로네   你还是老样子 Nǐ háishi lǎoyàngzi

A 你还是老样子。
　Nǐ háishi lǎoyàngzi.

B 你也是。
　Nǐ yě shì.

A 너 하나도 안 변했구나.

B 너도 그래.

단어 还是 háishi 여전히 ｜ 老样子 lǎoyàngzi 원래모습. 변함없는 모습

★ 你还是老样子는 "너는 여전히 늙은 모습이다"가 아니라, 우리말의 "넌 여전하구나, 넌 그대로네, 너 하나도 안 변했다"같은 의미에요. 오랜만에 친구를 만나게 되면 꼭 쓰게 되는 필수 인사말이죠.
★ 베이징 토박이들은 老样子를 발음할 때 뒤에 얼화음을 붙여 老样儿 lǎoyar처럼 말해요. 발음은 "라오얄~!"
★ 참고로 "너 예뻐졌다"처럼 "~해졌다"란 말은 "(상태가) 변하다, 바뀌다"란 뜻의 变 biàn을 써서 표현해요.

Tip 你变漂亮了。Nǐ biàn piàoliang le. 너 예뻐졌다.
　　 你变帅了。Nǐ biàn shuài le. 너 멋있어졌다.
　　 你变老了。Nǐ biàn lǎo le. 너 늙었다.
　　 你变年轻了。Nǐ biàn niánqīng le. 너 더 젊어졌다.
　　 你变漂亮很多。Nǐ biàn piàoliang hěn duō. 너 많이 예뻐졌다.
　　 你变帅很多。Nǐ biàn shuài hěn duō. 너 많이 멋있어졌다.

37 너 요즘 바쁘니?   你最近忙吗? Nǐ zuìjìn máng ma?

A 你最近忙吗?
　Nǐ zuìjìn máng ma?

B 我闲着呢。
　Wǒ xián zhe ne.

A 너 요즘 바쁘니?

B 나 한가해.

단어 最近 zuìjìn 최근. 요즘 ｜ 忙 máng 바쁘다 ｜ 闲 xián 한가하다

★ 你最近忙吗?는 일상생활에서 쓰임새가 가장 많은 표현이에요.

★ "나 한가해"란 말은 중국어로 어떻게 할까요? 혹시 "한가하다"란 말을 몰라, 그냥 我不忙 Wǒ bù máng(나 안 바빠)이라고 애둘러 표현하진 않으신가요? 이땐 我闲着呢 Wǒ xián zhe ne라는 표현을 써요. 간단하지만 정말 네이티브스런 표현이죠. 꼭 기억해두세요!

Tip 我最近忙。 Wǒ zuìjìn máng. 나 요즘 바빠.
　　　我最近特别忙。 Wǒ zuìjìn tèbié máng. 나 요즘 완전 바빠.
　　　我最近不忙。 Wǒ zuìjìn bù máng. 나 요즘 안 바빠.
　　　我最近一点都不忙。 Wǒ zuìjìn yìdiǎn dōu bù máng. 나 요즘 하나도 안 바빠.
　　　我最近忙死了。 Wǒ zuìjìn máng sǐle. 나 요즘 바빠 죽을 것 같아.

38 부모님은 안녕하시니? 你父母好吗? Nǐ fùmǔ hǎo ma?

A 你父母好吗?
　　Nǐ fùmǔ hǎo ma?

B 很好。
　　Hěn hǎo.

A 부모님은 안녕하시니?

B 안녕하셔.

단어 父母 fùmǔ 부모님 | 好 hǎo 안녕하다. 잘 있다

★ 상대방의 안부를 대신 물어보는 "~는 잘 계시니?, ~는 안녕하시니?"란 말은 〈你 nǐ+대상+好 hǎo+吗 ma?〉형식을 써요.

★ 만약 "부모님은 여전히 잘 계시니?"라고 물을 때는 "여전히"란 뜻의 还 hái를 써서 你父母还好吗? Nǐ fùmǔ hǎo ma?처럼 표현해요.

Tip 你女朋友还好吗? Nǐ nǚ péngyǒu hái hǎo ma? 너 여자친구 여전히 잘 있니?
　　　你男朋友还好吗? Nǐ nán péngyǒu hái hǎo ma? 너 남자친구 여전히 잘 있니?
　　　你孩子都挺好吧? Nǐ háizi dōu tǐng hǎo ba? 너 아이들은 잘 지내지?

39 안부 전해줘 问好 wènhǎo

A 代我向你的父母问好。
Dài wǒ xiàng nǐ de fùmǔ wènhǎo.

B 好的。
Hǎo de.

A 너희 부모님께 안부 전해줘.

B 그럴게.

단어 代 dài 대신하다 | 向 xiàng ~에게 | 问好 wènhǎo 안부를 묻다

★ 代我向你的父母问好를 직역하면 "나를 대신해서 너의 부모님께 안부를 묻다"로, 이는 우리말의 "너희 부모님께 안부 전해드려"란 뜻이에요.

★ 중국어로 "누구에게 안부 좀 전해 줘"란 말은 〈代dài+我wǒ+向xiàng+대상+问好wènhǎo〉형식을 써요.

Tip 代我向你的老公问好。 Dài wǒ xiàng nǐ de lǎogōng wènhǎo. 네 남편한테 안부 전해줘.
代我向你的老婆问好。 Dài wǒ xiàng nǐ de lǎopó wènhǎo. 네 와이프한테 안부 전해줘.
代我向小李问好。 Dài wǒ xiàng Xiǎo Lǐ wènhǎo. 샤오리한테 안부 전해 줘.

40 계속 연락하자 保持联系 bǎochí liánxì

A 我们保持联系吧。
Wǒmen bǎochí liánxì ba.

B 好的。
Hǎo de.

A 우리 계속 연락하고 지내자.

B 그러자.

단어 保持 bǎochí 유지하다 | 联系 liánxì 연락하다

★ 保持는 좋은 상태, 관계나 모습을 그대로 "유지하다, 지속하다"라는 뜻입니다. 친구들과 계속 연락을 하다라는 뜻으로 保持联系라는 표현 꼭 기억하세요.

41 자주 연락하자 常联系 cháng liánxì

A 咱们常联系。
Zánmen cháng liánxì.

B 没问题。
Méi wèntí.

A 우리 자주 연락하자.

B 그래.

단어 咱们 zánmen 우리 | 常 cháng 자주 | 联系 liánxì 연락하다

★ 咱们常联系는 우리말의 "우리 자주 연락하자, 우리 연락 자주 하자"와 같은 뜻이에요.
★ 没问题는 "문제가 없다"로, 우리말의 "그래, 그러자"에 해당되며 상대방의 제안에 흔쾌히 동의할 때 써요.

Tip 咱们以后常联系。 Zánmen yǐhòu cháng liánxì. 우리 앞으로 자주 연락하자.
你为什么一直不跟我联系？ Nǐ wèishénme yìzhí bù gēn wǒ liánxì? 너 왜 그동안 연락이 없었어?
你干嘛不跟我联系？ Nǐ gànma bù gēn wǒ liánxì? 너 왜 나한테 연락을 안 하니?
我会经常跟你联系。 Wǒ huì jīngcháng gēn nǐ liánxì. 내가 자주 연락할게.

호칭

아저씨 大叔 dàshū	아줌마 大妈 dàmā	할아버지 大爷 dàyé	할머니 大娘 dàniáng
형, 오빠 哥哥 gēge	누나, 언니 姐姐 jiějie	여동생 妹妹 mèimei	남동생 弟弟 dìdi
형님 大哥 dàgē	누님 大姐 dàjiě	선생님 老师 lǎoshī	선배님 学长 xuézhǎng
친구야 哥们儿 gēmenr			

PART
02

买东西 쇼핑하기

중국에서 물건값 깎기

중국에는 한국의 동대문처럼 물건이 다양하고 가격이 매우 저렴하기로 유명한 상점이 많아요. 다만 디자인이나 옷감이 좋은 편은 아니라 잘 찾아야 하죠. 쇼핑하다 마음에 드는 좋은 것을 찾게 되면 흥정을 잘 해서 저렴한 가격에 괜찮은 물건을 살 수도 있어요. 하지만 이곳을 처음 가는 사람은 반드시 중국친구를 데리고 가는 것이 좋아요. 중국말이 서투른 외국인이 혼자 갈 경우 된통 바가지를 쓰기 마련이기 때문인데요. 예를 들면 한국 돈 5천 원이면 꽤 괜찮은 것을 살 수 있는데 한국 사람이라고 하면 우선 5만 원부터 불러요.
그래서 여기에선 우선 반부터 깎고 거기서부터 또다시 흥정해야 해요. 저 역시 중국사람 친구와 함께 처음 물건을 사러 갔을 때 우리가 능숙한 한국말을 사용하자 우리를 한국인 일행으로 본 중국 상인이 말도 안 되게 매우 비싼 가격을 불렀던 기억이 납니다. 만약 나 혼자였다면 짧은 중국어로 깎기엔 정말 역부족이었지만 친구 덕분에 일반 중국사람들이 사는 가격대로 살 수 있었죠.

01 얼마에요 多少钱 duōshǎo qián

A 这个多少钱?
Zhège duōshǎo qián?

B 200块。
Liǎngbǎi kuài.

A 이거 얼마에요?

B 200위안이요.

★ 가격을 묻는 "얼마에요?"라는 말을 중국인처럼 하려면 얼화음을 넣어 多儿钱 duōr qián?이라고 해도 돼요. 이 말은 특히 베이징 토박이들이 많이 써요. 발음이 포인트이니, 최대한 혀를 굴려 "뚜올 치엔?"이라고 해요.

★ "이것"이란 뜻의 这个는 발음기호상 "쩌거"라고 발음해야 하지만, 중국인들은 실제로 "쩨이거"라고 발음해요. "저것"이란 뜻의 那个 역시 "나거"보단 "네이거"라고 발음하고요.

China talk! talk!

중국에서 돈 단위를 표현하는 방법에 대해 말씀드릴게요. 중국돈은 人民币(런민비)라고 하고, 단위는 위안이에요. 이 정도는 다들 아시죠? 런민비 100위안은 읽을 때 100元 yìbǎi yuán 또는 100块钱 yìbǎi kuài qián 아니면, 더 간단하게 100块 yìbǎi kuài라고 읽어요. 중국사람들은 아예 단위를 생략하고 그냥 100 yìbǎi라고 읽기도 하고요. 참 다양하죠? 일상생활에서는 元보다는 块를 더 많이 쓰는 편이에요. 여기서 또 하나의 미묘한 차이점을 말해보면 같은 중국에서도 백화점이나 좋은 음식점 등에서 계산을 할 때는 종업원들이 "元 위안"을 잘 쓰는 편이고, 택시를 타거나 슈퍼에서 물건을 살 때, 과일 등을 살 때는 "块 콰이"를 많이 써요. "元 위안"이라고 말하면 좀 더 정중하고 격이 있어 보이는 느낌을 주고, "块 콰이"라고 하면 좀 서민적이면서 캐주얼한 느낌을 주는 것 같아요.

02 어떻게 팔아요 怎么卖 zěnme mài

A 苹果怎么卖?
Píngguǒ zěnme mài?

B 10块钱一斤。
Shí kuài qián yì jīn.

A 사과 어떻게 팔아요?

B 한근에 10위안이에요.

단어 苹果 píngguǒ 사과 | 斤 jīn 근 (一斤은 500g). 중국은 단위를 kg이 아니라 근으로 많이 써요.

★ 우리도 시장이나 마트에서 과일이나 고기, 야채 등을 살 때 "이거 어떻게 해요?"이런 말을 쓰잖아요. 중국에서는 "어떻게 팔아요?"란 뜻의 怎么卖 표현을 물건을 살 때 즐겨 써요. 과일이나 야채뿐만 아니라 그냥 옷이나 다른 물건 등을 살 때도 "얼마예요?"란 뜻의 多少钱 duōshǎo qián을 쓰셔도 크게 상관은 없어요.

★ 우리말의 "이것 좀 달아주세요"란 말은 "저울에 달다"란 뜻의 称 chēng을 써서 称一下 chēng yíxià라고 해요.

Tip 킬로그램 : 公斤 gōngjīn / 그램 : 克 kè / 킬로미터 : 公里 gōnglǐ / 미터 : 米 mǐ
센티미터 : 厘米 límǐ / 밀리미터 : 毫米 háomǐ

03 가격 价格 jiàgé

A 这里的东西价格很贵。
Zhèlǐ de dōngxi jiàgé hěn guì.

B 确实不便宜。
Quèshí bù piányi.

A 여기 물건값 되게 비싸다.

B 정말 싸지가 않네.

단어 这里 zhèlǐ 여기, 이곳 | 东西 dōngxi 물건 | 很 hěn 매우 | 贵 guì 비싸다 | 确实 quèshí 확실히 | 便宜 piányi 싸다

★ 예문의 确实不便宜는 "확실히 싸지가 않다"란 말로, "값이 비싸다"란 뜻이에요.

Tip 价格贵 jiàgé guì 가격이 비싸다
价格便宜 jiàgé piányi 가격이 싸다
价格很便宜 jiàgé hěn piányi 가격이 환상적이다
价格实惠 jiàgé shíhuì 가격이 적당하다

04 깎아주세요 便宜点儿 piányi diǎnr

A 老板，便宜点儿吧!
Lǎobǎn, piányi diǎnr ba!

B 便宜不了。
Piányi bù liǎo.

A 사장님, 좀 깎아주세요.

B 못 깎아 드려요.

단어 老板 lǎobǎn 사장님

★ 便宜는 "싸다, 싸게 해주다"고, 点儿은 "조금, 약간"으로, 便宜点儿은 "조금만 깎아주세요"의 뜻이에요. 발음은 "피앤이 디얄"

★ 便宜不了는 "싸게 해줄 수 없다"로, 우리말의 "못 깎아 줘요"의 뜻이죠.

★ 물건값을 잘 깎으려면 상점 주인을 부르는 호칭도 굉장히 중요해요. 보통 남자 주인한테는 "사장님"이란 老板 lǎobǎn을 쓰는 게 가장 무난하고, 만약 주인이 여자라면 老板娘 lǎobǎnniáng이라고 하면 되요. 중국사람들은 좀 더 친밀하게 "형님"이란 뜻의 大哥 dàgē나 "누님"이란 뜻의 大姐 dàjiě도 즐겨 써요.

Tip 这个能便宜点儿吗? Zhège néng piányi diǎnr ma? 이거 깎아줄 수 있어요?
再便宜点儿吧! Zài piányi diǎnr ba! 조금만 더 깎아주세요!
能便宜多少? Néng piányi duōshǎo? 얼마나 깎아줄 수 있어요?
钱不够了。 Qián bú gòu le. 돈이 모자라요.

 China talk! talk!

중국에 대한 오해 중의 하나가 중국에 가면 무조건 값을 10분의 1로 깎아라가 아닐까요? 뭐 제 경험에 비추어 보면 꼭 틀린 말은 아니에요. 하지만 가격을 깎는 것도 상황에 맞춰서 깎아야 하겠죠? 정찰제인 상점에 가서 무작정 깎아달라고 하면 참 난감하잖아요. 베이징의 짝퉁 시장인 비단시장이나 홍교시장에서는 워낙 바가지가 심해서 가격을 심장이 벌렁거릴 정도로 깎으셔도 크게 상관은 없어요. 저는 중국에서 개인적으로 10분의 1일도 아닌 무려 100분의 1의 스펙타클한 가격 흥정도 해본 경험이 있답니다. 백두산에 놀러 갔을 땐 데요. 한 아저씨가 제가 의사라는 사실을 모르고 가짜 백두산 산삼을 제게 우리돈 100만 원에 사라고 했지요. 인삼의 머리와 수염을 그럴듯하게 본드로 붙인 가짜를 팔려고 해서 제가 그냥 "흥! 저 안 살래요"라고 하니 나중에는 그냥 만 원에 가져가라고 했던 기억이 있습니다.

05 너무 비싸요 太贵了 tài guì le

A 这个太贵了。
Zhège tài guì le.

B 这还贵?
Zhè hái guì?

A 이거 너무 비싸요.

B 이게 뭐가 비싸요?

단어 贵 guì 비싸다 | 太…了 tài…le 너무 ~하다 | 还 hái 여전히

★ 这还贵?란 말은 손님이 물건값을 많이 깎을 때 상점 주인들이 잘 쓰는 말이죠. 우리말의 "비싸긴 뭐가 비싸요, 이게 비싸단 말씀이에요?"와 비슷한 어감을 줘요. 중국에 가서 물건을 살 때 가격을 하염없이 깎다 보면 주인아저씨가 대략 난감한 표정을 지으며 这还贵?라고 많이들 해요.

★ "에이! 너무 비싸요"란 말을 진짜 중국사람처럼 쿨하게 말하려면 你真够宰人的 Nǐ zhēn gòu zǎirén de라는 표현을 써도 되요. 宰人은 "바가지를 씌우다"란 말로 우리말의 "너무 비싸게 부르신다, 너무 바가지시다"와 같은 어감을 줘요. 여기서 真够…的는 구어에서 많이 쓰이는 형태로, "정말 너무 ~하다"처럼 강조를 나타내요.

06 가격을 깎다 砍价 kǎnjià

A 你真会砍价。
Nǐ zhēn huì kǎnjià.

B 一般吧!
Yìbān ba!

A 너 물건값 진짜 잘 깎는다.

B 뭐 보통이지!

단어 真 zhēn 정말 | 会 huì ~에 능하다 | 一般 yìbān 보통이다

★ 砍은 "깎다, 삭감하다"로, 砍价는 "가격을 깎다"의 뜻이에요. 중국에서 물건을 살 때 흥정을 집요하리만큼 끈질기게 하면 가게 주인이 고개를 절레절레 흔들며 你真会砍价라고 말하곤해요.

★ 예문의 一般吧는 우리말의 "뭐 보통이지, 그 정도야 별거 아니지"의 의미에요.

Tip 비슷한 말인 "물건값을 흥정하다"란 말은 讨价还价 tǎojià huánjià라고 해요.
我不会讨价还价。 Wǒ bú huì tǎojià huánjià. 나 흥정하는 거 잘 못해.
你会砍价吗? Nǐ huì kǎnjià ma? 너 물건값 잘 깎아?

07 단골 老顾客 lǎo gùkè

A 我是这里的老顾客了。
Wǒ shì zhèlǐ de lǎo gùkè le.

B 那给你优惠一点。
Nà gěi nǐ yōuhuì yìdiǎn.

A 저 여기 단골이에요.

B 그럼 할인해 드릴게요.

단어 这里 zhèlǐ 여기 | 老 lǎo 오래된 | 顾客 gùkè 고객 | 优惠 yōuhuì 할인하다 | 一点 yìdiǎn 조금

★ 老顾客는 "늙은 고객"이란 뜻이 아니라, "오래된 고객". 즉 "단골"을 뜻해요.

Tip 能优惠点吗? Néng yōuhuì diǎn ma? 할인해주실 수 있어요?
优惠点吧! Yōuhuì diǎn ba! 할인 좀 해주세요!

08 서비스를 주다 赠送 zèngsòng

A 你能赠送东西吗?
Nǐ néng zèngsòng dōngxi ma?

B 赠送你帽子吧!
Zèngsòng nǐ màozi ba!

A 물건 서비스 좀 주시면 안 돼요?

B 모자 하나 드릴게요.

단어 东西 dōngxi 물건 | 帽子 màozi 모자

★ 우리가 쇼핑할 때 잘 쓰는 "사장님! 저 물건 많이 샀는데, 서비스 없어요?" 란 표현. 여기서 "서비스 주다"란 말은 赠送을 써요. 예문의 赠送东西는 "물건을 서비스로 주다, 물건을 덤으로 얹어주다"란 뜻이에요.

★ "무슨 물건을 덤으로 주실 수 있어요?"란 말은 〈能néng+赠送zèngsòng+물건+吗ma?〉형식을 써서 표현해요.

Tip 식당이나 술집에서 잘 쓰는 "이건 서비스에요" 같은 말도 赠送을 써요.
这沙拉是赠送的。 Zhè shālā shì zèngsòng de. 이 샐러드 서비스에요.

09 바가지 쓰다 挨宰 āizǎi

A 这牛仔裤花了500块。
Zhè niúzǎikù huā le wǔbǎi kuài.

B 你挨宰了。
Nǐ āizǎi le.

A 이 청바지 500위안 줬어.

B 너 바가지 썼어.

단어 牛仔裤 niúzǎikù 청바지 | 花 huā 쓰다, 지출하다

★ 挨는 "~을 당하다", 宰는 "벗겨 먹다"로, 挨宰는 "벗겨 먹는 것을 당하다". 즉 "바가지를 쓰다"란 뜻이에요. 동대문에 쇼핑가서 청바지 한 벌 샀는데, 알고 보니 옆집에서 5천 원이나 더 싸게 팔 때. 정말 열 받죠? 이럴 때 외쳐주세요. 我挨宰了 (나 바가지 옴팡 썼어)

Tip 중국사람들은 비슷한 말로 "사기당하다, 속임수에 빠지다"란 뜻의 上当受骗 shàngdàng shòupiàn이란 말도 즐겨 써요. 我上当受骗了 Wǒ shàngdàng shòupiàn le (나 사기당했어)

10 싼게 비지떡 便宜没好货 piányi méi hǎohuò

A 便宜没好货。
Piányi méi hǎohuò.

B 我说呢!
Wǒ shuō ne!

A 싼게 비지떡이야.

B 내 말이!

단어 便宜 piányi 싸다 | 货 huò 물건, 상 | 好货 질 좋은 상품, 물건

★ 便宜没好货는 풀이하면 "싼 것치고 좋은 물건이 없다"로 우리말의 "싼 게 비지떡"에 해당하는 표현이에요.

★ 중국사람들은 누가 便宜没好货라고 말하면, 곧이어 好货不便宜 hǎohuò bù piányi라는 말로 맞받아 치곤 해요. 이말은 "좋은 물건은 싼법이 없지"란 뜻으로, 문장에서 好货의 위치가 바뀌면서 뜻이 완전히 달라지는 경우에요.

Tip 우리말의 "비싼 만큼 값을 한다"라는 말은 중국어로 物有所值 wùyǒu suǒzhí라고 해요.

11 세일하다 打折 dǎzhé

A 这件衣服打折吗?
Zhè jiàn yīfu dǎzhé ma?

B 打8折。
Dǎ bā zhé.

A 이 옷 세일하나요?

B 20% 세일해요.

단어 件 jiàn 벌(옷을 세는 양사) | 衣服 yīfu 옷

★ 중국에서 참 많이 쓰이는 "몇 프로 세일 하다"라는 말은 打와 折사이에 세일 하는 프로(숫자)를 넣어서 표현해요. 예를 들어 50% 세일을 하다는 打5折 dǎ wǔ zhé라고 하죠.

★ 여기서 잠깐! 打8折는 세일을 80%하는 게 아니라 20%한다는 의미에요. 중국에 처음 왔을 때 베이징의 한 백화점에서 쇼핑을 하는데 윈도우에 打9折 dǎ jiǔ zhé라고 써 있길래, 세일을 90%나 하는 줄 알고 신나서 들어갔다가 그냥 허무하게 나온 적이 있답니다. 알고 보니 打9折는 세일을 10%한단 뜻이었어요. 打7折 dǎ qī zhé는 70%세일이 아니라 30%세일이란 게! 절대 헷갈리지 마세요.

Tip 중국어로 "몇 퍼센트 세일해요?"란 말은 打几折? dǎ jǐ zhé?라고 해요.
这件衣服打几折? Zhè jiàn yīfu dǎ jǐ zhé? 이 옷 몇 퍼센트 세일해요?

China talk! talk!

중국의 백화점에도 우리나라처럼 바겐세일 기간이 있을까요? 정답은 "있다"입니다. 홍콩이나 북미에서는 크리스마스나 신년에 "박싱데이"라고 해서 대대적인 세일행사를 벌이잖아요. 중국에서도 10월 1일 국경절, 5월 1일 노동절 같은 연휴 기간에 세일을 많이 하고요. 특히 중국 최대의 명절인 춘절기간에는 백화점마다 폭탄세일을 하기도 합니다. 보통 물건값을 직접 깎아주기 보다는 1000위안어치를 사면 500위안 현금 쿠폰을 되돌려 주는 방식으로 세일을 많이 해요.

12 떨이하다 甩卖 shuǎimài

A 这里的东西真便宜。
Zhèlǐ de dōngxi zhēn piányi.

B 现在甩卖。
Xiànzài shuǎimài.

A 여기 물건 진짜 싸다.

B 지금 떨이 중이거든.

단어 这里 zhèlǐ 여기, 이곳 | 东西 dōngxi 물건 | 真 zhēn 정말 | 便宜 piányi 싸다

★ 甩는 "뿌리다, 떨쳐버리다"고, 卖는 "팔다"로 甩卖는 우리말의 "땡처리하다, 떨이로 팔다"의 뜻이에요.
★ 우리도 백화점에 가보면 창고 대방출, 파격 고별전 등 문구들을 자주 보잖아요. 중국에서도 큰 폭의 세일을 하거나 떨이로 물건을 팔 때 백화점이나 상가 쇼윈도우에 甩卖란 한자를 커다랗게 붙여놔요.

13 타오바오 淘宝网 táobǎowǎng

A 你的打底裤在哪儿买的?
Nǐ de dǎdǐkù zài nǎr mǎi de?

B 在淘宝网买的。
Zài táobǎowǎng mǎi de.

A 너 레깅스 어디서 산 거야?

B 타오바오에서 샀어.

단어 打底裤 dǎdǐkù 레깅스 | 在 zài ~에서 | 哪儿 nǎr 어디 | 买 mǎi 사다

★ 淘宝网은 현재 중국에서 가장 핫한 인기를 자랑하는 인터넷 쇼핑몰이에요. 컴퓨터를 다룰 줄 아는 웬만한 중국사람들은 모두 타오바오에서 물건을 구매합니다. 중국에서 "타오바오" 모르면 간첩이에요.

China talk! talk!

우리나라의 옥션을 뺨치는 중국 최대의 온라인 쇼핑몰은 어딜까요? 바로 "타오바오(taobao.com)"라고 하는곳 인데요. "보물을 찾다"라는 뜻을 가진 "타오바오"는 가입자 수만 무려 1억 7천만 명에 달하는 중국 최대의 인터넷 쇼핑몰이죠. 여기에는 정말 별의별 황당한 물건이 다 파는데요. 베이징 올림픽 때는 올림픽 주경기장의 공기를 담은 공기를 판매하기도 했고, 최근에는 아이들의 소변인 동변이 건강에 좋다고 하자 동변을 파는 판매자가 나오기도 했어요. 정말 황당하죠? 여기 들어가서 한국 물건을 검색하면 수만 가지의 물건이 검색되는데요. 순창 고추장, 종갓집 김치, 자일리톨 껌 같은 식료품은 기본이고, 아기 기저귀, 분유, 비비크림, 레깅스까지 정말 없는 게 없어요. 이 중에서도 한국 옷과 화장품이 큰 인기를 얻고 있다고 해요.

14 공동구매 团购 tuángòu

A 这东西在哪儿买的?
Zhè dōngxi zài nǎr mǎi de?

B 在网上团购的。
Zài wǎngshàng tuángòu de.

A 이 물건 어디서 산 거야?

B 인터넷에서 공동구매한 거야.

단어 东西 dōngxi 물건 | 在 zài ~에서 | 哪儿 nǎr 어디 | 买 mǎi 사다 | 网上 wǎngshàng 인터넷상

★ 团购는 "단체로 물건 구매하다"란 뜻의 团体购物 tuántǐ gòuwù의 줄임말로, 인터넷상에서의 공동구매를 뜻해요.
★ 우리말의 "인터넷상으로 ~하다"란 말은 중국어로 〈在zài+网上wǎngshàng+동사〉형식을 써요.

Tip
인터넷 쇼핑 용어

인기상품 热卖产品 rèmài chǎnpǐn	MD추천상품 MD推荐商品 MDtuījiàn shāngpǐn	자주하는 질문 常见问题 chángjiàn wèntí	마이 페이지 我的产品 wǒ de chǎnpǐn
장바구니 购物 gòuwù	고객문의 게시판 客户留言板 kèhù liúyánbǎn	회원가입 注册 zhùcè	상품주문 订购 dìnggòu
품절 断货 duànhuò	주문취소 取消订购 qǔxiāo dìnggòu	반송 退换货 tuìhuànhuò	결제 付款 fùkuǎn
지불 支付 zhīfù	적립금 积分 jīfēn	온라인송금 网上汇款 wǎngshàng huìkuǎn	배송방식 配送方式 pèisòng fāngshì

15 택배 快递 kuàidì

(叮咚 dīngdōng)

A 谁呀?
Shéi ya?

B 快递公司。
Kuàidì gōngsī.

(띵동)

A 누구세요?

B 택배 회사예요.

> 단어　叮咚 dīngdōng 띵동(의성어) | 公司 gōngsī 회사

★ "택배를 ~에 맡겨주세요"란 말은 把구문과 "~로 보내다"란 뜻의 送到 sòngdào를 써서 〈把bǎ+快递kuàidì+送到sòngdào+맡길 장소〉형식으로 표현해요.

> **Tip** 把快递送到收发室。Bǎ kuàidì sòngdào shōufāshì. 택배를 경비실에 맡겨주세요. (**收发室** 경비실)
> 把快递送到我邻居家。Bǎ kuàidì sòngdào wǒ línjū jiā. 택배를 제 옆집에 맡겨주세요. (**邻居家** 이웃집)
> 快递什么时候能到？Kuàidì shénme shíhou néng dào? 택배 언제쯤 도착해요?
> 现在我不在家。Xiànzài wǒ bú zài jiā. 지금 집에 없어요.

16 명품　名牌儿 míngpáir

A 你的包是名牌儿吗？
Nǐ de bāo shì míngpáir ma?

B 这是A货。
Zhè shì A huò.

A 너 그 가방 명품이야?

B 이거 A급이야.

> 단어　包 bāo 가방 | A货 A huò A급

★ 루이뷔통, 페라가모, 구찌 같은 유명브랜드. 즉 "명품"을 名牌儿이라고 해요. 읽을 때는 얼화음에 힘을 팍 주며 "밍팔~"하고 발음해요.

★ 중국어에도 진짜 같은 짝퉁을 뜻하는 "A급"이란 말이 있을 까요? A급은 중국어로 "A货 A huò" 또는 "A级 A jí"라고 해요. 우리말과 어딘가 비슷 하죠. 발음은 각각 "에이 훠, 에이 지"라고 하죠. A级라는 말은 다름 아닌 한국사람이 퍼뜨린 신조어에요. 한국 관광객이 중국의 짝퉁시장을 많이 찾다 보니 자연스레 상점 주인들이나 종업원들이 따라 배운 것이죠. 그래서 일반 중국인들은 A货, A及란 말을 잘 몰라요.

> **Tip** 중국어에도 우리가 잘 쓰는 짜가, 짝퉁, 이미테이션 등의 다양한 어휘가 있어요.
> 这是假货。Zhè shì jiǎhuò. 이거 가짜야. (**假货** 가짜)
> 这是山寨的。Zhè shì shānzhài de. 이거 짝퉁이야. (**山寨** 짝퉁)
> 这是仿造品。Zhè shì fǎngzàopǐn. 이거 이미테이션이야. (**仿造品** 이미테이션)

China talk! talk!

베이징에는 짝퉁시장이 여러 곳 있는데요. 그중에서도 외국 관광객들에게는 실크마켓이라고 불리는 秀水街 xiùshuǐ jiē가 단연 인기 최고죠. 베이징 올림픽 때는 전 부시 대통령이 딸과 함께 와서 실크잠옷을 사기도 했던 곳입니다. 이곳에 가면 짝퉁 명품들이 아주 즐비한데요. 한국 관광객이 많이 찾아와서 그런지 지나가기만 해도 귀신같이 알아보곤 한국말로 "예쁜 언니, A급 있어", "아줌마, 루이뷔통" 등을 외치며 열심히 호객행위를 하죠. 여긴 예전에 루이뷔통, 구찌, 프라다 등 5개 외국 명품회사들로부터 집단 소송을 당해 우리돈 2,000만원 정도의 액수는 적지만 벌금을 물기도 했죠. 아무튼 짝퉁과의 전쟁을 벌인다고 매번 소란들은 떨지만, 근본적으로 짝퉁이 없어지려면 가짜 명품을 찾는 사람들이 없어야 겠죠?

17 짝퉁　山寨 shānzhài

A 你买苹果手机了。
Nǐ mǎi píngguǒ shǒujī le.

B 这是山寨的。
Zhè shì shānzhài de.

A 너 애플 아이폰 샀구나.

B 이거 짝퉁이야.

단어 买 mǎi 사다 ｜ 苹果 píngguǒ 애플, 사과 ｜ 手机 shǒujī 휴대전화

★ 山寨는 도적이 사는 "산굴"을 의미하는데. 우리말의 "짜가, 짝퉁"의 의미로 쓰여요.

China talk! talk!

최근에 중국 대륙을 쓰나미처럼 휩쓸고 지나간 어휘가 바로 이 山寨 shānzhài에요. 山寨는 원래 도적이 사는 산굴을 의미하는데, 현재는 복제품, 카피품, 모조품, 즉 "짝퉁"의 의미로 쓰여요. 인터넷에 올라온 "샨자이" 시리즈를 보면 아주 입이 쩍 벌어지죠. 애니컬 휴대전화, 야이폰, 게임기 WILL은 정말 귀여운 수준의 복제품이고요. 짝퉁 칭다오 맥주, 짝퉁 신라면, 짝퉁 마티즈, 심지어는 짝퉁 베이징 대학 졸업장까지! 여러분이 무엇을 상상하든 그 이상을 보여주죠. 굳이 물건뿐만 아니라 연예인을 빼닮은 사람에게도 山寨를 붙여서 써요. 샨자이 장쯔이, 샨자이 송혜교처럼 말이죠.

18 된장녀 拜金女 bàijīnnǚ

A 她全身都是名牌儿。
　　Tā quánshēn dōu shì míngpáir.

B 典型的拜金女。
　　Diǎnxíng de bàijīnnǚ.

A 쟤 온몸을 명품으로 도배를 했구만.

B 전형적인 된장녀인걸.

단어 全身 quánshēn 온몸 | 都是 dōu shì 모두 | 典型 diǎnxíng 전형적인

★ 중국어로 된장은 大酱 dàjiàng이니까 된장녀는 大酱女 dàjiàngnǚ가 될까요? 당근 아니 될 말씀이죠. 중국에서는 된장녀를 "금전을 숭배하는 여자"라는 뜻의 拜金女라고 불러요.

★ 예문의 她全身都是名牌儿은 "쟤는 전신이 모두 명품이다"로, 우리말의 "쟤는 명품으로 도배했어"란 말로 의역할 수 있어요.

★ 요즘 중국에서는 싱글남녀의 짝짓기 TV프로가 인기인데요. 그중 가장 핫한 프로인 非诚勿扰 fēichéng wùrǎo를 보면 가끔 돈 독이 단단히 오른 몇몇 중국판 된장녀들의 모습을 볼 때도 있답니다.

19 사치스럽다 奢侈 shēchǐ

A 这是我新买的LV包。
　　Zhè shì wǒ xīn mǎi de LV bāo.

B 你太奢侈了。
　　Nǐ tài shēchǐ le.

A 이거 내가 새로 산 루이뷔통 가방이야.

B 넌 너무 사치가 심해.

단어 新 xīn 새롭게 | 买 mǎi 사다 | LV 루이뷔통 | 包 bāo 백 | 太…了 tài…le 너무 ~하다

★ 奢侈는 사치하다, 낭비하다의 뜻이에요.

★ 중국사람들은 "루이뷔통"을 보통 줄여서 영어로 LV라고 해요. 발음을 마치 "엘 웨이"처럼 한답니다.

Tip 你太节俭了。Nǐ tài jiéjiǎn le. 넌 참 검소해. (节俭 검소하다)
　　　你太吝啬了。Nǐ tài lìnsè le. 넌 참 쩨쩨해. (吝啬 쩨쩨하다)
　　　你太抠门了。Nǐ tài kōumén le. 넌 참 짠돌이야. (抠门 짜다)

China talk! talk!

"넌 너무 사치가 심해" 이 말을 제가 중국인 친구들에게 자주 듣습니다. 무슨 뜻이냐구요? 집에 놀러오는 친구들에게 가끔 현지의 한국 슈퍼마켓에서 산 국산 음료수나 아이스크림 같은 걸 주면, "어! 한국 아이스크림이네. 이거 여기서 사면 얼마야?" 꼭 이런걸 물어 봅니다. 제가 "이거 중국 돈으로 10위안(우리돈 1,900원)"이라고 하면, "뭐! 딸랑 아이스크림 하나에 10위안이나 한다고?" 말하며 어김없이 이어지는 한마디가 你太奢侈了 Nǐ tài shēchǐ le(넌 너무 사치가 심해)입니다.

20 돈을 흥청망청 쓰다 大手大脚 dàshǒu dàjiǎo

A 你花钱真大手大脚!
Nǐ huāqián zhēn dàshǒu dàjiǎo!

B 你管得着嘛!
Nǐ guǎn de zháo ma!

A 너 돈 정말 흥청망청 쓴다.

B 네가 뭔 상관이삼.

단어 花钱 huāqián 돈을 쓰다 | 真 zhēn 정말 | 管 guǎn 상관하다, 간섭하다

★ 大手大脚는 말 그대로 "큰손과 큰발", 즉 돈을 물쓰듯 흥청망청 쓰는 것을 말해요.
★ 예문의 管得着는 남이 쓸데없이 참견하거나 간섭할 때 우리가 잘 쓰는 "뭔 상관이래?, 네가 뭔데 상관이야?"같은 어감을 주는 관용표현이에요.

21 쇼핑하다 逛街 guàngjiē

A 我要去逛街，一起去吗?
Wǒ yào qù guàngjiē, yìqǐ qù ma?

B 我讨厌逛街。
Wǒ tǎoyàn guàngjiē.

A 나 쇼핑갈건데. 같이 갈래?

B 난 쇼핑하는 거 싫어해.

단어 一起 yìqǐ 같이 | 去 qù 가다 | 讨厌 tǎoyàn 싫어하다
★ 逛은 "거닐다", 街는 "거리"로, 逛街는 "거리를 거닐다", 즉 "쇼핑을 하다"란 뜻이에요. 보통 "가다"란 뜻의 동사 去를 붙여 去逛街라고 많이 써요.
★ 우리가 자주 쓰는 "아이쇼핑 하다, 윈도우 쇼핑하다"란 말은 중국어에는 없답니다.

22 쇼퍼홀릭 购物狂 gòuwùkuáng

A 你怎么那么喜欢逛街?
Nǐ zěnme nàme xǐhuan guàngjiē?

B 因为我是购物狂。
Yīnwèi wǒ shì gòuwùkuáng.

A 넌 어쩜 그렇게 쇼핑하는걸 좋아하니?

B 나 쇼퍼홀릭이거든.

단어 怎么 zěnme 어쩜, 어째서 | 那么 nàme 그렇게 | 喜欢 xǐhuan 좋아하다 | 逛街 guàngjiē 쇼핑하다
★ 购物는 "물건을 구입하다"고, 狂은 "미치다"로, 购物狂은 쇼핑에 죽고 못사는 사람. 즉 쇼퍼홀릭을 뜻해요.
★ 우리말의 "넌 어쩜 그렇게 ~이니?란 말은 〈你nǐ+怎么zěnme+那么nàme+동사〉형식을 써서 표현해요.

23 카드로 결제하다 刷卡 shuākǎ

A 你要刷卡还是付现金?
Nǐ yào shuākǎ, háishi fù xiànjīn?

B 刷卡。
Shuākǎ.

A 카드로 결제 하실거에요. 현금으로 내실거에요?

B 카드결제요.

단어 还是 háishi 아니면 | 付 fù 지불하다 | 现金 xiànjīn 현금
★ 刷는 "긁다", 卡는 "카드"의 뜻으로, 刷卡는 "카드로 결제하다"의 뜻입니다.
★ 付现金은 "현금으로 결제하다"의 뜻이에요.

Tip 这里可以刷卡吗? Zhè lǐ kěyǐ shuākǎ ma? 여기 카드 되요?
我要刷卡。Wǒ yào shuākǎ. 카드로 결제할게요.

24 카드가 정지되다 卡被冻结 kǎ bèi dòngjié

A 你的卡被冻结了。
Nǐ de kǎ bèi dòngjié le.

B 不可能!
Bù kěnéng!

A 카드가 정지되셨는데요.

B 그럴리가요.

단어 卡 kǎ 카드 | 被 bèi 당하다 | 冻结 dòngjié 동결되다

★ 우리말의 "카드가 정지되다"란 말을 중국에서는 "카드 동결당하다, 즉 卡被冻结了처럼 표현해요.
★ 不可能은 "불가능하다"란 뜻으로, 예문처럼 단독으로 쓰이면 우리말의 "그럴리가요, 그럴리 없어요"같은 어감을 줘요.

Tip 你有别的卡吗? Nǐ yǒu bié de kǎ ma? 다른 카드 있어요?

China talk! talk!

중국의 대도시, 특히 베이징이나 상하이 같은 곳에서는 어디를 가나 카드로 결제할 수가 있어요. 작은 구멍가게를 제외한 마트, 편의점, 쇼핑몰, 식당, 술집에서도 어디든 카드 결제가 가능하죠. 하지만 우리처럼 3개월 할부, 12개월 할부, 무이자 할부 같은 분할 결제의 개념은 없어요. 참고로 결제할 때 통장에서 돈이 빠져나가는 선불카드나 직불카드는 "은행카드"란 의미의 银行卡 yínhángkǎ라고 하고, 신용카드는 우리와 똑같이 信用卡 xìnyòngkǎ라고 합니다.

25 싸인하다 签名 qiānmíng

A 请输入密码。
Qǐng shūrù mìmǎ.

B 需要签名吗?
Xūyào qiānmíng ma?

A 비밀번호 입력해 주세요.

B 사인도 해야 하나요?

단어 输入 shūrù 입력하다 | 密码 mìmǎ 비밀번호 | 需要 xūyào ~할 필요가 있다 | 签名 qiānmíng 사인하다

★ 카드 결제할 때 혹은 ATM에서 현금을 인출할 때 "비밀번호를 입력하세요"란 말은 请输入密码라고 해요.

Tip 签在哪儿? Qiān zài nǎr? 사인 어디에 하나요?
在这儿签一下名. Zài zhèr qiān yíxià míng. 여기에 사인해주세요.

26 분실신고 하다 挂失 guàshī

A 怎么办，我把信用卡丢了。
Zěnmebàn, wǒ bǎ xìnyòngkǎ diū le.

B 你挂失了吗?
Nǐ guàshī le ma?

A 어쩌지. 나 신용카드 잃어버렸어.

B 너 분실신고 했어?

단어 怎么办 zěnmebàn 어쩌지 | 把 bǎ ~을(를) | 信用卡 xìnyòngkǎ 신용카드 | 丢 diū 잃어버리다

★ 挂失는 신용카드를 도난당하거나 잃어버렸을 때 "은행에 분실신고를 하다"란 뜻이에요. 살다 보면 누구에게나 한 번쯤은 일어날 수 있는 일이니 挂失란 말 꼭 기억해 두세요!

Tip 我已经挂失了。Wǒ yǐjing guàshī le. 나 이미 분실신고 했어.
补办信用卡 bǔbàn xìnyòngkǎ 신용카드를 재발급하다

27 신용불량자 信用不良者 xìnyòng bùliángzhě

A 你为什么不能申请信用卡?
Nǐ wèishénme bùnéng shēnqǐng xìnyòngkǎ?

B 我是信用不良者。
Wǒ shì xìnyòng bùliángzhě.

A 넌 왜 신용카드를 신청 못 해?

B 나 신용불량자거든.

단어 为什么 wèishénme 왜 | 申请 shēnqǐng 신청하다 | 信用卡 xìnyòngkǎ 신용카드

★ 중국어로 신용불량자는 우리와 똑같이 信用不良者라고 해요.
★ "신용카드를 신청하다"란 말은 申请信用卡라고 해요.

Tip 我成了信用不良者。Wǒ chéng le xìnyòng bùliángzhě. 나 신용불량자 됐어.

28 현금인출기 取款机 qǔkuǎnjī

A 附近有取款机吗?
Fùjìn yǒu qǔkuǎnjī ma?

B 有，在一楼。
Yǒu, zài yī lóu.

A 근처에 현금인출기 있나요?

B 1층에 있어요.

단어 附近 fùjìn 근처 | 在 zài ~에 | 楼 lóu 층

★ 取款은 돈을 찾다, 机는 기계라는 뜻으로, 取款机는 돈을 찾는 기계. 즉 ATM을 말해요.

Tip 请输入密码。Qǐng shūrù mìmǎ. 비밀번호를 입력해주세요.
请重新输入密码。Qǐng chóngxīn shūrù mìmǎ. 비밀번호를 다시 입력해주세요.
密码输入错误。Mìmǎ shūrù cuòwù. 비밀번호가 틀립니다.
我忘了密码。Wǒ wàng le mìmǎ. 나 비밀번호 까먹었어.
我想不起来密码。Wǒ xiǎng bùqǐlái mìmǎ. 나 비밀번호가 생각이 안 나.
机器好像坏了。Jīqì hǎoxiàng huài le. 기계가 고장난거 같아.

중국도 요즘 신용카드와 직불카드가 보편화되었어요. 마트나 식당에 가면 현금보다 카드를 내는 사람이 더 많거든요. 대학교 학생들도 대부분 직불카드를 가지고 있어요. 그래서 편의점이나 쇼핑몰, 학교, 기숙사 등 거리 곳곳에는 24시간 ATM기가 많이 있답니다. 상황이 이렇다 보니, 얼마 전엔 베이징 시내에 짝퉁 ATM 기계가 등장하는 등 웃지 못할 해프닝이 있었는데요. 일단 겉모양은 완전 비슷하며 모니터도 달려있고 자세히 보면 좀 조잡하지만, 아무튼 요 짝퉁 기계 안에는 카드 비밀번호와 계좌번호를 읽을 수 있는 칩이 내장돼있어 개인정보가 이를 통해 몽땅 흘러나가게 되죠. 나중에 중국에서 ATM 기계를 사용할 때는 한번 더 살펴보고 사용하세요.

29 돈을 빌리다 借钱 jièqián

A 借我100块钱。
Jiè wǒ yìbǎi kuài qián.

B 要什么时候还?
Yào shénme shíhou huán?

A 나 100위안만 빌려줘.

B 언제 갚을 건데?

단어 借 jiè 빌리다 | 100块钱 yìbǎi kuài qián 100위안 | 什么时候 shénme shíhou 언제 | 还 huán 갚다

★ "나 100위안만 빌려줘"를 중국어로 할 때 원래는 借给我100块钱 Jiè gěi wǒ yìbǎi kuài qián이라고 하는 게 정식이지만, 중국사람들은 "~에게"란 뜻의 给를 생략하고 그냥 借我100块钱이라고 많이 해요.

Tip
能借我钱吗? Néng jiè wǒ qián ma? 나 돈 좀 빌려줄 수 있어?
能借我100块钱吗? Néng jiè wǒ yìbǎi kuài qián ma? 나 100위안만 빌려 줄 수 있어?
你借了我多少钱? Nǐ jiè le wǒ duōshǎo qián? 너 나한테 얼마 꿔갔지?
我到明天还。Wǒ dào míngtiān huán. 내가 내일까지 갚을게.
我一定还给你。Wǒ yídìng huán gěi nǐ. 내가 꼭 갚을게.
你一定要还! Nǐ yídìng yào huán! 너 꼭 갚아야 해!
慢慢还! Mànman huán! 천천히 갚아!

30 둘러보다 看一看 kàn yi kàn

A 欢迎光临。需要买什么?
Huānyíng guānglín. Xūyào mǎi shénme?

B 先看一看。
Xiān kàn yi kàn.

A 어서오세요. 찾으시는 물건 있으세요?

B 먼저 한번 둘러볼게요.

단어 欢迎光临 huānyíng guānglín 어서오세요 | 需要 xūyào 필요하다 | 买 mǎi 사다 | 先 xiān 먼저

★ 欢迎光临은 "어서오세요"란 뜻으로, 매장에 들어갈 때 점원들이 꼭 하는 말이에요. 쇼핑센터뿐만 아니라 맥도날드나 KFC, 식당에 들어갈 때도 꼭 듣게 되는 인사말이죠.

★ 쇼핑할 때 잘 쓰는 "그냥 한번 둘러볼게요"란 말은 "먼저 한번 볼게요"란 의미의 先看一看 또는 先看看이라고 해요.

Tip 고객 : 顾客 gùkè / 점원 : 店员 diànyuán

31 입어보다 试一下 shì yíxià

A 这件可以试一下吗?
Zhè jiàn kěyǐ shì yíxià ma?

B 可以, 更衣室在那边儿。
Kěyǐ, gēngyīshì zài nà biānr.

A 이거 입어봐도 돼요?

B 그럼요. 탈의실은 저쪽이에요.

단어 试 shì 시험 삼아 해보다 | 更衣室 gēngyīshì 탈의실 | 那边儿 nà biānr 저쪽

★ 옷이나 신발 등을 살 때 "이거 한번 입어봐도 돼요?, 이 신발 한번 신어봐도 돼요?, 이 모자 한번 써봐도 돼요?" 등의 말은 모두 可以试一下吗?라는 표현을 쓰시면 돼요.

Tip 这件衣服太紧了。Zhè jiàn yīfu tài jǐn le. 옷이 너무 꽉 껴.
这件衣服太松了。Zhè jiàn yīfu tài sōng le. 옷이 너무 헐렁해.
这件衣服太小了。Zhè jiàn yīfu tài xiǎo le. 옷이 너무 작아.
这件衣服太大了。Zhè jiàn yīfu tài dà le. 옷이 너무 커.
这件衣服太暴露了。Zhè jiàn yīfu tài bàolù le. 옷이 너무 야해.
这件衣服太老了。Zhè jiàn yīfu tài lǎo le. 옷이 너무 노티나.
这件衣服太嫩了。Zhè jiàn yīfu tài nèn le. 옷이 너무 유아틱해.
这件衣服太扎眼了。Zhè jiàn yīfu tài zhāyǎn le. 옷이 너무 튀어.

32 어울리다 适合 shìhé

A 这件连衣裙怎么样?
Zhè jiàn liányīqún zěnmeyàng?

B 很适合你。
Hěn shìhé nǐ.

A 이 원피스 어때?

B 너랑 잘 어울려.

단어 连衣裙 liányīqún 원피스 | 很 hěn 매우

★ 适合는 "적합하다, 적당하다"란 뜻으로 옷이나 액세서리 같은 것을 걸쳤을 때 "어울리다, 잘 맞는다"란 의미로 잘 쓰여요.

★ 반대로 "안 어울리다"란 말은 앞에 부정사 不를 써서 不适合라고 해요.

Tip
这件衣服不适合你。Zhè jiàn yīfu bù shìhé nǐ. 이 옷 너랑 잘 안 어울려.
这件衣服很适合你。Zhè jiàn yīfu hěn shìhé nǐ. 이 옷 너랑 완전 잘 어울려.
这件衣服太适合你。Zhè jiàn yīfu tài shìhé nǐ. 이 옷 완전 딱이야.
换别的试一下。Huàn bié de shì yíxià. 다른 걸로 입어봐.
袖子太长了。Xiùzi tài cháng le. 소매가 너무 길어.
裤脚太长了。Kùjiǎo tài cháng le. 바지 기장이 너무 길어.
领子太暴露了。Lǐngzi tài bàolòu le. 옷이 너무 파였어.
换宽松一点的。Huàn kuānsōng yìdiǎn de. 좀 넉넉한 걸로 입어.
换紧身一点的。Huàn jǐnshēn yìdiǎn de. 좀 붙는 걸로 입어.

33 옷이 잘 받다 得体 détǐ

A 你的穿着很得体。
Nǐ de chuānzhuó hěn détǐ.

B 你真有眼光。
Nǐ zhēn yǒu yǎnguāng.

A 넌 옷이 참 잘 받는 거 같아.

B 보는 눈은 있어가지고.

 穿着 chuānzhuó 옷차림 | 很 hěn 매우 | 得体 détǐ 제격이다, 알맞다 | 真 zhēn 정말 | 眼光 yǎnguāng 안목

★ 우리가 잘 쓰는 "옷이 잘 받는다"라는 말을 중국어로는 "옷차림이 제격이다"란 뜻의 穿着得体라고 해요.

★ 주의! 穿着의 着는 zhe가 아니라 zhuó라고 발음해요.

★ 有眼光은 "보는 눈이 있다, 안목이 있다"란 뜻으로, 예문의 你真有眼光은 우리말의 "안목이 뛰어난걸, 보는 눈이 있는데" 같은 어감을 줘요.

Tip
"이 옷 어때?"라는 질문에 대한 다양한 반응

- 나이 들어보여 显得老 xiǎnde lǎo
- 너무 어려보여 显得年轻 xiǎnde niánqīng
- 섹시해 보이는데 显得性感 xiǎnde xìnggǎn
- 단정해 보이는데 显得楚楚 xiǎnde chǔchu
- 지적으로 보이는데 显得知性 xiǎnde zhīxìng
- 아줌마 같아보여 显得像大妈 xiǎnde xiàng dàmā
- 아저씨 같아보여 显得像大叔 xiǎnde xiàng dàshū
- 야해 보이는데 显得暴露 xiǎnde bàolù
- 너무 튀는데 太扎眼了 tài zhāyǎn le
- 너무 화려한데 太华丽了 tài huálì le
- 완전 싼티나 太贱了 tài jiàn le
- 완전 부티나 太富贵了 tài fùguì le

34 캐주얼 休闲 xiūxián

A 你喜欢什么样的衣服?
Nǐ xǐhuan shénmeyàng de yīfu?

B 休闲的。
Xiūxián de.

A 넌 어떤 스타일의 옷을 좋아해?

B 캐주얼.

단어 喜欢 xǐhuan 좋아하다 | 什么样 shénmeyàng 어떤 모양(스타일) | 衣服 yīfu 옷

★ 休闲은 원래 "한가롭게 보내다"란 뜻으로, 영어 캐주얼의 번역어로 쓰이는 단어에요.
休闲的는 "캐주얼 적인 것"의 뜻이고요.
★ 반대로 "정장을 좋아해"라고 대답하려면 正装을 zhèngzhuāng de라고 하면 돼요.

Tip 我喜欢正装的。Wǒ xǐhuan zhèngzhuāng de. 난 정장을 좋아해.
我喜欢休闲的。Wǒ xǐhuan xiūxián de. 난 캐주얼을 좋아해.
我喜欢性感的。Wǒ xǐhuan xìnggǎn de. 난 섹시룩을 좋아해.
我喜欢可爱的。Wǒ xǐhuan kě'ài de. 난 큐티룩을 좋아해.

35 사이즈 号 hào

A 你穿多大号?
Nǐ chuān duō dà hào?

B 我穿M号。
Wǒ chuān M hào.

A 사이즈가 어떻게 되세요?

B 저 M 사이즈 입는데요.

단어 穿 chuān 입다 | M号 M hào 미디엄 사이즈

★ 사이즈는 号码 hàomǎ라고 하는데, 보통은 줄여서 号라고 많이 해요. 号는 "번호"란 뜻이지만, "사이즈, 호수"란 뜻도 있어요.
★ "전 몇 사이즈 입어요"란 말은 ⟨我wǒ+穿chuān+사이즈+号hào⟩형식을 써요.
★ 중국도 사이즈 구분을 우리처럼 L(라지), M(미디엄), S(스몰)로 구분해서 L号, M号, S号라고 해요. 중국사람들은 아무래도 살짝 중국식 영어 발음을 하다 보니 각각 "에르 하오", "에모 하오", "에쓰 하오"처럼 발음해요.

★ 중국에선 사이즈를 대·중·소로 나눠서 大号 dàhào, 中号 zhōnghào, 小号 xiǎohào라고 하기도 하는데, 이건 살짝 한물 간 표현이에요.

Tip 有大一号的吗? Yǒu dà yī hào de ma? 한 치수 큰거 있어요?
有小一号的吗? Yǒu xiǎo yī hào de ma? 한 치수 작은거 있어요?
穿多大号的裤子? Chuān duō dà hào de kùzi? 바지 몇 사이즈 입으세요?
穿多大号的鞋子? Chuān duō dà hào de xiézi? 신발 몇 사이즈 신으세요?
穿多大号的连衣裙? Chuān duō dà hào de liányīqún? 원피스 몇 사이즈 입으세요?

36 지퍼가 안올라가다 拉不上 lā bú shàng

A 这条裤子太小了，拉不上。
Zhè tiáo kùzi tài xiǎo le, lā bú shàng.

B 你该减肥!
Nǐ gāi jiǎnféi!

A 바지가 너무 작아. 지퍼가 안 올라가.

B 살 좀 빼시지!

단어 条 tiáo 벌((바지를 세는 양사)) | 裤子 kùzi 바지 | 小 xiǎo 작다 | 该 gāi ~해야만 하다 | 减肥 jiǎnféi 살을 빼다

★ 拉는 "당기다"로, 拉不上은 "당겨 올라가지 않다, 지퍼가 안 올라가다"란 뜻. 뱃살이 너무 쪄서 바지나 치마를 입었는데 지퍼가 안 올라갈 때, 이때 拉不上이란 표현을 쓰면 돼요.

★ 중국어로 "지퍼"는 拉链儿 lāliànr이라고 해요. 발음은 "라리알~"

Tip 여성들이 원피스 입을 때 잘 쓰는 "나 지퍼 좀 올려줘(내려줘)"란 말은 "돕다, 거들다"란 뜻의 帮 bāng을 써서 〈帮 bāng+我wǒ+拉上lāshàng(拉下lāxià)+拉链儿lāliànr〉형식으로 표현해요.
帮我拉上拉链儿。Bāng wǒ lā shàng lā liànr. 나 지퍼 좀 올려줘.
帮我拉下拉链儿。Bāng wǒ lā xià lā liànr. 나 지퍼 좀 내려줘.
你的拉链儿开了! Nǐ de lā liànr kāi le! 너 지퍼 열렸어!

37 옷을 거꾸로 입다 穿反了 chuān fǎn le

A 你衣服穿反了。
Nǐ yīfu chuān fǎn le.

B 我重新穿。
Wǒ chóngxīn chuān.

A 너 옷 거꾸로 입었어.

B 다시 입어야겠다.

단어 衣服 yīfu 옷 | 穿 chuān 입다 | 反 fǎn 거꾸로, 반대로 | 重新 chóngxīn 다시, 새로

★ "옷을 거꾸로 입다"란 말 왠지 쉬울 듯 하지만 은근히 애매합니다. 이땐 穿反了라는 표현을 쓰면 돼요. 穿은 "입다", 反了는 "뒤집혔다"로, 穿反了는 "옷을 거꾸로 입다, 옷을 뒤집어 입다"란 뜻이에요.

38 단추를 잘못 채우다 系串了 jì chuàn le

A 你衬衫系串了。
Nǐ chènshān jì chuàn le.

B 哦，我太马虎了。
Ò, wǒ tài mǎhu le.

A 너 셔츠 단추 잘못 채웠어.

B 앗! 나의 실수!

단어 衬衫 chènshān 셔츠 | 哦 ò 앗(놀람을 나타내는 감탄사) | 马虎 mǎhu 대강하다, 대충하다

★ 우리가 남방이나 와이셔츠를 입을 때 종종 단추를 잘못 채우는 경우가 있잖아요. 이런말은 "채우다"란 뜻의 系와 "잘못 연결하다"란 뜻의 串을 써서 系串了라고 표현해요. 주의! 여기서 系는 발음이 xì가 아닌 jì라는 게!

★ 马虎는 "칠칠치 못하다, 어리버리하다"의 뜻. 예문의 我太马虎了는 우리말의 "나 완전 어리버리해"같은 어감이에요.

39 바지가 안 들어가다 穿不进去 chuān bú jìnqù

A 这裤子我穿不进去。
Zhè kùzi wǒ chuān bú jìnqù.

B 你该减肥了!
Nǐ gāi jiǎnféi le!

A 바지가 안 들어가네.

B 살쯤 빼!

단어 裤子 kùzi 바지 | 穿 chuān 입다 | 进去 jìnqù 들어가다 | 该 gāi ~해야만 하다 | 减肥 jiǎnféi 살빼다

★ 穿不进去는 "입어서 들어가지 않다"로, 예문의 裤子我穿不进去를 직역하면 "바지가 내가 입어서 들어가지 않다"란 뜻이에요. 문장이 좀 복잡해 보이지만 우리말의 "바지가 안 들어가네"의 뜻이에요. 잘 쓰는 표현이니 꼭 외워두세요!

Tip 중국어로 "바지가 터질 것 같아"란 말은 어떻게 할까요? "곧 ~하다"란 뜻의 快…了 kuài…le, 터져 나가다란 뜻의 绷坏 bēnghuài를 써서 표현해요.
裤子快绷坏了。kùzi kuài bēnghuài le. 바지가 터질 것 같아.

40 바지기장 裤脚 kùjiǎo

A 这儿可以修裤脚吗?
Zhèr kěyǐ xiū kùjiǎo ma?

B 可以。
Kěyǐ.

A 여기 바지기장 수선 되죠?

B 네.

단어 这儿 zhèr 여기 | 可以…吗 kěyǐ…ma ~해도 되죠? | 修 xiū 수선하다

★ 裤脚는 말 그대로 "바지의 다리". 즉 바지기장을 말해요.
★ 바지기장을 수선하다란 말은 "수선하다, 수리하다"란 뜻의 修를 써서 修裤脚라고 해요.

Tip 修裤脚要多久? Xiū kùjiǎo yào duōjiǔ? 기장 수선하는데 얼마나 걸려요?
修裤脚多少钱? Xiū kùjiǎo duōshǎo qián? 기장 수선하는데 얼마예요?
修多长? Xiū duō cháng? 길이는 어떻게 수선할까요?
别拖地就行。Bié tuōdì jiù xíng. 땅에 안 끌리게 해주세요.

41 환불하다 退 tuì

A 这件衣服能退吗?
Zhè jiàn yīfu néng tuì ma?

B 有发票吗?
Yǒu fāpiào ma?

A 이 옷 환불할 수 있어요?

B 영수증 갖고 오셨나요?

단어 件 jiàn 옷을 세는 양사 | 衣服 yīfu 옷 | 发票 fāpiào 영수증

★ 退는 "물리다, 반환하다"로, 구입한 물건을 반환하고 돈을 다시 받는 환불을 말해요.

Tip 我把发票丢了。Wǒ bǎ fāpiào diū le. 영수증을 잃어버렸어요.
我没带发票。Wǒ méi dài fāpiào. 영수증 안 가져왔어요.
请保管好发票。Qǐng bǎoguǎn hǎo fāpiào. 영수증 잘 보관하세요.

42 교환하다 换 huàn

A 这件衣服能换一下吗?
Zhè jiàn yīfu néng huàn yíxià ma?

B 对不起,已经过期了。
Duìbuqǐ, yǐjing guòqī le.

A 이 옷 교환 가능해요?

B 죄송해요. 이미 기한이 지났는데요.

단어 能 néng 가능하다 | 过期 guòqī 기한이 지나다

★ 옷을 교환할 때 예를 들어 "큰 치수로 교환해주세요, 다른 색상으로 교환해주세요" 이럴 때는 换 huàn 뒤에 변화하여 다른 것이 됨을 나타내는 결과보어 成 chéng을 써서 〈换成 huànchéng+바꾸고 싶은 물건〉형식으로 써요.

Tip 这个换一下。Zhège huàn yíxià. 이거 교환해주세요.
这个退一下。Zhège tuì yíxià. 이거 환불해주세요.
这个换成别的颜色。Zhège huànchéng bié de yánsè. 이거 다른색으로 교환해주세요.
这个换成大一号的。Zhège huànchéng dà yī hào de. 이거 한 치수 큰걸로 교환해주세요.
这个换成小一号的。Zhège huànchéng xiǎo yī hào de. 이거 한 치수 작은걸로 교환해주세요.

43 고장나다   坏了 huài le

A 我的手机坏了。
Wǒ de shǒujī huài le.

B 去修一下吧!
Qù xiū yíxià ba!

A 내 휴대전화 고장났어.

B 가서 수리맡겨.

단어 手机 shǒujī 휴대전화 | 修 xiū 수리하다, 고치다

★ "(기계가) 고장났어"란 말은 "망가지다, 못쓰게 되다"란 뜻의 坏了를 써요. 처음 중국에 왔을 때 "고장나다"란 말을 어떻게 해야하나 한중사전을 찾아봤어요. 우리처럼 그냥 故障 gùzhàng이라고 한다고 해서 당당하게 썼는데… 두둥~ 전혀 못 알아 듣더군요. 故障은 자동차나 비행기, 발전소 등 큰 시스템에 문제가 발생할 때 〈出chū+故障 gùzhàng+了le〉처럼 쓰이고, 휴대전화, MP3, 시계, 컴퓨터 등이 고장났을 때는 모두 坏了를 써요.

Tip 这个能修吗? Zhège néng xiū ma? 이거 수리할 수 있어요?
修这个要多久? Xiū zhège yào duōjiǔ? 이거 고치는데 얼마나 걸려요?
我手机掉了。Wǒ shǒujī diào le. 나 휴대전화를 떨어뜨렸어.
我手机进水了。Wǒ shǒujī jìn shuǐ le. 내 휴대전화에 물이 들어갔어.

44 A/S 받다   保修 bǎoxiū

A 我的电脑坏了，可以保修吧?
Wǒ de diànnǎo huài le, kěyǐ bǎoxiū ba?

B 当然可以。
Dāngrán kěyǐ.

A 제 컴퓨터 고장났는데. A/S 되죠?

B 물론이죠.

단어 电脑 diànnǎo 컴퓨터 | 坏了 huài le 고장나다 | 可以 kěyǐ 가능하다 | 当然 dāngrán 당연히

★ 保修는 "수리를 보증한다"는 뜻으로 유효기간이 정해진 무상 애프터서비스를 말해요.

Tip AS센터 : 售后服务站 shòuhòu fúwùzhàn

45 마트에 가다 去超市 qù chāoshì

A 我去超市，一起去吗?
Wǒ qù chāoshì, yìqǐ qù ma?

B 我也要买东西。
Wǒ yě yào mǎi dōngxi.

A 나 마트에 가는데, 같이 갈래?

B 나도 장 볼 거 있어.

단어 去 qù 가다 | 超市 chāoshì 마트, 슈퍼 | 一起 yìqǐ 같이 | 买 mǎi 사다 | 东西 dōngxi 물건

★ 중국어로 "마트에 가다"란 말은 去超市라고 해요.
★ 이마트나 롯데마트 같은 대형 마트는 超市라고 하고, 동네에 있는 작은 구멍가게는 小卖铺 xiǎomàipù 또는 食杂店 shízádiàn이라고 해요. 세븐 일레븐 같은 24시간 편의점은 便利店 biànlìdiàn이라고 하죠. 재래시장은 菜市场 càishìchǎng이고요.

Tip 咱们一起去超市吧。Zánmen yìqǐ qù chāoshì ba. 우리 마트 같이 가자.
写个清单。Xiě ge qīngdān. 쇼핑 리스트를 작성하다.

카트 手推车 shǒutuīchē	장바구니 手提筐 shǒutíkuāng	생활용품 日用品 rìyòngpǐn	치약 牙膏 yágāo
샴푸 洗发水 xǐfàshuǐ	린스 润发露 rùnfàlù	비누 香皂 xiāngzào	휴지 手纸 shǒuzhǐ
생리대 卫生巾 wèishēngjīn	폼클렌징 洗面奶 xǐmiànnǎi	바디클렌져 沐浴露 mùyùlù	퐁퐁 洗洁精 xǐjiéjīng
세제 洗衣粉 xǐyīfěn	쑤세미 洗碗布 xǐwǎnbù	면도기 剃须刀 tìxūdāo	면봉 棉球 miánqiú
화장솜 化妆棉 huàzhuāngmián	조미료 调料 tiáoliào	식용유 色拉油 sèlāyóu	과일 水果 shuǐguǒ
빵 面包 miànbāo	삼겹살 五花肉 wǔhuāròu	갈비 牛排 niúpái	돼지고기 猪肉 zhūròu
소고기 牛肉 niúròu	생선 鱼 yú	야채 蔬菜 shūcài	음료수 饮料 yǐnliào
소주 烧酒 shāojiǔ	맥주 啤酒 píjiǔ		

46 비닐봉투 袋儿 dàir

A 要袋儿吗?
Yào dàir ma?

B 要。
Yào.

A 봉투 필요하세요?

B 네.

★ 위 예문은 중국 마트에 갔을 때 손님과 계산원이 항상 주고받는 대화에요. 점원이 "봉투 필요하세요?"라고 물었을 때 "네"라는 대답은 그냥 要로 간단히 말해요.

★ 중국어로 "비닐봉투"는 원래 塑料袋儿 sùliàodàir이라고 하는데, 중국사람들은 그냥 심플하게 袋儿이라고 해요. 발음은 "딸~".

Tip 我要一个袋儿。Wǒ yào yí ge dàir. 봉투 하나 주세요
我要大的袋儿。Wǒ yào dà de dàir. 큰 봉투로 주세요.
我要小的袋儿。Wǒ yào xiǎo de dàir. 작은 봉투로 주세요.
我要纸袋儿。Wǒ yào zhǐdàir. 종이봉투로 주세요.(纸袋儿 종이봉투)

China talk! talk!

중국에는 까르프(家乐福 jiālèfú), 월마트(沃尔玛 wò'ěrmǎ)같은 외국계 마트부터, 한국의 롯데마트(乐天玛特 lètiān mǎtè, 이마트(易买得 yìmǎidé) 등 다양한 대형 마트가 모두 입점해있어요. 예전에는 마트에서 비닐봉투는 그냥 공짜로 주곤 했는데, 요즘은 환경 보호차원에서 마트뿐만 아니라 작은 슈퍼에서도 봉투값을 받기 시작했어요. 보통 작은 봉투는 5마오(우리돈 100원), 큰 봉투는 1위안(우리돈 200원)씩 받습니다. 중국 마트에서는 우리처럼 무료 배포용 종이 봉투를 따로 주지도 않아요. 그래서 중국에서 마트를 갈 때는 예쁜 휴대용 장바구니를 가져가는 센스가 필요하답니다.

47 값이 오르다 涨价 zhǎngjià

A 最近菜涨价了。
Zuìjìn cài zhǎngjià le.

B 菜价是天价。
Cài jià shì tiānjià.

A 요즘 야채값이 많이 올랐어.

B 야채값이 금값이야.

단어 菜 cài 야채 | 菜价 càijià 야채값 | 涨 zhǎng 오르다 | 天价 tiānjià 금값

★ 예문의 最近菜涨价了를 풀이하면 "요즘 야채가 값이 올랐다"로, "요즘 야채값이 올랐어"란 뜻이에요.
★ 天价는 말 그대로 "하늘 같은 가격". 즉 물건값이 굉장히 비싼 것을 뜻하는 "금값"에 해당하는 어휘에요.
★ 반대로 "가격이 내리다, 가격이 떨어지다"란 말은 降价 jiàng jià라고 해요.

Tip 菜价涨了。Cài jià zhǎng le. 야채값이 올랐어.
菜价降了。Cài jià jiàng le. 야채값이 떨어졌어.
汽油价涨了。Qìyóu jià zhǎng le. 기름값이 올랐어.
猪肉价涨了很多。Zhūròu jià zhǎng le hěn duō. 돼지고기값이 많이 올랐어.
白菜价涨了很多。Báicài jià zhǎng le hěn duō. 배추값이 많이 올랐어.
黄金价涨了很多。Huángjīn jià zhǎng le hěn duō. 금값이 많이 올랐어.
黄金价降了很多。Huángjīn jià jiàng le hěn duō. 금값이 많이 떨어졌어.

48 원플러스 원 买一送一 mǎi yī sòng yī

A 买这个吧，买一送一。
Mǎi zhège ba, mǎi yī sòng yī.

B 好的。
Hǎo de.

A 이걸로 사자. 원 플러스 원이래.

B 오케이.

단어 买 mǎi 사다 | 这个 zhège 이거 | 送一 sòng yī 덤으로 주다

★ 买一送一는 말 그대로 "한 개를 사면 한 개를 덤으로 주다". 즉 "원 플러스 원"의 뜻이죠.

★ 중국의 마트에 가면 우리처럼 판매원들이 치약이나 칫솔 같은 물건을 판촉하면서 买一送一라고 외치는 걸 쉽게 들을 수가 있죠. 제가 즐겨 시켜먹는 도미노 피자에서도 회원카드를 만들면 买一送一로 한판을 시키면 한판을 공짜로 준답니다.

Tip 마트나 백화점에서하는 특별 기획전, 이벤트 행사, 고객 감사전 같은 특별 행사 등을 중국어로는 "활동을 진행한다"라는 뜻의 搞活动 gǎo huódòng라고 표현해요. "보통 ~행사를 진행중이다"라고 할 때는 "~하는 중이다"란 뜻의 在 zài를 앞에 써서 〈在 zài + 搞活动 gǎo huódòng〉형식으로 써요.
商场在搞活动。Shāngchǎng zài gǎo huódòng. 상점에서 이벤트 활동을 진행중이다.

49 외상하다 赊账 shēzhàng

A 我没带钱包，可以赊账吗?
Wǒ méi dài qiánbāo, kěyǐ shēzhàng ma?

B 押上你的身份证。
Yāshàng nǐ de shēnfènzhèng.

A 지갑을 안 가져왔는데. 외상되요?

B 신분증 맡겨두고 가세요.

단어 带 dài 가져오다 | 钱包 qiánbāo 지갑 | 押上 yāshàng 담보로 잡다 | 身份证 shēnfènzhèng 신분증

★ 문의 押上你的身份证은 직역하면 "당신의 신분증을 담보로 잡다"로, 우리말의 "신분증 맡겨두고 가세요"란 의미로 해석할 수 있어요.

★ 중국에 살면서 지금까지 외상을 한적이 없어서 실제로 이런 말을 해볼 기회가 없었어요. 그리고보니 제 중국인 친구들이 이런 말을 하는 것도 들어본 적이 없는 것 같네요.

PART
03

去餐厅 식당에 가다

중국의 음식은? 반점, 주점, 찬팅?

중국은 식도락 천국! 중국에선 맛집을 일일이 열거하기가 불가능할 정도로, 요리를 잘 하는 식당이 많아요. 중국에서는 식당을 "밥집" 이란 뜻의 饭馆 fànguǎn이라고 해요. 우리의 레스토랑 개념인 餐厅 cāntīng이란 말도 잘 쓰이고요. 규모가 크고 화려한 식당에는 "주점" 이란 뜻의 酒店 jiǔdiàn과 "반점"이란 뜻의 饭店도 쓰여요. 酒店과 饭店은 또한 호텔을 가리키기도 하고요. 중국에서 최고의 맛집을 찾으시려면 "디앤핑"이란 사이트를 둘러보세요. 각 지역별, 가격별, 음식 종류별로 네티즌의 상세한 리뷰와 함께 깨알 같은 정보를 얻을 수가 있어요. [웹사이트 주소 www.dianping.com]

01 여기요 服务员 fúwùyuán

A 服务员!
Fúwùyuán!

B 您需要什么?
Nín xūyào shénme?

A 여기요!

B 뭐 필요하신 거 있으세요?

단어 需要 xūyào 필요하다 | 什么 shénme 무엇

★ 주의! 중국 식당에서 "여기요"하고 종업원을 부를 때 행여나 우리식으로 생각해서 "여기, 이곳"라는 뜻의 这里 zhèlǐ 라고 외치거나 여종업원에게 "아가씨"란 뜻의 小姐 xiǎojiě라고 부르면 몹시 부자연스러워요.

★ 중국사람들은 식당에서 服务员하고 외칠 때 뒤에 얼화음을 넣어 "푸우위알~"하고 발음해요.

02 메뉴판 菜单 càidān

A 服务员，拿菜单!
Fúwùyuán, ná càidān!

B 马上来。
Mǎshàng lái.

A 여기요! 메뉴판 좀 갖다주세요.

B 바로 갖다 드릴게요.

단어 服务员 fúwùyuán 종업원 | 拿 ná 갖고 오다 | 马上 mǎshàng 바로

★ "메뉴판 좀 갖다주세요"란 말은 복잡하게 생각치 마시고, 그냥 간단하게 "갖고 오다"란 뜻의 拿를 써서 拿菜单이라고 하면 되요.

★ 马上来는 "바로 오다", 즉 우리말의 "금방 갖다드릴게요"란 의미에요.

03 예약하다 预定 yùdìng

A 您预定了吗?
Nín yùdìng le ma?

B 已经预定了。
Yǐjing yùdìng le.

A 예약하셨어요?

B 예약했는데요.

단어 预定 yùdìng 예약하다 | 已经 yǐjing 이미

★ 预定은 어휘 자체가 "예약하다"란 동사로 쓰이기 때문에 별도의 동사가 필요 없어요.

Tip 我预定了。Wǒ yùdìng le. 저 예약했는데요.
我没预定。Wǒ méi yùdìng. 저 예약 안 했는데요.
我三点预定了。Wǒ sān diǎn yùdìng le. 저 3시에 예약했는데요.
我要取消预订。Wǒ yào qǔxiāo yùdìng. 예약을 취소하고 싶어요.
我肯定预定了。Wǒ kěndìng yùdìng le. 저 분명히 예약했어요.
你再查一下。Nǐ zài chá yíxià. 다시 한번 확인해보세요.

04 순번을 기다리다 排号 páihào

A 对不起，你得排号。
Duìbuqǐ, nǐ děi páihào.

B 需要等多久?
Xūyào děng duōjiǔ?

A 죄송해요. 순번을 기다리셔야해요.

B 얼마나 기다려야 해요?

단어 得 děi ~해야만 하다 | 需要 xūyào ~필요하다 | 等 děng 기다리다 | 多久 duōjiǔ 얼마나 오래

★ 排号는 식당에 손님이 많아서 번호표를 받고 대기하는 "순번을 기다리다"란 뜻이에요.
★ 식당에서 나눠주는 순번대기표는 等位号 děng wèihào라고 해요.

Tip 我给你个等位号。Wǒ gěi nǐ ge děng wèihào. 순번표 드릴게요.
23号顾客! Èrshí sān hào gùkè! 23번 손님!
现在没有位置。Xiànzài méiyǒu wèizhì. 지금 자리가 없어요.
我们换一家饭馆。Wǒmen huàn yī jiā fànguǎn. 우리 다른식당으로 가자.

05 몇 분이세요? 您几位? Nín jǐ wèi?

A 欢迎光临，您几位？
Huānyíng guānglín, nín jǐ wèi?

B 两位。
Liǎng wèi.

A 어서오세요. 몇 분이세요?

B 두 명이요.

단어 几 jǐ 몇 | 位 wèi 분 (사람을 세는 양사) | 欢迎光临 huānyíng guānglín 어서오세요

★ 중국 식당의 문을 여는 순간 처음 듣게 되는 말이 바로 您几位?에요. 근데 이 질문에 대답을 틀리게 하는 분들이 많아요. 예를 들어 "두 명이요"할 때 两个人 liǎng ge rén, "세 명이요"하면 三个人 sān ge rén이라고 "명"이란 양사 个를 붙이는데, 그럼 안 되요. 반드시 공경의 뜻을 가진 양사 位 wèi를 붙여서 두 명은 "두 분"이란 뜻의 两位 liǎng wèi, 세 명은 "세 분"이란 뜻의 三位 sān wèi라고 해야 맞아요.

★ 欢迎光临은 우리말의 "어서오세요"로, 식당이나 패스트푸드점에 가면 종업원이 크게 외치는 말이에요.

Tip 欢迎光临，星巴克。Huānyíng guānglín, xīngbākè. 어서오세요. 스타벅스입니다.

06 흡연석 비흡연석 吸烟区 xīyān qū, 无烟区 wúyān qū

A 你要吸烟区还是无烟区？
Nǐ yào xīyān qū háishi wúyān qū?

B 无烟区。
Wúyān qū.

A 흡연석 원하세요 아니면 비흡연석 원하세요?

B 비흡연석이요.

단어 要 yào 원하다 | 还是 háishi 아니면, 또는

★ 吸烟区는 "흡연구역", 즉 "흡연석"을 말해요. 반대로 无烟区는 "비흡연석"을 가리키고요.

Tip 这儿可以吸烟吗？Zhèr kěyǐ xīyān ma? 여기 흡연가능해요?
这儿不让吸烟。Zhèr bú ràng xīyān. 여기 금연이에요.
拿个烟灰缸。Ná ge yānhuīgāng. 잿덜이 좀 갖다주세요.

중국은 흡연율이 높은 편이에요. 현재 중국의 흡연자는 3억명 이상으로, 장소를 가리지 않고 담배를 피웁니다. 모든 식당에서도 거의 흡연이 가능해요. 심지어는 사우나 탕안에 들어 앉아서도 담배를 피워대니 뭐 할 말 다했죠. 지난 2008년 베이징 올림픽 전에는 식당에서 금연을 시행하기도 했지만, 올림픽이 끝나고 금세 흐지부지 돼버렸어요. 시간은 오래 걸리겠지만 국민의 건강을 생각해서 정부에서 금연 캠페인을 꾸준히 실행하면 중국의 흡연율이 점점 낮아지지 않을까 하는 바람입니다.

07 음식 주문하다 点菜 diǎn cài

A 我要点菜。
Wǒ yào diǎn cài.

B 你要点什么菜?
Nǐ yào diǎn shénme cài?

A 음식 좀 주문할게요.

B 무슨 음식 주문하실 거에요?

단어 现在 xiànzài 지금 | 可以 kěyǐ ~해도 좋다

★ 点은 "시키다, 주문하다", 菜 cài는 "음식, 요리"로, 点菜는 "음식을 주문하다"란 뜻이에요.
★ 음식 주문시 "여기, 주문 받으세요, 음식 좀 주문할게요"같은 말은 짧고 명료하게 服务员, 点菜。Fúwùyuán, diǎncài.라고 하면 되요.

Tip 你要点菜吗? Nǐ yào diǎn cài ma? 음식 주문하시겠어요?
你要点什么菜? Nǐ yào diǎn shénme cài? 무슨 음식 주문하실거에요?
我要点一碗炸酱面。Wǒ yào diǎn yì wǎn zhájiàngmiàn. 자장면 한 그릇 주세요.

중국요리는 주문할 때 요령이 필요해요. 먼저 메뉴판 앞장을 열면 "차가운 요리"란 뜻의 凉菜 liángcài 섹션이 나와요. 이건 일종의 에피타이저로 오이무침, 돼지고기 수육, 당면무침 등 차가운 요리가 주를 이루죠. 여기서 우선 한 두가지를 선택해요. 다음장으로 넘기면 고기요리인 肉类 ròurèi 섹션이 나와요. 예를 들어 닭고기와 땅콩을 볶은 궁바오지딩이라든가, 탕수육같이 볶거나 튀긴 고기요리가 주를 이루죠. 여기서도 또 한 두 가지 선택을 합니다. 그 다음엔 야채요리. 즉 蔬菜 shūcài 섹션이 나와요. 고기요리는 조금 느끼해서 야채요리를 반드시 곁들여야 해요. 그리고 대망의 메인요리인 招牌菜 zhāopaicài 섹션에서 굵직한 잉어 탕수육이라든가, 카오야 등 생선이나 고기류로 한 두 가지를 선택해요. 마지막으로 주식 主食 zhǔshí를 고르는데, 중국사람들은 밥보다는 면 종류나 물만두 등을 먹어요. 특이한 건 중국사람들은 요리를 먹을 때 우리처럼 밥과 함께 먹지 않아요. 마치 주식을 후식 개념으로 먹곤 하죠. 이처럼 각 섹션별로 육·해·공 요리를 고르고, 차가운 요리와 뜨거운 요리를 골고루 배합시키는 것이 오리지널 중국요리를 주문하는 법칙이에요.

08 ~주세요 来 lái

A 现在点菜吗?
Xiànzài diǎn cài ma?

B 来一碗炸酱面。
Lái yī wǎn zhájiàngmiàn.

A 지금 주문하시겠어요?

B 자장면 한 그릇 주세요.

단어 点菜 diǎn cài 음식을 주문하다 | 碗 wǎn 그릇 | 炸酱面 zhájiàngmiàn 자장면

★ 네이티브들은 음식 주문할 때 "~주세요"란 뜻의 来를 잘 써요. "자장면 한 그릇 주세요"처럼 구체적인 음식의 주문은 〈来 lái+수량+양사+음식명〉형식을 써요.

★ 주의! 대다수 중국사람들은 음식 주문시 来앞에 영어 please에 해당하는 请 qǐng을 잘 안 붙이잖아요. 请을 안 쓴다고 절대 예의 없어 보이진 않으니까 안심하세요.

Tip 来一碗冷面。Lái yī wǎn lěngmiàn. 냉면 한 그릇 주세요.
来一杯美式咖啡。Lái yī bēi měishì kāfēi. 아메리카노 한 잔 주세요.
来一个巨无霸。Lái yí ge jùwúbà. 빅맥 버거 하나 주세요.
来一个二号套餐。Lái yí ge èr hào tàocān. 2번 세트메뉴 하나 주세요.

09 아무거나 시켜 随便点 suíbiàn diǎn

A 你想吃什么?
Nǐ xiǎng chī shénme?

B 随便点!
Suíbiàn diǎn!

A 너 뭐 먹고 싶어?

B 아무거나 시켜!

단어 想 xiǎng ~하고 싶다 | 吃 chī 먹다 | 随便 suíbiàn 좋을 대로, 마음대로 | 点 diǎn 주문하다

★ 随便点은 우리말의 "네 마음대로 시켜, 아무거나 시켜"같은 의미에요.

Tip 你帮我点菜吧。Nǐ bāng wǒ diǎn cài ba. 네가 나대신 주문 좀 해줘.
你点你喜欢吃的。Nǐ diǎn nǐ xǐhuan chī de. 네가 먹고 싶은 걸로 시켜.
我替你点菜。Wǒ tì nǐ diǎn cài. 내가 네 대신 주문할게.
我不知道这里有什么好吃的。Wǒ bù zhīdào zhèlǐ yǒu shénme hǎochī de. 나 여기 뭐가 맛있는지 몰라.

10 추천요리 招牌菜 zhāopái cài

A 这里的招牌菜是什么?
Zhèlǐ de zhāopai cài shì shénme?

B 我推荐烤鸭。
Wǒ tuījiàn kǎoyā.

A 여기 제일 잘 하는 음식이 뭐에요?

B 오리구이를 추천해드려요.

단어 这里 zhèlǐ 여기 | 什么 shénme 무엇 | 推荐 tuījiàn 추천하다 | 烤鸭 kǎoyā 오리구이

★ 招牌는 '간판', 菜는 '요리'라는 뜻으로, 招牌菜는 식당의 이름을 내걸만큼 자신있게 만드는 요리를 말해요. 중국식당에 가서 음식을 고를 때 이도 저도 모르겠으면 종업원에게 招牌菜가 뭔지 물어보세요.

Tip 推荐一下好吃的菜。Tuījiàn yíxià hǎochī de cài. 맛있는 음식 좀 추천해주세요.
这里哪个菜好吃? Zhèlǐ nǎ ge cài hǎochī? 여기 어떤 음식이 맛있어요?
这里烤鸭做得好吗? Zhèlǐ kǎoyā zuò de hǎo ma? 여기 오리구이 괜찮게 해요?

11 밑반찬 小菜 xiǎocài

A 再来一点小菜。
Zài lái yì diǎn xiǎocài.

B 好的。
Hǎo de.

A 밑반찬 좀 더 주세요.

B 네.

단어 再 zài 다시 | 来 lái 주다, 갖다주다 | 一点 yìdiǎn 조금, 약간 | 好的 hǎo de 네, 그러죠

★ 小菜는 말 그대로 "작은 음식". 즉 식당에서 공짜로 나오는 "밑반찬"을 말해요.
★ 再来는 "다시 ~갖다 주세요"로, 再来一点小菜는 "밑반찬 좀 더 주세요"의 뜻.

China talk! talk!

중국식당에선 밑반찬이 공짜가 아니에요. 심지어는 생수도 돈을 받습니다. 예전에는 재스민차 정도는 공짜로 나오곤 했는데, 지금은 공짜 물은 '开水 kāishuǐ'라고 하는 끓인 맹물이 전부에요. 요즘은 앞접시, 컵, 젓가락을 한 세트로 랩으로 포장을 해 놓고 1위안(우리돈 190원)의 돈을 받는 식당도 부지기수고요. 상황이 이렇다 보니 밑반찬을 화려하게 세팅해주는 현지 한국식당이 자연스레 인기를 끌고 있어요. 베이징의 한인타운인 왕징에는 예약을 안 하면 자리가 없을 정도로 중국인 손님들로 북적이는 고기집이 있어요. 이곳은 꽤 괜찮은 밑반찬(특히 계장)이 무한리필 되는데, 아마도 이런 점이 중국인들에게 어필되지 않았나 싶어요.

12 셀프서비스 自助 zìzhù

A 再来一点泡菜。
Zài lái yìdiǎn pàocài.

B 小菜是自助的。
Xiǎocài shì zìzhù de.

A 김치 좀 더 갖다주세요.

B 밑반찬은 셀프에요.

단어 再 zài 다시 | 来 주다. 갖다주다 | 一点 yìdiǎn 조금. 약간 | 泡菜 pàocài 김치

★ 참고로 뷔페는 "셀프서비스 음식"이란 뜻의 自助餐 zìzhùcān이라고 해요.

Tip 我不怎么喜欢自助餐。Wǒ bù zěnme xǐhuan zìzhùcān. 난 뷔페 별로 안 좋아해.

13 음식을 가리다 忌口 jìkǒu

A 您有什么忌口的吗?
Nín yǒu shénme jìkǒu de ma?

B 不要香菜。
Búyào xiāngcài.

A 요리에 가리시는 게 있으세요?

B 샹차이는 빼주세요.

단어 什么 shénme 무엇 | 不要 búyào ~필요 없다 | 香菜 xiāngcài 고수

★ 중국식당에 가면 음식 주문시 종업원이 꼭 물어보는 말이 바로 您有什么忌口的吗?에요. 직역하면 "당신은 무슨 음식을 가리세요?"로, 주문한 요리를 만들 때 향신료나 조미료, 또는 맵고 짠 정도 등에 대해 특별한 요구가 있는지 손님에게 물어보는 거에요.

★ 한국사람들은 대부분 향이 강한 야채인 샹차이를 싫어하니까 不要香菜라고 하면 되요.

★ 苦 : kǔ 쓰다 / 甜味 : tiánwèi 달다 / 辣 : là 맵다 / 咸 : xián 짜다 / 油腻 : yóunì 느끼하다

Tip 不要太辣。Búyào tài là. 덜 맵게 해주세요.
不要太咸。Búyào tài xián. 덜 짜게 해주세요.
不要太甜。Búyào tài tián. 덜 달게 해주세요.
不要太油腻。Búyào tài yóunì. 덜 느끼하게 해주세요.

14 젓가락 떨어졌어 筷子掉了 kuàizi diào le

A 筷子掉了。
Kuàizi diào le.

B 服务员，拿双筷子。
Fúwùyuán, ná shuāng kuàizi.

A 젓가락 떨어졌다.

B 여기요. 젓가락 좀 갖다 주세요.

단어 筷子 kuàizi 젓가락 | 掉 diào 떨어지다 | 拿 ná 가지고 오다 | 双 shuāng 쌍(젓가락을 세는 양사)

★ 우리가 식당가면 잘 쓰는 "물 좀 갖다 주세요", "냅킨 좀 갖다 주세요"같은 "~좀 갖다 주세요"란 말은 "가지고 오다"라는 뜻의 拿를 써서 〈拿 ná+양사+물건〉형식으로 표현해요. 이 때 문장앞에 请를 붙여도 되고, 안 붙여도 전혀 상관 없어요.

Tip 拿个碟子。Ná ge diézi. 앞접시 좀 갖다 주세요.
拿张湿巾。Ná zhāng shījīn. 물수건 좀 갖다주세요.
拿杯水。Ná bēi shuǐ. 물 좀 갖다 주세요.
拿个勺儿。Ná ge sháor. 수저 좀 갖다 주세요.
拿张餐巾纸。Ná zhāng cānjīnzhǐ. 냅킨 좀 갖다주세요.

China talk! talk!

중국사람들은 밥 먹을 때 숟가락을 거의 안 써요. 밥이든 반찬이든 그냥 젓가락 하나로 해결하죠. 물론 죽이나 전골 같이 국물이 있는 요리를 먹을 때는 숟가락을 사용합니다. 여러분도 다들 아시죠? 중국집에 가면 볼 수 있는 사기로 만든 작은 숟가락이요. 숟가락은 勺子 sháozi라고 하는데 얼화음을 붙여서 勺儿 sháor이라고 해요. 그럼 얼화를 붙여서 다 같이 발음해 볼까요? "샤올~"

15 테이블 좀 닦아주세요 擦一下桌子 cā yíxià zhuōzi

A 桌子太脏了。
Zhuōzi tài zāng le.

B 服务员，擦一下桌子。
Fúwùyuán, cā yíxià zhuōzi.

A 테이블이 너무 지저분하다.
B 여기요, 테이블 좀 닦아주세요.

단어 桌子 zhuōzi 테이블 | 脏 zāng 더럽다 | 服务员 fúwùyuán 종업원

★ 擦는 "닦다"로, 擦一下桌子 cā yíxià zhuōzi는 "테이블 좀 닦아주세요"란 뜻이에요.

Tip 碟子脏了。Diézi zāng le. 접시가 지저분하다.
杯子脏了。Bēizi zāng le. 컵이 지저분하다.
杯子裂了。Bēizi liè le. 컵에 금이 가다.
勺子有饭粒。Sháozi yǒu fànlì. 수저에 밥풀이 묻어있다.

16 물을 쏟다 水洒了 shuǐ sǎ le

A 呦！水洒了。
Yōu! shuǐ sǎ le.

B 快擦一下。
Kuài cā yíxià.

A 앗! 물 쏟았어.
B 빨리 닦아.

단어 呦 yōu 앗(놀람을 나타내는 감탄사) | 快 kuài 빨리 | 擦 cā 닦다 | 洒 sǎ 엎지르다. 뿌리다

★ 洒는 "엎지르다, 뿌리다"로, 水洒了는 "물이 엎지러졌다, 물이 쏟아졌다"란 뜻이에요.

Tip 用纸擦一下。Yòng zhǐ cā yíxià. 휴지로 좀 닦아.
用毛巾擦一下。Yòng máojīn cā yíxià. 수건으로 좀 닦아.

17 재촉하다 催一下 cuī yíxià

A 菜怎么还没上?
Cài zěnme hái méi shàng?

B 我去催一下。
Wǒ qù cuī yíxià.

A 음식이 왜이리 안 나와요?

B 제가 가서 재촉할게요.

단어 菜 cài 음식 | 还没 hái méi 아직 없다 | 上 shàng (음식이) 나오다

★ 催는 "독촉하다, 재촉하다"로, 催一下는 "재촉 좀 해주세요. 빨리 좀 해주세요"의 뜻이에요.
★ 중국식당에 갔는데 음식이 늦게 나오면 종업원을 불러 그냥 催一下라고 말하면 돼요.

Tip 菜上得真慢。Cài shàng de zhēn màn. 음식 진짜 늦게 나온다.
上菜快点。Shàng cài kuài diǎn. 음식 좀 빨리 갖다주세요.
菜还没上呢。Cài hái méi shàng ne. 음식이 아직 안 나왔어요.
菜没做就不要了。Cài méi zuò jiù búyào le. 음식 안 만들었으면 취소할게요.

18 서비스 태도 服务态度 fúwù tàidù

A 这里的服务态度太差了。
Zhèlǐ de fúwù tàidù tài chà le.

B 别再来。
Bié zài lái.

A 여기 서비스 태도 완전 꽝이야.

B 다신 오지 말자.

단어 这里 zhèlǐ 여기, 이곳 | 差 chà (질이) 떨어지다, 낮다 | 再 zài 다시 | 来 lái 오다

★ 服务는 "서비스", 态度는 "태도, 자세"로, 服务态度는 식당에서 종업원의 "서비스 태도"를 뜻해요.

Tip 服务态度真让人感动。Fúwù tàidù zhēn ràng rén gǎndòng. 서비스 태도가 감동적이다.
服务态度真好。Fúwù tàidù zhēn hǎo. 서비스 태도가 정말 좋다.
叫老板来一下! Jiào lǎobǎn lái yíxià! 사장 나오라고 해!

19 음식을 싸가다 打包 dǎbāo

A 服务员，请打包。
Fúwùyuán, qǐng dǎbāo.

B 好的。
Hǎo de.

A 여기요. 이것 좀 싸주세요.

B 네.

단어 好的 hǎo de 네

★ 打包는 음식점에서 먹고 남은 음식을 싸가지고 가는 것을 말해요. "이것 좀 싸주세요"란 말은 본문처럼 간단히 请打包라고 하면 되요.

★ 중국사람들은 웬만하면 남은 음식을 다 싸가지고 가요. 양이 아주 조금만 남아도 어김없이 싸갑니다. 중국에 가시면 체면 때문에 맛있는 음식을 남기지 말고 꼭 싸가지고 오세요. 결코 창피한 일이 아닙니다.

Tip 咱们打包吧! Zánmen dǎbāo ba! 우리 음식 싸가자.
打包不丢脸。Dǎbāo bù diūliǎn. 음식 싸가는 건 창피한게 아니야.

China talk! talk!

우리나라 사람들은 예의가 참 바른지라 중국어를 할 때 영어 please에 해당하는 请 qǐng을 참 잘 쓰죠. 초급용 중국어 교재를 봐도 그렇고 학원에서도 보통 그렇게 가르치니까요. 하지만 대부분의 중국사람들은 시도때도없이 请을 쓰지 않아요. 중국어에는 우리처럼 존댓말이 있는것이 아니니까요. 만약 请을 안 쓴다고 해서 절대! 네버! 예의가 없어 보이거나 공손한 느낌이 줄어들지 않습니다. 그러니까 너무 请에 얽매이실 필요 없어요. 중국사람들은 "음식을 싸주세요"란 말도 请을 빼고 그냥 打包 dǎbāo라고 하니까요.

20 테이크 아웃하다 带走 dàizǒu

A 你要在这儿吃还是带走?
Nǐ yào zài zhèr chī háishi dàizǒu?

B 我要带走。
Wǒ yào dàizǒu.

A 여기서 드실거에요, 아니면 싸가실 거에요?

B 싸가지고 갈거에요.

단어 在 zài ~에서 | 这儿 zhèr 여기, 이곳 | 吃 chī 먹다 | 还是 háishi 아니면

★ 带走는 말 그대로 "가지고 가다", 즉 "테이크 아웃하다"의 뜻이에요.
★ 예문의 我要带走는 "저 테이크 아웃 할거에요"로, 중국의 KFC나 스타벅스에 가시면 유용하게 쓸 수 있는 표현이죠.

Tip 我要在这儿吃。Wǒ yào zài zhèr chī. 저 여기서 먹을 거에요.
咖啡要带走。Kāfēi yào dàizǒu. 커피를 테이크 아웃하다.

스타벅스 메뉴판

아메리카노 美式咖啡 měishì kāfēifēi	아이스 아메리카노 冰美式咖啡 bīng měishì kāfēi	카페 라떼 拿铁 nátiě
바닐라 라떼 香蕉拿铁 xiāngjiāo nátiě	카푸치노 卡布奇诺 kǎbùqínuò	카페 모카 摩卡 mókǎ
아이스 카페 모카 冰咖啡 bīng mókǎ	카라멜 마끼아또 焦糖玛奇朵 jiāotáng mǎqíduǒ	에스프레소 浓缩咖啡 nóngsuō kāfēi
카라멜 프라푸치노 香蕉星冰乐 xiāngjiāo xīngbīnglè	초콜릿 프라푸치노 巧克力星冰乐 qiǎokèlì xīngbīnglè	바닐라 프라푸치노 香草星冰乐 xiāngcǎo xīngbīnglè
얼 그레이 伯爵红茶 bójué hóngchá	녹차 프라푸치노 抹茶星冰乐 mǒchá xīngbīnglè	잉글리쉬 블랙 퍼스트 英式红茶 yīngshì hóngchá
WHOLE MILK 全脂奶 quánzhīnǎi	NONFAT 脱脂奶 tuōzhīnǎi	시럽 糖浆 tángjiāng
휘핑 크림 鲜奶油 xiānnǎiyóu	스몰/톨/그란데 小杯 xiǎobēi 中杯 zhōngbēi 大杯 dàbēi	머핀 麦芬 màifēn
치즈케이크 芝士蛋糕 zhīshì dàngāo	파니니 帕尼尼 pàníní	

21 배달 外卖 wàimài

A 咱们点比萨饼外卖吧。
Zánmen diǎn bǐsàbǐng wàimài ba.

B 好主意!
Hǎo zhǔyì!

A 우리 피자 배달시키자.

B 좋은 생각이야!

단어 **咱们** zánmen 우리 | **点** diǎn 주문하다, 시키다 | **比萨饼** bǐsàbǐng 피자 | **主意** zhǔyì 생각, 의견

★ "무슨 음식을 배달시키다"란 말은 "주문하다"란 뜻의 点 diǎn을 써서 〈点diǎn+음식+外卖wàimài〉형식을 써요.
★ 예문의 好主意는 우리말의 "그거 좋은 생각인데", 영어 Good idea의 뜻이에요.

Tip 만약 전화로 피자를 주문할 때 "지금 배달 되나요?"같은 말은 〈能néng+送sòng+外卖wàimài〉형식을 써요. 피자가게 입장에서는 배달을 보내는 것이니 "보내다"란 뜻의 送 sòng을 써서 送外卖 sòng wàimài라고 하는 것이죠.
现在能送外卖吗? Xiànzài néng sòng wàimài ma? 지금 배달 되요?
现在不能送外卖。 Xiànzài bù néng sòng wàimài. 지금 배달 안 되요.

22 배고파 죽겠어 饿死我了 è sǐ wǒ le

A 你饿不饿?
Nǐ è bu è?

B 饿死我了!
È sǐ wǒ le!

A 너 배고파?

B 나 배고파 죽을거 같아!

단어 **饿** è 배고프다

★ 饿死我了는 우리말의 "나 배고파 죽겠어"란 의미의 관용표현이에요.
★ 중국 사람들은 "나"란 뜻의 我 wǒ를 빼고 그냥 饿死了 è sǐle라고도 많이 해요.

Tip 我饿了! Wǒ è le! 나 배고파!
我好饿! Wǒ hǎo è! 나 완전 배고파!

我不饿！ Wǒ bú è! 나 배 안 고파!
我一点都不饿！ Wǒ yìdiǎn dōu bú è! 나 배 하나도 안 고파!
我要饿晕了！ Wǒ yào è yūn le! 나 배고파서 쓰러질 거 같아!

23 꼬르륵 소리나다 咕噜咕噜叫 gūlū gūlū jiào

A 你的肚子咕噜咕噜叫了。
Nǐ de dùzi gūlū gūlū jiào le.

B 我好饿。
Wǒ hǎo è.

A 너 배에서 꼬르륵 소리난다.

B 나 완전 배고파.

단어 肚子 dùzi 배 | 叫 울다, 짖다 | 好 hǎo 매우, 몹시 | 饿 è 배고프다

★ 咕噜咕噜는 우리말의 "꼬르륵"과 같은 의성어로, 叫는 "울다, 짖다"로, 咕噜咕噜叫는 "꼬르륵 소리나다"란 뜻이에요. "배에서 꼬르륵 소리가 나다"란 말은 앞에 "배"란 뜻의 肚子를 붙이면 돼요.

★ 我好饿는 우리말의 "나 완전 배고파, 나 진짜 배고파"같은 어감을 줘요.

24 게걸스레 먹다 狼吞虎咽 lángtūn hǔyàn

A 你怎么狼吞虎咽的?
Nǐ zěnme lángtūn hǔyàn de?

B 我今天一顿饭都没吃。
Wǒ jīntiān yí dùn fàn dōu méi chī.

A 너 왜 이리 게걸스레 먹어?

B 나 오늘 한 끼도 못 먹었어.

단어 怎么 zěnme 어째서, 왜 | 一顿 yí dùn 한 끼 | 饭 fàn 밥 | 都 dōu 조차 | 狼 láng 이리 | 吞 tūn 삼키다 | 虎 hǔ 호랑이 | 咽 yàn 목구멍 넘기다

★ 狼吞虎咽은 "이리가 삼키고, 호랑이가 넘긴다"로, 우리말의 "밥을 게걸스럽게 먹다"와 똑같은 의미의 사자성어에요.
★ 我今天一顿饭都没吃는 직역하면 "나는 오늘 한 끼의 밥조차 먹지 못했다"란 뜻이에요.

Tip 你慢点吃。Nǐ màn diǎn chī. 너 천천히 좀 먹어.
你一天吃几顿饭? Nǐ yìtiān chī jǐ dùn fàn? 넌 하루에 몇 끼 먹어.
我一天吃两顿饭。Wǒ yìtiān chī liǎng dùn fàn. 난 하루에 두 끼 먹어.
我一天一定要吃三顿饭。Wǒ yìtiān yídìng yào chī sān dùn fàn. 난 하루에 무조건 세 끼는 먹어야 해.

25 배부르다 吃饱 chībǎo

A 你吃饱了吗?
Nǐ chībǎo le ma?

B 吃饱了。
Chībǎo le.

A 너 배부르니?

B 배불러.

★ 饱는 "가득차다"로, 吃饱는 "배가 부르다"란 뜻이에요.
★ 식사후 부른 배를 잡고, 吃饱了라고 하면 "아~ 배불러"란 의미말고도, "거참~ 잘 먹었다"란 느낌도 전달해줘요.
★ 우리말의 "배가 터질 거 같아" 처럼 배부른 정도를 더 강조하고 싶으면 撑死了 chēng sǐle라는 표현을 써요.
撑 chēng은 "팽팽하다, 꽉 채우다"의 뜻.

Tip 我已经吃饱了。Wǒ yǐjing chībǎo le. 나 이미 배불러.
我还没吃饱。Wǒ hái méi chībǎo. 나 아직 배 안 불러.
我撑死了。Wǒ chēng sǐle. 나 배 터질 거 같아.

26 더는 못 먹겠어 吃不动 chī bu dòng

A 你再吃点吧!
Nǐ zài chī diǎn ba!

B 不，我吃不动了。
Bù, wǒ chī bu dòng le.

A 너 조금만 더 먹어.

B 안돼. 나 도저히 못 먹겠어.

단어 再 zài 재차, 다시 | 吃 chī 먹다 | 点 diǎn 조금 | 不 bù 아니, 안돼

★ 吃不动은 "먹어서 움직일 수가 없다"로, 이는 "너무 많이 먹어 더 이상 먹을 수가 없다"란 뜻이에요. 吃不动은 "다 먹지 못하다"란 뜻의 吃不了 chībuliǎo와 같은 뜻으로, 배가 너무 부를 때 중국사람들이 즐겨 쓰는 네이티브스런 표현이에요.

★ 참고로 술을 너무 많이 마셨을 때 "나 술 더는 못마시겠어"란 말도 喝不动 hēbúdòng이란 표현을 써서 말해요.

Tip 我吃不动饭了。 Wǒ chībúdòng fàn le. 나 밥 더는 못 먹겠어.
我喝不动酒了。 Wǒ hēbúdòng jiǔ le. 나 술 더는 못 마시겠어.

27 계산하다 埋单 máidān

A 埋单!
Máidān!

B 请您稍等。
Qǐng nín shāo děng.

A 여기 계산이요!

B 잠깐만 기다리세요.

단어 稍 shāo 잠시만 | 等 děng 기다리다

★ 埋单은 "계산하다, 지불하다"로, "여기 계산이요, 여기 계산서 좀 주세요"같은 말은 그냥 심플하게 埋单이라고 하면돼요.

★ 稍等은 "잠시 기다리다"로, 请稍等은 "잠시만 기다려주세요, 잠시만요"의 뜻이에요.

★ 참고로 "계산서"는 单子 dānzi라고 해요.

Tip 我埋单。 Wǒ máidān. 내가 계산할게!
你埋单吧。 Nǐ máidān ba. 네가 계산해!
算的不对。 Suàn de bú duì. 계산이 안 맞아요.
对不起, 单子给错了。 Duìbuqǐ, dānzi gěi cuò le. 죄송해요. 계산서가 바뀌었네요.

28 한턱내다 请客 qǐngkè

A 今天我请客!
Jīntiān wǒ qǐngkè!

B 还是我来吧!
Háishi wǒ lái ba!

A 오늘은 내가 쏠게!

B 그냥 내가 낼게!

단어 今天 jīntiān 오늘 | 还是 háishi 그냥, 그래도

★ 请客는 "손님을 대접하다"의 뜻. 我请客는 "내가 낼게, 내가 쏠게"의 뜻이에요.
★ 我来吧는 "내가 계산할게, 내가 살게"란 뜻의 관용표현이에요.
★ "누구에게 밥을 사다, 누구에게 식사를 대접하다"란 말은 〈请qǐng+대상+吃饭chīfàn〉형식을 써서 말해요

Tip 我请你吃饭。 Wǒ qǐng nǐ chīfàn. 내가 너 밥 살게.
你请我吃饭吧! Nǐ qǐng wǒ chīfàn ba! 너 나 밥 좀 사주라!

29 더치페이하다 AA 制 AAzhì

A 今天你请客吗?
Jīntiān nǐ qǐngkè ma?

B 咱们AA制吧!
Zánmen AA zhì ba!

A 오늘 네가 쏘는거야?

B 우리 더치페이하자.

단어 咱们 zánmen 우리 | 请客 qǐngkè 쏘다, 한턱내다

★ AA制는 밥값을 각자 내는 더치페이하다의 뜻이에요.
★ AA制는 어째서 "더치페이하다"란 의미일까요? 여러설이 있지만, 영어 Algebraic Average(대수적 평균), All Apart(모두 나누기)에서 나왔다는 설이 가장 설득력이 있죠.
★ 비슷한 말로 "각자의 것은 각자가 지불하다"란 뜻의 各付各 gèfù gède란 표현도 잘 쓰여요.

Tip 各付各的! gèfù gède! 각자 내자!

China talk! talk!

중국에는 "더치페이"란 개념이 거의 없어요. 회사원들끼리는 말할 것도 없고 학생들도 더치페이는 거의 안 해요. 저는 중국에 10년 넘게 있었지만 중국 사람과 밥먹을 때 더치페이한 기억이 전혀 없거든요. 만약 중국 친구와 식사를 한 후 계산할 때 "우리 더치페이하자"이러면 상대방이 "뭐야 쪼잔하게시리…!"이런 눈빛을 지으며 그냥 "我来吧 Wǒ lái ba(내가 살게)"이럴거에요. 중국식당에 가보면 계산대 앞에서 서로 자기가 밥값을 내겠다고 실랑이를 벌이는 광경을 쉽게 볼 수있어요. 我请客 Wǒ qǐngkè 또는 我来吧 Wǒ lái ba 이런 말을 살벌하게 내뱉으면서 말이죠.

30 돈을 나눠서 내다 凑钱 còuqián

A 今天晚饭凑钱吧!
Jīntiān wǎnfàn còuqián ba!

B 每个人凑多少钱?
Měi ge rén còu duōshǎo qián?

A 오늘 저녁식사는 뿜빠이하자!

B 한 사람당 얼마씩 내야해?

단어 晚饭 wǎnfàn 저녁밥, 저녁식사 | 每个人 měi ge rén 사람마다 | 多少钱 duōshǎo qián 얼마

★ 凑는 "한 데 모으다", 钱은 "돈"으로, 凑钱은 "돈을 나눠서 내다"란 뜻이에요.

Tip 一个人凑一百块钱。 Yí ge rén còu yìbǎi kuài qián. 일인당 100위안씩 내.

31 빈대붙다 蹭吃蹭喝 cèngchī cènghē

A 今天你埋单吧。
Jīntiān nǐ máidān ba.

B 你又蹭吃蹭喝。
Nǐ yòu cèngchī cènghē.

A 오늘은 니가 계산해라.

B 너 또 빈대붙냐.

단어 今天 jīntiān 오늘 | 埋单 máidān 계산하다 | 又 yòu 또

★ 曾은 "남에게 빌붙다"로 曾吃曾喝는 "빌붙어 먹고 마시다", 즉 "남에게 찰싹 빈대붙다"란 뜻이에요.

★ 你又蹭吃蹭喝는 직역하면 "너는 또 빌붙어 먹고 마시다"로, 우리말의 "이런 왕빈대"같은 어감을 주는 문장이에요.

32 입맛이 없다 没胃口 méi wèikǒu

A 快过来吃饭。
Kuài guòlái chīfàn.

B 不吃，我没胃口。
Bù chī, wǒ méi wèikǒu.

A 빨리 와서 밥먹어.

B 안 먹어. 나 입맛이 없어.

단어 快 kuài 빨리 | 过来 guòlái 오다

★ 胃口는 "식욕, 입맛"으로, 没胃口는 말 그대로 "식욕이 없다, 입맛이 없다"란 뜻이에요.

Tip 我最近没胃口。Wǒ zuìjìn méi wèikǒu. 나 요즘 입맛이 없어.
我最近特别没胃口。Wǒ zuìjìn tèbié méi wèikǒu. 나 요즘 입맛이 통 없어.

33 입에 맞다 合胃口 hé wèikǒu

A 你能吃香菜吗?
Nǐ néng chī xiāngcài ma?

B 当然，很合胃口。
Dāngrán, hěn hé wèikǒu.

A 너 샹차이 먹을줄 알아?

B 당근이지, 입맛에 꼭 맞아.

단어 能 néng ~할 수 있다 | 吃 먹다 | 香菜 xiāngcài 샹차이 | 当然 dāngrán 당연하다 | 很 hěn 매우

★ 合는 "어울리다. 부합하다"고, 胃口는 "입맛"으로, 合胃口는 "음식이 입에 맞다"란 뜻이에요. 반대로 "입에 안 맞다"라는 말은 부정사를 써서 不合胃口 bùhé wèikǒu라고 해요.
★ "무슨 요리가 내 입에 맞다"라는 말은 〈요리명+合hé+我wǒ+胃口wèikǒu〉형식을 써요.

Tip 中国菜合我胃口。Zhōngguó cài hé wǒ wèikǒu. 중국요리는 내 입에 맞아.
中国菜不合我胃口。Zhōngguó cài bù hé wǒ wèikǒu. 중국요리는 내 입에 안 맞아.

China talk! talk!

샹차이는 중국사람들이 참 즐겨먹는 야채에요. 우리가 파, 마늘 다진 것을 요리에 자주 넣듯이 중국사람들은 샹차이를 요리에 넣어 곁들여 먹습니다. 샹차이는 중국요리에서 감초 같은 역할을 하는데요. 콩알만큼 작은 샹차이 한 조각만 입에 넣어도 입안 가득 그윽하면서도 쌉싸름한 깊은 향이 퍼집니다. 쓰지도 않고 떫지도 않은 독특한 맛이 나는데요. 샹차이의 향은 민트, 미나리, 깻잎보다 향이 더 강해서 한국사람들은 샹차이의 강한 맛에 쉽게 적응하지 못하기도 합니다. 저 역시 중국에서 10년이 넘게 살았지만 아직까지도 샹차이는 잘 적응이 안 되네요.

34 입맛이 까다롭다 口味挑剔 kǒuwèi tiāotī

A 这里的菜太难吃了。
Zhèlǐ de cài tài nánchī le.

B 你的口味真挑剔。
Nǐ de kǒuwèi zhēn tiāotī.

A 여기 음식 너무 맛없다.

B 넌 입맛이 너무 까다로워.

단어 这里 zhèlǐ 여기 | 菜 cài 음식 | 难吃 nánchī 맛없다

★ 口味는 "입맛", 挑剔는 "까다롭다"로, 口味挑剔는 "입맛이 까다롭다"란 뜻이에요. 예문처럼 강조부사 真을 써 口味真挑剔라고 하면 "입맛이 너무 까다롭다"란 뜻이되죠.

Tip 我的口味不挑剔。Wǒ de kǒuwèi bù tiāotī. 난 입맛이 안 까다로워.
我的口味不怎么挑剔。Wǒ de kǒuwèi bù zěnme tiāotī. 난 입맛이 별로 안 까다로워.
我的口味特别挑剔。Wǒ de kǒuwèi tèbié tiāotī. 난 입맛이 완전 까다로워.

35 입이 고급이다 口味高 kǒuwèi gāo

A 我从来不吃汉堡包。
Wǒ cónglái bù chī hànbǎobāo.

B 你的口味真高。
Nǐ de kǒuwèi zhēn gāo.

A 난 햄버거 같은 거 안 먹어.

B 입은 고급이어가지고.

단어 从来 cónglái 여태껏, 이제까지(주로 부정형으로 쓰임) | 吃 chī 먹다 | 汉堡包 hànbǎobāo 햄버거

★ "입이 고급이다"란 말을 중국에서는 "입맛이 높다", 즉 口味高라고 표현해요. 만약 강조를 나타내는 부사 真을 써서 口味真高라고 하면 "입이 완전 고급이다"란 뜻이되죠.

★ 我从来不吃汉堡包는 직역하면 "난 여태껏 햄버거를 먹지 않는다"로, 이는 과거에도 그렇고 현재도 그렇고 햄버거를 먹지 않는다란 뜻이에요. 즉 "난 햄버거 따윈 결코 먹지 않는다"라고 이해하시면 되요.

★ 반대로 "입이 싸구려"라는 말은 "입맛이 낮다", 즉 口味低 kǒuwèi dī라고 하면 되요.

Tip 我的口味不高。 Wǒ de kǒuwèi bù gāo. 나 입 고급 아니야.
你的口味很低。 Nǐ de kǒuwèi hěn dī. 넌 입이 너무 싸구려야.
我什么都能吃。 Wǒ shénme dōu néng chī. 난 뭐든 잘 먹어.

36 맛있다 好吃 hǎochī

A 我做的菜怎么样?
Wǒ zuò de cài zěnmeyàng?

B 太好吃了!
Tài hǎochī le!

A 내가 만든 요리 어때?

B 완전 맛있는데.

단어 做 zuò 만들다

★ 주의! "맛없다"란 말은 不好吃 bù hǎochī이니, "완전 맛없어"란 말은 太不好吃了라고 해야할까요? 근데 중국사람들은 그렇게 안 써요. 반드시 "먹기 어렵다"란 뜻의 难吃를 써서 太难吃了 tài nán chī le라고 해야 맞아요.

Tip 好吃极了。 Hǎochī jí le. 대박 맛있어.
难吃。 Nán chī. 맛없어.
太难吃了。 Tài nánchī le. 완전 맛없어.

37 질리다 吃腻 chīnì

A 咱们吃炸酱面吧!
Zánmen chī zhájiàngmiàn ba!

B 吃腻了，改吃炒饭吧!
Chīnì le, gǎi chī chǎofàn ba!

A 우리 자장면 먹자!

B 이제 질린다. 볶음밥으로 바꾸자!

단어 炸酱面 zhájiàngmiàn 자장면 | 改 gǎi 바꾸다 | 冷面 lěngmiàn 냉면

★ 腻는 "질리다, 물리다"로, 吃腻는 같은 종류의 음식을 자주 먹어 질리다란 의미에요.
★ 改吃는 "바꿔서 먹다"로, 改吃炒饭은 "볶음밥으로 바꿔서 먹다"의 뜻이에요.

Tip 我吃腻了。Wǒ chīnì le. 나 질렸어.
我吃腻炸酱面了。Wǒ chīnì zhájiàngmiàn le. 나 자장면 질렸어.
你吃不腻吗？Nǐ chī bu nì ma? 넌 질리지도 않냐? (이때 你不吃腻吗? 라고 하지 않도록 주의!)
我一看炸酱面就想吐。Wǒ yí kàn zhájiàngmiàn jiù xiǎng tǔ. 난 자장면만 봐도 토나와.

China talk! talk!

중국에서는 자장면을 炸酱面 zhájiàngmiàn이라고 불러요. 원조 자장면은 전통 베이징요리에 속해요. 손으로 쭉쭉 뽑은 면에 11가지의 고명을 얹고 짜장소스를 부어 먹습니다. 겉모습은 우리것과 비슷하지만 맛은 짠맛이 강합니다. 저는 한국식 자장면 맛에 습관이 되었는지 중국에 10년 넘게 살면서 중국식 자장면은 딱 한 번 밖에 안 먹었어요. 한번은 중국인 동료들을 집으로 초대해 한국식 자장면을 맛보게 해줬는데 아주 맛있다고 하더군요. 끓여 먹는 짜파게티도 참 좋아하고요. 베이징에는 한국식 중화요리를 하는 중국집이 몇 군데 있어요. 철가방에다가 배달도 해주고 군만두도 서비스로 준답니다. 물론 쿠폰제 탕수육 서비스도 있어서 저도 자주 애용하고 있답니다.

38 느끼하다 油腻 yóunì

A 这菜味道怎么样?
Zhè cài wèidao zěnmeyàng?

B 太油腻了。
Tài yóunì le.

A 이 음식 맛이 어때?

B 완전 느끼해.

단어 味道 wèidao 맛 | 油腻 yóunì 느끼하다. 기름지다

★ 중국어로 "너무 느끼해!"란 말은 太油腻了라고 하기도 하고, "기름"이란 뜻의 油를 생략하고 그냥 太腻了라고 하기도 해요. 둘 다 똑같이 많이 쓰여요.

★ "맛이 담백하다"할 때 "담백하다, 깔끔하다"는 清淡 qīngdàn을 써요.

Tip 菜太油腻了。 Cài tài yóunì le. 음식이 너무 느끼해.
菜太清淡了。 Cài tài qīngdàn le. 음식이 참 담백해.
我不喜欢油腻的菜。 Wǒ bù xǐhuan yóunì de cài. 난 느끼한 음식 안 좋아해.
我喜欢清淡的菜。 Wǒ xǐhuan qīngdàn de cài. 난 담백한 음식을 좋아해.

39 외식하다 下馆子 xiàguǎnzi

A 今天下馆子吧!
Jīntiān xiàguǎnzi ba!

B 你请客吗?
Nǐ qǐngkè ma?

A 오늘 외식하러가자!

B 네가 쏘는 거야?

단어 请客 qǐngkè 밥을 사다 | 馆子 guǎnzi 음식점. 식당

★ 下馆子 xiàguǎnzi는 "음식점에 내려가다", 즉 "외식하러 가다"의 뜻이에요.

Tip 咱们晚饭出去吃。 Zánmen wǎnfàn chūqù chī. 우리 저녁 나가서 먹자.
咱们还是在家里吃吧! Zánmen háishi zài jiālǐ chī ba! 우리 그냥 집에서 먹자!
下什么馆子，还是在家里吃吧! Xià shénme guǎnzi, háishi zài jiālǐ chī ba! 외식은 무슨. 그냥 집에서 먹자!

40 (음식이) 땡기다 馋 chán

A 你想吃什么?
Nǐ xiǎng chī shénme?

B 我今天馋猪蹄。
Wǒ jīntiān chán zhūtí.

A 너 뭐 먹고 싶어?

B 오늘은 족발이 땡겨.

단어 想 xiǎng ~하고 싶다 | 吃 chī 먹다 | 什么 shénme 무엇 | 猪蹄 zhūtí 족발

★ 馋은 "눈독을 들이다, 잔뜩 욕심을 내다"의 뜻. 우리가 평상시 어떤 음식을 유난히 먹고 싶을 때 하는 말인 "나 ~가 땡겨"란 말은 이 馋을 써서 표현해요.

★ 예문의 我今天馋猪蹄는 직역하면 "나는 오늘 족발에 욕심이 난다"로, 이는 "나는 오늘 족발이 왠지 땡긴다"란 뜻이에요.

Tip 我今天馋五花肉。Wǒ jīntiān chán wǔhuāròu. 오늘은 삼겹살이 땡겨.
我今天馋生鱼片。Wǒ jīntiān chán shēngyúpiàn. 오늘은 회가 땡겨.
我今天馋辣的。Wǒ jīntiān chán là de. 오늘은 매운게 땡겨.
我今天馋牛排。Wǒ jīntiān chán niúpái. 오늘은 스테이크가 땡겨.

41 삼겹살 굽다 烤五花肉 kǎo wǔhuāròu

A 咱们烤五花肉吃吧。
Zánmen kǎo wǔhuāròu chī ba.

B 好呀!
Hǎo ya!

A 우리 삼겹살 구워 먹자.

B 그거 좋지!

단어 咱们 zánmen 우리 | 烤 kǎo 굽다 | 五花肉 wǔhuāròu 삼겹살 | 吃 chī 먹다

★ 烤肉는 "고기를 굽다"로, 烤五花肉는 "삼겹살을 굽다"란 뜻이에요.

Tip 肉已经熟了。Ròu yǐjing shú le. 고기 이미 다 익었어. (熟 익다)
肉还没熟呢。Ròu hái méi shú ne. 고기 아직 안 익었어. (没熟 안 익다)
翻肉。Fān ròu. 고기 뒤집어. (翻 뒤집다)
别总翻肉。Bié zǒng fān ròu. 고기 자꾸 뒤집지 마.

고기 부위 명칭

소고기 牛肉 niúròu	돼지고기 猪肉 zhūròu	양고기 羊肉 yángròu	꽃등심 花里脊肉 huā lǐ jǐròu
등심 外脊 wàijǐ	안심 里脊 lǐjǐ	막창 猪大肠 zhūdàcháng	돼지갈비 猪排 zhūpái
소갈비 牛排 niúpái	갈비살 小牛排 xiǎo niúpái	우설 舌骨 shégǔ	목살 脖肉 bóròu
차돌박이 肩峰 jiānfēng	갈매기살 肝连 gānlián	천엽 牛百叶 niúbǎiyè	돼지족발 猪蹄 zhūtí

42 고기가 타다 肉烤糊 ròu kǎo hú

A 肉烤糊了。
Ròu kǎo hú le.

B 别吃糊的。
Bié chī hú de.

A 고기 다 탔어.

B 탄거 먹지마.

단어 肉 ròu 고기 | 烤 kǎo 굽다 | 糊 hú 타다 | 别 bié ~하지 말아라

★ 烤糊는 "구워서 타다"란 뜻이에요. 우리가 고기집에서 잘 쓰는 "다 탔어"란 표현은 심플하게 烤糊了라고 하시면 되요.
★ 别吃糊的에서 糊的는 "탄 것, 탄 부분"이란 뜻이에요.
★ 불판 : 箅子 bìzi / 가위 : 剪刀 jiǎndāo / 집게 : 夹子 jiāzi

Tip 牛肉烤太熟不好吃。Niúròu kǎo tài shú bù hǎo chī. 소고기는 너무 익으면 맛없어.
猪肉要烤很熟。Zhūròu yào kǎo hěn shú. 돼지고기는 바짝 익혀야 해.
换一下箅子。Huàn yíxià bìzi. 불판 좀 갈아주세요.
剪一下肉。Jiǎn yíxià ròu. 고기 좀 잘라주세요.

43 불 좀 빼주세요 撤一下炭火 chè yíxià tànhuǒ

A 撤一下炭火!
Chè yíxià tàn huǒ!

B 好的。
Hǎo de.

A 여기 불 좀 빼주세요!

B 네.

단어 撤 chè 치우다, 정리하다 | 炭火 tànhuǒ 숯불

★ 고기를 다 구운 후 숯불 좀 빼달라는 말은 "치우다, 정리하다"란 뜻의 동사 撤를 써서 표현해요. 撤一下는 "~좀 정리 해주세요, ~좀 치워주세요"로, 중국사람들이 식당에 가면 잘 쓰는 진짜 네이티브스런 표현입니다.

★ 종업원에게 다먹은 접시를 치워달라거나 식사중 어지럽혀진 테이블을 간단하게 정리해 달라고 요청할 때도 이 撤一下 란 표현을 쓰면 됩니다.

Tip 撤一下碟子。Chè yíxià diézi. 접시 좀 치워주세요.
　　　撤一下小菜。Chè yíxià xiǎocài. 밑반찬 좀 치워주세요.

44 상추에 쌈 싸먹다 用生菜包着吃 yòng shēngcài bāo zhe chī

A 肉用生菜包着吃好吃。
Ròu yòng shēngcài bāo zhe chī hǎochī.

B 对!
Duì!

A 고기는 상추에 쌈 싸먹어야 제맛이야.

B 빙고!

단어 肉 ròu 고기 | 用 yòng 쓰다, 사용하다 | 生菜 shēngcài 상추 | 包 bāo 싸다 | 吃 chī 먹다 | 好吃 hǎochī 맛있다

★ 包着吃는 "싸여있는 상태로 먹다"로, 用生菜包着吃는 직역하면 "상추를 이용해 싸여있는 상태로 먹다"가 돼요. 문장이 다소 복잡하지만 이는 "상추에 쌈 싸먹다"란 의미에요.

Tip 肉沾着酱吃。Ròu zhānzhe jiàng chī. 고기를 쌈장에 찍어먹다.
　　　再来点生菜。Zàilái diǎn shēngcài. 상추 좀 더 갖다주세요.
　　　再来点大蒜。Zàilái diǎn dàsuàn. 마늘 좀 더 갖다주세요.

再来点酥叶。 Zàilái diǎn sūyè. 깻잎 좀 더 갖다주세요.
再来点酱。 Zàilái diǎn jiàng. 쌈장 좀 더 갖다주세요.

45 이빨에 끼다 塞牙 sāiyá

A 肉塞牙了。
Ròu sāiyá le.

B 给你牙签儿。
Gěi nǐ yáqiānr.

A 고기가 이빨에 꼈어.

B 여기 이쑤시개.

단어 给 gěi 주다 | 牙签儿 yáqiānr 이쑤시개

★ 塞 sāi는 "막히다, 끼다", 牙는 "이"로, 塞牙는 "이빨 사이에 끼다"란 뜻이에요.
★ 牙签儿 yáqiānr은 읽을 때 얼화음에 액센트를 줘 "야치알~"하고 발음해요.
★ 만약 "너 이에 고춧가루 꼈어"처럼 "이빨 사이에 ~이 끼다"란 말은 〈주어+的de+牙yá+塞sāi+낀 음식〉형식을 써요.

Tip
你的牙塞了辣椒籽。 Nǐ de yásāi le là jiāozǐ. 너 이에 고춧가루 꼈어. (**辣椒籽** 고춧가루)
你的牙塞了紫菜。 Nǐ de yásāi le zǐcài. 너 이에 김 꼈어. (**紫菜** 김)
你的牙塞了生菜。 Nǐ de yásāi le shēngcài. 너 이에 상추 꼈어. (**生菜** 상추)
你的嘴角有饭粒。 Nǐ de zuǐjiǎo yǒu fànlì. 너 입가에 밥풀 붙었어. (**饭粒** 밥풀)

46 회 生鱼片 shēngyúpiàn

A 你喜欢吃生鱼片吗?
Nǐ xǐhuan chī shēngyúpiàn ma?

B 我喜欢三文鱼片。
Wǒ xǐhuan sānwényúpiàn.

A 너 회 먹는 거 좋아하니?

B 나 연어회 좋아해.

단어 喜欢 xǐhuan 좋아하다 | 吃 chī 먹다 | 三文鱼 sānwényú 연어 | 片 piàn 조각.편

Part 03 식당 **107**

★ 生鱼片는 "날생선 조각", 즉 생선회, 활어회를 뜻해요.
★ 三文鱼는 연어로, 三文鱼片은 "연어회"를 뜻해요.

Tip 生鱼片新鲜。Shēngyúpiàn xīnxiān. 회가 싱싱하다.
生鱼片不新鲜。Shēngyúpiàn bù xīnxiān. 회가 안 싱싱하다.
生鱼片腥了。Shēngyúpiàn xīng le. 회가 비리다.
生鱼片有腥味。Shēngyúpiàn yǒu xīngwèi. 회에서 비린내가 나다.
生鱼片一定要和烧酒一起吃。Shēngyúpiàn yídìng yào hé shāojiǔ yìqǐ chī. 회는 소주랑 같이 먹어야해.

해산물 명칭

간장 酱油 jiàngyóu	고추냉이 芥末酱 jièmòjiàng	초밥 寿司 shòusī	회전초밥 回转寿司 huízhuǎn shòusī
참치 金枪鱼 jīnqiāngyú	전복 鲍鱼 bàoyú	도미 鲷鱼 diāoyú	광어 鲆鱼 píngyú
가자미 鲽鱼 diéyú	농어 鲈鱼 lúyú	대구 鳕鱼 xuěyú	복어 河豚鱼 hétúnyú
멍게 海鞘 hǎiqiào	갈치 带鱼 dàiyú	꽃게 螃蟹 pángxiè	문어 章鱼 zhāngyú
오징어 鱿鱼 yóuyú	대하 大虾 dàxiā	굴 牡蛎 mǔlì	장어 鳗鱼 mányú
명태 明太鱼 míngtàiyú	가리비 扇贝 shànbèi	해삼 海参 hǎishēn	

47 가시가 걸리다 卡刺 kǎ cì

A 我嗓子卡刺了。
Wǒ sǎngzi kǎ cì le.

B 喝水吧!
Hē shuǐ ba!

A 나 목구멍에 가시걸렸어.

B 물 마셔!

단어 嗓子 sǎngzi 목구멍 | 喝水 hē shuǐ 물을 마시다

★ 卡는 "걸리다, 끼다"이고, 刺는 "가시"로, 卡刺는 "가시가 걸리다"란 뜻이에요.
예문의 嗓子卡刺了는 "목구멍에 가시가 걸렸다"란 뜻.
★ 중국사람들은 "가시"란 뜻의 刺를 뒤에 얼화음을 넣어 "츨~"처럼 발음해요.
★ 참고로 "가시를 바르다"란 말은 "고르다"란 뜻의 挑 tiāo를 써서 挑刺 tiāo cì라고해요.

> **Tip** 鱼有很多刺。Yú yǒu hěn duō cì. 생선에 가시가 너무 많아.
> 鱼挑刺很费劲儿。Yú tiāo cì hěn fèijìnr. 생선은 가시 골라 먹기가 귀찮아.

48 요리하다 做饭 zuò fàn

A 你会做饭吗?
Nǐ huì zuò fàn ma?

B 当然会。
Dāngrán huì.

A 너 요리할 줄 알아?

B 당근 할 줄 알지.

단어 会 huì ~할 줄 알다 | 做 zuò 하다, 만들다 | 饭 fàn 밥

★ 做饭을 글자대로 풀이하면 "밥을 만들다"인데요. 여기서 饭은 "쌀밥"이 아닌 "요리, 음식"을 말해요. 그러니까 중국 사람들이 你会做饭吗? 라고 물어보면 상대방에게 "너 쌀밥할 줄 알아?"라고 묻는 게 아니라 "너 요리할 줄 알아?"라고 묻는거에요.

★ 전자밥솥에다 순수히 쌀밥을 짓는 것은 做米饭 zuò mǐfàn이라고 해요.

> **Tip** 我会做饭。Wǒ huì zuò fàn. 나 요리할 줄 알아.
> 我不会做饭。Wǒ bú huì zuò fàn. 나 요리할 줄 몰라.
> 我饭做得好。Wǒ fàn zuò de hǎo. 나 요리 잘해.
> 我饭做得不太好。Wǒ fàn zuò de bú tài hǎo. 나 요리 그다지 잘 못해.
> 我连方便面都不会做。Wǒ lián fāngbiànmiàn dōu bú huì zuò. 나 라면도 끓일 줄 몰라.

49 조미료 넣다 放调料 fàng tiáoliào

A 味道怎么样?
Wèidao zěnmeyàng?

B 调料放多了。
Tiáoliào fàng duō le.

A 맛이 어때?

B 조미료를 너무 많이 넣었어.

단어 味道 wèidao 맛 | 怎么样 zěnmeyàng 어때 | 调料 tiáoliào 조미료 | 放 fàng 넣다 | 多 duō 많다

★ 다시다, 미원 같은 "조미료"를 중국에서는 그냥 "조료" 즉 调料라고 합니다.
★ "조미료를 넣다" 할 때 "넣다"는 동사 放을 씁니다.
★ 다시다 : 鸡精 jījīng / 미원 : 味精 wèijīng / 맛소금 : 精盐 jīngyán / 간장 : 酱油 jiàngyóu
　 참기름 : 香油 xiāngyóu / 후춧가루 : 胡椒粉 hújiāofěn

Tip 放鸡精 fàng jījīng 다시다를 넣다
　　 放味精 fàng wèijīng 미원을 넣다
　　 放精盐 fàng jīngyán 맛소금을 넣다
　　 放酱油 fàng jiàngyóu 간장을 넣다
　　 别放太多调料 bié fàng tài duō tiáoliào 조미료 많이 넣지 마
　　 少放点调料 shǎo fàng diǎn tiáoliào 조미료 좀 적게 넣어
　　 我不喜欢调料放太多的菜。Wǒ bù xǐhuan tiáoliào fàng tài duō de cài. 난 조미료 많이 들어간 음식 싫어해.

50　맛　味道 wèidao

A 这泡菜汤味道怎么样？
　 Zhè pàocàitāng wèidao zěnmeyàng?

B 味道正好。
　 Wèidao zhèng hǎo.

A 이 김치찌개 맛이 어때?

B 맛이 딱 좋아.

단어 泡菜汤 pàocàitāng 김치찌개 ｜ 正 zhèng 딱 ｜ 好 hǎo 좋다

★ 味道正好는 음식의 맛이 딱 좋다. 간이 딱 맞다란 뜻입니다.
 달다 : 甜 tián / 짜다 : 咸 xián / 맵다 : 辣 là / 싱겁다 : 淡 dàn / 쓰다 : 苦 kǔ / 시다 : 酸 suān

Tip

맛에 대한 표현

• 맛이 너무 달아. 味道很甜。Wèidao hěn tián.	• 맛이 너무 싱거워. 味道很淡。Wèidao hěn dàn.
• 맛이 너무 짜. 味道很咸。Wèidao hěn xián.	• 맛이 너무 써. 味道很苦。Wèidao hěn kǔ.
• 맛이 너무 매워. 味道很辣。Wèidao hěn là.	• 맛이 너무 시다. 味道很酸。Wèidao hěn suān.

51 채식주의자 吃素 chī sù

A 你真的不吃肉吗?
　　Nǐ zhēn de bù chī ròu ma?

B 我吃素。
　　Wǒ chī sù.

A 너 진짜 고기 안 먹어?

B 나 채식주의자야.

단어 真的 zhēn de 정말로 ｜ 吃 chī 먹다 ｜ 肉 ròu 고기

★ 야채는 중국어로 素菜에요. 吃素는 말 그대로 "야채를 먹다", 즉 "채식을 하다"란 뜻입니다.
★ 我吃素는 "나는 야채를 먹다"로 이는 우리말의 "나는 채식주의자야"에 해당하는 표현입니다.

Tip 我不吃肉。Wǒ bù chī ròu. 난 고기 안 먹어.
　　我只吃素。Wǒ zhǐ chī sù. 난 야채만 먹어.
　　我连鸡蛋都不吃。Wǒ lián jīdàn dōu bù chī. 난 계란조차 안 먹어.
　　吃素对身体好。Chī sù duì shēntǐ hǎo. 채식이 몸에 좋아.
　　我不吃肉就活不了。Wǒ bù chī ròu jiù huó bù liǎo. 난 고기 안 먹곤 못살아.

52 계란후라이하다 煎鸡蛋 jiān jīdàn

A 我要给你做煎鸡蛋。
　　Wǒ yào gěi nǐ zuò jiān jīdàn.

B 我要单面煎。
　　Wǒ yào dānmiànjiān.

A 내가 너 계란후라이 해줄게.

B 난 반숙으로.

단어 给 gěi ~에게 ｜ 煎 jiān 부치다. 지지다 ｜ 鸡蛋 jīdàn 계란 ｜ 做 zuò 만들다 ｜ 单面煎 dānmiànjiān 반숙

★ 煎鸡蛋은 "계란을 지지다" 즉 "계란후라이 하다"의 뜻.
★ 单面煎은 "한쪽 면만 부치다"란 말로, 우리말의 "반숙"을 뜻해요. 반대로 바짝 익힌 계란후라이는 "양쪽 면을 부치다" 란 의미의 双面煎 shuāngmiànjiān이라고 해요.
★ 후라이팬 : 平底锅 píngdǐguō / 냄비 : 锅 guō / 삶은 계란 : 蒸鸡蛋 zhēng jīdàn

> **Tip** 放油 fàng yóu 기름을 두르다
> 放鸡蛋 fàng jīdàn 계란을 뒤집다
> 蒸鸡蛋 zhēng jīdàn 계란을 삶다
> 敲鸡蛋 qiāo jīdàn 계란을 깨다
> 你给我煎一个鸡蛋。 Nǐ gěi wǒ jiān yí ge jīdàn. 나 계란후라이 하나만 해줘.

53 냄새 죽인다 好香啊 hǎo xiāng a

A 大酱汤做好了。
　　Dàjiàngtāng zuò hǎo le.

B 好香啊!
　　Hǎo xiāng a!

A 된장찌개 다 됐어.

B 냄새 죽이는데!

단어 大酱汤 dàjiàngtāng 된장찌개 | 做 zuò 하다, 만들다 | 好 hǎo 매우 | 香 xiāng 향기롭다

★ 우리가 요리할 때 혹은 음식을 먹을 때 잘 쓰는 "냄새 좋은데, 냄새 죽이는데"라는 말은 好香啊라고 말해요.

54 맛좀 봐봐 尝尝 chángchang

A 你尝尝这泡菜汤。
　　Nǐ chángchang zhè pàocàitāng.

B 太好吃了!
　　Tài hǎochī le!

A 너 이 김치찌개 맛 좀 봐봐.

B 아주 맛있는걸!

단어 这 zhè 이 | 泡菜汤 pàocàitāng 김치찌개 | 好吃 hǎochī 맛있다

★ 尝은 "시식하다, 맛보다"로, 尝尝하고 쓰면 우리말의 "맛 좀 봐봐, 한번 맛봐봐"같은 어감을 줘요.

55 음식이 상하다 变味儿 biàn wèir

A 这菜变味儿了。
Zhè cài biàn wèir le.

B 扔掉吧!
Rēngdiào ba!.

A 이 음식 상했어.

B 갖다 버려!

단어 菜 cài 음식 | 扔掉 rēngdiào 버리다

★ 变은 "변하다", 味儿은 "맛"으로, 变味儿은 "음식이 상하다, 맛이 가다"의 뜻이에요.
  읽을 때는 얼화음에 주의해 "비엔 월~"하고 발음해요.
★ 주의! 행여나 "맛이 가다"란 말을 "가다"란 뜻의 동사 走 zǒu를 써서 走味儿 zǒu wèir이라고 하지마세요.
★ 扔掉吧는 "갖다 버려, 버려 버려"같은 어감이에요.

56 식중독 걸리다 食物中毒 shíwù zhòngdú

A 刚才吃了寿司，肚子疼。
Gāngcái chī le shòusī, dùzi téng.

B 你是不是食物中毒了?
Nǐ shì bu shì shíwù zhòngdú le?

A 방금 초밥 먹었는데, 배가 아프네.

B 너 혹시 식중독 걸린 거 아냐?

단어 刚才 gāngcái 방금 | 寿司 shòusī 초밥 | 肚子 dùzi 배 | 疼 téng 아프다

★ 食物는 "음식물", 中毒는 "중독되다"로, 食物中毒는 우리말의 "식중독에 걸리다"란 뜻이에요.
★ 예문의 你是不是食物中毒了?는 "너 혹시 식중독 걸린 거 아냐?, 너 설마 식중독에 걸린 거 아냐?"의 뜻이에요.

Tip 我食物中毒了。Wǒ shíwù zhòngdú le. 나 식중독 걸렸어.
我好像吃坏东西了。Wǒ hǎoxiàng chī huài dōngxi le. 나 음식을 잘못 먹었나 봐.
我肚子疼。Wǒ dùzi téng. 나 배가 아파.
我拉稀了。Wǒ lāxī le. 나 설사했어.

57 곰팡이가 피다 长毛 zhǎngmáo

A 这个面包长毛了。
Zhège miànbāo zhǎngmáo le.

B 那是昨天刚买的。
Nà shì zuótiān gāng mǎi de.

A 이 빵에 곰팡이 폈어.

B 그거 어제 막 산건데.

단어 面包 miànbāo 빵 | 昨天 zuótiān 어제 | 刚 gāng 막 | 买 mǎi 사다

★ 长은 "자라다", 毛는 "털"로, 중국에선 "곰팡이 피다"란 말을 "털이 자라다"라고 표현해요. 곰팡이가 피면 마치 푸른 수염이 나는것 같아서 비유한 표현이에요.

Tip 拿掉长毛的地方再吃。Ná diào zhǎngmáo de dìfang zài chī. 곰팡이 핀 부분 떼어내고 먹어.
别扔了，可惜。Bié rēng le, kěxī. 버리지마! 아깝다.

58 뜨거울 때 먹어 趁热吃 chèn rè chī

A 菜要凉了。
Cài yào liáng le.

B 趁热吃吧!
Chèn rè chī ba!

A 음식이 식겠다.

B 뜨거울 때 어서 먹자!

단어 菜 cài 음식 | 要…了 yào…le 곧 ~하려 하다 | 凉 liáng 차갑다

★ 趁은 "~을 틈타다"로, 趁热吃는 "뜨거운 것을 틈다서 먹다" 즉 우리말의 "뜨거울 때 먹다, 식기전에 먹다"의 뜻이에요.

★ 菜要凉了는 직역하면 "음식이 곧 차가워지려 하다"로, 우리말 "음식이 식겠어"의 의미에요.

Tip 菜已经凉了。Cài yǐjing liáng le. 음식이 이미 식었어.
菜太热了。Cài tài rè le. 음식이 너무 뜨거워.
我一会儿再吃。Wǒ yíhuìr zài chī. 나 조금있다가 먹을래.

59 혓바닥 데다 烫舌头 tàng shétou

A 这汤太烫了。
Zhè tāng tài tàng le.

B 我烫舌头了。
Wǒ tàng shétou le.

A 이 국물 너무 뜨겁다.

B 나 혓바닥 데었어.

단어 汤 tàng 국물 | 舌头 shétou 혀

★ 烫은 "뜨겁다"란 뜻 외에도 "데이다, 화상입다"라는 의미로도 잘 쓰여요.
★ "입"은 중국어로 嘴 zuǐ이니, "입을 데이다"란 말은 烫嘴 tàng zuǐ라고 하면 되겠죠?

Tip 哎呀! 烫! Āiya! Tàng! 앗 뜨거!
我烫嘴了。Wǒ tàng zuǐ le. 나 입 데었어.
我烫手了。Wǒ tàng shǒu le. 나 손 데었어.

60 트림하다 打嗝 dǎgé

A 不要饭后打嗝。
Búyào fàn hòu dǎgé.

B 这是生理现象。
Zhè shì shēnglǐ xiànxiàng.

A 밥먹고 트림 좀 하지마.

B 이건 생리적인 현상이잖아.

단어 不要 búyào ~하지 말아라 | 饭后 fàn hòu 식후 | 生理现象 shēnglǐ xiànxiàng 생리현상

★ 중국에서는 우리말의 "트림하다"와 "딸꾹질 하다"란 말을 구분하지 않고 모두 打嗝라고 해요.

Tip 我怎么老打嗝呢。Wǒ zěnme lǎo dǎgé ne. 나 왜이리 계속 딸국질이 나지.

61 사래들다 呛着了 qiāng zhe le

A 辣椒太辣，我呛着了。
Làjiāo tài là, wǒ qiāng zhe le.

B 没事吗?
Méishì ma?

A 고추 진짜 맵다. 나 사래들었어.

B 괜찮니?

단어 辣椒 làjiāo 고추 | 太 tài 매우 | 辣 là 맵다

★ 呛은 매운 음식 혹은 음식을 빨리 먹어 "켁!"하고 목에 걸리는 "사래들리다"란 뜻이에요. 我呛着了는 "나 사래들었어"란 뜻이에요.

★ 呛은 누군가 옆에서 담배를 필 때 "아! 숨막혀"처럼 "숨이 턱막히다"란 의미로도 잘 쓰여요.

Tip 别抽烟，呛人。Bié chōuyān, qiāng rén. 담배피지마. 숨막혀.
我呛水了。Wǒ qiāng shuǐ le. 나 물먹다 사래들었어.
我流眼泪了。Wǒ liú yǎnlèi le. 나 눈물난다!
我差点死了。Wǒ chàdiǎn sǐle. 나 죽을뻔했어.

맥도날드 메뉴판

햄버거 汉堡包 hànbǎobāo	치즈 버거 吉士汉堡 jíshì hànbǎo	더블 치즈 버거 双层吉士汉堡 shuāngcéng jíshì hànbǎo
빅맥 巨无霸 jùwúbà	맥치킨 麦香鸡 màixiāngjī	맥피쉬 麦香鱼 màixiāngyú
핫 스파이시 버거 麦辣鸡腿汉堡 màilàjītuǐ hànbǎo	핫윙 辣鸡翅 làjīchì	치킨 너겟 麦乐鸡 màilèjī
감자칩 薯条 shǔtiáo	애플 파이 苹果派 píngguǒpài	콘 아이스크림 圆筒冰淇淋 yuántǒng bīngqílín
콘 샐러드 甜香玉米 tiánxiāng yùmǐ	빨대 吸管 xīguǎn	얼음 冰块儿 bīng kuàir
선데이 아이스크림 (초콜릿 / 딸기 / 바닐라) 新地 xīndì （巧克力 qiǎokèlì / 草莓 cǎoméi / 香草 xiāngcǎo）		

KFC 메뉴판

오리지널 치킨 吮指原味鸡 shǔn zhǐyuán wèijī	핫 치킨윙 香辣鸡翅 xiānglàjīchì	치킨 너겟 上校鸡块 shàngxiào jīkuài
치킨 야채 버거 田园脆鸡堡 tiányuán cuìjībǎo	징거 버거 香辣鸡腿堡 xiānglà jītuǐbǎo	멕시칸 트위스터 墨西哥肌肉卷 mòxīgē jīròujuǎn
콘 버터 香甜玉米棒 xiāngtián yùmǐbàng	감자 스틱 香脆薯棒 xiāngcuì shǔbàng	패밀리 세트 外带全家桶 wàidài quánjiātǒng

62 설거지 하다 洗碗 xǐwǎn

A 你帮我洗碗吧！
Nǐ bāng wǒ xǐwǎn ba!

B 讨厌！
Tǎoyàn!

A 나 설거지 좀 도와줘!

B 짜증나!

단어 帮 bāng 돕다, 거들다 | 讨厌 tǎoyàn 짜증나다

★ 洗碗은 밥그릇을 씻다, 즉 "설거지 하다"의 뜻입니다.
★ 你帮我洗碗吧는 직역하면 "너는 나를 도와 설거지를 하다"로, 우리말의 "나 설거지 좀 도와줘", "나 설거지 좀 해줘라"의 의미예요.
★ 퐁퐁 : 洗洁精 xǐjiéjīng / 수세미 : 洗碗布 xǐwǎnbù

Tip 我最讨厌洗碗。Wǒ zuì tǎoyàn xǐwǎn. 난 설거지 하는 게 젤 싫어.
我一会儿再洗碗。Wǒ yíhuìr zài xǐwǎn. 나 설거지 조금 있다 할게.
你洗碗要干净。Nǐ xǐwǎn yào gānjìng. 너 설거지 깨끗이 해.
碗上还有饭粒。Wǎn shàng hái yǒu fànlì. 밥그릇에 밥풀 아직 있어.

63 밥그릇을 깨다 摔破碗 shuāipò wǎn

(啪啦 pālā)

A 我摔破碗了。
Wǒ shuāipò wǎn le.

B 小心点嘛！
Xiǎoxīn diǎn ma!

(쨍그랑)

A 나 밥그릇 깼어.

B 조심 좀 하지!

단어 啪啦 pālā 쨍그랑(의성어) | 碗 wǎn 밥그릇 | 小心 xiǎoxīn 조심하다

★ 摔破는 "떨어져 깨지다"로, 摔破碗은 "밥그릇을 깨트리다"의 뜻이다.
★ 小心点嘛는 우리말의 "거 조심 좀 하지, 조심 조심 좀 하지"같은 어감을 줘요.

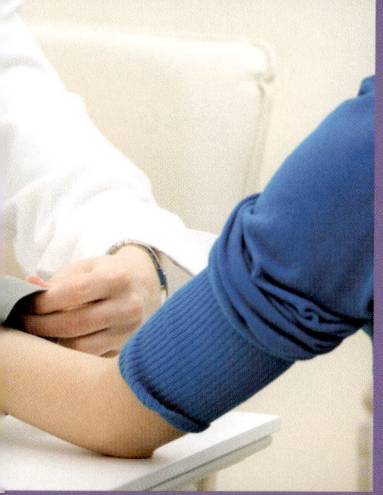

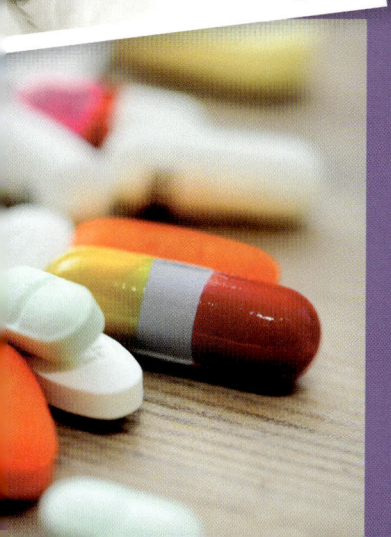

P A R T
04

我肚子疼 배가 아파요

중국에서 아플 때는 어떻게 말하나요?

몸이 불편하거나 아플 때 중국 사람들이 가장 많이 쓰는 No.1 표현이 바로 不舒服 bù shūfu에요. 병원에서 진찰을 받을 때 의사가 "어디가 아프세요?"라고 할 때도 你哪儿不舒服 Nǐ nǎr bù shūfu?라고 묻거든요. 우리말의 "나 배 아파", "나 머리 아파", "나 속이 좀 불편해", "허리가 좀 안 좋아" 등 몸이 아픈 곳에는 모두 不舒服 bù shūfu를 써서 표현할 수가 있어요. 즉 不舒服 bù shūfu는 "아프다"란 뜻의 疼 téng과 거의 같은 의미랍니다.

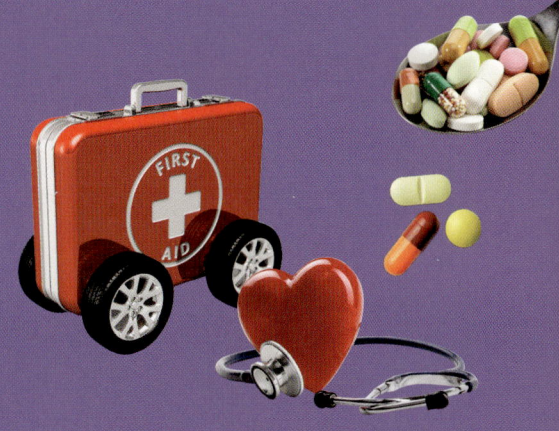

01 병이나다 生病 shēngbìng

A 你昨天怎么没来上课?
Nǐ zuótiān zěnme méi lái shàngkè?

B 我生病了。
Wǒ shēngbìng le.

A 너 어제 왜 수업 안 나왔어?
B 나 병났어.

단어 昨天 zuótiān 어제 | 怎么 zěnme 어째서, 왜 | 来 lái 오다 | 上课 shàngkè 수업하다

★ 生病은 말 그대로 병이 생기다. 즉 "병이 나다"의 뜻이에요.
★ 上课는 "수업하다"로, 没来上课는 수업하러 안 오다. 즉 "수업에 안 나오다"의 뜻.

Tip 得病 dé bìng은 "병에 걸리다"의 뜻이에요. 보통 "나 무슨 병에 걸렸어"란 말은 〈주어+得dé+병명+了le〉의 형식을 써요.
你得了什么病? Nǐ dé le shénme bìng? 너 무슨 병에 걸렸어?
我得病了。Wǒ dé bìng le. 나 병에 걸렸어.
我得性病了。Wǒ dé xìngbìng le. 나 성병에 걸렸어.
我得相思病了。Wǒ dé xiāngsībìng le. 나 상사병 걸렸어.
我得抑郁症了。Wǒ dé yìyùzhèng le. 나 우울증 걸렸어.

02 치료하다 治 zhì

A 大夫, 我的病能治吗?
Dàifu, wǒ de bìng néng zhì ma?

B 能治。
Néng zhì.

A 선생님, 제 병은 고칠 수가 있나요?
B 고칠 수 있어요.

단어 大夫 dàifu 의사 | 病 bìng 병 | 能 néng ~할 수 있다

Tip 治는 쓰임에 따라 다양하게 응용될 수 있어요.
癌症能治 áizhèng néng zhì 암은 치료할 수 있다 (能治 치료가 가능하다)
癌症不能治 áizhèng bù néng zhì 암은 치료할 수 없다 (不能治 치료가 불가능하다)

癌症好治 áizhèng hǎo zhì 암은 치료하기 쉽다 (**好治** 치료하기 쉽다)
癌症不好治 áizhèng bù hǎo zhì 암은 치료하기 어렵다 (**不好治** 치료하기 어렵다)
癌症治得了 áizhèng zhì dé liǎo 암은 치료가능하다 (**治得了** 치료될 가능성이 꽤 높다)
癌症治不了 áizhèng zhì bù liǎo 암은 치료할 수 없다 (**治不了** 치료될 가능성이 거의 없다)
癌症能根治 áizhèng néng gēn zhì 암은 완치될 수 있다 (**根治** 완치하다)

03 건강하다 健康 jiànkāng

A 您最近身体好吗?
Nín zuìjìn shēntǐ hǎo ma?

B 很健康!
Hěn jiànkāng!

A 요즘 건강하시죠?

B 아주 건강해요!

단어 身体 shēntǐ 몸, 건강 | 好 hǎo 좋다 | 健康 jiànkāng 건강하다

★ 身体는 "몸, 신체"의 뜻이지만, "건강"이란 뜻으로도 쓰여요. 身体好吗?는 "건강하시죠?"의 뜻으로 상대방의 안부를 물을 때 엄청 잘 쓰는 표현이죠.

Tip 我身体很好。Wǒ shēntǐ hěn hǎo. 나 아주 건강해.
我身体不好。Wǒ shēntǐ bù hǎo. 나 몸이 안 좋아.

04 진찰 받다 看病 kànbìng

A 我最近头痛。
Wǒ zuìjìn tóutòng.

B 你去医院看病吧。
Nǐ qù yīyuàn kànbìng ba.

A 나 요즘 머리가 아파.

B 병원가서 진찰 한번 받아봐.

단어 最近 zuìjìn 요즘 | 头痛 tóutòng 머리가 아프다 | 医院 yīyuàn 병원

★ 看病은 말 그대로 "병을 보다" 즉 "진찰을 받다"란 뜻이에요.

★ 주의! 중국어로 "나 두통있어"라는 말을 할 때 이걸 우리식으로 "있다"라는 동사 有 yǒu를 써서 我有头痛 Wǒ yǒu tóutòng이라고 하면 안 돼요. 그럼 중국사람들이 쓰지 않는 어색한 표현이 된답니다. 그냥 我头痛 Wǒ tóutòng이라고 하던가 아니면 我头疼 Wǒ tóuténg처럼 표현해야 해요.

Tip 我头痛。Wǒ tóutòng。 나 머리가 아파.
我偏头痛。Wǒ piāntóutòng。 나 편두통 있어.
我头一阵一阵的疼。Wǒ tóu yīzhèn yīzhèn de téng。 나 머리가 지끈지끈 아파.
我头胀痛。Wǒ tóu zhàngtòng。 나 머리가 묵직하니 아파.
我头像针扎的疼。Wǒ tóu xiàng zhēnzhā de téng。 나 머리가 바늘로 콕콕 쑤시듯 아파.

05 아프다 疼 téng

A 你肚子还疼吗?
Nǐ dùzi hái téng ma?

B 疼!
Téng!

A 너 배 아직도 아파?

B 아파!

단어 肚子 dùzi 배 | 还 hái 여전히, 아직도

★ 예문처럼 그냥 "疼 téng!"하고 말하면 우리말의 "아파"의 뜻이 되요.
★ 만약 누가 길에서 넘어지거나 책상 모서리에 다리를 찌거나 했을 때 상대방에게 "아파?"란 말은 그냥 疼吗? Téng ma?라고 하면 돼요.
★ 중국어로 "나 ~가 아파"라고 아픈 부위를 말하고자 할 때는 〈주어+(的de)+아픈 부위+疼téng〉형식을 써요. 잠깐!! 여기서 주어 뒤에 的가 붙는 게 어법에 맞지만, 안 붙이고 말해도 전혀 상관없어요. 실제 대부분의 중국사람들은 的를 안 붙여서 말해요.

Tip 你哪儿疼? Nǐ nǎr téng? 너 어디가 아파?
我肚子疼。Wǒ dùziténg。 내 배가 아퍼.
我胃疼。Wǒ wèiténg。 나 위가 아파.
我腰疼。Wǒ yāoténg。 나 허리가 아파.
我肩膀疼。Wǒ jiānbǎngténg。 나 어깨가 아파.
我腿疼。Wǒ tuǐténg。 나 다리가 아파.
我头疼。Wǒ tóuténg。 나 머리가 아파.
我眼睛疼。Wǒ yǎnjīngténg。 나 눈이 아파.
疼死了。Téng sǐle。 아파 죽겠어.

06 불편하다, 아프다 不舒服 bù shūfu

A 你的脸色不好。
Nǐ de liǎnsè bù hǎo.

B 我身体有点不舒服。
Wǒ shēntǐ yǒudiǎn bù shūfu.

A 너 안색이 안 좋아.

B 내가 몸이 좀 안 좋거든.

단어 脸色 liǎnsè 안색 | 身体 shēntǐ 몸 | 有点儿 yǒudiǎn 조금, 약간

★ 舒服는 "편하다"로, 그 반대어인 不舒服 "몸이 불편하다, 안 좋다"란 뜻이에요. 보통 "조금, 약간"이란 뜻의 有点과 함께 〈有点yǒudiǎn+不舒服bù shūfu〉형식으로 많이 쓰여요.

Tip
我的头不舒服。Wǒ de tóu bù shūfu. 나 머리가 아파.
我的肚子不舒服。Wǒ de dùzi bù shūfu. 나 배가 아파.
我的腰不舒服。Wǒ de yāo bù shūfu. 나 허리가 아파.
我的腿不舒服。Wǒ de tuǐ bù shūfu. 나 다리가 아파.
我的胃不舒服。Wǒ de wèi bù shūfu. 나 위가 아파.
我的眼睛不舒服。Wǒ de yǎnjing bù shūfu. 나 눈이 아파.

07 피곤하다 疲劳 píláo

A 我最近很疲劳。
Wǒ zuìjìn hěn píláo.

B 工作不要太累了。
Gōngzuò búyào tài lèi le.

A 나 요즘 항상 피곤해.

B 일 좀 쉬엄쉬엄해.

단어 工作 gōngzuò 일 | 不要 búyào ~하지 말아라 | 累 lèi 피곤하다, 지치다

★ 工作不要太累了를 직역하면 "일을 너무 피곤하게 하지 말아라", 우리말의 "너무 무리하지 마, 좀 쉬엄쉬엄 일 해"란 의미에요.

Tip
啊! 真疲劳! A! zhēn píláo! 아! 완전 피곤해!
最近容易疲劳。Zuìjìn róngyì píláo. 요즘 쉽게 피곤해져.

08 힘이 없다 没劲儿 méijìnr

A 你看上去很没劲儿。
Nǐ kàn shàng qù hěn méijìnr.

B 因为我一天没吃饭。
Yīnwèi wǒ yìtiān méi chīfàn.

A 너 되게 힘이 없어 보인다.

B 오늘 한 끼도 못 먹었거든.

단어 看上去 kàn shàngqù ~해 보이다 | 很 hěn 매우 | 一天 yìtiān 하루종일 | 吃饭 chīfàn 밥을 먹다

★ 우리가 평상시에 자주 쓰는 "나 몸에 힘이 없어, 나 다리에 힘이 없어"같은 말은 이 没劲儿을 써서 표현해요. 劲儿 은 "힘, 기력"으로 没劲儿은 "힘이 없다. 기력이 없다"의 뜻이에요. 발음할 땐 劲儿 jìnr에 액센트를 팍팍 줘서 "메이 찔"이라고 합니다.

Tip 我身上没劲儿。Wǒ shēn shàng méijìnr. 나 몸에 힘이 없어.
我手没劲儿。Wǒ shǒu méijìnr. 나 손에 힘이 없어.
我腿没劲儿。Wǒ tuǐ méijìnr. 나 다리에 힘이 없어.

09 한약 中药 zhōngyào

A 这中药太苦了。
Zhè zhōngyào tài kǔ le.

B 良药苦口利于病。
Liángyào kǔkǒu lìyú bìng.

A 이 한약 진짜 쓰다.

B 한약은 쓸수록 몸에 좋은 법이야.

단어 中药 zhōngyào 한약(중국 의약) | 苦 kǔ 쓰다 | 良药 liángyào 좋은 약 | 利于 lìyú ~에 이롭다 | 病 bìng 병

Tip 한의원 : 中医诊所 zhōngyī zhěnsuǒ / 한의사 : 中医师 zhōngyīshī

China talk! talk!

우리가 한의학이라고 부르는 동양의학을 중국에서는 중의학이라고 해요. 중국은 동양의학이 처음 생기고 발전된 근원지에요. 한의학과 중의학은 어떤 차이가 있을까요? 사실 차이점을 한마디로 말하기는 좀 어렵지만, 중국에서 10년이 넘게 중의학을 전공한 제가 차이점에 대해서 말씀드리면 중국은 감기 같은 사소한 병에서부터 암 같은 중병까지 한의사가 주체적으로 치료하는 범위가 꽤 넓어요. 또 중국에서는 보약 같은 한약의 가격도 우리처럼 비싼 게 아니라 서민들도 무리 없이 먹을 수 있게 합리적입니다. 예전에 싸스(SARS 중증 급성 호흡기 증후근)때도 그렇고 최근 타미플루가 한창 유행했을 때도 TV나 신문에는 모든 가정에서 직접 한약을 달여먹을 수 있게 간단한 한약 처방이 방송 자막으로 나오기도 했어요. 모든 종류의 한약은 동네 약국에서 손쉽게 구매할 수도 있고요. 우리나라에선 상상도 할 수 없는 일이죠. 저와 같이 병원에서 일하는 중국인 의사들이 제게 이런 질문을 참 많이 해요. "한국 사람도 한약을 먹어?" "한국에도 침과 뜸 같은 게 있어?" 우리가 볼 때는 너무나 황당한 질문 같지만, 중국사람들 입장에선 그렇게 묻는 것도 다 나름의 이유가 있죠. 중국사람들이 볼 땐 한의학이란 건 중국에서 생긴 것이니 당연히 자기 나라 밖에 없을 거라고 생각하는 것이고, 또 아직까지는 한국 한의학과의 중의학 간의 교류가 거의 없기 때문이기도 합니다.

10 침맞다 扎针灸 zhā zhēnjiǔ

A 扎针灸可以减肥吗?
Zhā zhēnjiǔ kěyǐ jiǎnféi ma?

B 效果非常好。
Xiàoguǒ fēicháng hǎo.

A 침 맞으면 살이 빠질까?

B 효과 완전 짱이야.

단어 针灸 zhēnjiǔ 침구 | 减肥 jiǎnféi 살을 빼다 | 效果 xiàoguǒ 효과 | 非常 fēicháng 아주, 몹시

★ 중국어로 "침을 맞다"란 말은 "찌르다"란 뜻의 동사 扎를 써서 扎针灸라고 해요.

Tip 你以前扎过针灸吗? Nǐ yǐqián zhā guò zhēnjiǔ ma? 예전에 침 맞아본 적 있으세요?
疼了告诉我。 Téng le gàosu wǒ. 아프시면 얘기하세요.
轻点扎。 Qīng diǎn zhā. 살살 놔주세요.
我怕扎针灸。 Wǒ pà zhā zhēnjiǔ. 나 침 맞는거 무서워.

여러분 오늘도 다이어트 걱정에 고민이 많으시죠? 근데 정말 침으로 살을 뺄 수가 있을까요? 정답은 "있다"에요. 귀가 솔깃하신가요? 실제로 제가 수 많은 비만 환자들에게 직접 시술을 해 본 결과 상당히 효과적으로 살을 뺄 수가 있었죠. 특히 아랫배뿐만 아니라 종아리나 허벅지 같은 국부의 살을 빼는데 특히 효과가 좋아요. 그러나 여기에 규칙적인 식이요법과 적당한 유산소 운동을 반드시 결합해야 요요현상을 막을 수 있답니다. 보통 시술하는 다이어트 침 치료는 몸에 15cm 정도의 긴 장침을 살을 빼고자 하는 부위에 빼곡히 자침한 후 약한 전기 자극을 줘서 지방을 분해하는 원리에요. 큰 침이 들어가서 보기에는 매우 무서워 보이지만, 실제로는 지방층 사이에 침을 자입 하는 것이기 때문에 통증은 거의 없답니다. 의학의 힘을 빌리는 것도 좋지만 뭐니뭐니해도 건강하게 살을 빼고 예쁜 몸매를 유지하려면 규칙적인 운동과 올바른 식습관이 가장 기본적으로 이루어져야겠죠?

11 부항뜨다 拔罐 báguàn

A 你背上的黑印儿是什么?
Nǐ bèi shàng de hēiyìnr shì shénme?

B 这是拔罐弄的。
Zhè shì báguàn nòng de.

A 너 등에 그 멍은 뭐야?

B 이거 부항뜬거야.

단어 背 bèi 등 | 黑印儿 hēiyìnr 검은 자국, 멍 | 弄 nòng 생기다

★ 拔罐은 보통 뒤에 얼화음을 붙여 "바꿜~"이라고 발음해요.
★ 黑印儿은 "검게 찍힌 자국"으로, 부항뜰 때 생기는 푸른 멍자국을 의미해요. 발음은 "헤이 일~"
★ 예문의 罐弄的는 "부항을 떠서 생긴 것"이란 의미에요.

12 꾀병부리다 裝病 zhuāngbìng

A 我想请假。
Wǒ xiǎng qǐngjià.

B 你在装病吧?
Nǐ zài zhuāngbìng ba?

A 나 조퇴하고 싶어.

B 너 지금 꾀병부리는 거지?

단어 想 xiǎng ~하고 싶다 | 请假 qǐngjià 조퇴하다 | 在 zài ~하고 있다

★ 请假는 학교나 직장에서 일이 있거나 몸이 불편해서 조퇴하거나, 월차를 내는 것을 말해요.
★ 装은 "~인 체하다"로, 装病은 "병이 있는 척하다", 즉 "꾀병을 부리다"란 뜻이에요. 在装病은 "꾀병을 부리고 있는 상태"를 말해요.

Tip 我没装病。 Wǒ méi zhuāngbìng. 나 꾀병아니야.

13 약을 먹다 吃药 chī yào

A 你吃药了吗?
Nǐ chī yào le ma?

B 吃了。
Chī le.

A 너 약 먹었어?

B 먹었어.

단어 吃 chī 먹다 | 药 yào 약

★ 감기약은 感冒药 gǎnmàoyào, 진통제는 止痛药 zhǐtòngyào라고 해요.

Tip 吃感冒药 chī gǎnmàoyào 감기약을 먹다
吃止痛药 chī zhǐtòngyào 진통제를 먹다
按时吃药 ànshí chī yào 시간에 맞춰 약을 먹다
我讨厌吃药。 Wǒ tǎoyàn chī yào. 나 약 먹는 거 싫어해.

14 진통제 止痛药 zhǐtòng yào

A 我牙疼!
Wǒ yá téng!

B 吃止痛药了吗?
Chī zhǐtòngyào le ma?

A 나 이가 아파.

B 진통제 먹었어?

단어 牙 yá 이, 이빨 | 疼 téng 아프다 | 吃 chī 먹다

★ 중국에서는 진통제를 "통증을 멈춰주는 약"이란 뜻의 止痛药라고 해요.
★ 진통제 한 알, 두 알처럼 약을 세는 "알"은 양사 片 piàn을 써요.

Tip 吃一片止痛药。Chī yí piàn zhǐtòngyào. 진통제 한 알을 먹다.
吃两片止痛药。Chī liǎng piàn zhǐtòngyào. 진통제 두 알을 먹다.
你吃了几片止痛药? Nǐ chī le jǐ piàn zhǐtòngyào? 너 진통제 몇 알 먹었어?
我吃了一片止痛药。Wǒ chī le yí piàn zhǐtòngyào. 나 진통제 한 알 먹었어.

15 잘 안 듣는다 不管用 bù guǎnyòng

A 这减肥药管用吗?
Zhè jiǎnféiyào guǎnyòng ma?

B 不管用。
Bù guǎnyòng.

A 이 다이어트약 효과 좋아?

B 별로 없어.

단어 减肥药 jiǎnféiyào 다이어트약 | 管用 guǎnyòng 효과가 있다, 쓸모 있다

★ 우리는 몸이 아파서 어떤 약을 먹었을 때 효과가 좋으면 "약이 잘 듣는다"라고 하잖아요. 이때 "잘 듣다"란 말은 管用이란 표현을 써요.
★ 반대로 "약이 잘 안 듣다, 약효가 없다"란 말은 부정사를 붙여 不管用이라고 해요.

Tip 这药真管用! Zhè yào zhēn guǎnyòng! 이 약 진짜 잘들어!
这药一点都不管用! Zhè yào yìdiǎn dōu bù guǎnyòng! 이약 하나도 안 들어!

16 감기 들다 感冒 gǎnmào

A 你怎么老咳嗽?
Nǐ zěnme lǎo késòu?

B 我感冒了。
Wǒ gǎnmào le.

A 너 왜 이렇게 기침을 계속 해?

B 나 감기 걸렸어.

단어 怎么 zěnme 어째서, 왜 | 老 lǎo 계속, 항상 | 咳嗽 késòu 기침을 하다

★ 중국어를 오래 공부한 사람들도 쉽게 범하는 실수 한 가지! "나 감기 걸렸어"란 말을 할 때 우리식으로 "걸리다, 얻다"란 뜻의 동사 得 dé를 써서 我得感冒了 Wǒ dé gǎnmào le라고 말하는데요. 이렇게 말하면 중국사람들이 잘 쓰지 않는 한국식 중국어가 됩니다. 반드시 得를 생략하고 그냥 我感冒了라고 해야 해요.

Tip 你感冒啦? Nǐ gǎnmào la? 너 감기 걸렸어?
我好像感冒了。Wǒ hǎoxiàng gǎnmào le. 나 아무래도 감기 걸린 거 같아.
你吃感冒药了吗? Nǐ chī gǎnmàoyào le ma? 너 감기약 먹었어?
我吃了感冒药, 不管用。Wǒ chī le gǎnmàoyào, bù guǎnyòng. 감기약 먹었는데 안 들어.

17 열이 나다 发烧 fāshāo

A 我好像发烧了。
Wǒ hǎoxiàng fāshāo le.

B 真的很烫!
Zhēn de hěn tàng!

A 나 열이 좀 있는 거 같아.

B 정말 뜨겁네!

단어 好像 hǎoxiàng 마치 ~인듯하다 | 烫 tàng 뜨겁다 | 真 zhēnde 정말로

★ 我好像发烧了는 우리말의 "나 아무래도 열이 있는 것 같아, 나 열나는 것 같아"란 뜻이에요.
★ 몸에 열이 많이 날 때 "몸이 뜨거워, 몸이 펄펄 끓어"같은 말은 "뜨겁다, 데이다"란 뜻의 烫을 써서 말해요.

18 체온을 재다 量体温 liáng tǐwēn

A 我给你量体温。
Wǒ gěi nǐ liáng tǐwēn.

B 我体温多少?
Wǒ tǐwēn duōshǎo?

A 내가 너 체온 재줄게.

B 내 체온 몇 도야?

단어 量 liáng 재다, 측정하다 | 体温 tǐwēn 체온 | 多少 duōshǎo 몇

★ "누구의 체온을 재다"란 말은 〈给gěi+대상+量体温liáng tǐwēn〉형식을 써요.
★ 예문의 我体温多少? 는 "내 체온이 몇 이야?"로, 원래는 온도가 "몇 도"할 때 "도"라는 뜻의 度 dù를 쓰지만, 중국사람들은 보통 度를 생략해서 말해요.

Tip 给我量体温吧。Gěi wǒ liáng tǐwēn ba. 나 체온 좀 재줘.
体温正常。Tǐwēn zhèngcháng. 체온 정상이야.
体温有点高。Tǐwēn yǒudiǎn gāo. 체온이 조금 높아.
体温不高。Tǐwēn bù gāo. 체온 안 높아.

19 목이 쉬었어 嗓子哑了 sǎngzi yǎ le

A 你的声音怎么了?
Nǐ de shēngyīn zěnme le?

B 我的嗓子哑了。
Wǒ de sǎngzi yǎ le.

A 너 목소리가 왜 그래?

B 나 목이 쉬었어.

단어 声音 shēngyīn 목소리 | 怎么了 zěnme le 왜그래 | 嗓子 sǎngzi 목구멍 | 哑 yǎ 목이 쉰

★ 嗓子哑了는 "목구멍이 쉬었어"로, 우리말의 "목이 쉬었어, 목이 갔어"의 뜻이에요.

20 주사 맞다 打针 dǎzhēn

A 你打预防流感针了吗?
Nǐ dǎ yùfáng liúgǎn zhēn le ma?

B 没有。
Méi yǒu.

A 너 독감예방 주사 맞았어?

B 아니.

단어 预防 yùfáng 예방하다 | 流感 liúgǎn 독감

★ 流感은 "유행성 감기"란 뜻의 流行感冒 liúxíng gǎnmào의 줄임말로, "독감"을 뜻해요.
★ "독감 예방주사를 맞다"라는 말은 打针사이에 "독감을 예방하다"란 의미의 预防流感을 넣어서 打预防流感针이라고 표현해요.

Tip 轻点扎! Qīngdiǎn zhā! 살살 놔주세요!
我最讨厌打针。Wǒ zuì tǎoyàn dǎzhēn. 나 주사 맞는 거 제일 싫어해.
我最怕打针! Wǒ zuì pà dǎzhēn! 난 주사 맞는 게 제일 무서워!

21 생리하다 例假 lìjià

A 我来例假了。
Wǒ lái lìjià le.

B 你需要卫生巾吗?
Nǐ xūyào wèishēngjīn ma?

A 나 생리 시작했어.

B 너 생리대 필요해?

단어 需要 xūyào 필요하다 | 卫生巾 wèishēngjīn 생리대 | 主意 zhǔyì 생각, 의견

★ 例假는 "정기휴가"의 뜻인데, 중국에선 "월경, 생리"의 의미로도 많이 쓰여요. "생리를 하다"란 말은 "오다"란 뜻의 동사 来를 써서 来例假라고 해요.
★ 네이티브한 표현 하나 더! 중국 여성들은 "나 생리 시작했어"란 말을 "나 일이 왔어"란 뜻의 我来事儿了 Wǒ lái shìr le라고 하기도 해요. 또는 "우리 큰 이모가 왔어"란 듯의 我大姨妈来了 Wǒ dà yímā lái le라는 표현도 잘 써요.

Tip 真烦! 来例假了! Zhēn fán! Lái lìjià le! 짜증나! 생리 시작했어.
怎么还不来例假呢? Zěnme hái bù lái lìjià ne? 왜 생리가 안 나오지?

这个月没来例假。Zhège yuè méi lái lìjià. 이번달 생리 안 했어.
我月经周期不正常。Wǒ yuèjīng zhōuqī bú zhèngcháng. 난 생리주기가 불규칙해.
我停经了。Wǒ tíng jīng le. 나 생리가 멈췄어.

22 생리통 痛经 tòngjīng

A 我痛经，疼死了！
Wǒ tòngjīng, téng sǐle!

B 吃止痛药了吗？
Chī zhǐtòngyào le ma?

A 생리통 때문에 아파 죽겠어!

B 진통제 먹었어?

단어 疼 téng 아프다 | 吃 chī 먹다 | 止痛药 zhǐtòngyào 진통제

★ 중국에서는 생리통을 痛经이라고 해요.
★ 疼死了는 우리말의 "아파 죽겠어"란 뜻이에요.

Tip 我小肚子疼。Wǒ xiǎo dùziténg. 나 아랫배가 아파. (小肚子 아랫배)
我最怕痛经。Wǒ zuì pà tòngjīng. 난 생리통이 제일 무서워.
痛经别忍着，该吃药。Tòngjīng bié rěnzhe, gāi chī yào. 생리통있으면 참지 말고 약 먹어.
因为痛经，我什么也做不了。Yīnwèi tòngjīng, wǒ shénme yě zuòbùliǎo. 생리통 때문에 꼼짝도 못하겠어.

23 소화가 안 되다 消化不良 xiāohuà bùliáng

A 我有点消化不良。
Wǒ yǒudiǎn xiāohuà bùliáng.

B 谁让你吃那么多。
Shéi ràng nǐ chī nàme duō.

A 나 소화가 좀 안 되는 거 같아.

B 누가 그렇게 많이 먹으래?

단어 有点 yǒudiǎn 조금 | 让 ràng ~하게 하다 | 吃 chī 먹다 | 那么 nàme 그렇게

★ 중국어에는 우리말의 "체하다"란 말과 정확히 일치되는 어휘가 없어요. 그래서 음식을 먹고 체했을 때에는 "소화 불

량"이라는 뜻의 消化不良이나 혹은 "소화가 안 좋다"란 의미의 消化不好 xiāohuà bù hǎo라는 표현을 써요.
★ 중국인들은 "나 소화가 안 돼"라는 말을 할 때 消化不良앞에 "약간, 조금"이란 뜻의 有点 yǒudiǎn을 습관적으로 붙여 말해요.
★ 예문의 谁让你吃那么多를 직역하면 "누가 너로 하여금 그렇게나 많이 먹게 하다"로, 우리말의 "그러길래 누가 그렇게나 많이 먹으래?"같이 약간 핀잔섞인 어감을 주는 문장이에요.

Tip 我消化不好。 Wǒ xiāohuà bù hǎo. 나 소화가 잘 안 돼.
我肚子胀。 Wǒ dùzi zhàng. 나 배가 더부룩해.
我肚子不舒服。 Wǒ dùzi bù shūfu. 나 속이 불편해.

24 속이 쓰리다 胃酸 wèisuān

A 我的胃有点酸。
Wǒ de wèi yǒu diǎn suān.

B 少喝点酒嘛!
Shāo hē diǎn jiǔ ma!

A 나 속이 좀 쓰려.

B 술 좀 작작 마셔.

단어 少 shǎo 적게 | 喝酒 hējiǔ 술을 마시다 | 嘛 ma 조사(만류와 권고를 나타냄)

★ 胃는 "위장, 위", 酸은 "시큰하다, 쓰리다"로, 胃有点酸은 "위가 조금 쓰리다"란 뜻이에요.
★ 예문의 少喝点酒嘛는 우리말의 "술 좀 적당히 마셔, 술 좀 작작 마셔"같은 어감을 주는 표현이에요.

25 설사하다 拉稀 lāxī

A 我又拉稀了。
Wǒ yòu lāxī le.

B 你吃坏东西了吧?
Nǐ chī huài dōngxi le ba?

A 나 또 설사했어.

B 너 뭐 잘못 먹은거 아냐?

단어 又 yòu 또 | 东西 dōngxi 물건 (물건이란 뜻이지만 여기선 음식을 뜻해요)

★ 吃坏는 "먹어서 탈이 나다"로, 吃坏东西는 "음식을 잘못 먹어 탈이 나다"란 뜻이에요.
★ 拉稀는 물설사처럼 설사를 쫙쫙 하는 것이고, 배가 살살 아픈 것을 의미하는 "배탈이 나다"란 말은 拉肚子 lā dùzi라고 해요.

Tip 我拉肚子了。Wǒ lā dùzi le. 나 배탈 났어.
我一整天拉稀。Wǒ yīzhěngtiān lāxī. 나 하루종일 설사했어.
我拉裤子里了。Wǒ lā kùzi lǐ le. 나 바지에 설사했어.
我大便快出来了。Wǒ dàbiàn kuài chūlái le. 나 똥 쌀 거 같아.
你忍着点。Nǐ rěn zhe diǎn. 조금만 참아.

26 변비 便秘 biànmì

A 我便秘。
Wǒ biànmì.

B 多吃点香蕉。
Duō chī diǎn xiāngjiāo.

A 나 변비 있어.

B 바나나 많이 먹어.

단어 多 duō 많이 | 吃 chī 먹다 | 香蕉 xiāngjiāo 바나나

★ 주의! 중국어로 "나 변비 있어"란 말을 할 때 우리식으로 "있다"란 뜻의 有 yǒu를 써서 我有便秘 Wǒ yǒu biànmì"라고 하면 절대 안 되요! 그냥 我便秘了 Wǒ biànmì le라고 해야 해요.

Tip 你便秘吗？Nǐ biànmì ma? 너 변비 있어?
我想大便。Wǒ xiǎng dàbiàn. 나 똥 마려워.
我憋不住了。Wǒ biē búzhù le. 나 못참겠어.
我便秘快发疯了。Wǒ biànmì kuài fāfēng le. 나 변비 때문에 미치겠어. (发疯 미치다)
我一个礼拜都没大便。Wǒ yí ge lǐbài dōu méi dàbiàn. 나 일주일이나 대변 못봤어. (一个礼拜 일주일)
便秘吃什么饮食好？Biànmì chī shénme yǐnshí hǎo? 변비에는 어떤 음식이 좋아? (饮食 음식)
你多吃点蔬菜。Nǐ duō chī diǎn shūcài. 너 야채 많이 먹어. (蔬菜 야채)

화장실을 중국어로는 洗手间 xǐshǒujiān 또는 厕所 cèsuǒ라고 해요. 둘 다 똑같이 화장실을 의미하지만 다음과 같은 차이가 있습니다. 보통 화장실은 洗手间 xǐshǒujiān을 가장 많이 쓰고요. 厕所 cèsuǒ는 뒷간, 또는 변소의 의미로 젠틀한 표현이 아니에요. 만약 소개팅을 나가거나, 사귄지 얼마 안 된 이성친구랑 데이트를 하는데 "화장실 좀 다녀올게"란 말을 我要上厕所 Wǒ yào shàng cèsuǒ라고 한다면 완전 싼티나 보이겠죠? 참! "화장실을 가다"란 말을 할 때 洗手间을 쓰면 "가다"란 뜻의 동사 去 qù를 써서 去洗手间 qù xǐshǒujiān이라고 하고, 厕所를 쓰면 "오르다"란 뜻의 동사 上 shàng을 써서 上厕所 shàng cèsuǒ라고 해요.

27 허리가 쑤시다 腰酸 yāosuān

A 我的腰有点酸。
Wǒ de yāo yǒudiǎn suān.

B 是不是要下雨了?
Shì bu shì yào xiàyǔ le?

A 허리가 좀 쑤시네.

B 비가 오려나?

단어 腰 yāo 허리 | 有些 yǒuxiē 조금 | 酸 suān 시큰거리다 | 要…了 곧 ~하려하다 | 下雨 xiàyǔ 비가 내리다

★ "허리가 쑤시다"할 때 "쑤시다"란 말은 "시큰거리다"란 뜻의 酸 을 써서 표현해요. 예문의 我的腰有点酸을 풀이하면 "나의 허리가 조금 쑤신다"가 되죠.

★ 중국사람들은 몸이 불편함을 표현할 때 "조금, 약간" 이란 뜻의 有点 또는 有些 yǒuxiē를 습관적으로 붙이는 경향이 있어요.

★ 是不是要下雨了?는 우리말의 "혹시 비가 오려는거 아냐?, 설마 비가 내리려는 거 아냐?"란 뜻이에요.

28 허리디스크 腰脱 yāotuō

A 你为什么没去当兵?
Nǐ wèishénme méi qù dāngbīng?

B 因为我有腰脱。
Yīnwèi wǒ yǒu yāotuō.

A 너 왜 군대 안 갔어?

B 나 허리디스크 있거든.

단어 为什么 wèishénme 왜 | 去 qù 가다 | 当兵 dāngbīng 군복무하다 | 因为 yīnwèi 왜냐하면

★ 腰는 "허리", 脱는 "빠지다"로, 腰脱는 "허리가 빠지다". 즉 "허리디스크"를 말해요.

★ 去当兵 qù dāngbīng은 "군복무하러 가다, 군대에 가다"란 뜻이에요.

29 허리를 삐끗하다 闪腰 shǎnyāo

A 我闪腰了。
Wǒ shǎnyāo le.

B 小心点嘛!
Xiǎoxīn diǎn ma!

A 나 허리를 삐끗했어.

B 조심 좀 하지 그랬어!

단어 闪 shǎn 접질리다, 삐다 | 腰 yāo 허리 | 小心 xiǎoxīn 조심하다

★ 闪腰는 "허리를 접질리다"로 我闪腰了는 우리말의 "나 허리 삐끗했어, 나 허리 뜨끔했어"란 뜻이에요. 闪腰는 진정 네이티브스런 표현중 하나이니 기억해두었다가 사용해 보세요.

★ 예문의 小心点嘛는 우리말의 "쯧쯧, 조심 좀 하지, 조심 좀 하지 그랬어" 같은 어감을 주는 관용표현이에요.

Tip 我的腰直不起来。 Wǒ de yāo zhí bùqǐlái. 나 허리를 못 피겠어. (**直不起来** 펼 수 없다)
我的腰弯不下去。 Wǒ de yāo wān búxiàqù. 나 허리를 못 구부리겠어. (**弯不下去** 굽힐 수 없다)
腰是男人的生命。 Yāo shì nánrén de shēngmìng. 남자는 허리가 생명이야.

30 쥐가나다 抽筋儿 chōu jīnr

A 我的腿抽筋儿了。
　　Wǒ de tuǐ chōu jīnr le.

B 我给你揉一揉。
　　Wǒ gěi nǐ róu yi róu.

A 나 다리에 쥐났어.

B 내가 주물러 줄게.

단어 腿 tuǐ 다리 | 给 gěi ~에게 | 揉 róu 주무르다

★ 수영이나 축구 같은 운동을 할 때 자주 쓰는 "다리에 쥐났어"란 말은 抽筋儿을 써서 표현해요. 발음할 땐 얼화음에 신경써서 "쵸우칠~"이라고 해요.

★ 우리말의 "누구를 주물러주다"란 말은 〈给gěi+대상+揉一揉róu yi róu〉형식을 써요.

31 저리다 麻 má

A 我的胳膊麻。
　　Wǒ de gēbo má.

B 我给你按摩一下吧。
　　Wǒ gěi nǐ ànmó yíxià ba.

A 나 팔이 저려.

B 내가 주물러 줄게.

단어 胳膊 gēbo 팔 | 给 gěi ~에게 | 按摩 ànmó 안마하다

★ 我给你按摩一下는 직역하면 "내가 너에게 안마를 한번 해주다"로, 우리말의 "내가 안마해줄게"란 뜻이에요.

★ 주의! 우리말의 "안마를 하다"란 말을 중국어로 할 때 행여나 "하다"란 뜻의 做 zuò를 써서 做按摩 zuò ànmó라고 하면 안 돼요. 왜냐? 按摩라는 말자체가 "안마하다, 마사지하다"란 동사로 쓰이기 때문이죠.

Tip 手麻 shǒu má 손이 저려
　　　手指麻 shǒuzhǐ má 손가락이 저려
　　　肩膀麻 jiānbǎng má 어깨가 저려
　　　腿麻 tuǐ má 다리가 저려
　　　脚麻 jiǎo má 발이 저려

32 붓다 肿了 zhǒng le

A 你的脸肿了。
　　Nǐ de liǎn zhǒng le.

B 昨晚我吃方便面了。
　　Zuówǎn wǒ chī fāngbiànmiàn le.

A 너 얼굴 부었다.

B 어제 밤에 컵라면 먹었거든.

단어 脸 liǎn 얼굴 | 肿 zhǒng 붓다 | 昨晚 zuówǎn 어제 밤 | 方便面 fāngbiànmiàn 컵라면

★ "나 얼굴 부었어, 나 팔이 부었어"처럼 몸의 어느 부위가 붓다라는 말은 〈我wǒ+的de+신체부위+肿zhǒng+了le〉형식을 써요.

★ 중국에서는 "신라면"처럼 끓여 먹는 라면과 컵라면 모두 "간편한 면"이란 뜻의 方便面이라고 해요.

33 무좀 脚气 jiǎoqì

A 我的脚痒死了。
　　Wǒ de jiǎo yǎng sǐle.

B 你有脚气吗?
　　Nǐ yǒu jiǎoqì ma?

A 발이 가려워 죽겠네.

B 너 혹시 무좀 있니?

단어 脚 jiǎo 발 | 痒 yǎng 가렵다

★ 痒死了는 우리말의 "가려워 죽겠어"같은 어감이에요.

34 혹이 나다 鼓包 gǔbāo

A 我的脑袋鼓包了。
Wǒ de nǎodài gǔbāo le.

B 活该！
Huógāi!

A 나 머리에 혹이 났어.

B 샘통이다!

단어 脑袋 nǎodài 머리, 머리통

★ 鼓包는 "혹이 생기다, 혹이 나다"란 뜻이에요. 우리가 어딘가 머리를 부딪혔을 때 잘 쓰는 말인 "나 머리에 혹났어"란 말은 예문처럼 我的脑袋鼓包了라고 하면 되요.

★ 우리도 머리를 "머리통"이라고도 하듯이 중국사람들도 "머리"란 뜻의 头를 좀 더 서민(?)적으로 표현해서 脑袋라고 해요.

★ 예문의 活该는 우리말의 "거참 샘통이다, 꼴 좋다~"같은 어감을 주는 관용표현이에요.

Tip 我鼓了两个包。Wǒ gǔ le liǎng ge bāo. 나 혹이 두 개 났어.

35 뽀드락지 疙瘩 gēdá

A 我的脸起疙瘩了。
Wǒ de liǎn qǐ gēdá le.

B 不要用手摸。
Búyào yòng shǒu mō.

A 나 얼굴에 뽀드락지 났어.

B 손으로 만지지마.

단어 脸 liǎn 얼굴 | 不要 búyào ~하지 말아라 | 用手 yòng shǒu 손을 쓰다 | 摸 mō 만지다

★ 우리는 "뽀드락지가 나다"라고 말하지만, 중국사람들은 "뽀드락지가 일어나다"라고 표현해요. 그래서 疙瘩앞에 "일어나다"란 뜻의 동사 起를 써요.

★ 예문의 不要用手摸를 직역하면 "손을 써서 만지지 말아라"로, 우리말의 "손으로 만지지마"같은 의미에요.

Tip 痘 dòu는 "여드름"으로, "여드름이 나다"는 "생기다, 자라다"란 뜻의 동사 长 zhǎng을 써서 长痘 zhǎngdòu라고 해요.
我长痘了 Wǒ zhǎngdòu le 나 여드름 났어.

36 코피나다 流鼻血 liú bíxiě

A 我流鼻血了。
　　Wǒ liú bíxiě le.

B 仰头。
　　Yǎngtóu.

A 나 코피나.

B 고개 젖혀.

단어 流 liú 흘리다 | 鼻血 bíxiě 코피 | 仰 yǎng 젖히다 | 头 tóu 머리

★ 仰头는 "고개를 뒤로 젖히다"란 뜻이에요.

Tip 你的鼻子出血了。Nǐ de bízi chūxuè le. 너 코에서 피난다.
　　　用纸塞住鼻子。Yòng zhǐ sāizhù bízi. 휴지로 코를 막아.

37 코를 풀다 擤鼻子 xǐng bízi

A 你怎么老擤鼻子？
　　Nǐ zěnme lǎo xǐng bízi?

B 因为我有鼻炎。
　　Yīnwèi wǒ yǒu bíyán.

A 너 왜 코를 계속 풀어?

B 나 비염있거든.

단어 怎么 zěnme 어째서, 왜 | 老 lǎo 계속 | 因为 yīnwèi 왜냐하면 | 鼻炎 bíyán 비염

★ 擤는 "풀다", 鼻子는 "코"라는 의미로, 擤鼻子는 "코를 풀다"란 뜻이에요.
★ 老는 "계속, 자꾸"의 뜻으로, 회화에서 절대 빼놓을 수 없는 사용빈도 NO.1 부사에요.
★ 참고로 "코가 막히다"란 말은 "막히다"란 뜻의 堵塞 dǔsāi를 써서 鼻子堵塞 bízi dǔsāi라고 해요.

Tip 我鼻子堵塞了。Wǒ bízi dǔsāi le. 나 코가 막혔어.
　　　我鼻子通畅了。Wǒ bízi tōngchàng le. 나 코가 뚫렸어. (通畅 뚫리다)
　　　我鼻子破皮了。Wǒ bízi pòpí le. 나 코가 헐었어. (破皮 피부가 헐다)
　　　我鼻子红了。Wǒ bízi hóng le. 나 코가 빨개졌어. (红 붉다)
　　　我闻不着味儿。Wǒ wénbuzháo wèir. 나 냄새를 못 맡겠어. (闻不着 냄새를 못 맡다)

38 치질 痔疮 zhìchuāng

A 你走路怎么这样?
Nǐ zǒulù zěnme zhèyàng?

B 我有痔疮。
Wǒ yǒu zhìchuāng.

A 너 걸음걸이가 왜 그래?

B 나 치질 있어.

단어 走路 zǒulù 길을 걷다 | 这样 zhèyàng 이와 같다. 이렇다

Tip 我做了痔疮手术。Wǒ zuò le zhìchuāng shǒushù. 나 치질수술했어.
你有痔疮吗? Nǐ yǒu zhìchuāng ma? 너 혹시 치질 있니?

39 불면증에 걸리다 失眠 shīmián

A 你的黑眼圈很重。
Nǐ de hēiyǎnquān hěn zhòng.

B 我最近失眠了。
Wǒ zuìjìn shīmián le.

A 너 다크써클 진짜 심하다.

B 나 요즘 불면증 있거든.

단어 黑眼圈 hēiyǎnquān 다크써클 | 很 hěn 매우 | 重 zhòng 심하다 | 最近 zuìjìn 요즘

★ 주의! 중국어로 "나 불면증 있어"란 말을 할 때 우리식으로 생각해서 "있다"란 뜻의 有 yǒu를 써서 我有失眠 Wǒ yǒu shīmián이라고 하면 안 되요!! 반드시 我失眠了 Wo shīmián le라고 해야해요. 왜냐하면 失眠은 단어 자체가 "불면증에 걸리다"란 뜻이기 때문이죠.

★ 眼圈은 "눈가"로, 黑眼圈은 "검은 눈가". 즉 "다크써클"을 말해요. "다크써클이 심하다"할 때 "심하다"는 "무겁다"란 뜻의 형용사 重을 써요.

★ 중국어로 수면제는 安眠药 ānmiányào라고 해요.

Tip 我最近睡不着觉。Wǒ zuìjìn shuì bù zháo jiào. 나 요즘 잠을 잘 못 자.
我不吃安眠药睡不着觉。Wǒ bù chī ānmiányào shuì bù zháo jiào. 나 수면제 안 먹으면 잠을 못 자.

40 금연하다 戒烟 jièyān

A 你戒烟吧。
Nǐ jièyān ba.

B 我想戒，但是戒不掉。
Wǒ xiǎng jiè, dànshì jiè bú diào.

A 너 담배 끊어.

B 끊고 싶은데 잘 안 돼.

단어 戒 jiè 끊다. 중단하다 | 烟 yān 담배 | 但是 dànshì 그런데. 그러나

★ 戒는 담배, 술, 마약 등을 "끊다"고, 烟은 "담배"로, 戒烟은 "담배를 끊다, 금연하다"의 뜻이에요.
★ 戒不掉에서 掉는 "～해버리다, ～해치우다"의 뜻으로 동사 뒤에 쓰여 무언가를 깔끔하게 확 끝내버리는 것을 나타내요. 다시 말해 戒不掉는 "담배를 확 끊어버릴 수가 없다"란 뜻이에요.
★ 중국어로 "금단현상"은 戒断综合征 jièduàn zōnghézhēng이라고 해요.

Tip 我戒不掉烟。Wǒ jiè bú diào yān. 나 담배 못 끊겠어.
今年一定要戒掉烟。Jīnnián yídìng yào jiè diào yān. 올해는 담배 꼭 끊을 거야.
戒掉烟真难。Jiè diào yān zhēn nán. 담배 끊기 정말 어려워.
出现戒断综合征。Chūxiàn jièduàn zōnghézhēng. 금단현상이 나타나다.

41 재채기 하다 打喷嚏 dǎ pēntì

A 我怎么老打喷嚏？
Wǒ zěnme lǎo dǎ pēntì?

B 有人在想你。
Yǒurén zài xiǎng nǐ.

A 왜 자꾸 재채기가 나지?

B 누가 너 생각하나 봐.

단어 老 lǎo 계속 | 有人 yǒurén 어떤 사람 | 在 zài ～하고 있는 중이다 | 想 xiǎng 생각하다

★ 喷嚏는 "재채기"로 "재채기를 하다"는 동사 打를 써서 打喷嚏라고 해요.
★ 중국에서는 재채기에 관한 이런 속설이 있어요. 바로 一想二骂三感冒 yī xiǎng èr mà sān gǎnmào란 말이죠. 무슨 뜻이냐 하면 "한 번 재채기를 하면 누군가가 자기를 생각하는 것이고, 두 번 하면 남이 욕을 하는 것. 세 번 하면 감기에 걸린 것"이란 뜻이에요.

42 까지다 摔破 shuāipò

(咣当 guāngdāng)

A 你没事儿吧?
Nǐ méi shìr ba?

B 我的膝盖摔破了。
Wǒ de xīgài shuāipò le.

(꽈당)

A 너 괜찮아?

B 나 무릎 까졌어.

단어 咣当 guāngdāng 꽈당(의성어) | 没事儿 méishìr 괜찮다 | 膝盖 xīgài 무릎

★ 摔는 "넘어지다", 破는 "깨지다, 찢기다"로, 摔破는 넘어지거나 어딘가에 부딪쳤을 때 피부가 까지는 것을 말해요.
★ 무릎 까졌을 때 바르는 일명 "빨간약"은 "붉은 약물"이란 뜻의 红药水 hóngyàoshuǐ라고 해요.

Tip 噢! 出血了。Ō! chū xuè le. 어! 피난다.
급我吹一下。Gěi wǒ chuī yíxià. 호! 해줘.
擦点红药水。Cā diǎn hóngyàoshuǐ. 빨간약 좀 발라.

43 반창고 创可贴 chuāngkětiē

A 我的手被刀划了。
Wǒ de shǒu bèi dāo huá le.

B 贴个创可贴吧。
Tiē ge chuāngkětiē ba.

A 나 손을 칼에 베었어.

B 반창고 붙여.

단어 被 bèi ~에 의해 | 刀 dāo 칼 | 划 huá 베다 | 贴 tiē 붙이다 | 个 ge 개(양사)

★ 创可贴를 굳이 우리말로 풀자면 "상처에 붙일 수 있다"로, 반창고. 대일밴드를 뜻해요.
★ "손을 칼에 베이다"라는 말은 "베다"라는 동사 划와 피동사 被를 사용해 〈주어+被bèi+刀dāo+划huá+了le〉형식을 써요.

> **Tip** 给我个创可贴。Gěi wǒ ge chuàngkětiē. 나 반창고 좀 줘.
> 给我贴个创可贴。Gěi wǒ tiē ge chuàngkětiē. 나 반창고 좀 붙여줘.
> 血流不止。Xuè liú bùzhǐ. 피가 안 멈춰.
> 伤口很深。Shāng kǒu hěn shēn. 상처가 깊게 파였어.

44 다리를 삐다 脚崴 jiǎo wǎi

A 我的脚崴了。
Wǒ de jiǎo wǎi le.

B 肿得很厉害啊!
Zhǒng de hěn lìhai a!

A 나 다리 삐끗했어.

B 심하게 부었는걸!

> **단어** 脚 jiǎo 다리 | 肿 zhǒng 붓다 | 很 hěn 매우 | 厉害 lìhai 심하다

★ 脚는 "다리"고, 崴는 "삐다, 접질리다"로, 脚崴는 "다리를 삐다, 다리를 접질리다"란 뜻이에요.
★ 다리를 삐었을 때 처치하는 "얼음찜질 하다"란 말은 冷敷 lěngfū라고 해요.

> **Tip** 冷敷一下。Lěngfū yíxià. 얼음 찜질 좀 해.
> 我走不动了。Wǒ zǒu bú dòng le. 나 걸음을 못 걷겠어.
> 背我一下。Bèi wǒ yíxià. 나 업어줘.
> 我背你。Wǒ bèi nǐ. 내가 너 업어줄게.
> 去韩医院扎针灸吧。Qù hányīyuàn zhā zhēnjiǔ ba. 한의원에 가서 침 맞아.

45 깁스하다 打石膏 dǎ shígāo

A 你怎么打石膏了?
Nǐ zěnme dǎ shígāo le?

B 我被车撞了。
Wǒ bèi chēzhuàng le.

A 너 왜 깁스를 했어?

B 나 차에 치었어.

단어 车 chē 차 | 撞 zhuàng 차에 치다

★ 石膏는 "석고"란 뜻으로, 중국어로 "깁스를 하다"란 말은 동사 打를 써서 打石膏라고해요.
★ "차에 치이다"란 말은 "당하다"란 被 bèi를 써서 〈被bèi+车chē+撞zhuàng〉형식으로 표현해요.

Tip 붕대는 중국어로 绷带 bēngdài라고 하고, "붕대를 감다"란 말은 缠绷带 chán bēngdài라고 해요.

46 뼈가 부러지다 骨折 gǔzhé

A 你的手怎么缠个绷带？
Nǐ de shǒu zěnme chán ge bēngdài?

B 我的手骨折了。
Wǒ de shǒu gǔzhé le.

A 너 손에 왜 붕대를 감았어?

B 나 손 부러졌어.

단어 手 shǒu 손 | 缠 chán 감다 | 绷带 bēngdài 붕대

★ 중국어로 "뼈가 부러지다"란 말은 "골절되다"란 뜻의 骨折라고 해요.
★ 예문의 我的手骨折了는 "나의 손뼈가 부러지다"로, 우리말의 "나 손 부러졌어"란 의미에요.

Tip 중국어로 "뼈에 금이가다"란 말은 骨裂 gǔliè라고 해요.
　　 我的手骨裂了。Wǒ de shǒu gǔliè le. 나 손에 금갔어.
　　 拄拐仗 zhǔ guǎizhàng 목발을 짚다 (拐仗 목발)
　　 坐轮椅 zuò lúnyǐ 휠체어 타다 (轮椅 휠체어)

47 X-ray 찍다 拍片子 pāi piānzi

A 我出车祸了。
Wǒ chū chēhuò le.

B 拍片子了吗？
Pāi piānzi le ma?

A 나 교통사고 났어.

B X-ray 찍었어?

단어 出 chū 나다. 발생하다 | 车祸 chēhuò 차사고 | 拍 pāi 찍다. 촬영하다 | 片子 piānzi 필름

- ★ 중국어로 "X-ray 찍다"란 말은 "필름을 촬영하다"란 뜻의 拍片子라고 해요. 참! 拍片子는 "영화를 찍다"란 뜻으로도 쓰여요.
- ★ 出车祸는 "교통사고가 나다"로, 예문의 我出车祸了는 "나 교통사고 났어, 나 교통사고 당했어"란 뜻이에요.

> **Tip** 중국어로 "CT를 찍다"라는 말은 拍CT라고 해요. 발음은 "파이 씨티"고요.

48 링겔 맞다 打点滴 dǎ diǎndī

A 你怎么没来上课?
Nǐ zěnme méi lái shàngkè?

B 因为感冒，在医院打点滴了。
Yīnwèi gǎnmào, zài yīyuàn dǎ diǎndī le.

A 너 왜 수업 안 나왔어?
B 감기때문에 병원에서 링겔 맞았어.

단어 上课 shàngkè 수업하다 | 感冒 gǎnmào 감기걸리다 | 医院 yīyuàn 병원

★ 点滴는 "작은 방울"로, 打点滴는 "작은 방울을 맞다", 즉 "링겔을 맞다"의 뜻입니다.

49 쓰러지다 晕倒 yūndǎo

A 我昨天晕倒了。
Wǒ zuótiān yūndǎo le.

B 你受什么刺激了吗?
Nǐ shòu shénme cìjī le ma?

A 나 어제 쓰러졌어.
B 너 무슨 충격 받았니?

단어 受 shòu 받다 | 什么 shénme 무슨 | 刺激 cìjī 자극, 충격

★ 晕倒는 "어지러워 넘어지다"로, 우리말의 "실신하다, 기절하다"란 뜻이에요.

50 어지럽다 迷糊 míhu

A 我有点迷糊。
Wǒ yǒu diǎn míhu.

B 那休息一下。
Nà xiūxi yíxià.

A 나 조금 어지러워.

B 그럼 좀 쉬어.

단어 有点 yǒudiǎn 조금 | 迷糊 míhu 어지럽다. 혼미하다 | 那 nà 그럼 | 休息 xiūxi 쉬다

★ 우리가 잘쓰는 "책을 많이 봤더니 어지러워", "게임을 오래 했더니 어지러워", "술 마시니까 어지럽다"할 때 "어지러워"란 말은 "정신이 혼미하다"란 뜻의 迷糊를 써서 말해요. 하지만 꽤나 많은 분들이 "어지럽다"란 말을 头晕 tóuyūn 으로 잘못 쓰는 경우가 많은데요. 头晕은 빈혈이 있어 현기증이 나거나, 진짜 건강상태가 안 좋아서 머리가 핑그르르 도는 것을 말해요. 그래서 迷糊와 头晕 두 어휘의 정확한 구분은 초급자와 네이티브를 가르는 중요한 기준이 되기도 해요.

Tip 因为没吃饭所以迷糊。Yīnwèi méi chīfàn suǒyǐ míhu. 밥을 안 먹었더니 어지러워.
因为熬夜所以迷糊。Yīnwèi áoyè suǒyǐ míhu. 어제 밤을 샜더니 어지러워.
因为喝酒所以迷糊。Yīnwèi hējiǔ suǒyǐ míhu. 술을 마시니까 어지러워.

51 헌혈하다 献血 xiànxué

A 你献过血吗?
Nǐ xiàn guo xué ma?

B 一次都没有。
Yícì dōu méiyǒu.

A 너 헌혈해본 적 있어?

B 한 번도 없어.

단어 一次 yícì 한 번 | 都 dōu 조차

★ 주의! "헌혈을 하다"란 말을 중국어로 할 때 행여나 "~하다"란 뜻의 做 zuò를 써서 做献血 zuò xiànxué라고 하지 마세요. 왜냐하면 献血는 "헌혈"이란 명사가 아닌, "헌혈하다"란 동사로 쓰이기 때문이죠.

Tip 我会做饭。Wǒ huì zuò fàn. 나 요리할 줄 알아.
我没献过血。Wǒ méi xiàn guo xué. 나 헌혈해본 적 없어.

我献过血。Wǒ xiàn guo xuè. 나 헌혈 해본 적 있어.
我一次都没献过血。Wǒ yícì dōu méi xiàn guo xuè. 나 헌혈 한 번도 해본 적 없어.
昨天我献血给了一个面包。Zuótiān wǒ xiànxuè gěi le yī ge miànbāo. 나 어제 헌혈했는데 빵줬어.

52 고혈압 高血压 gāoxuèyā

A 你的血压正常吗?
Nǐ de xuèyā zhèngcháng ma?

B 我有高血压。
Wǒ yǒu gāoxuèyā.

A 너 혈압 정상이야?

B 나 고혈압이야.

★ 血压 xuèyā 혈압 | 正常 zhèngcháng 정상이다
★ 중국어로 "나 고혈압이야"란 말은 우리식대로 我是高血压 Wǒ shì gāoxuèyā라고 하지 않고, "있다"란 동사 有를 써서 "나 고혈압 있어". 즉 我有高血压라고 표현해요.
★ 중국어로 "혈압을 측정하다"란 말은 "측정하다"란 뜻의 동사 量 liáng을 써서 量血压 liáng xuèyā라고 해요. 혈압약은 "혈압을 내려주는 약"이란 뜻의 降压药 jiàng yāyào라고 하고요.

Tip 我血压有点高。Wǒ xuèyā yǒudiǎn gāo. 나 혈압이 조금 높아.
我血压有点低。Wǒ xuèyā yǒudiǎn dī. 나 혈압이 조금 낮아.
我有低血压。Wǒ yǒu dīxuèyā. 나 저혈압이야.
我在吃降压药。Wǒ zài chī jiàng yāyào. 나 고혈압약 먹고 있어.
最近量过血压吗?Zuìjìn liàng guo xuèyā ma? 최근에 혈압 재본 적 있어?
最近没量过血压。Zuìjìn méi liàng guo xuèyā. 최근에 혈압 재본 적 없어.

53 당뇨병 糖尿病 tángniàobìng

A 你为什么不吃巧克力?
Nǐ wèishénme bù chī qiǎokèlì?

B 因为我有糖尿病。
Yīnwèi wǒ yǒu tángniàobìng.

A 넌 왜 초콜릿을 안 먹어?

B 나 당뇨병 있거든.

★ 为什么 wèishénme 왜 | 吃 chī 먹다 | 巧克力 qiǎokèlì 초콜릿 | 因为 yīnwèi 왜냐하면 | 有 yǒu 있다
★ 중국어로 당뇨병은 한자음 그대로 糖尿病라고 해요. 당뇨병이 있다(없다)는 동사 有(没有)를 씁니다.
★ 당뇨 검사할 때 쓰는 "당뇨수치"란 말은 "지표, 수치"란 뜻의 指标 zhǐbiāo를 써서 血糖指标 xuètáng zhǐbiāo라고 합니다.

> **Tip** 测血糖 cè xuètáng 혈당을 체크하다
> 控制血糖 kòngzhì xuètáng 혈당을 조절하다
> 血糖指标高 xuètáng zhǐbiāo gāo 혈당수치가 높다
> 血糖指标低 xuètáng zhǐbiāo dī 혈당수치가 낮다
> 打胰岛素 dǎ yídǎosù 인슐린 주사를 맞다

54 보험 가입하다 买保险 mǎi bǎoxiǎn

A 你买癌症保险了吗?
Nǐ mǎi áizhèng bǎoxiǎn le ma?

B 买了。
Mǎi le.

A 너 암보험 가입했어?

B 가입했지.

★ 买 mǎi 사다 | 癌症 áizhèng 암 | 保险 bǎoxiǎn 보험
★ "보험에 가입하다"란 말을 중국에서는 "보험을 사다"라고 표현해요. 그래서 "사다"란 뜻의 买 mǎi를 써서 买保险 mǎi bǎoxiǎn이라고 해요. 행여나 "가입하다"란 뜻의 동사 加入 jiārù를 써서 加入保险 jiārù bǎoxiǎn이라고 하면 아니 아니 아니 되오~!!

55 의료보험 医保 yībǎo

A 这个药可以走医保吗?
Zhège yào kěyǐ zǒu yībǎo ma?

B 可以。
Kěyǐ.

A 이 약 의료보험 되나요?

B 되요.

★ "의료보험"은 원래 医疗保险 yīliáo bǎoxiǎn이라고 하는데, 중국사람들은 심플하게 줄여서 医保라고 해요.
★ 우리말의 "의료보험이 적용되다"란 말을 중국에서는 꽤나 특이하게 "의료보험에 가다"라고 표현해요.
그래서 "가다"란 뜻의 동사 走 zǒu를 써서 走医保 zǒu yībǎo라고 한답니다.

Tip 这个药能走医保。Zhège yào néng zǒu yībǎo. 이 약은 의료보험이 되요.
这个药不能走医保。Zhège yào bù néng zǒu yībǎo. 이 약은 의료보험이 안 되요.

56 건강검진 体检 tǐjiǎn

A 你怎么不吃晚饭?
Nǐ zěnme bù chī wǎnfàn?

B 我明天要去体检。
Wǒ míngtiān yào qù tǐjiǎn.

A 너 왜 저녁밥 안 먹어?
B 내일 건강검진 받으러 가거든.

단어 怎么 zěnme 왜, 어째서 | 晚饭 wǎnfàn 저녁밥 | 明天 míngtiān 내일

★ 体检은 "신체검사"를 뜻하는 身体检查 shēntǐ jiǎnchá의 줄임말이에요.
★ 体检은 어휘자체가 "신체검사를 받다"란 동사로 쓰이기 때문에 따로 "~하다"란 뜻의 做 zuò같은 동사를 붙이지 않아요.

Tip 你近期体检是什么时候? Nǐ jìnqī tǐjiǎn shì shénme shíhou? 너 최근에 건강검진 한 게 언제야?
一年一次必须体检。Yī nián yícì bìxū tǐjiǎn. 1년에 한 번은 꼭 건강검진 받아야 해.
体检之前必须禁食。Tǐjiǎn zhīqián bìxū jìnshí. 신체검사 전에는 반드시 금식해야 해.

57 검사결과 检查结果 jiǎnchá jiéguǒ

A 大夫，检查结果出来了吗?
Dàifu, jiǎnchá jiéguǒ chūlái le ma?

B 很正常。
Hěn zhèngcháng.

A 선생님, 검사결과 나왔나요?
B 아주 정상이에요.

단어 大夫 dàifu 의사 | 检查 jiǎnchá 검사 | 结果 jiéguǒ 결과 | 出来 chūlai 나오다 | 正常 zhèngcháng 정상

★ "검사결과가 나오다"할 때 "나오다"란 말은 出来를 써요.

Tip 检查结果还没出来呢。 Jiǎnchá jiéguǒ hái méi chūlái ne. 검사결과가 아직 안 나왔어요.

58 초음파 검사 超声 chāoshēng

A 我今天做了超声。
Wǒ jīntiān zuò le chāoshēng.

B 看到孩子了吗?
Kàn dào háizi le ma?

A 나 오늘 초음파 검사했어.

B 아기 봤어?

단어 今天 jīntiān 오늘 | 做 zuò 하다 | 看到 kàndào 보다 | 孩子 háizi 아기

★ 중국어로 "초음파 검사"는 원래 超声检查 chāoshēng jiǎnchá라고 하는데, 보통 "검사"라는 뜻의 检查는 빼고 超声이라고 해요. "초음파 검사를 하다"할 때는 "하다"란 뜻의 동사 做 zuò를 써서 做超声 zuò chāoshēng이라고 해요.

Tip 男孩还是女孩? Nánhái háishi nǚhái? 남자야 여자야?
大夫不告诉我性别。 Dàifu bú gàosu wǒ xìngbié. 의사가 성별을 안 가르쳐줘.

59 위 내시경 胃镜 wèijìng

A 你做过胃镜吗?
Nǐ zuò guo wèijìng ma?

B 嗯, 我有胃炎。
Èng, wǒ yǒu wèiyán.

A 너 위 내시경 해봤어?

B 응. 나 위염이래.

단어 嗯 Èng 응. 어 | 做 zuò 하다 | 胃炎 wèiyán 위염

★ 중국어로 "내시경"은 "위장 거울"이란 뜻의 胃镜이라고 해요. "위 내시경을 하다"란 말은 "하다"란 뜻의 동사 做를 써서 做胃镜이라고 해요.

Tip 수면 위 내시경 : 无痛胃镜 wútòng wèijìng / 대장 내시경 : 肠镜 chángjìng

60 입원하다 住院 zhùyuàn

A 我爸住院了。
Wǒ bà zhùyuàn le.

B 病情严重吗?
Bìngqíng yánzhòng ma?

A 우리 아빠 병원에 입원하셨어.

B 위중하셔?

단어 爸 bà 아빠 | 病情 bìngqíng 병세 | 严重 yánzhòng 심각하다

★ 중국어로 "입원하다"란 말은 우리처럼 入院 rùyuàn이라 하지 않고, "병원에 머물다"란 뜻의 住院이라고 해요.
★ 예문의 病请严重은 "병세가 위중하다, 병이 위독하다"란 뜻이에요.

Tip "입원 수속을 밟다"란 말은 "수속을 밟다"란 뜻의 办手续 bàn shǒuxù를 써서 办住院手续 bàn zhùyuàn shǒuxù라고 해요.

61 퇴원하다 出院 chūyuàn

A 大夫,我什么时候出院?
Dàifu, wǒ shénme shíhou chūyuàn?

B 看情况。
Kàn qíngkuàng.

A 선생님. 저 언제 퇴원해요?

B 상황을 보구요.

단어 什么时候 shénme shíhou 언제 | 看 kàn 보다 | 情况 qíngkuàng 상황

★ 중국어로 "퇴원하다"란 말은 우리처럼 退院 tuìyuàn이라 하지 않고 "병원을 나가다"란 뜻의 出院이라고 해요.
★ 예문의 看情况은 우리말의 "상태를 봐서요, 상황 좀 지켜 보고요"의 뜻이에요.

Tip 办出院手续。Bàn chūyuàn shǒuxù. 퇴원 수속을 밟다.

62 정정하다 硬朗 yìnglǎng

A 你的父亲身体好吗?
Nǐ de fùqīn shēntǐ hǎo ma?

B 挺硬朗的。
Tǐng yìnglǎng de.

A 너희 아버지 건강하시지?

B 아주 정정하셔.

단어 父亲 fùqīn 아버지 | 身体 shēntǐ 건강 | 挺 tǐng 매우

★ 硬朗은 연세가 좀 있으신 분에게 쓰는 말로 "정정하다"의 뜻이에요.
★ 挺은 "매우, 엄청"의 뜻으로 구어에서 자주 써요.

63 빠른 회복을 빌어요 祝你早日康复 Zhù nǐ zǎorì kāngfù

A 祝你早日康复。
Zhù nǐ zǎorì kāngfù.

B 谢谢。
Xièxie.

A 빠른 회복을 빌어요.

B 감사해요.

단어 祝 zhù 기원하다 | 早日 zǎorì 하루빨리 | 康复 kāngfù 건강을 회복하다

★ 우리말의 "~하기를 기원드려요, ~하기를 빌어요"란 말은 〈祝zhù+你nǐ+○○〉형식을 써요. 예문의 祝你早日康复를 풀이하면 "당신이 하루빨리 건강을 회복하기를 기원합니다"로, 우리말의 "빠른 회복을 빌어요"란 뜻이에요. 문병갈 때 알아두면 좋은 표현이죠.

Tip 병문안하다 : 探病 tànbìng / 과일바구니 : 果篮 guǒlán / 꽃 : 鲜花 xiānhuā
祝你早日出院! Zhù nǐ zǎorì chūyuàn! 하루빨리 퇴원하시길 빌어요!
好好养身体! Hǎohao yǎng shēntǐ! 몸 조리 잘하세요!

PART
05

明星 연예인

차이나 갓 탤런트

중국에서도 우리의 K-pop star, 슈퍼스타 K, 위대한 탄생 같은 오디션 프로가 인기. 특히 차이나 갓 탤런트(中国达人秀 Zhōngguó dárénxiù), 네 꿈에 날개를 달아라(让梦想飞 Ràng mèngxiǎng fēi)란 프로가 인기예요.

특이한 건 중국은 인구가 13억이나 되다 보니, 매우 다양한 기인이 출연한다는 것이죠. 8옥타브를 자유롭게 넘나드는 쓰촨성의 야채 가게 아줌마, 온몸에 전기가 통하는 허베이성의 전기녀, 오리와 대화를 하는 상하이 도날드덕 아저씨 등 정말 재미있고 신기한 능력을 지닌 참가자들이 많아요. 심사위원들이 참가자에게 하는 "당신을 캐스팅 하겠습니다"란 말은 중국어로 "我给你 YES。Wǒ gěi nǐ YES. (제가 YES를 드릴게요)"라고 해요.

01 연예인 明星 míngxīng

A 你看，金泰熙。
Nǐ kàn, Jīn Tàixī.

B 我第一次看到了明星。
Wǒ dì yícì kàndào le míngxīng.

A 저기 봐. 김태희다.

B 나 연예인 처음봐.

단어 身体 shēntǐ 몸, 건강 | 你看 nǐ kàn 저기 봐 | 金泰熙 Jīn Tàixī 김태희 | 第一次 dì yícì 처음으로, 최초로 | 看到 kàndào 보다

★ 明星은 말 그대로 밝은 별. 즉 스타, 연예인이란 뜻이에요.
★ 한류 스타는 중국어로 韩流明星 Hánliú míngxīng이라고 해요.
★ 중국에서는 연예인들을 살짝 고상한 말로 "예술인"이라는 의미의 艺人 yìrén이라고도 불러요

Tip 我想当明星。 Wǒ xiǎng dāng míngxīng. 나 연예인 되고 싶어.
明星不是谁都能当的。 Míngxīng bú shì shéi dōu néng dāng de. 연예인은 아무나되는 거 아냐.
我没看过明星本人。 Wǒ méi kàn guo míngxīng běnrén. 나 연예인 실제로 본 적 없어.

02 포스 范儿 fànr

A 张东健很有范儿。
Zhāng Dōngjiàn hěn yǒu fànr.

B 明星嘛！
Míngxīng ma!

A 장동건 포스 있다.

B 연예인이잖아!

단어 张东健 Zhāng Dōngjiàn 장동건 | 很 hěn 매우 | 有 yǒu 있다 | 明星 míngxīng 연예인 | 能 néng ~ 할 수 있다

★ "연예인 포스 작렬"할 때 "포스"란 말이 중국어에도 있습니다. 范儿은 원래 모형의 "틀"이란 뜻인데, 어떤 사람의 풍기는 분위기가 비범할 때. 즉 "포스"란 의미로 쓰여요. 읽을 때는 F발음에 액센트를 세게 주면서 "팔~"하고 발음해요.
★ "누구의 포스가 세다, 장난 아니다"란 말은 〈주어+很hěn+有yǒu+范儿fànr〉형식을 써요.

> **Tip** 他很有范儿。Tā hěn yǒu fànr. 쟤는 포스가 있어.
> 他没有范儿。Tā méi yǒu fànr. 쟤는 포스가 없어.

03 레이저가 나가다 放电波 fàng diànbō

A 他眼睛放电波。
Tā yǎnjing fàng diànbō.

B 很有范儿。
Hěn yǒu fànr.

A 쟤 눈에서 레이저 나간다.

B 포스 있는데.

단어 放 fàng 내보내다, 방출하다 | 电波 diànbō 전파

★ 우리가 포스가 쎈 사람한테 쓰는 "눈에서 레이저가 나가다"란 말. 중국어로는 "전자파를 방출한다"란 뜻의 放电波 라고 해요.

04 얼굴에서 빛이 나다 光芒万丈 guāngmáng wànzhàng

A 你见张东健本人怎么样?
Nǐ jiàn Zhāng Dōngjiàn běnrén zěnmeyàng?

B 他光芒万丈。
Tā guāngmáng wànzhàng.

A 장동건 실제로 보니 어때?

B 얼굴에서 빛이 나던데.

단어 见 jiàn 보다 | 本人 běnrén 실제모습

★ 연예인을 실제로 보면 "우와~ 얼굴에서 빛이나", "몸에서 광채가 나" 이런 표현 잘 쓰잖아요. 이런 표현을 중국어로 할 때는 光芒万丈이란 사자성어를 쓰면 딱이죠. 光芒万丈은 "빛이 사방에 비치다, 눈부시게 빛나다"란 뜻이에요.

★ 우리말의 "장동건을 실제로 보다"를 중국어로는 "장동건 본인을 보다"처럼 표현해요. 예문의 张东健本人은 장동건 본인. 즉 "실제의 장동건"이란 뜻이에요.

05 팬 粉丝 fěnsī

A 我是少女时代的粉丝。
Wǒ shì shàonǚ shídài de fěnsī.

B 我也是。
Wǒ yě shì.

A 난 소녀시대 팬이야.

B 나도.

단어 少女时代 shàonǚ shídài 소녀시대

★ 粉丝는 팬을 뜻하는 영어 fans에서 따온 말이에요. 粉丝는 '팬'이라는 뜻 말고도 떡볶이 같은데 넣어 먹는 얇은 당면을 뜻하기도 해요.

★ 중국어로 "사생팬, 왕팬"은 "충성스럽다"란 뜻의 忠诚 zhōngchéng을 붙여 忠诚粉丝 zhōngchéng fěnsī라고 해요.

Tip 我是你的粉丝。Wǒ shì nǐ de fěnsī. 저 그쪽 팬이에요.
     我是你的忠诚粉丝。Wǒ shì nǐ de zhōngchéng fěnsī. 저 그쪽 왕팬이에요.

06 사인하다 签名 qiānmíng

A 你能给我签名吗？
Nǐ néng gěi wǒ qiānmíng ma?

B 叫什么名字？
Jiào shénme míngzi?

A 사인 좀 해주실 수 있어요?

B 이름이 뭐에요?

단어 给 gěi ~에게 | 名字 míngzi 이름

★ 签은 "서명하다", 名은 "이름"으로, 签名은 "사인하다"란 뜻이에요.

★ 연예인을 만났을 때 쓰는 "저 사인 좀 해주시겠어요?"란 말은 예문처럼 你能给我签个名吗?라고 해요.

Tip 在这给我签个名。Zài zhè gěi wǒ qiān ge míng. 여기다 사인해 주세요.
     在后背给我签个名。Zài hòubèi gěi wǒ qiān ge míng. 등에다 사인해 주세요.
     可以一起拍照吗？Kěyǐ yìqǐ pāizhào ma? 같이 사진 찍어도 되요?

07 오디션 프로 选秀节目 xuǎnxiù jiémù

A 在中国哪个选秀节目最火？
Zài Zhōngguó nǎge xuǎnxiù jiémù zuì huǒ?

B 《中国达人秀》。
《Zhōngguó dárén xiù》.

A 중국에서 제일 뜨는 오디션 프로가 뭐야?

B 《차이나 갓 탤런트》.

단어 在 zài ~에서 | 哪个 nǎge 어떤 | 节目 jiémù TV 프로 | 最 zuì 제일 | 火 huǒ 뜨다, 인기가 많다

★ 选秀는 "우수한 사람을 선발하다". 节目는 "TV 프로그램"의 뜻으로, 选秀节目는 우리나라의 슈퍼스타K, 위대한 탄생 같은 TV 오디션 프로를 말해요.

★ 中国达人秀 Zhōngguó dárén xiù는 번역하면 "중국 달인쇼". 영어로는 "차이나 갓 탤런트"로, 중국에서 제일 핫한 TV 오디션 프로에요.

Tip 我给你Yes。Wǒ gěi nǐ Yes. 당신을 캐스팅 하겠습니다.
选秀节目都是炒作。Xuǎnxiù jiémù dōu shì chǎozuò. 오디션 프로는 짜고치는 고스톱이야.

08 채널 돌려 换台 huàn tái

A 这节目不好看。
Zhè jiémù bù hǎokàn.

B 换台！
Huàn tái!

A 이 프로 재미없다.

B 채널 돌려.

단어 不好看 bù hǎokàn 재미없다 | 换 huàn 바꾸다, 전환하다 | 吃饭 chīfàn 밥을 먹다

★ 换台는 채널을 돌리다란 뜻이에요.
★ "채널 돌리지마!"라는 말은 别换台 Bié huàn tái라고 해요.

Tip 오디션 프로에서 보면 "채널 고정, 60초 후에 찾아뵙겠습니다"이런 멘트 나오잖아요. 중국에서는 사회자가 이렇게 말한답니다. "자리뜨지 마세요, 광고 후에 바로 돌아올게요! 不要走开，广告之后马上回来! Búyào zǒukāi, guǎnggào zhīhòu mǎshàng huílái!

09 연예 기획사 经纪公司 jīngjì gōngsī

A 我和经纪公司签合同了。
Wǒ hé jīngjì gōngsī qiān hétóng le.

B 恭喜你!
Gōngxǐ nǐ!

A 나 연예 기획사랑 계약했어.

B 축하해!

단어 和 hé ~와 | 签 qiān 서명하다 | 合同 hétóng 계약서

★ 经纪는 "관리하다, 돌보다", 公司는 "회사"의 뜻으로, 经纪公司는 SM이나 JYP같은 연예 기획사를 뜻해요.
★ "누구와 계약을 체결하다"란 말은 "서명하다"란 뜻의 签을 써서 〈和hé+대상+签qiān+合同hétóng〉형식을 써요. 예문의 和经纪公司签合同은 "연예 기획사와 계약을 하다"란 뜻이에요.

Tip 연예인 매니저 : 经纪人 jīngjìrén

10 사기당하다 忽悠 hūyou

A 你什么时候出专辑?
Nǐ shénme shíhou chū zhuānjí?

B 我被忽悠了。
Wǒ bèi hūyou le.

A 너 음반 언제 나와?

B 나 사기당했어.

단어 出 chū 나오다, 발매하다 | 专辑 zhuānjí 앨범, 음반

★ 忽悠는 중국사람들이 즐겨쓰는 슬랭으로, "사기 치다, 등쳐먹다"란 뜻이에요. "사기를 당하다"란 말은 피동구문을 써 被忽悠라고 해요.
★ 出专辑는 "(가수의 앨범이) 발매되다"란 뜻이에요. "코디네이터"는 造型师 zàoxíngshī라고 해요.

Tip 你别忽悠了! Nǐ bié hūyou le! 너 사기치지 마!
我被他忽悠了! Wǒ bèi tā hūyou le! 나 쟤한테 사기당했어!

11 데뷔하다 出道 chūdào

A 她是谁?
Tā shì shéi?

B 她是刚出道的新人。
Tā shì gāng chūdào de xīnrén.

A 쟤 누구니?

B 이제 막 데뷔한 신인이야.

단어 谁 shéi 누구 | 刚 gāng 막 | 新人 xīnrén 신인

★ 出道는 말 그대로 "길로 나오다". 즉 "사회에 첫발을 내딛다"는 뜻이에요. 연예인이 연기자나 가수로 데뷔할 때 出道라는 표현을 써요.

12 인기가 있다 红 hóng

A 周杰伦很红吗?
Zhōu Jiélún hěn hóng ma?

B 特别红。
Tèbié hóng.

A 저우지에룬 인기 많아?

B 인기 장난 아니야.

단어 周杰伦 Zhōu Jiélún 저우지에룬(주걸륜) | 很 hěn 매우 | 特别 tèbié 몹시, 유달리

★ 중국사람들은 가수나 영화배우가 인기가 많다고 말할 때 "붉다"란 뜻의 红을 써요. 아마 좋은 것이나 복이 있는 것은 모두 붉은색으로 표현하는 중국 특유의 문화가 반영된 게 아닐까요?

★ 반대로 "인기가 없다"라는 말은 부정형인 不红 bù hóng을 써서 말해요.

Tip 周杰伦很红。Zhōu Jiélún hěn hóng. 저우지에룬은 인기가 완전 많아.
周杰伦不红。Zhōu Jiélún bù hóng. 저우지에룬은 인기가 별로 없어.

13 한창 인기를 얻다 走红 zǒuhóng

A 那个人是谁?
Nàge rén shì shéi?

B 最近走红的歌手。
Zuìjìn zǒuhóng de gēshǒu.

A 쟤 누구야?

B 요즘 한창 뜨는 가수야.

단어 最近 zuìjìn 요즘, 최근 | 歌手 gēshǒu 가수

★ 앞에서 "인기가 많다"라는 말은 "붉다"란 뜻의 红을 쓴다고 했잖아요. 走红은 말 그대로 "붉게 가다", 즉 우리말의 "뜨다, 한창 인기를 얻다"란 뜻이에요.

14 한물가다 过气 guòqì

A 李孝莉现在还红吗?
Lǐ Xiàolì xiànzài hái hóng ma?

B 她已经过气了。
Tā yǐjing guòqì le.

A 이효리 요새도 인기 많아?

B 걔 이제 한물갔어.

단어 李孝莉 Lǐ Xiàolì 이효리 | 现在 xiànzài 현재, 요즘 | 还 hái 여전히 | 已经 yǐjing 이미

★ 过气는 사전에는 없는 슬랭표현으로 유명인의 인기가 예전만 못하다. 즉 우리말의 "한물가다"란 뜻이에요.

Tip 她早就过气了。Tā zǎo jiù guòqì le. 걔 진작에 한물갔어.
她还没过气呢。Tā hái méi guòqì ne. 걔 아직 한물 안 갔어.
她还是很火。Tā háishi hěn huǒ. 걔 아직 건재해.

15 은퇴하다 退 tuì

A 听说那个歌手要退了。
Tīngshuō nà ge gēshǒu yào tuì le.

B 别当真了。
Bié dāng zhēn le.

A 저 가수 은퇴한다고 하네.

B 저거 뻥이야.

단어 听说 tīngshuō 듣기로는, 듣자하니 | 歌手 gēshǒu 가수 | 要…了 yào…le ~하려 하다 |
当真 dāng zhēn 사실로 여기다

★ 退는 "물러나다, 떠나다"의 뜻으로 연예인이 은퇴를 하다란 말은 退를 써요.
★ 중국어에는 "은퇴하다"란 뜻의 退休 tuìxiū란 어휘도 있는데요. 이 退休는 나이가 꽉 차 회사나 공직에서 물러나는 정년퇴임을 말하는 것이니 헷갈리지 마세요.
★ 别当真了는 직역하면 "사실로 여기지 말아라"로, 우리말의 "거짓말이니 믿지 마, 뻥이니 믿을 필요 없어"같은 어감을 주는 관용표현이에요.

Tip 她已经退了。Tā yǐjing tuì le. 쟤 이미 은퇴했어.

16 연예계 娱乐圈 yúlèquān

A 听说章子怡快要结婚了。
Tīngshuō Zhāng Zǐyí kuàiyào jiéhūn le.

B 我对娱乐圈不感兴趣。
Wǒ duì yúlèquān bù gǎnxìngqù.

A 장쯔이 곧 결혼한다며.

B 난 연예계에 관심 없어.

단어 快要…了 kuài yào…le 곧 ~하다 | 结婚 jiéhūn 결혼하다 | 对 duì ~에 대해 | 感兴趣 gǎnxìngqù
흥미가 있다

★ 娱乐는 "엔터테인먼트"의 뜻이고, 圈은 "범위, 범주"로 娱乐圈는 연예계를 뜻해요.

Tip 1박 2일, 무한도전, 런닝맨 같은 예능 프로는 중국어로 娱乐节目 yúlè jiémù라고 해요.

Part 05 연예인 **163**

17 헛소문 八卦 bāguà

A 听说范冰冰结婚了。
Tīngshuō Fàn Bīngbīng jiéhūn le.

B 这是八卦。
Zhè shì bāguà.

A 판빙빙 결혼했다더라.

B 그거 헛소문이야.

단어 范冰冰 Fàn Bīngbīng 판빙빙

★ 八卦는 "아니면 말고!"처럼 근거 없이 인터넷이나 항간에 떠도는 헛소문 또는 가십을 말해요. 우리말의 "카더라 통신"과 비슷한 말이죠.

Tip 八卦는 남의 사생활에 시시콜콜 관심을 갖고 떠들기 좋아하는 "뒷담화 하다"란 의미로도 잘 쓰여요.
他爱八卦。Tā ài bāguà. 쟤는 뒷담화 잘까.

중국 연예기사를 보면 언제나 빠지지 않고 등장하는 게 바로 이 八卦 bāguà인데요. 한때 중국 옌예기사 보도에서 박지성이랑 김연아랑 사귄다, 싸이와 소녀시대 윤아가 불륜 관계다라는 황당무계한 뉴스가 뜨기도 했어요. 허걱! 아니 우리도 모르는 금시초문의 내용을 말이죠! "헛소문 뉴스"라는 뜻의 八卦新闻 bāguà xīnwén은 연예인의 각종 사생활을 파헤치고 폭로하는 가쉽성 연예기사, 찌라시 등을 말해요.

18 슈퍼스타 大腕儿 dà wànr

A 在中国鸟叔很红吗?
Zài Zhōngguó niǎoshù hěn hóng ma?

B 他是大腕儿。
Tā shì dà wànr.

A 중국에서 싸이 인기 많아?

B 걔 슈퍼스타야.

단어 很 hěn 매우 | 红 hóng 인기가 있다

★ 전 세계적으로 인기를 끌고 있는 한국 가수 싸이를 중국에서는 "새 삼촌"이란 뜻의 鸟叔라고 부릅니다.
★ 大腕儿은 "큰 그릇"이란 뜻으로, 슈퍼스타를 말해요. 발음은 "따왈~!"
★ 大腕儿은 꼭 연예계뿐만 아니라 사회 각 분야에서 큰 영향력을 행사하는 큰손, 거장, 거물이란 의미로도 잘 쓰여요.

Tip 他是经济界的大腕。 Tā shì jīngjìjiè de dàwàn. 그는 경제계의 큰손이야.
他是音乐界的大腕。 Tā shì yīnyuèjiè de dàwàn. 그는 음악계의 거장이야.

China talk! talk!

중국 연예계에서 자타가 공인하는 슈퍼 스타급 大腕儿 dà wànr은 누구일까요? 가수로는 대만 출신의 저우지에룬입니다. 예전에 권상우를 제치고 이소룡의 할리우드 리메이크작 《그린호넷》에 주연으로 출연했었죠. 영화배우로는 항상 엄청난 이슈와 스캔들을 몰고 다니는 몸값 1순위 블루칩 중국의 김희선이라 불리는 판빙빙이 있습니다. 얼굴만 예쁠 뿐 아니라 정극 연기도 꽤 잘한다는 평가를 받고 있어요. 얼마 전에는 전도연과 함께 영화제에서 레드카펫을 밟았죠. 희극 배우로는 300억원이 넘는 자가용 비행기를 구입해 화제가 된 쟈오본샨, 영화감독으로는 베이징 올림픽 때 개막식을 연출한 중국의 국민감독 장이머우가 대표적인 중국 연예계의 슈퍼 거물이죠. 참! 중국의 월드 스타 장쯔이가 빠졌네요. 근데 장쯔이는 요즘 중국 네티즌 사이에서 급격히 비호감으로 인기가 떨어지고 있어요. 왜냐하면 2009년도에 중국 쓰촨성에서 크게 지진이 났을 때 거액의 성금을 전달하겠다고 큰소리를 뻥뻥 쳤지만, 나중에 알고보니 성금을 내지 않은 것으로 밝혀져 많은 팬으로부터 뭇매를 맞기도 했답니다.

19 프라이버시 隐私 yǐnsī

A 当明星真不容易。
Dāng míngxīng zhēn bùróngyì.

B 他们没有隐私。
Tāmen méiyǒu yǐnsī.

A 연예인도 참 힘들 거 같아.

B 걔네는 사생활도 없잖아.

> **단어** 当 dāng 되다 | 明星 míngxīng 연예인 | 不容易 bùróngyì 쉽지 않다 | 连…都 lián…dōu ~조차도(뒤에 보통 부정사가 와요)

★ 예문의 当明星真不容易는 "연예인이 되는 건 참 쉽지 않다"란 뜻이에요.

> **Tip** 侵犯隐私。Qīnfàn yǐnsī. 사생활을 침해하다.
> 保护隐私。Bǎohù yǐnsī. 사생활을 보호하다.
> 尊重隐私。Zūnzhòng yǐnsī. 사생활을 존중하다.

20 섹시화보 写真集 xiězhēnjí

A 她拍写真集了。
Tā pāi xiězhēnjí le.

B 没兴趣。
Méi xìngqù.

A 쟤 섹시화보 찍었더라.

B 관심 없어.

> **단어** 拍 pāi 촬영하다 | 兴趣 xìngqù 흥미, 관심

★ 写真集는 누드집, 섹시화보의 뜻이에요. "누드집을 찍다"할 때 "찍다, 촬영하다"란 뜻의 동사 拍을 써요.
★ 没兴趣는 "흥미 없어, 관심 없어"란 뜻이에요.

166

21 스폰서 后台 hòutái

A 她很快就出名了。
Tā hěn kuài jiù chūmíng le.

B 肯定有后台。
Kěndìng yǒu hòutái.

A 쟤 진짜 빨리 떴다.

B 분명히 스폰서가 있을 거야.

단어 很 hěn 매우 | 快 kuài 빨리 | 出名 chūmíng 유명해지다, 뜨다 | 就 jiù 곧 | 肯定 kěndìng 분명히

★ 后台는 장막으로 가려진 무대 뒤를 뜻하는 말로, 우리가 흔히 말하는 "빽, 스폰서"를 뜻해요. "스폰서가 있다"란 말은 有后台라고 해요.

★ 우리말의 "스폰서가 빵빵하다" 할 때 "빵빵하다"란 말은 "단단하다"란 뜻의 硬 yìng 을 써서 표현합니다.

★ 중국에선 여자 연예인과 스폰서간의 부적절한 관계를 가리켜 潜规则 qiánguīzé라고 해요. 이는 "숨은 규칙, 암묵적인 룰"이란 뜻으로, 성적인 대가를 지불하고 그에 상응하는 스폰을 받는 걸 말해요.

Tip 明星都有后台。Míngxīng dōu yǒu hòutái. 연예인은 다 스폰서가 있어.
明星没后台红不了。Míng xīng méi hòutái hóng bú liǎo. 연예인은 스폰서가 없으면 뜰 수 없어.
她的后台很硬。Tā de hòutái hěn yìng. 걔는 스폰서가 빵빵해.

China talk! talk!

중국 연예계에도 여자 연예인들의 스폰서관련 스캔들이 종종 터져요. 무명 여배우나 신인 연예인들이 뜨기위해 방송국 PD나 영화감독과의 부적절한 관계를 맺고 여차하면 이를 신문 또는 인터넷에 폭로하기도 하죠. 얼마전엔 이런 더티한 관계에 염증을 느껴 자살하는 여배우가 나오기도 했어요. 중국 연예계를 바라보는 일반 대중들은 여자 연예인은 위에서 설명한 암묵적인 규칙, 즉 潜规则 qián guīzé를 따르지 않으면 절대 뜰 수 없다는 시각을 갖고 있어요.

22 자작극 炒作 chǎozuò

A 你看过A小姐的视频了吗?
Nǐ kàn guo A xiǎojiě de shìpín le ma?

B 那是炒作。
Nà shì chǎozuò.

A 너 A양 동영상 봤어?

B 그거 자작극이야.

단어 看 kàn 보다 | A小姐 A xiǎojiě A양 | 视频 shìpín 동영상

★ 炒作는 어떤 사건을 고의로 "조작하다. 날조하다"란 뜻이에요.
★ 중국에서는 A양, B양 같은 말을 뒤에 "아가씨란 뜻의 小姐를 붙여 A小姐, B小姐처럼 표현해요.

23 자살하다 自杀 zìshā

A 听说A小姐自杀了。
Tīngshuō A xiǎojiě zìshā le.

B 真的吗?
Zhēnde ma?

A A양이 자살했대.

B 정말?

단어 A小姐 A xiǎojiě A양 | 自杀 zìshā 자살하다

Tip 试图自杀 shìtú zìshā 자살을 시도하다 (试图 시도하다)
     上吊自杀 shàngdiào zìshā 목을 매달아 자살하다 (上吊 목을 매달다)
     跳楼自杀 tiàolóu zìshā 건물에서 뛰어내려 자살하다 (跳楼 뛰어내리다)
     吃安眠药 chī ānmiányào 수면제를 먹다 (安眠药 수면제)
     割腕 gē wàn 팔을 긋다
     被送急诊 bèi sòng jízhěn 응급실에 실려가다

24 주연 主演 zhǔyǎn

A 这电影谁主演的?
Zhè diànyǐng shéi zhǔyǎn de?

B 张东健。
Zhāng Dōngjiàn.

A 이 영화 누가 주연이야?

B 장동건이야.

★ 주연은 다른말로 主角라고도 합니다. 여기서 主角는 zhǔjué라고 발음합니다.
★ 참고로 조연은 配角 pèijué, 엑스트라는 "임시배우"란 뜻의 临时演员 línshí yǎnyuán, 유명 배우가 잠깐 얼굴을 내미는 까메오는 客串 kèchuàn이라고 합니다.

Tip 这是张东健主演的电影。 Zhè shì Zhāng Dōngjiàn zhǔyǎn de diànyǐng. 이거 장동건이 주연한 영화야.
这电影的主演是张东健。 Zhè diànyǐng de zhǔyǎn shì Zhāng Dōngjiàn. 이 영화 주연은 장동건이야.
这电影配角是谁? Zhè diànyǐng pèijué shì shéi? 이 영화 조연이 누구야?
张东健不是主角, 是配角。 Zhāng Dōngjiàn bú shì zhǔjué, shì pèijué. 장동건은 주연이 아니라, 조연이야.

25 립싱크하다 假唱 jiǎ chàng

A 她歌唱得真好。
Tā gē chàng de zhēn hǎo.

B 她假唱了。
Tā jiǎ chàng le.

A 쟤 노래 진짜 잘 한다.

B 쟤 립싱크하는 거야.

단어 歌 gē 노래 | 唱 chàng 부르다 | 真 zhēn 정말 | 好 hǎo 좋다 | 假 jiǎ 가짜

★ 假唱은 말 그대로 "가짜로 노래부르다". 즉 "립싱크를 하다"란 뜻이에요.
★ 반대로 "(노래를) 진짜로 부르다"란 말은 真唱 zhēn chàng이라고 해요.

Tip 他是真唱的。 Tā shì zhēn chàng de. 쟤 진짜로 부르는 거야.
他用自己的嗓子唱的。 Tā yòng zìjǐ de sǎngzi chàng de. 쟤 자기 목소리로 부르는 거야.
他不是假唱的。 Tā bú shì jiǎ chàng de. 쟤 립싱크 하는 거 아니야.

중국에서도 가수들의 립싱크 문제로 가끔 시끌벅적 한데요. 지난 2008년 베이징 올림픽 개막식 때 귀여운 꼬마 소녀가 나와서 천진난만한 표정으로 "가창조국"이란 노래를 불렀는데. 그게 립싱크로 판명났었죠. 중국의 문화부에서는 공연문화 발전을 위해서 연기자, 가수에게 립싱크 금지와 라이브 연주를 해야하는 서약서를 쓰도록 지시했어요. 만약 서약서를 쓰지 않으면 공연 허가서를 아예 내주지 않죠. 만약 라이브 공연에서 립싱크하다 걸릴 경우 벌금으로 5천~1만 위안의 벌금을 내야합니다. 한 번 걸리고 2년 안에 또 걸리면 벌금은 5만~10만 위안으로 늘어나고요. 실제로 두 번이나 립싱크 하다 딱걸려서 5만 위안의 벌금을 낸 가수가 있었답니다.

26 음치 五音不全 wǔyīn bùquán

A 你歌唱得好吗?
Nǐ gē chàng de hǎo ma?

B 我五音不全。
Wǒ wǔyīn bùquán.

A 너 노래 잘 불러?

B 나 음치야.

단어 歌 gē 노래 | 唱 chàng 부르다

★ 五音은 고대 중국의 5가지 음계를 뜻해요. 五音不全은 말 그대로 "5가지 음계가 부족하다". 즉 우리말의 "음치"에 해당하는 표현이에요.
★ "나 음치야"라는 말은 예문처럼 我五音不全이라고 해요.

Tip 我歌唱得好。Wǒ gē chàng de hǎo. 나 노래 잘 불러.
我歌唱得不好。Wǒ gē chàng de bù hǎo. 나 노래 못 불러.
我歌唱得很好。Wǒ gē chàng de hěn hǎo. 나 노래 완전 잘 불러.
我歌唱得很不好。Wǒ gē chàng de hěn bù hǎo. 나 노래 완전 못 불러.

27 음이탈 하다 破音 pòyīn

A 她唱歌破音了。
Tā chàng gē pòyīn le.

B 音调太高了。
Yīndiào tài gāo le.

A 쟤 노래하다 음이탈 했어.
B 음이 너무 높아.

단어 唱歌 chàng gē 노래를 부르다 | 音调 yīndiào 음 | 高 gāo 높다

★ 破는 "깨트리다, 부수다"란 뜻으로, 破音은 말 그대로 "음을 부수다". 즉 "음이탈 하다, 속칭 삑사리가 나다"란 뜻이에요.

28 발연기 演技特别差 yǎnjì tèbié chà

A 他演技特别差。
Tā yǎnjì tèbié chà.

B 就是。
Jiù shì.

A 쟤 완전 발연기 하는데.
B 그러게.

단어 演技 yǎnjì 연기 | 特别 tèbié 유달리, 몹시 | 差 chà 떨어지다

★ 중국어에는 "발연기"에 해당하는 어휘가 없어요. 대신 예문처럼 "연기가 유달리 떨어진다"라는 표현을 써요. 她演技特别差는 "걔는 연기가 몹시 딸려"란 뜻이에요.

Tip 他演技好。Tā yǎnjì hǎo. 쟤는 연기를 잘해.
他演技差。Tā yǎnjì chà. 쟤는 연기가 딸려.
他是演技派。Tā shì yǎnjìpài. 쟤는 연기파 배우야.

29 스캔들 绯闻 fēiwén

A 范冰冰又出绯闻了。
Fàn Bīngbīng yòu chū fēiwén le.

B 她是绯闻专家。
Tā shì fēiwén zhuānjiā.

A 판빙빙 또 스캔들 일으켰네.

B 걔 스캔들 메이커잖니.

단어 又 yòu 또 | 专家 zhuānjiā 전문가

★ 绯闻은 스타의 염문설과 같은 스캔들을 말해요. "스캔들을 일으키다"란 말은 "나오다"란 뜻의 동사 出를 써서 出绯闻이라고 해요.

★ 绯闻专家는 말 그대로 "스캔들 전문가". 즉 "스캔들 메이커"의 뜻이에요.

Tip 연예인의 사생활을 파헤치는 파파라치는 狗仔队 gǒuzǎiduì라고 해요.

30 레이싱걸 车模 chēmó

A 这个车模身材好棒啊!
Zhège chēmó shēncái hǎobàng a!

B 好性感。
Hǎo xìnggǎn.

A 저 레이싱걸 몸매 진짜 짱인데!

B 완전 섹시한걸.

단어 身材 shēncái 몸매 | 好 hǎo 매우 | 棒 bàng 좋다 | 性感 xìnggǎn 섹시하다

★ 레이싱걸은 "자동차 모델"이란 뜻의 车模라고 해요.
★ 예문의 好棒啊는 우리말로 "완전 죽인다, 정말 대박이다"같은 어감의 관용표현이에요.

31 영화보다 看电影 kàn diànyǐng

A 咱们去看电影吧!
Zánmen qù kàn diànyǐng ba!

B 看什么?
Kàn shénme?

A 우리 영화보러 가자.

B 뭐 볼건데?

 看 kàn 보다 | 电影 diànyǐng 영화 | 什么 shénme 무엇

★ 예문의 去看电影은 "영화를 보러 가다"란 뜻이에요.

Tip 영화관 : 电影院 diànyǐngyuàn / 자동차 영화관 : 汽车电影院 qìchē diànyǐngyuàn

China talk! talk!

중국사람들은 극장에가서 영화를 잘 볼까요? 예전에는 아니었는데, 지금은 잘 보는 편이에요. 예전엔 불법 DVD가 극장보다 더 빨리 나왔었어요. 가격도 1장당 10위안(우리돈 2천 원)미만으로 저렴하니 당연히 극장엘 안 갈 수 밖에요. 또 중국 극장에선 옛날에 모든 외화가 중국어로 더빙처리가 되어 상영이 됐었죠. 이거 로맨틱한 장면에서 주인공의 대사를 4가지 성조의 앙상블과 얼화음 가득찬 중국어로 들으려니 영 몰입이 안 됐었죠. 지금은 당연히 원음으로 영화를 보는 것이 익숙해졌답니다. 현재 베이징에는 3D 및 아이맥스 영화관이 있는 최신 멀티플렉스 극장이 많이 들어섰어요. 우리나라의 메가박스도 "싼리툰"과 "중관춘"에 두 곳이나 들어와 있고요. 영화표는 환율을 따져보면 우리나라보다 비싼 편이에요. 보통 외화는 1편에 70위안(1만 4천 원), 3D는 120위안(2만 3천 원)정도 하니까요. 하지만 매주 화요일은 외국처럼 무비데이로 지정해서 50%할인된 가격이 적용되죠. 또 학생증이 있거나 오전시간에 가면 역시 할인을 받을 수가 있답니다.

32 상영하다 上映 shàngyìng

A 新上映的电影哪个好看?
Xīn shàngyìng de diànyǐng nǎge hǎo kàn?

B 《碟中谍4》。
《Dié zhōng dié sì》.

A 새로 상영하는 영화중에 뭐가 재밌어?

B 《미션임파서블 4》.

단어 新 xīn 새롭다 | 电影 diànyǐng 영화 | 哪个 nǎge 어떤거 | 好看 hǎokàn 재미있다

★ 중국에서는 영화 《미션임파서블》을 "간첩중의 간첩"이란 뜻의 《碟中谍 diézhōngdié》라고 해요

Tip
영화 장르 명칭

멜로영화 爱情片 àiqíngpiàn	코미디 喜剧片 xǐjùpiàn	액션영화 动作片 dòngzuòpiàn	전쟁영화 战争片 zhànzhēngpiàn
영화SF 科幻片 kēhuànpiàn	드라마 剧情片 jùqíngpiàn	공포영화 恐怖片 kǒngbùpiàn	범죄영화 犯罪片 fànzuìpiàn
어드벤처 冒险片 màoxiǎnpiàn	애니메이션 动画片 dònghuàpiàn	뮤지컬 音乐剧 yīnyuèjù	다큐멘터리 记录 jìlù
서부영화 西部片 xībùpiàn	단편영화 短片 duǎnpiàn	무협영화 武侠片 wǔxiápiàn	드라마 故事片 gùshìpiàn
로맨틱 코미디 浪漫爱情片 làngmàn àiqíngpiàn			

33 박스오피스 票房 piàofáng

A 《变形金刚》票房第一。
《Biànxíng jīngāng》piàofáng dìyī.

B 确实很好看。
Quèshí hěn hǎokàn.

A 《트랜스 포머》가 박스오피스 1위야.

B 확실히 재미가 있더라.

단어 变形金刚 biànxíng jīngāng 트랜스 포머 | 第一 dìyī 제일. 최고 | 确实 quèshí 확실히 | 好看 hǎokàn 재밌다

★ 票房은 말 그대로 "표를 파는 방". 즉 "박스 오피스"를 말해요. 예문의 票房第一는 "박스오피스 1위"란 뜻이에요.
★ 중국에서는 "트랜스포머"를 "변형하는 금속"이란 뜻의 变形金刚이라고 번역해요.

34 완전 대박이야 太火爆了 Tài huǒbào le

A 你看过《阿凡达》吗?
Nǐ kàn guo 《Āfándá》ma?

B 太火爆了。
Tài huǒbào le.

A 너《아바타》봤어?

B 완전 대박이던데.

단어 阿凡达 Āfándá 아바타

★ 火爆는 "불이 폭발하다"란 글자 뜻대로, 일이 잘되다. 잘 풀리다란 뜻이에요. 우리가 재미난 영화를 봤을 때 "대박 재밌는데". 또는 흥행이 잘 된 영화를 보고 "이 영화 대박 났어", 혹은 손님이 장사진을 치는 맛집에 갔을 때 "여기 장사 대박인데"같은 말들은 모두 火爆를 써서 말할 수가 있어요.

35 3D 영화 3D 电影 3D diànyǐng

A 3D电影好看。
3D diànyǐng hǎokàn.

B 但是价格贵。
Dànshì jiàgè guì.

A 3D영화가 재미있어.

B 근데 값이 비싸!

단어 但是 dànshì 그러나 | 价格 jiàgè 가격 | 贵 guì 비싸다

★ 중국사람들은 3D 电影을 "싼디 띠엔잉"이라고 발음해요.
★ 중국에서 3D영화 표값은 꽤 비싸요. 보통 120위안. 우리돈으로 2만 3천 원정도 하거든요. 또 안경도 100위안의 보증금을 내고 빌려야 한답니다. 보증금은 영화를 다 보고 안경을 반납하면 돌려줍니다.

Part 05 연예인 **175**

Tip 3D电影太晕了。 3D diànyǐng tài yūn le. 3D영화는 너무 어지러워.
看电影一定要看3D的。 Kàn diànyǐng yídìng yào kàn 3D de. 영화는 무조건 3D로 봐야해.

36 인터넷 예매 网上订票 wǎngshàng dìng piào

A 你订电影票了吗?
Nǐ dìng diànyǐng piào le ma?

B 在网上订票了。
Zài wǎngshàng dìng piào le.

A 너 영화티켓 예매했어?

B 인터넷으로 예매해놨어.

단어 订 dìng 예약하다 | 电影票 diànyǐng piào 영화 티켓 | 网上 wǎngshàng 인터넷상

★ 우리가 잘 쓰는 "인터넷으로 ~하다"란 말은 "~에서"란 뜻의 在를 써서 〈在zài+网上wǎngshàng+동사〉형식을 써요. 예문의 在网上订票了 는 "인터넷상에서 표를 예약했다"란 뜻이에요.

37 팝콘 爆米花 bàomǐhuā

A 你要吃爆米花吗?
Nǐ yào chī bàomǐhuā ma?

B 我要大桶的。
Wǒ yào dàtǒng de.

A 너 팝콘 먹을래?

B 난 큰걸로.

단어 吃 chī 먹다 | 大桶 dàtǒng 큰통

★ 爆米花는 "옥수수를 폭발 시켜만든 꽃", 즉 팝콘을 말해요.
★ 중국 극장에서도 오징어나 쥐포를 팔까요? 중국사람들은 마른 오징어나 쥐포는 먹지 않아요. 보통 소시지나 다양한 맛의 팝콘을 즐겨먹죠. 예전엔 중국사람의 국민 간식인 "해바라기씨"를 까먹는 사람들이 많았는데. 다행이 요즘은 안 그런답니다.

Tip 음료수 : 饮料 yǐnliào / 물 : 水 shuǐ / 얼음 : 冰块儿 bīng kuàir / 사이다 : 雪碧 xuěbì
환타 : 芬达 fēndá / 오징어 : 干鱿鱼 gānyóuyóu

38 줄이 너무 길어 队太长了 duì tài cháng le

A 哇，队太长了。
Wā, duì tài cháng le.

B 就是。
Jiù shì.

A 우와! 줄 진짜 길다.

B 그러게.

단어 哇 wā 우와(놀람을 나타내는 감탄사) | 长 cháng 길다

★ 队는 "줄, 행렬", 排는 "배열하다"란 뜻으로, 排队는 "줄을 서다"란 뜻이에요.
★ 예문의 就是는 우리말의 "그러게, 내 말이"처럼 상대방의 말에 동의를 나타내는 관용표현이에요.

Tip 排好队! Pái hǎo duì! 줄을 서세요!
不要插队! Búyào chā duì! 새치기 하지마세요!
这队长得看不到头. Zhè duì cháng de kàn bú dào tóu. 줄이 끝이 안 보이네.
这队怎么一点都不动. Zhè duì zěnme yìdiǎn dōu búdòng. 줄이 줄어들질 않네.

39 재미없어 没意思 méi yìsi

A 这部电影好看吗?
Zhè bù diànyǐng hǎokàn ma?

B 没意思。
Méi yìsi.

A 이 영화 볼만해?

B 재미없어.

단어 电影 diànyǐng 영화 | 好看 hǎokàn 볼만하다 | 没意思 méi yìsi 재미없다

★ 반대로 영화가 괜찮았을 때 "완전 재미있어"란 말은 真有意思 zhēn yǒu yìsi라고 해요.

> **Tip**
>
> 영화를 보고난 후 다양한 느낌 표현
>
> | | |
> |---|---|
> | • 완전 슬퍼. 太悲伤了。 Tài bēishāng le. | • 완전 유치해. 太幼稚了。 Tài yòuzhì le. |
> | • 완전 웃겨. 太搞笑了。 Tài gǎoxiào le. | • 완전 감동적이야. 太感人了。 Tài gǎn rén le. |
> | • 완전 지루해. 太无聊了。 Tài wúliáo le. | • 완전 야해. 太黄了。 Tài huáng le. |
> | • 완전 무서워. 太恐怖了。 Tài kǒngbù le. | • 그저 그래. 一般。 Yìbān. |

40 나 졸려 죽는 줄 알았어　我都快睡着了　Wǒ dōu kuài shuìzháo le

A 那部电影好看吗?
Nà bù diànyǐng hǎokàn ma?

B 我都快睡着了。
Wǒ dōu kuài shuìzháo le.

A 그 영화 재밌어?

B 나 완전 졸려 죽는 줄 알았어.

단어 部 bù 편(영화를 세는 양사) | 电影 diànyǐng 영화 | 都 dōu 벌써, 심지어 | 快…了 kuài…le 곧 ~하다 | 睡着 shuìzháo 잠들다

★ 我都快睡着了를 풀이하면 "나는 심지어 곧 잠이들려 하다"로, 우리말의 "나 거의 잠들 뻔했어, 나 졸려 돌아가시는 줄 알았어"같은 어감을 줘요. 여기서 都는 "심지어, 벌써"란 뜻으로 강조를 나타내는 역할을 해요.

41 야동　A片　A piān

A 你喜欢看什么样的电影?
Nǐ xǐhuan kàn shénme yàng de diànyǐng?

B A片。
A piān.

A 넌 어떤 영화를 제일 좋아해?

B 야동.

★ 중국어에는 "영화 장르"할 때 "장르"란 말이 딱히 없어요. 그래서 예문처럼 "넌 어떤 종류의 영화를 좋아해?"라고 풀어서 얘기해요.

★ A片 A piān은 아동, 포르노를 뜻해요. 성인 영화를 뜻하는 영어 "어덜트 무비(ADULT MOVIE)"에서 따온 말이죠.
★ A片은 발음할 때 뒤에 얼화음을 넣어 "에이 피얼~"하고 말해요.

Tip "AV 여배우"는 AV 女优 nǚyōu라고 해요.

42 야하다 黄 huáng

A 你看过《色戒》吗?
Nǐ kàn guo《sèjiè》ma?

B 真够黄的。
Zhēn gòu huáng de.

A 너《색계》봤어?
B 완전 야하던데.

단어 色戒 sèjiè 색계 | 真够…的 zhēn gòu…de 정말이지 ~하다

★ 노랑색을 뜻하는 黄은 "선정적이다, 퇴폐적이다"란 의미로 많이 쓰여요. 중국에서는 에로영화, 야동 같은 야시시한 영화를 통틀어 황색영화, 즉 黄色电影 huángsè diànyǐng이라고 해요.
★ 真够…的는 우리가 무언가를 최고로 강조할 때 잘 쓰는 "완전 ~하다, 진짜 ~이다"와 같은 뜻이에요. 진정한 네이티브가 되려면 꼭 익숙해져야 하는 표현이죠.

재미난 사실! 중국에서는 19금 영화는 극장에서 절대 개봉할 수가 없어요. 중국은 영화의 사전 검열이 엄격하거든요. 그럼《색계》는 어떻게 개봉했냐구요? 당연히 여기저기 싹뚝 가위질을 해서 내보냈죠. 그당시 탕웨이는 선정적인 연기를 했다고 해서 중국 정부로부터 3년간 본토 영화의 출연을 금지당했어요. 또 CF광고까지 출연금지 당하는 등의 황당 처분을 받기도 했답니다.

43 자막 字幕 zìmù

A 这部电影有韩语字幕吗?
Zhè bù diànyǐng yǒu Hányǔ zìmù ma?

B 有。
Yǒu.

A 이 영화 한국어 자막나와?

B 나와.

단어 部 bù 편(영화를 세는 양사) | 电影 diànyǐng 영화 | 韩语 Hányǔ 한국어

★ "자막이 나오다"란 말은 "있다"란 뜻의 동사 有를 써서 有字幕라고 해요.
★ 성우가 자국어로 대사를 입히는 "더빙하다"란 말은 配音 pèiyīn이라고 해요.

Tip 这电影是配音的。 Zhè diànyǐng shì pèiyīn de. 이 영화 더빙한거야.
我不喜欢看配音的电影。 Wǒ bù xǐhuan kàn pèiyīn de diànyǐng. 난 더빙한 영화는 싫어.
看字幕不能集中看电影。 Kàn zìmù bù néng jízhōng kàn diànyǐng. 자막을 보니까 영화에 집중이 안 돼.

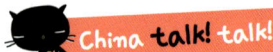

중국에서 영화 DVD를 사면 대부분 한글 자막이 있는데, 불법판 DVD에서 자막이 가끔 황당할 때가 있어요. 이런 경우는 번역이 모두 한국어가 아닌 조선말 자막이죠. 아직도 제 기억에 남는 장면이 있는데요. 영화속 주인공이 "들어오는 대로 내게 메시지를 남겨줘"란 대사를 했는데, 이걸 어떻게 번역했냐하면 "들어오는 대로 내게 유언을 남겨줘"라고 했답니다. "메시지를 남기다"란 말은 중국어로 留言 liúyán인데. 이걸 한자음 그대로 "유언"이라고 번역한거였죠. 이것은 번역의 나쁜예 였습니다.

44 해적판 盗版 dàobǎn

A 这张DVD是不是盗版的?
Zhè zhāng DVD shì bu shì dàobǎn de?

B 这是正版的。
Zhè shì zhèngbǎn de.

A 이 DVD 혹시 해적판 아니에요?

B 이거 정품이에요.

단어 张 zhāng 장(CD를 세는 양사) | 正版 zhèngbǎn 정품

★ 盗版은 해적판, 짝퉁 DVD를 말해요.

몇 년 전까지만 해도 그 많던 DVD 상점들이 하나둘씩 자취를 감추고 있습니다. 그 이유는 바로 중국판 유튜브인 "요우쿠"와 "투또우"라는 동영상 사이트때문인데요. 사이트에서는 한국, 일본, 미국, 대만 등 각국의 영화와 최신 드라마, 쇼프로가 엄청난 속도로 업데이트되어 올라온답니다. 특히 한국 드라마와 예능프로는 국내에서 방송된 후 12시간 정도가 지나면 완벽한 중국어 자막과 함께 볼 수 있어서 중국에서도 한국 방송을 비교적 빠르게 즐길 수 있습니다.

45 소름 끼치다 汗毛倒立 hànmáo dàolì

A 这电影太恐怖了。
Zhè diànyǐng tài kǒngbù le.

B 我汗毛都倒立了。
Wǒ hànmáo dōu dàolì le.

A 이 영화 진짜 무섭다.

B 나 완전 소름끼쳤어.

단어 恐怖 kǒngbù 무섭다 | 汗毛 hànmáo 솜털 | 都 dōu 모두 | 倒立 dàolì 거꾸로 서다

★ 汗毛倒立는 "솜털이 거꾸로 서다"로, 우리말의 "소름이 돋다, 소름이 끼치다"와 같은 뜻의 표현이에요.

★ 예문의 我汗毛都倒立了는 풀이하면 "나의 솜털이 모두 거꾸로 섰다"로. 이때 문장에 都가 들어가면 우리말의 "완전, 진짜"처럼 정도를 강조하는 어감을 줘요. 중국사람들은 말할 때 이렇게 습관적으로 都를 붙여요.

46 배꼽 빠지게 웃기다 笑破肚皮 xiàopò dùpí

A 这部电影真笑破肚皮。
Zhè bù diànyǐng zhēn xiàopò dùpí

B 我觉得很冷。
Wǒ juéde hěn lěng.

A 이 영화 진짜 배꼽 빠지게 웃겨.

B 난 완전 썰렁하던데.

단어 真 zhēn 정말 | 笑 xiào 웃다 | 破 pò 찢기다 | 肚皮 dùpí 뱃가죽 | 冷 lěng 썰렁하다

★ 笑破肚皮는 풀이하면 "웃어서 뱃가죽이 찢어지다"로, 우리말의 "배꼽이 빠지다"에 해당하는 관용표현이에요.

★ 누가 썰렁한 농담을 했을 때 우리가 잘 쓰는 "썰렁해"같은 말은 중국어로 "춥다"란 뜻의 冷을 써요. 很冷 또는 好冷 hǎo lěng처럼요.

Tip 真冷! Zhēn lěng! 정말 썰렁해!
好冷! Hǎo lěng! 완전 썰렁해!
冷死了! Lěng sǐle! 썰렁해 죽을 거 같아!

47 자리에 잘못 앉다 坐错 zuòcuò

A 这是我的座位。
Zhè shì wǒ de zuòwèi

B 对不起，我坐错了。
Duìbuqǐ, wǒ zuò cuò le.

A 여기 제 자리인데요.

B 죄송해요. 제가 잘못 앉았네요.

단어 座位 zuòwèi 좌석, 자리 | 坐 zuò 앉다 | 错 cuò 틀리다

★ 我坐错了는 말 그대로 "내가 틀리게 앉다". 즉 "내가 다른 좌석에 잘못 앉다"란 뜻입니다.

Tip 劳驾, 你的座位是几号? Láojià, nǐ de zuòwèi shì jǐ hào? 실례지만, 좌석 몇 번이세요?
你好像坐错座位了。Nǐ hǎoxiàng zuòcuò zuòwèi le. 그쪽이 아무래도 자리를 잘못 앉으신 거 같은데요.
不好意思, 您能和我换个座位吗? Bù hǎoyìsi, nín néng hé wǒ huàn ge zuòwèi ma?
죄송하지만, 저와 자리를 바꿔주실 수 있으세요?

48 완전 강추 强力推荐 qiánglì tuī jiàn

A 你看过《蝙蝠侠》吗?
Nǐ kàn guo 《biānfúxiá》 ma?

B 看过，我强力推荐!
Kàn guo, wǒ qiánglì tuījiàn!

A 너 《배트맨》 봤어?

B 봤지. 완전 강추야!

단어 看 kàn 보다 | 蝙蝠侠 biānfúxiá 배트맨

★ 强力는 "강력하다", 推荐는 "추천하다"로 我强力推荐은 풀이하면 "나는 강력하게 추천하다". 즉 우리가 영화, 음악, 맛집, 책 등을 평가 할 때 잘 쓰는 "완전 강추"에 해당하는 표현입니다.

Tip 这电影很棒。 Zhè diànyǐng hěn bàng. 이 영화 완전 죽여줘.
这电影评价好。 Zhè diànyǐng píngjià hǎo. 이 영화 평가가 좋아.
这电影是五颗星。 Zhè diànyǐng shì wǔkēxīng. 이 영화 별 5개야.
你一定要看这电影。 Nǐ yídìng yào kàn zhè diànyǐng. 너 이영화 꼭 봐야해.

49 돈이 아깝다 浪费钱 làngfèi qián

A 这电影太浪费钱了。
Zhè diànyǐng tài làngfèi qián le.

B 就是，浪费了8千韩元。
Jiù shì, làngfèi le bāqiān Hán yuán.

A 이 영화 진짜 돈 아깝다.

B 그러게. 8천원 날렸다.

단어 电影 diànyǐng 영화 | 浪费 làngfèi 낭비하다. 허비하다 | 韩元 Hán yuán 원화(한국돈)

★ 우리가 재미 없는 영화를 보고난 후 잘 쓰는 "돈이 아깝다"란 말. 중국어로는 "낭비하다"란 뜻의 浪费와 돈을 뜻하는 钱를 써서 浪费钱이라고 합니다.
★ 浪费了8千韩元은 말 그대로 "8천원을 낭비하다." 즉 "영화값 8천원을 날렸다"란 뜻입니다.
★ 예문의 就是는 우리말의 "그러게 말야, 누가 아니래니" 처럼 상대방 말에 강하게 동조하는 어감을 나타냅니다.

Tip 你千万不要看这电影。 Nǐ qiānwàn búyào kàn zhè diànyǐng. 너 이 영화 절대 보지마.

PART

06

烫头发 파마하다

머리가 크다는 말은 어리버리하다는 말?

중국어에도 "머리가 크다"란 뜻의 大头 dàtóu라는 말이 있어요. 하지만 우리와는 그 뜻이 완전 달라요. 중국에서 말하는 大头는 머리가 큰 "대두"가 아니라, 남에게 사기를 잘 맞거나 속임을 잘 당하는 사람을 가리켜요. 중국사람들은 평상시 你真大头 Nǐ zhēn dàtóu란 말을 잘 쓰는데요. 이는 "넌 참 대두야"란 뜻이 아니라, "넌 참 어리바리해", "넌 참 멍청해"같은 의미랍니다. 아마도 머리가 크기 때문에 어딘가 둔해 보이는 느낌이 들어서 이런 표현으로 쓰이나 봐요.

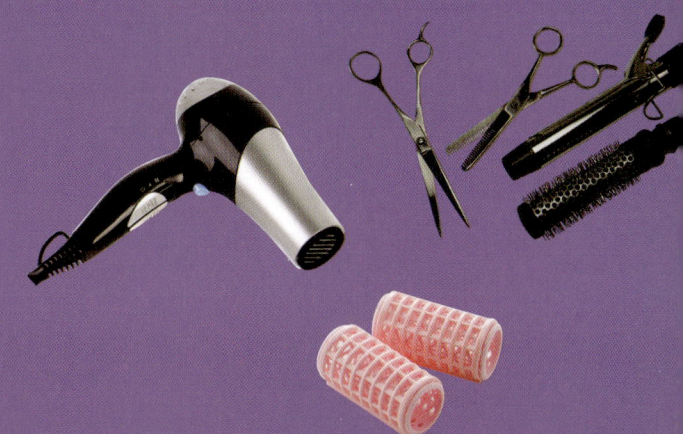

01 미용실 理发店 lǐfàdiàn

A 给我推荐一下理发店。
　　Gěi wǒ tuījiàn yíxià lǐfàdiàn.

B 要剪头发吗?
　　Yào jiǎn tóufa ma?

A 나 미용실 좀 추천해줘.
B 커트하려고?

단어 给 gěi ~에게 | 推荐 tuījiàn 추천하다 | 剪头发 jiǎn tóufa 머리를 자르다, 커트하다

★ 미용실을 중국어로는 "이발소"란 뜻의 理发店 또는 发廊 fàláng이라고 해요. 잠깐! 理发店이 비록 우리말의 "이발소"로 해석이 되는듯하지만, 우리나라처럼 남자만 가는 이발소가 아닌 일반 헤어숍을 말해요.

★ 주의! 한국에서 말하는 "미용실"은 머리를 하는 "헤어숍"의 개념이지만, 중국에서 말하는 미용실. 즉 美容店 měiróngdiàn은 "피부 관리실, 피부 에스테틱"을 말해요.

Tip 你想找哪位理发师? Nǐ xiǎng zhǎo nǎ wèi lǐfàshī? 어느 디자이너 선생님 찾으세요?
你预定了吗? Nǐ yùdìng le ma? 예약 하셨나요?
我是第一次来。 Wǒ shì dì yícì lái. 저 처음 왔는데요.
剪头发多少钱? Jiǎn tóufa duōshǎo qián? 커트하는데 얼마에요?
这里营业到几点? Zhèlǐ yíngyè dào jǐ diǎn? 여기 몇 시까지 해요?
需要等多久? Xūyào děng duō jiǔ? 얼마나 기다려야 해요?

02 가르마를 타다 偏头发 piān tóufa

A 你头发往哪边偏?
　　Nǐ tóufa wǎng nǎbiān piān?

B 往左边偏。
　　Wǎng zuǒbiān piān.

A 머리 가르마 어느쪽으로 타세요?
B 왼쪽으로요.

단어 往 wǎng ~쪽으로, ~을 향해 | 哪边 nǎbiān 어느 방향 | 偏 piān 쏠리다, 치우치다

★ "머리 가르마를 타다"란 말을 중국에서는 재밌게도 "머리를 한쪽으로 쏠리게 하다"라고 표현해요.

예문의 你头发往哪边偏?은 직역하면 "당신 머리는 어느 방향을 향해 치우치나요?"로 이는 우리말의 "머리 가르마 어느쪽으로 타세요?"와 같은 뜻이에요.

★ "머리를 왼쪽(오른쪽)으로 가르마 타다"란 말은 〈头发tóufa+往wǎng+左边wǎng(右边zuǒbiān)+偏piān〉형식을 씁니다.

★ 네이티브처럼 말하기! 촌스러운 남자 머리의 상징인 2:8 가르마를 중국에서는 "3:7로 열다"란 뜻의 三七开 sānqīkāi 라고 표현합니다.

Tip 头发往右边偏。Tóufa wǎng yòubiān piān. 머리 가르마를 오른쪽으로 타다.
头发往左边偏。Tóufa wǎng zuǒbiān piān. 머리 가르마를 왼쪽으로 타다.

03 커트하다 剪头发 jiǎn tóufa

A 你头发太长了。
Nǐ tóufa tài cháng le.

B 我明天去剪头发。
Wǒ míngtiān qù jiǎn tóufa.

A 너 머리가 너무 길다.
B 나 내일 커트하러 갈거야.

단어 头发 tóufa 머리 | 长 cháng 길다 | 去 qù 가다 | 剪 jiǎn 자르다

★ 剪头发는 말 그대로 "머리를 자르다". 즉, "컷트하다"란 뜻이에요. "머리를 자르러 가다"란 말은 앞에 "가다"란 뜻의 去를 붙여 去剪头发라고 해요.

★ 네이티브 스럽게 말하기!! 중국사람들은 剪头发를 간단히 줄여서 剪头 jiǎn tóu 또는 剪发 jiǎn fà라고도 해요.

Tip 중국어로 "나 커트할 거야" 란 말은 다음처럼 3가지 형태 모두 가능해요!
我要剪头发。Wǒ yào jiǎn tóufa.
我要剪发。Wǒ yào jiǎn fà.
我要剪头。Wǒ yào jiǎn tóu.

애매한 우리말 중국어로 표현

- 너 머리 좀 잘라야 겠다. 你该剪头发了。Nǐ gāi jiǎn tóufa le.
- 머리를 어떻게 잘라드릴까요? 你想怎么剪？Nǐ xiǎng zěnme jiǎn?
- 넌 얼마만에 머리를 잘라? 你多久剪一次头发？Nǐ duōjiǔ jiǎn yícì tóufa?
- 넌 한 달에 머리 몇 번 잘라? 你一个月剪几次头发？Nǐ yí ge yuè jiǎn jǐ cì tóufa?
- 난 한 달에 한번 머리를 잘라. 我一个月剪一次头发。Wǒ yí ge yuè jiǎn yícì tóufa.

04 머리를 다듬다 修头发 xiū tóufa

A 你想怎么剪?
Nǐ xiǎng zěnme jiǎn?

B 修一下就行。
Xiū yíxià jiù xíng.

A 어떻게 잘라드릴까요?

B 살짝 다듬어만 주세요.

단어 想 xiǎng ~하고 싶다 | 怎么 zěnme 어떻게 | 剪 jiǎn 자르다 | 修 xiū 다듬다

★ 你想怎么剪?은 "어떻게 잘라드릴까요?"로 머리를 자르기 전 미용사가 꼭 하는 말이죠.
★ 修는 보통 물건을 고치다. 수리하다란 의미로 많이 쓰지만, "머리를 다듬다"란 뜻으로도 쓰여요. 예문의 修一下就行은 우리말의 "그냥 다듬어만 주세요, 살짝 다듬어만 주세요"의 뜻이에요.

Tip
少剪一点。Shǎo jiǎn yìdiǎn. 조금만 잘라주세요.
多剪一点。Duō jiǎn yìdiǎn. 많이 잘라주세요.
修一下留海。Xiū yíxià liúhǎi. 앞머리만 다듬어 주세요.
吹一下就行。Chuī yíxià jiù xíng. 드라이만 해주세요.
自然一点吧。Zìrán yìdiǎn ba. 자연스럽게 해주세요.

05 파마하다 烫头发 tàng tóufa

A 我烫头发了, 好看吗?
Wǒ tàng tóufa le, hǎokàn ma?

B 像个老太太。
Xiàng ge lǎo tàitai.

A 나 파마했는데, 예뻐?

B 아줌마 같은데.

단어 好看 hǎokàn 예쁘다 | 像 xiàng 마치 ~같다 | 个 ge 양사 | 老太太 lǎo tàitai 아줌마

★ 烫은 "뜨겁다, 화상입다", 그리고 "(머리를) 파마하다" 이렇게 3가지의 뜻이 있어요. 烫头发는 "머리를 파마하다"란 뜻이에요.
★ 중국사람들은 烫头发를 간단히 줄여서 烫发 또는 烫头 tàng tóu라고도 많이 해요.

> **Tip** 你烫发了吗? Nǐ tàng fà le ma? 너 파마 했니?
> 我烫发了。Wǒ tàng fa le. 나 파마했어.
> 要不我烫个头发? Yào bù wǒ tàng ge tóufa? 나 파마나 한번 해볼까?
> 你烫个头发试试。Nǐ tàng ge tóufa shì shì. 너 파마 한번 해봐.

06 고대기 卷发棒 juǎnfàbàng

A 你烫头发了吗?
Nǐ tàng tóufa le ma?

B 没有，用的卷发棒。
Méiyǒu, yòng de juǎnfàbàng.

A 너 파마했어?

B 아니, 고대기 한거야.

단어 烫头发 tàng tóufa 파마하다 | 用 yòng 쓰다, 사용하다

★ 卷发는 "머리를 말다", 棒은 "막대기"란 뜻이에요. 卷发棒은 "머리를 마는 막대기". 즉 "고대기"를 뜻해요.

07 드라이하다 吹干 chuīgān

A 用不用把头发吹干?
Yòng bu yòng bǎ tóufa chuīgān?

B 不用了。自然干比较好。
Bú yòng le. Zìrán gān bǐjiào hǎo.

A 머리 드라이 좀 해 드릴까요?

B 괜찮아요. 그냥 말리는 게 좋아요.

단어 自然 zìrán 자연스럽다 | 干 gān 말리다 | 比较 bǐjiào 비교적 | 好 hǎo 좋다

★ 吹는 "불다", 干은 "말리다"로 吹干은 "불어서 말리다" 즉 "드라이를 하다"란 뜻이에요.
★ 헤어드라이기는 吹风机 chuīfēngjī라고 해요. "바람을 부는 기계"란 뜻이죠. 그럼 "고대기"는 "머리를 감아주는 막대기"란 뜻의 卷发棒 juǎnfàbàng이라고 한답니다.

08 염색하다 染头发 rǎn tóufa

A 我要染头发。
Wǒ yào rǎn tóufa.

B 想染什么颜色?
Xiǎng rǎn shénme yánsè?

A 나 머리 염색할 거야.
B 무슨 컬러로 할건데?

단어 染 rǎn 물들이다 | 什么 shénme 무슨 | 颜色 yánsè 색깔, 컬러

★ 染头发는 "머리를 물들이다". 즉 "머리를 염색하다"란 뜻이에요.
★ 중국어로 "머리를 무슨 색으로 염색하다"란 말은 染 뒤에 동작의 완성을 나타내는 결과보어 成 chéng을 붙여 〈头发 tóufa+染成 rǎnchéng+색상〉형식으로 표현해요.

Tip 我头发要染成黄色。Wǒ tóufa yào rǎnchéng huángsè. 나 머리 노란색으로 염색할 거야.
我头发要染成黑色。Wǒ tóufa yào rǎnchéng hēisè. 나 머리 검은색으로 염색할 거야.

09 헤어스타일 发型 fàxíng

A 你喜欢哪种发型的女孩?
Nǐ xǐhuan nǎ zhǒng fàxíng de nǚhái?

B 长发披肩的女孩。
Chángfà pījiān de nǚhái.

A 넌 어떤 헤어스타일의 여자가 좋아?
B 긴 생머리의 여자.

단어 喜欢 xǐhuan 좋아하다 | 哪种 nǎ zhǒng 어떤 종류 | 女孩 nǚhái 여자

★ 전지현 스타일의 긴 생머리를 중국어로는 长发披肩이라고 해요. 이를 풀이하면 长发는 "긴머리", 披는 "덮다", 肩은 "어깨"로 "긴 머리가 어깨를 덮다"란 뜻이죠.
★ "헤어스타일이 어울리다"할 때 "어울리다"란 말은 "적합하다"란 뜻의 适合 shìhé를 써요.

Tip 你适合短发。Nǐ shìhé duǎnfà. 넌 짧은 머리가 어울려. (**短发** 짧은 머리)
你适合长发。Nǐ shìhé chángfà. 넌 긴 머리가 어울려. (**长发** 긴 머리)
你适合烫发。Nǐ shìhé tàngfà. 넌 파마 머리가 어울려. (**烫发** 파마 머리)
你适合毛寸。Nǐ shìhé máocùn. 넌 스포츠 머리가 어울려.

10　앞머리　刘海 liúhǎi

A 你刘海放下来好看。
Nǐ liúhǎi fàng xiàlái hǎokàn.

B 是吗?
Shì ma?

A 넌 앞머리를 내리는 게 예뻐.
B 그래?

단어 放下来 fàng xiàlái 내려놓다 ｜ 好看 hǎokàn 예쁘다

★ 刘海는 리얼 네이티브 슬랭표현으로, "앞머리" 혹은 앞머리가 이마를 덮는 "뱅 헤어 스타일"을 말해요.
★ "앞머리를 내리다"할 때 "내리다"란 말은 "내려놓다"란 뜻의 放下来를 써요.

Tip 留刘海 liú liúhǎi　앞머리를 기르다 (留 기르다)
　　 修刘海 xiū liúhǎi　앞머리를 다듬다 (修 다듬다)
　　 刘海扎眼睛 liúhǎi zhā yǎnjing　앞머리가 눈을 찌르다 (扎眼睛 눈을 찌르다)

11　구렛나룻　鬓角 bìnjiǎo

A 你的鬓角真好看。
Nǐ de bìnjiǎo zhēn hǎokàn.

B 有鬓角才像个男人。
Yǒu bìnjiǎo cái xiàng ge nánrén.

A 너 구렛나룻 진짜 멋있다.
B 구렛나룻이 있어야 진짜 남자지.

단어 好看 hǎokàn 보기 좋다, 멋있다 ｜ 才 cái ~해야지만 비로서 ｜ 像 xiàng 비슷하다, 같다

★ 鬓은 "귀밑머리", 角는 "모서리, 가장자리"로, 鬓角는 귀옆을 타고 내려오는 구렛나룻을 뜻해요.
★ 예문의 有鬓角才像个男人을 직역하면 "구렛나룻이 있어야지만 비로소 남자 같다"로, 이는 "구렛나룻이 있어야 진짜 남자이지"란 의미에요.

Tip 留鬓角 liú bìnjiǎo　구렛나룻을 기르다
　　 剪鬓角 jiǎn bìnjiǎo　구렛나룻을 자르다
　　 修鬓角 xiū bìnjiǎo　구렛나룻을 다듬다

12 헤어 스타일이 이상해 发型别扭 fāxíng bièniu

A 你的发型很别扭。
Nǐ de fāxíng hěn bièniu.

B 有那么别扭吗?
Yǒu nàme bièniu ma?

A 너 헤어 스타일 완전 이상해.

B 그렇게 이상해?

단어 发型 fāxíng 헤어 스타일 | 很 hěn 매우 | 那么 nàme 그렇게나

★ 别扭는 옷차림, 외모, 성격 등이 "어색하다, 부자연스럽다"란 뜻이에요. 우리가 잘 쓰는 "너 헤어 스타일 너무 이상해", "쟤 옷 입는 스타일 완전 이상해", "쟤 성격 진짜 이상해"같은 "이상하다"란 말은 모두 이 别扭를 써서 표현할 수가 있어요.

★ 주의! 奇怪 qíguài란 어휘 역시 "이상하다"란 뜻인데, 만약 发型奇怪 fāxíng qíguài라고 하면 우리말의 "헤어 스타일이 요상하다"같은 뜻이되요. 别扭와 奇怪를 꼭 구분해서 쓰세요!

Tip 중국사람들은 别扭란 어휘를 쓸 때 아래처럼 다양한 부사를 넣어 사용해요.
太别扭了。Tài bièniu le. 진짜 이상해.
真够别扭的。Zhēn gòu bièniu de. 대박 이상해.
老别扭了。Lǎo bièniu le. 완전 이상해.
好别扭。Hǎo bièniu. 너무 이상해.

13 눈에 튀다 扎眼 zhāyǎn

A 你染头发了?
Nǐ rǎn tóufa le?

B 扎眼吗?
Zhāyǎn ma?

A 너 머리 염색했네?

B 튀나?

단어 扎 zhā 찌르다 | 眼 yǎn 눈 | 染 rǎn 염색하다 | 头发 tóufa 머리

★ 누군가의 외모가 독특하거나 비범할 때 우리가 잘 쓰는 "눈에 튀다"란 말을 중국에서는 "눈을 찌르다". 즉 扎眼이라고 표현해요.

Tip 太扎眼了! Tài zhāyǎn le! 완전 튀는데!
一点都不扎眼。 Yìdiǎn dōu bù zhāyǎn. 하나도 안 튀어.

14 머리를 감다 洗头发 xǐ tóufa

A 你洗头发了吗?
Nǐ xǐ tóufa le ma?

B 我明天要洗。
Wǒ míngtiān yào xǐ.

A 너 머리 감았어?

B 내일 감을 거야.

단어 洗 xǐ 씻다, 감다 | 明天 míngtiān 내일

★ 중국어로 샴푸는 洗发水 xǐfàshuǐ, 린스는 护发素 hùfàsù라고 해요.

Tip 我今天洗头发了。 Wǒ jīntiān xǐ tóufa le. 나 오늘 머리 감았어.
我今天没洗头发。 Wǒ jīntiān méi xǐ tóufa. 나 오늘 머리 안 감았어.
我两天都没洗头发。 Wǒ liǎngtiān dōu méi xǐ tóufa. 나 이틀째 머리 안 감았어.
我天天洗头发。 Wǒ tiāntiān xǐ tóufa. 나 머리 매일 감아.

15 왁스를 바르다 打发蜡 dǎ fàlà

A 要打发蜡吗?
Yào dǎ fàlà ma?

B 要。
Yào.

A 왁스 발라드릴까요?

B 네.

단어 打 dǎ 바르다 | 发蜡 fàlà 헤어왁스

★ 헤어왁스는 发蜡라고 하고, "왁스를 바르다"할 때 "바르다"란 동사는 打를 씁니다.
★ 중국어로 헤어젤은 喱膏 lígāo, 헤어스프레이는 喱水 líshuǐ라고 해요.

Tip 打点发蜡。Dǎ diǎn fàlà. 왁스를 좀 바르다.
抹点喱膏。Mǒ diǎn lígāo. 젤을 좀 바르다.
喷点喱水。Pēn diǎn líshuǐ. 스프레이를 좀 뿌리다.

16 머리를 빗다 梳头发 shū tóufa

A 你梳一下头发!
Nǐ shū yíxià tóufa!

B 让我自生自灭吧。
Ràng wǒ zìshēng zìmiè ba.

A 너 머리 좀 빗어!
B 그냥 이대로 살다 죽을래.

단어 梳 shū 빗다 | 让 ràng ~하게 하다 | 自生自灭 zìshēng zìmiè 자생자멸하다

★ 梳는 "빗질하다"로, 梳一下头发는 우리말의 "머리 좀 빗어라"의 의미에요.
★ 예문의 让我自生自灭吧를 직역하면 "나로 하여금 스스로 살게 하고, 스스로 멸하게 하다". 즉 우리말의 "나, 이대로 살다 죽을래"같은 어감을 주는 문장이에요.
★ 중국어로 머리빗은 梳子 shūzi라고 해요.

Tip 编头发 biān tóufa 머리를 땋다
扎头发 zhā tóufa 머리를 묶다
帮我梳一下头发 bāng wǒ shū yíxià toufa 나 머리 좀 빗겨줘

17 머리가 자라다 长头发 zhǎng tóufa

A 我头发长得很快。
Wǒ tóufa zhǎng de hěn kuài.

B 你是不是经常看A片?
Nǐ shì bu shì jīngcháng kàn A piàn?

A 난 머리가 완전 빨리 자라.
B 너 야동 자주 보지?

단어 头发 tóufa 머리 | 长 zhǎng 자라다 | 很 hěn 매우 | 快 kuài 빠르다 | A片 A piàn 야동 | 经常 jīngcháng 자주

★ 주의! 长头发는 "머리가 자라다"란 뜻으로 여기서 长은 "자라다"란 뜻의 동사로 쓰여 zhǎng이라고 발음해요. 만약 头发长이라고 말하면 이땐 "머리가 길다"란 뜻으로 여기서 长은 "길다"란 형용사로 쓰인 거죠. 발음은 cháng이고요.

Tip 我头发长得慢。 Wǒ tóufa zhǎng de màn. 난 머리가 천천히 자라.
我头发长得快。 Wǒ tóufa zhǎng de kuài. 난 머리가 빨리 자라.

18 머리가 크다 头大 tóu dà

A 你的头真大。
Nǐ de tóu zhēn dà.

B 不如你大。
Bùrú nǐ dà.

A 넌 머리가 참 커.
B 너보단 안 커.

단어 头 tóu 머리 | 真 zhēn 정말 | 大 dà 크다 | 不如 bùrú ~만 못하다

★ 不如你大는 직역하면 "네가 큰 것만큼만 못하다"로, 우리말의 "너 만큼은 안 커"란 뜻이에요.
★ 중국어에도 우리말의 "머리통, 대갈통"같은 어감을 주는 말이 있는데, 바로 脑袋 nǎodai에요.

Tip 头小 tóu xiǎo 머리가 작다
你的头真小。 Nǐ de tóu zhēn xiǎo. 넌 머리가 참 작다.
我羡慕头小的人。 Wǒ xiànmù tóu xiǎo de rén. 난 머리 작은 사람이 부러워.
我头大，没有合适的帽子。 Wǒ tóu dà, méiyǒu héshì de màozi. 난 머리가 커서 맞는 모자가 없어.
你头大，有合适的帽子吗？ Nǐ tóu dà, yǒu héshì de màozi ma? 넌 머리가 큰 데 맞는 모자가 있니?

China talk! talk!

제가 중국에 오랫동안 살면서 중국 미용실에서 머리를 자른 게 세 번도 안 될 거에요. 아니 왜? "중국에서 살면 당연히 중국 미용실을 이용하고 그래야지!"라고 생각할 수도 있지만, 사실 10여년 전 집 앞 중국인 미용실에서 머리를 잘랐다가 엉엉 울면서 나온적이 있었답니다. 현재 베이징에는 한국인 미용사가 있는 미용실이 참 많아졌고, 이가자나 박철 같은 프랜차이즈 헤어숍도 많이 들어왔어요. 하지만 커트 가격은 환율 차 때문에 한국에서 자르는 것과 같거나 오히려 더 비싸죠. 제가 다니는 미용실은 커트 가격이 90위안인데, 현재 환율로 계산하면 1만 8천 원 정도입니다.

19 흰머리가 나다 长白头发 zhǎng bái tóufa

A 你长白头发了。
Nǐ zhǎng bái tóufa le.

B 帮我拔一下。
Bāng wǒ bá yíxià.

A 너 흰머리 났다.

B 뽑아줘.

단어 长 zhǎng 생기다 | 白头发 bái tóufa 흰머리 | 拔 bá 뽑다

★ 흰 머리카락이 나다할 때 "나다"는 "자라다, 생기다"란 뜻의 동사 长을 써요.
★ 중국어로 "나 ~좀 해줘"하고 남에게 부탁할 때는 "돕다"란 뜻의 帮 bāng을 써서 〈帮bāng+我wǒ+동사+一下yíxià〉의 형식을 써서 말해요. 이때 영어 please에 해당하는 请을 문장 앞에 붙여도 되고 그냥 생략해도 되요. 请을 안 붙인다고 절대! 네버! 예외 없고 그런 거 아니에요.

Tip 我老了，长白头发了。Wǒ lǎo le, zhǎng bái tóufa le. 나 늙었나봐 흰머리 나.
我白头发长得越来越多。Wǒ bái tóufa zhǎng de yuè lái yuè duō. 나 흰머리가 점점 많이 생겨.
帮我拔一下白头发。Bāng wǒ bá yíxià bái tóufa. 나 흰머리 좀 뽑아줘.
慢点拔。Màn diǎn bá. 살살 뽑아.

20 기분 전환하다 换一下心情 huàn yíxià xīnqíng

A 头发为什么剪这么短?
Tóufa wèishénme jiǎn zhème duǎn?

B 想换一下心情。
Xiǎng huàn yíxià xīnqíng.

A 머리를 왜 이리 짧게 잘랐어?

B 기분전환 좀 하려고.

단어 为什么 wèishénme 왜 | 剪 jiǎn 자르다 | 这么 zhème 이렇게 | 短 duǎn 짧다

★ "기분, 마음"을 중국어로는 心情이라고 해요. 换一下心情은 "기분을 좀 바꾸다, 기분을 좀 전환하다"란 뜻이에요.

Tip 我心情好。Wǒ xīnqíng hǎo. 나 기분이 좋아.
我心情不好。Wǒ xīnqíng bù hǎo. 나 기분이 안 좋아.
我心情郁闷。Wǒ xīnqíng yùmèn. 나 기분이 울적해.
我心情愉快。Wǒ xīnqíng yúkuài. 나 기분이 상쾌해.

21 비듬 头皮屑 tóupíxiè

A 看这头皮屑，脏死了。
Kàn zhè tóupíxiè, zāngsǐle.

B 我洗过了。
Wǒ xǐ guò le.

A 이 비듬 좀 봐. 더러워 죽겠네.

B 나 머리 감았어.

단어 看 kàn 보다 | 脏 zāng 더럽다 | 洗 xǐ 감다

★ 脏은 "더럽다"로, 뒤에 "죽었다"란 의미의 死了가 붙어 脏死了하면 우리말의 "더러워 죽겠네" 같은 어감이 됩니다.

Tip 掸掸头皮屑。Dǎndan tóupíxiè。 비듬 좀 털어
掸头皮屑。Dǎn tóupíxiè 비듬을 털다
挖耳屎。Wā ěrshǐ 귀지를 파다 (耳屎 귀지)
挖鼻屎。Wā bíshǐ 코딱지를 파다 (鼻屎 코딱지)

22 머리가 뜨다 头发翘起 tóufa qiàoqǐ

A 你的头发翘起来了。
Nǐ de tóufa qiàoqǐlai le.

B 我刚睡醒。
Wǒ gāng shuìxǐng.

A 너 머리 떴어.

B 나 방금 자다 일어났어.

단어 头发 tóufa 머리 | 刚 gāng 방금. 막 | 睡 shuì 자다 | 醒 xǐng 깨다

★ 翘는 "들리다, 뜨다"로, 翘起来는 "들려 올라오다"의 뜻. 본문의 头发翘起来了는 "머리가 떠서 들려왔다"로 우리말의 "머리가 뜨다"란 의미에요.

Tip 우리가 평소 잘 쓰는 "너 머리에 새집 졌어"란 말을 중국에서는 "너 머리가 마치 닭장 같아"라고 표현해요.
你的头发像鸡窝似的。Nǐ de tóufa xiàng jīwō shìde。 너 머리에 새집 졌어.

23 머리를 긁다 挠头 náotóu

A 你怎么老挠头?
Nǐ zěnme lǎo náotóu?

B 痒!
Yǎng!

A 너 왜 자꾸 머리를 긁어?

B 가려워!

단어 老 lǎo 자꾸. 계속 | 痒 yǎng 가렵다

★ 挠는 "긁다"로, 挠头는 손으로 머리를 긁는 것을 말해요.
★ 예문처럼 그냥 痒 yǎng이라고 하면 우리말의 "가려워"란 어감이 되죠.
★ 중국어로 "계속, 항상, 늘"을 뜻하는 부사는 经常 jīngcháng, 常常 chángcháng, 总是 zǒngshì 등이 있어요. 근데 실제로 중국사람들은 이런 부사보단 老를 훨씬 더 즐겨 써요. 한 100만배 많이~! 중국어를 네이티브처럼 맛깔나게 하려면 이 老를 입에 달고 사셔도 무방해요.

Tip 你感觉痒吗? Nǐ gǎn jué yǎng ma? 너 간지럼 타?
我感觉不到痒。 Wǒ gǎn jué bú dào yǎng. 나 간지럼 잘 안 타.

24 머리가 빠지다 掉头发 diào tóufa

A 最近总掉头发。
Zuìjìn zǒng diào tóufa.

B 你是不是压力很大?
Nǐ shì bu shì yālì hěn dà?

A 요즘 머리가 자꾸 빠져.

B 너 스트레스 많이 받는 거 아냐?

단어 最近 zuìjìn 요즘 | 总 zǒng 계속. 늘 | 掉 diào 빠지다 | 头发 tóufa 머리(카락) | 压力 yālì 스트레스

★ "스트레스"란 말을 "압력"이란 뜻의 压力라고 해요. "스트레스를 많이 받다"란 말은 "압력이 매우 크다" 즉 压力很大 yālì hěn dà라고 합니다.
★ 중국어로 원형탈모는 "얼룩 대머리"란 뜻의 斑秃 bāntū라고 해요.

Tip 我斑秃了。 Wǒ bāntū le. 나 원형탈모 생겼어.

我不长头发怎么办？ Wǒ bù zhǎng tóufa zěnmebàn. 나 머리 안 자라면 어쩌지?
放心，会长的。 Fàngxīn, huì zhǎng de. 걱정 마. 자랄 거야.

25 대머리 秃顶 tūdǐng

A 你为什么跟他分手了？
Nǐ wèishénme gēn tā fēnshǒu le?

B 因为他是个秃顶。
Yīnwèi tā shì ge tūdǐng.

A 너 왜 그 남자랑 헤어졌어?
B 그 사람 대머리였거든.

단어 为什么 wèishénme 왜 | 分手 fēnshǒu 헤어지다 | 因为 yīnwèi 왜냐하면

★ 秃顶은 말 그대로 "광이 나는 머리", 즉 "대머리"를 뜻해요.

Tip 秃顶是遗传。 Tūdǐng shì yíchuán. 대머리는 유전이야.

26 삭발하다 剃光头 tì guāngtóu

A 你怎么剃光头了？
Nǐ zěnme tì guāngtóu le?

B 我要去当兵了。
Wǒ yào qù dāngbīng le.

A 너 왜 삭발을 했어?
B 나 군대가.

단어 剃 tì 밀다. 깎다 | 光头 guāngtóu 대머리 | 当兵 dāngbīng 군대에 가다

★ 剃光头는 "밀어서 대머리로 만들다"란 뜻. 바로 우리말의 "삭발을 하다"란 뜻이에요.

27 기름이 흐르다 出油 chūyóu

A 你的头发都出油了。
Nǐ de tóufa dōu chūyóu le.

B 我昨天洗的。
Wǒ zuótiān xǐ de.

A 너 머리에 기름이 좔좔 흐른다.
B 어제 감았는데.

단어 都 dōu 이미, 벌써 | 油 yóu 기름 | 洗 xǐ 감다

★ 중국에서는 "기름이 흐르다"란 말을 "기름이 나오다", 즉 出油라고 표현해요.
★ 예문의 你的头发都出油了를 직역하면 "너의 머리에서 이미 기름이 나왔다"로, 우리말의 "너 머리에 기름이 좔좔 흐른다"와 비슷한 어감을 줍니다. 여기서 都는 중국사람들이 습관적으로 붙이는 부사로 특별한 뜻이 있다기 보단 어감을 강조하는 역할을 합니다.

28 머리띠 发卡 fàqiǎ

A 你的发卡挺好看的。
Nǐ de fàqiǎ tǐng hǎokàn de.

B 这是名牌儿的。
Zhè shì míngpáir de.

A 너 머리띠 참 예쁘다.
B 이거 명품이야.

단어 挺 tǐng 정말, 몹시 | 名牌儿 míngpáir 명품

★ 发卡에서 卡는 kǎ라고도 읽는데, 여기선 꼭 qiǎ라고 읽어요!

Tip 머리핀은 卡子 qiǎzi라고 하고, 일명 곱창이라고도 불리는 머리끈은 皮筋儿 píjīnr이라고 해요. 발음은 "피질~"

200

29 화장하다 化妆 huàzhuāng

A 你不化妆更漂亮。
Nǐ bú huàzhuāng gèng piàoliang.

B 骗人！
Piànrén!

A 넌 화장 안 한게 훨씬 더 예뻐.
B 뻥 치시네!

단어 更 gèng 더욱 | 漂亮 piàoliang 예쁘다, 아름답다 | 骗 piàn 속이다

★ 중국에서도 "화장하다"란 말은 우리와 똑같이 化妆이라고 해요. 不化妆은 화장을 안 하다, 노 메이크업의 뜻.
★ 骗人은 "사람을 속이다"로, 예문처럼 그냥 骗人이라고 말하면 우리말의 "뻥 치시네, 거짓말 하시네" 같은 어감을 줍니다.

Tip 你化妆了吗? Nǐ huàzhuāng le ma? 너 화장했어?
我化妆了。Wǒ huàzhuāng le. 나 화장했어.
我没化妆。Wǒ méi huàzhuāng. 나 화장 안 했어.
我平时不太化妆。Wǒ píngshí bú tài huàzhuāng. 나 평소에 화장 잘 안 해.
化妆很麻烦。Huàzhuāng hěn máfàn. 화장하는 거 정말 귀찮아.
化浓妆。Huà nóngzhuāng. 화장을 진하게 하다.
化淡妆。Huà dànzhuāng. 화장을 옅게 하다.

30 화장발 靠化妆 kào huàzhuāng

A 她是不是很漂亮?
Tā shì bu shì hěn piàoliang?

B 她靠化妆。
Tā kào huàzhuāng.

A 쟤 진짜 예쁘지 않냐?

B 저거 다 화장발이야.

단어 靠 kào ~에 의지하다 | 化妆 huàzhuāng 화장하다

★ 중국어에는 우리말의 "화장발"같은 어감을 주는 어휘가 딱히 없어요. 대신 "화장에 의지하다"란 의미의 靠化妆이란 표현을 씁답니다.

★ 예문의 她靠化妆은 직역하면 "쟤 화장에 의지한 거야"로, 우리말의 "쟤 화장발이야, 저거 다 화장발이야"같은 의미에요.

Tip
画眉毛 huà méimáo 눈썹을 그리다
画眼线 huà yǎnxiàn 아이라인을 그리다
打粉底 dǎ fěndǐ 메이크업 베이스를 하다
上眼影 shàng yǎnyǐng 아이섀도를 하다
抹口红 mǒ kǒuhóng 립스틱을 바르다
喷香水 pēn xiāngshuǐ 향수를 뿌리다

31 생얼 素颜 sùyán

A 你化妆了吗?
Nǐ huàzhuāng le ma?

B 我素颜。
Wǒ sùyán.

A 너 화장했니?

B 나 생얼이야.

단어 化妆 huàzhuāng 화장하다

★ 素颜의 한자 뜻은 "소박한 얼굴"로, 우리말의 "생얼, 민낯"을 뜻해요.

★ 얼마 전 중국 화장품 회사에서 우리말의 "생얼"을 그대로 한자로 따와서 生颜 shēngyán이라고 표현한 광고를 내보냈

었어요. 근데 실제 중국사람들은 그런 말을 쓰지 않아요. 만약 화장 안 한 중국 여성한테 生颜이라고 말했다간 상대방이 고개를 가우뚱거리며 이렇게 말할 거예요. 听不懂 tīngbudǒng (대체 뭔 소리삼)

> **Tip** 妆化得像鬼一样。Zhuāng huà de xiàng guǐ yíyàng. 화장을 귀신처럼 하다.

32 BB크림 BB霜 BB shuāng

A 你的皮肤真好。
　Nǐ de pífū zhēn hǎo.

B 因为我抹BB霜了。
　Yīnwèi wǒ mǒ BB shuāng le.

A 너 피부 진짜 좋다.

B 나 BB크림 발랐거든.

> **단어** 皮肤 pífū 피부 | 真 zhēn 정말 | 好 hǎo 좋다 | 抹 mǒ 바르다 | 霜 shuāng 크림

★ BB霜을 발음할 때는 "비비슈앙"이라고 읽어요. "비비크림을 바르다"란 말은 "바르다"란 뜻의 동사 抹를 써서 抹BB霜이라고 해요.

★ 기미 : 斑 bān / 검버섯 : 老年斑 lǎoniánbān / 여드름 : 痘 dòu

> **Tip** 我脸上长斑了。Wǒ liǎnshang zhǎng bān le. 나 얼굴에 주근깨가 생겼어.
> 　　 我脸上长老年斑了。Wǒ liǎnshang zhǎng lǎoniánbān le. 나 얼굴에 검버섯이 폈어.
> 　　 我脸上长痘了。Wǒ liǎnshang zhǎng dòu le. 나 얼굴에 여드름 났어.

China talk! talk!

한 번은 병원에서 같이 근무하는 중국인 의사들에게 이런 질문을 한 적이 있었죠. 전 세계에서 가장 위대한 4대 발명품이 무엇인지 아느냐고… 다들 "화약, 종이, 나침반" 이렇게 말하는데, 제가 "어! 한국에서 발명한 발명품이 하나 빠졌는데?"라고 하자, 다들 바로 "그게 뭔데?"하고는 궁금해했죠. "비비크림!"이라는 제 말이 끝나기가 무섭게 여자의사들은 모두 고개를 끄덕이고, 한쪽에선 엄지손가락을 치켜들며 "완전 대박!"을 외치는 간호사들까지 호응이 대단했어요. 아무튼 이렇게 우리의 BB크림이 인기가 있다 보니 제가 한국에 갔다 올 때 화이트닝 성분과 UV차단 기능이 갖춰진 신상 BB크림을 선물하면 매우 좋아한답니다. 전 그동안 제 주위의 중국여자들은 화장도 안 하고 쌩얼로 다니는 줄 알았는데. 알고 보니 다 눈 속임이었더라고요. 한국 BB크림이시여! 정말이지 님 좀 짱인듯!!

33 멋부리다 打扮 dǎbàn

A 你打扮得很漂亮。
Nǐ dǎbàn de hěn piàoliang.

B 因为今天相亲。
Yīnwèi jīntiān xiàngqīn.

A 너 완전 멋 부렸네.
B 오늘 맞선보거든.

단어 很 hěn 매우 | 因为 yīnwèi 왜냐하면 | 相亲 xiàngqīn 선을 보다

★ 你打扮得漂亮은 직역하면 "너는 치장을 아름답게 하다"로, 우리말의 "쫙 빼 입었는데, 완전 멋 부렸는데"같은 어감을 주는 문장이에요.

34 트랜디하다 时尚 shíshàng

A 今天我的打扮怎么样?
Jīntiān wǒ de dǎbàn zěnmeyàng?

B 显得很时尚。
Xiǎnde hěn shíshàng.

A 오늘 내 패션 어때?
B 진짜 트렌디해 보이는데.

단어 打扮 dǎbàn 차림새, 치장 | 显得 xiǎnde ~처럼 보이다 | 很 hěn 매우

★ 时尚은 "유행"으로, 영어 트렌드(trend)에 해당하는 말이에요. 우리가 잘 쓰는 "~가 트랜디하다, ~가 세련되다"란 말은 이 时尚을 써서 표현할 수 있죠.

35 유행하다 流行 liúxíng

A 你的鞋跟儿太高了。
Nǐ de xié gēnr tài gāo le?

B 这是最近最流行的高跟鞋。
Zhè shì zuìjìn zuì liúxíng de gāogēnxié.

A 너 신발굽 진짜 높다.

B 이거 요즘 완전 유행하는 킬힐이야.

단어 鞋跟儿 xiégēnr 신발굽 | 太…了 tài…le 너무 ~하다 | 高 gāo 높다 | 最 zuì 가장 | 最近 zuìjìn 최근, 요즘

★ 鞋跟儿은 "하이힐 굽"으로 발음할 때는 얼화음에 주의해 "시에껄~"이라고 읽어요.

★ 중국어로 킬힐은 뭘까요? 아직 특별한 명칭이 없어서 그냥 "굽이 높은 구두"라고 표현해야 하죠. 참고로 굽이 없는 플랫슈즈는 瓢鞋 piáoxié 혹은 平底鞋 píngdǐxié라고 합니다.

Tip 穿高跟鞋显腿美。Chuān gāogēnxié xiǎn tuǐ měi. 킬힐 신으면 다리가 예뻐 보여.
高跟鞋是女人的自尊心。Gāogēnxié shì nǚrén de zìzūnxīn. 킬힐은 여자의 자존심이야.
穿高跟鞋对腰不好。Cuān gāogēnxié duì yāo bù hǎo. 킬힐 신으면 허리에 안 좋아.
你鞋跟多高？Nǐ xié gēn duō gāo? 너 신발 굽 몇센티야? (**鞋跟** 구두굽)
我鞋跟8厘米。Wǒ xiégēn bā límǐ. 내 신발 굽 8센티야. (**厘米** 센티미터)
你鞋跟真高啊。Nǐ xiégēn zhēn gāo a. 너 신발 굽 진짜 높다.
你穿高跟鞋显得高。Nǐ chuān gāogēnxié xiǎnde gāo. 너 힐 신으니까 키 커보인다. (**显得** ~처럼 보이다)
你穿高跟鞋脚不疼吗？Nǐ chuān gāogēnxié jiǎo bù téng ma? 너 킬힐 신으면 발 안 아파? (**脚** 발)
这高跟鞋穿起来很舒服。Zhè gāogēnxié chuān qǐlái hěn shūfu.
이 킬힐 신으면 되게 편해. (**穿起来** 신어보면, 신고보면)

36 신발 끈이 풀리다 鞋带开了 xiédài kāi le

A 你的鞋带开了。
Nǐ de xiédài kāi le.

B 真烦！
Zhēn fán!

A 너 신발 끈 풀렸다.

B 완전 짜증나!

단어 鞋带 xiédài 신발 끈 │ 开 kāi 풀어지다 │ 烦 fán 짜증나다

★ 중국어로 "신발 끈이 풀어지다"란 말. 쉬운듯 보이지만 은근 어려운데요. 이때는 "신발 끈"이란 뜻의 鞋带와 "풀어지다"란 뜻의 동사 开를 써서 鞋带开了라고 말하면 됩니다.

★ 주의! 네이티브들은 鞋带를 발음할 때 뒤에 얼화음을 넣어 "시에 딸~"하고 발음해요.

★ 반대로 "신발 끈을 묶다"란 말은 "묶다, 매다"란 뜻의 系 jì를 써서 系鞋带 jì xiédài라고 합니다.

Tip 解鞋带 jiě xiédài 신발 끈을 풀르다
鞋带系成蝴蝶结 xiédài jì chéng húdiéjié 신발 끈을 리본모양으로 매다
系紧鞋带 jì jǐn xiédài 신발 끈을 꽉 매다

37 시스루룩 透视装 tòushìzhuāng

A 你穿得太透了。
Nǐ chuān de tài tòu le.

B 这是透视装。
Zhè shì tòushìzhuāng.

A 너 옷 너무 비친다.
B 이거 시스루룩이야.

단어 穿 chuān 입다 │ 太…了 tài…le 매우~하다 │ 透 tòu 비치다. 투과되다

★ 속이 살짝 비치는 패션인 "시스루룩"은 "투시되는 복장"이란 뜻의 透视装이라고 합니다.
★ 예문의 你穿得太透了는 직역하면 "네가 입은 것이 너무 비치다"로, "너 옷을 너무 비치게 입었다"란 뜻입니다.

Tip 似透非透才性感。Sìtòu fēitòu cái xìnggǎn. 보일 듯 말 듯 한게 더 섹시한거야

38 야하다 暴露 bàolòu

A 我穿迷你裙了,怎么样?
Wǒ chuān mínǐqún le, zěnmeyàng?

B 真够暴露的。
Zhēngòu bàolòu de.

A 나 미니스커트 입은거 어때?
B 완전 야한데.

단어 穿 chuān 입다 | 迷你裙 mínǐqún 미니 스커트 | 好 hǎo 매우 | 性感 xìnggǎn 섹시하다

★ 暴露는 원래 어떤 사건을 폭로하다, 까발리다의 뜻인데요. 일상생활에서 "노출이 심하다, 야하다"란 의미로도 잘 쓰여요. 주의! 여기서 露는 lù가 아닌 lòu라고 발음해요!

★ 예문의 真够…的 형식을 쓰면 우리말의 "완전 ~하다, 대박 ~하다"같은 어감을 주는데, 중국사람들이 무언가를 강조해 말할 때 습관적으로 쓰는 표현입니다.

39 깔창 增高垫 zēnggāodiàn

A 你好像个儿高了。
Nǐ hǎoxiàng gèr gāo le.

B 我用增高垫了。
Wǒ yòng zēnggāodiàn le.

A 너 키가 좀 큰 거 같다.
B 나 깔창 깔았어.

단어 好像 hǎoxiàng ~한듯하다 | 个儿 gèr 키 | 高 gāo 높다 | 用 yòng 사용하다

★ 네이티브들은 增高垫의 글자 뜻을 풀이하면 "높이를 증가시키는 받침대" 즉 신발 밑에 까는 "깔창"을 뜻해요.
★ "깔창을 깔다"란 말은 "사용하다" 뜻의 동사 用을 써서 用增高垫이라고 해요.
★ 增高垫를 발음할 때 뒤에 얼화음을 붙여서 "쩡까오띠알~"하고 발음해요.

Tip 你用增高垫了吧? Nǐ yòng zēnggāodiàn le ba? 너 깔창 깔았지?
我没用增高垫。 Wǒ méi yòng zēnggāodiàn. 나 깔창 안 깔았어.
你得用增高垫。 Nǐ děi yòng zēnggāodiàn. 넌 깔창 좀 깔고 다녀야 돼.
她肯定用增高垫了。 Tā kěndìng yòng zēnggāodiàn le. 쟤 분명 깔창 깔았을 거야.

China talk! talk!

지금 현재 베이징에서 가장 유행하는 것은 무엇일까요? 천안문에서부터 만리장성까지 정말 어딜 가도 다 있는 스타벅스. 이젠 인터넷을 통해 실시간으로 한국 최신 드라마와 예능 프로를 볼 수 있어서인지 한국 아이돌 그룹을 흉내 낸 스키니진과 하이탑 슈즈. 지하철에서 앉아 아이폰으로 열심히 트윗질을 하고 있는 애플빠들. 1년 365일 단 하루도 빠지지 않고 다국적 클러버들로 북적이는 싼리툰의 핫한 클럽들. "변태"라는 이름을 가진 살벌하게 매운 닭날개 꼬치구이. 타의 추종을 불허하는 한국의 BB크림. 베이징의 거의 모든 쇼핑몰을 점령한 ZARA와 H&M. 그리고 수 많은 중국의 셀러브리티들을 제대로 볼 수 있는 수제 햄버거 가게 LET'S BURGER가 인기랍니다.

40 스키니진 铅笔裤 qiānbǐkù

A 我想穿铅笔裤。
Wǒ xiǎng chuān qiānbǐkù.

B 你先减肥吧!
Nǐ xiān jiǎn féi ba!

A 나 스키니진 입고 싶어.
B 먼저 살부터 빼!

단어 想 xiǎng ~하고 싶다 | 穿 chuān 입다 | 先 xiān 먼저 | 减肥 jiǎnféi 살을 빼다

★ 스키니진은 중국어로 铅笔裤라고 해요. 여기서 铅笔는 "연필"이고, 裤는 "바지"의 뜻이에요. 스키니진이 연필처럼 가늘다고 해서 붙여진 이름이에요.

Tip 바지 : 裤子 kùzi / 반바지 : 短裤 duǎnkù / 7부바지 : 七分裤 qīfēnkù / 청바지 : 牛仔裤 niúzǎikù /
면바지 : 休闲裤 xiūxiánkù / 츄리닝바지 : 运动裤 yùndòngkù / 내복바지 : 秋裤 qiūkù

41 레깅스 打底裤 dǎdǐkù

A 你的打底裤漏洞了。
Nǐ de dǎdǐkù lòudòng le.

B 这是最近流行的。
Zhè shì zuìjìn liúxíng de.

A 너 레깅스에 구멍 났다.
B 이거 요즘 유행하는 거야.

단어 漏洞 lòudòng 구멍이 나다 | 最近 zuìjìn 요즘 | 流行 liúxíng 유행하다

★ 打底는 "밑을 대다, 바탕을 깔다"고, 裤는 "바지"로, 打底裤는 "맨살에 바탕을 까는 바지". 즉 레깅스를 뜻해요.
★ 스타킹이나 양말에 빵구가 나다, 구멍이 나다는 "구멍이 새다"란 뜻의 漏洞을 써요.

Tip 팬티스타킹 : 裤袜 kùwà / 무릎스타킹 : 过膝袜 guòxīwà / 발목스타킹 : 短袜 duǎnwà
망사스타킹 : 网袜 wǎngwà / 가터벨트 : 吊袜腰带 diàowà yāodài

42 스타킹 올이 나갔어 丝袜刮了 sīwà guā le

A 你的丝袜刮了!
Nǐ de sīwà guā le!

B 哎呀!
Āi ya!

A 너 스타킹 올이 나갔어!

B 어머나!

단어 丝袜 sīwà 스타킹 | 刮 guā 긁다, 벗겨지다

★ "스타킹에 올이나가다"란 말. 막상 하려니 참 애매합니다~. 이땐 "긁다, 벗겨지다"란 뜻의 刮를 써요. 丝袜刮了 는 우리말의 "스타킹에 올이 튀었어, 스타킹 올이 나갔어"란 뜻이에요.

★ 예문의 哎呀는 우리말의 "어머나, 엄마야" 같이 놀람을 나타내는 감탄사에요.

Tip 丝袜漏洞了。 Sīwà lòudòng le. 스타킹에 구멍 났어.
    袜子漏洞了。 Wàzi lòudòng le. 양말에 구멍 났어.

PART 07

爱上 사랑에 빠지다

중국의 11월 11일은 솔로데이

밸런타인데이에 여자가 남자에게 초콜릿을 주는 우리와 달리 중국에서는 남녀가 서로에게 초콜릿을 주고받아요. 왜냐하면, 중국에는 화이트데이의 존재가 미비하거든요. 매년 밸런타인데이가 시작되기 2~3주전부터 모든 백화점과 마트에서는 아주 각양각색의 초콜릿들로 넘쳐나요. 또 이날은 꽃단장한 커플들이 넘쳐나기 때문에 레스토랑은 예약 필수랍니다. 참! 우리나라는 11월 11일에 빼빼로 데이라고 해서 커플들끼리 서로 빼빼로를 주고받잖아요. 하지만 중국에선 光棍节 guānggùnjié라고 해서 짝을 못 찾은 외로운 솔로들이 서로를 위로하는 날이랍니다. 이날이 되면 외로운 솔로들은 서로에게 젓가락이나 길다란 꽈배기 빵을 선물하기도 해요. 光棍은 막대기란 뜻인데요. 1이란 숫자가 막대기와 비슷하게 생겼잖아요. 그래서 중국에선 11월 11일 솔로데이를 "막대기의 날"이라고 부른답니다.

01 사랑에 빠지다 爱上 àishàng

A 我爱上了一个人。
Wǒ àishàng le yí ge rén.

B 你爱上了谁?
Nǐ àishàng le shéi?

A 나 사랑에 빠졌어.

B 누구랑 사랑에 빠졌는데?

★ 중국어를 잘 모르는 사람도 "사랑해"란 뜻의 **我爱你** Wǒ ài nǐ란 말은 다 알거에요. **爱上**은 영어의 Fall in love처럼 "사랑에 빠지다"란 말이에요.

★ "누구와 사랑에 빠지다"란 말은 〈주어+**爱上**àishàng+**了**le+대상〉형식을 써요.

Tip 我爱上了你。Wǒ àishàng le nǐ. 난 너와 사랑에 빠졌어.
她爱上了有妇之夫。Tā àishàng le yǒu fù zhī fū. 걔는 유부남과 사랑에 빠졌어. (**有妇之夫** 유부남)

02 사귀다 交往 jiāowǎng

A 咱们交往吧。
Zánmen jiāowǎng ba.

B 让我想一想。
Ràng wǒ xiǎng yi xiǎng.

A 우리 사귀자.

B 생각 좀해 보고.

단어 咱们 zánmen 우리 | 让 ràng ~하게 하다 | 想 xiǎng 생각하다

★ 让我想一想은 직역하면 "나로 하여금 생각을 좀 하게 하다"로, 우리말의 "한번 생각해 보지 뭐, 생각 좀 해 볼게"같이 약간 튕기는 뉘앙스를 풍기는 말이에요.

★ 주의!! 우리가 잘 쓰는 "나 누구 누구랑 사귀어"란 말을 할 때는 交往 앞에 꼭 "~하고 있는 중이다"란 뜻의 在 zài를 써 주세요. 왜냐하면, 사귀는 행위는 현재 진행중인 일이니까요. 그래서 〈주어+和hè+사귀는 대상+在zài+交往 jiāowǎng〉의 형식으로 써요.

Tip 我和小李在交往。Wǒ hé Xiǎo Lǐ zài jiāowǎng. 나 샤오리랑 사귀어.
你和小李在交往吗? Nǐ hé Xiǎo Lǐ zài jiāowǎng ma? 너 샤오리랑 사귀니?
我和小李交往1年了。Wǒ hé Xiǎo Lǐ jiāowǎng yī nián le. 나 샤오리랑 사귄지 1년 됐어.
你要和我交往吗? Nǐ yào hé wǒ jiāowǎng ma? 너 나랑 사귈래?

03 연애하다 谈恋爱 tán liàn'ài

A 你们谈恋爱多久了?
Nǐmen tán liàn'ài duōjiǔ le?

B 100天。
Yībǎi tiān.

A 너희 둘 연애한지 얼마나 됐어?

B 100일.

단어 你们 nǐmen 너희들 | 多久 duōjiǔ 얼마나 오래 | 天 tiān 일

★ 谈은 "이야기하다". 恋爱는 "사랑, 연애"로, 谈恋爱는 "사랑을 이야기하다". 즉, "연애하다"란 뜻이에요.
★ "우리 연애한지 2년 됐어"처럼 연애한 기간을 말하고 싶을 때는 谈과 恋爱 사이에 "연애한 시간을 넣어 〈谈tán+了 le+사귄기간+恋爱liàn'ài〉"형식으로 표현해요. 예를 들어 "우리 연애한지 2년 됐어"라는 말은 다음처럼 말하면 돼요. 我们谈了2年恋爱。Wǒmen tán le liǎng nián liàn'ài.

Tip 我们谈恋爱没多久。Wǒmen tán liàn'ài méi duōjiǔ. 우리 연애한지 얼마 안 됐어.
我们刚刚开始谈恋爱。Wǒmen gānggāng kāishǐ tán liàn'ài. 우리 막 연애 시작했어.
我没谈恋爱很久了。Wǒ méi tán liàn'ài hěn jiǔ le. 나 연애 안 한지 오래됐어.
我从来没谈过恋爱。Wǒ cónglái méi tán guo liàn'ài. 나 연애 한번도 해본 적 없어.

04 보고 싶다 想 xiǎng

A 你想我吗?
Nǐ xiǎng wǒ ma?

B 我想你。
Wǒ xiǎng nǐ.

A 너 나 보고 싶어?

B 보고 싶어.

★ 想은 "생각하다"란 뜻으로, 연인끼리 "보고 싶다, 그리워하다"란 의미로도 많이 쓰여요. 영어 I miss you는 我想你라고 해요.

Tip 我想你了。Wǒ xiǎng nǐ le. 나 너 보고 싶었어.
我想死你了。Wǒ xiǎng sǐ nǐ le. 나 너 보고 싶어 죽는 줄 알았어.
你不想我吗? Nǐ bù xiǎng wǒ ma? 나 너 안 보고 싶어?
你多想我呀? Nǐ duō xiǎng wǒ ya? 너 나 얼마나 보고 싶어?

05 자기야 宝贝儿 bǎobèir

A 宝贝儿，你爱我吗?
Bǎobèir, nǐ ài wǒ ma?

B 我爱你。
Wǒ ài nǐ.

A 자기야. 나 사랑해?

B 사랑해.

단어 爱 ài 사랑하다

★ 宝贝는 말 그대로 "보물, 보배"의 뜻으로 애인을 "자기야"처럼 부를 때 써요. 발음할 땐 반드시 뒤에 얼화음을 넣어 "바오뻘~"이라고 해요.
★ 주의! 만약 사람들 앞에서 宝贝儿를 남발하면 주위 사람들의 손발을 오그라들게 한답니다.

China talk! talk!

중국어에도 연인끼리 서로를 부르는 다양한 호칭이 있어요. 먼저 가장 흔한 "자기야"는 위에서 소개한 宝贝儿 bǎobèir이 있고, 또 중국사람들은 亲爱的 qīn'àide 란 호칭도 아주 잘 써요. 또 老公 lǎogōng이란 호칭도 있는데요. 원래 결혼한 부인이 "여보야"처럼 남편을 부를 때 쓰는 말인데, 결혼을 안 한 연인끼리도 잘 써요. 우리도 결혼은 안 했지만 여자친구가 남자친구에게 "여보야"라고 하기도 하잖아요. 주의! 老公 lǎogōng은 여자가 남자를 부를 때만 쓴다는 거! 제 주위에는 중국 여자와 결혼한 친구가 있는데, 그 친구는 항상 와이프를 부를 때 乖乖 guāguāi라고 불러요. 乖乖는 보통 "울 애기 착하지"처럼 어린아이들에게 많이 쓰는 건데. 연인끼리 어리광을 부르듯 쓰기도 해요. 전 그 친구가 와이프를 부를 때 "꽈이꽈이"라고 하면 어찌나 손발이 오그라 들던지… 그래도 애교있는 호칭표현이니 이성친구가 생기면 한번 써 먹어 보세요.

06 첫사랑 初恋 chūliàn

A 你的初恋是什么时候?
Nǐ de chūliàn shì shénme shíhou?

B 大一的时候。
Dà yī de shíhou.

A 넌 첫사랑 언제 했어?

B 대학 1학년 때.

단어 的时候 de shíhou ~일 때

★ 첫사랑은 "최초 연애"란 뜻의 初恋이라고 해요. 본문의 你的初恋是什么时候?는 직역하면 "당신의 첫사랑은 언제예요?"로, 우리말의 "너 첫사랑 언제 했어?"와 같은 의미예요.

★ "대학교 1학년"은 원래 大学一年级 dàxué yī niánjí라고 하는데, 네이티브들은 쿨하게 줄여서 大一라고 하죠.

Tip 她是我的初恋。Tā shì wǒ de chūliàn. 그녀는 나의 첫사랑이야.
我还是没忘记初恋。Wǒ háishi méi wàngjì chūliàn. 난 아직도 첫사랑을 못 잊었어.

07 첫눈에 반하다 一见钟情 yíjiàn zhōngqíng

A 你相信一见钟情吗?
Nǐ xiāngxìn yíjiàn zhōngqíng ma?

B 相信。
Xiāngxìn.

A 넌 첫눈에 반한다는 말을 믿니?

B 믿어.

단어 相信 xiāngxìn 믿다

★ 一见은 "한 번 만나다"고 钟情은 "반하다"로, 一见钟情은 우리말의 "한눈에 반하다, 첫눈에 뿅가다"란 뜻이에요.

★ 청춘 남녀의 필수 작업용 멘트인 "그쪽한테 첫눈에 반했어요"란 말은 어떻게 할까요? 바로 "~에게"라는 뜻의 개사 对 duì를 써서 〈对duì+상대+一见钟情yíjiàn zhōngqíng〉형식을 쓰면 돼요. 我对你一见钟情 Wǒ duì nǐ yíjiàn zhōngqíng (저 그쪽한테 첫눈에 반했어요)

Tip 비슷한 의미의 다른 표현으로는 "한 번 만나 마음을 쏟다"라는 뜻의 一见倾心 yíjiàn qīngxīn이 있어요.

08 운명 命运 mìngyùn

A 见到你是命运的安排。
Jiàndào nǐ shì mìngyùn de ānpái.

B 我不相信命运。
Wǒ bù xiāngxìn mìngyùn.

A 너를 만난 건 운명이야.
B 난 운명따윈 안 믿어.

단어 见到 jiàndào 만나다 | 安排 ānpái 마련하다, 준비하다 | 相信 xiāngxìn 믿다

★ "운명"이란 말을 중국에서는 거꾸로 명운. 즉 命运이라고 해요. 간혹 우리식으로 运命이라고 하는 분이 있는데, 틀린 표현이에요.
★ 예문의 见到你是命运的安排을 풀이하면 "너를 만난건 운명이 마련한 거야"로, 우리말의 "너를 만난건 운명이야"로 의역할 수 있어요.

Tip 命运是不可抗拒的。Mìngyùn shì bùkě kàngjù de. 운명은 거스를 수 없어. (抗拒 저항하다)
我们的见面是老天爷的安排。Wǒmen de jiànmiàn shì lǎotiānyé de ānpái.
우리의 만남은 하늘의 뜻이야. (老天爷 하늘, 하나님)

09 느낌이 오다 来电 láidiàn

A 你那么喜欢她吗?
Nǐ nàme xǐhuan tā ma?

B 我对她很来电。
Wǒ duì tā hěn láidiàn.

A 너 걔가 그렇게 좋아?
B 나 걔한테 완전 필 꽂혔어.

단어 那么 nàme 그렇게 | 喜欢 xǐhuan 좋아하다 | 很 hěn 매우 | 对 duì ~에게

★ 来电 láidiàn은 "전기가 오다"로, 우리말의 "느낌이 오다. 필이 꽂히다"와 같은 표현이에요. 누구 누구에게 필이 꽂히다란 말은 "~에게"란 뜻의 对를 써서 〈对duì+상대+来电láidiàn〉형식으로 써요.

10 관심 없어 不感冒 bù gǎnmào

A 你喜欢小李吗?
Nǐ xǐhuan Xiǎo Lǐ ma?

B 我对他不感冒。
Wǒ duì tā bù gǎnmào.

A 너 샤오리 좋아하니?
B 나 걔한테 관심 없어.

> 단어 喜欢 xǐhuan 좋아하다 | 对 duì ~에게 | 感冒 gǎnmào 감기 걸리다

★ 不感冒를 풀이하면 "감기에 걸리지 않다"로, 일상생활에서 사람이나 어떤 "사물에 관심이 없다. 흥미가 없다"란 뜻으로 많이 쓰여요.
★ 누구누구에게 관심이 없다란 말은 "~에게"란 뜻의 对를 써서 〈对duì+대상+不感冒bù gǎnmào〉형식으로 표현해요.

> **Tip** 我不感冒! Wǒ bù gǎnmào! 나 관심 없거든!
> 我对他一点都不感冒。Wǒ duì tā yìdiǎn dōu bù gǎnmào. 나 걔한테 이만큼도 관심 없어.

11 쫓아다니다 追 zhuī

A 他总是追我。
Tā zǒngshì zhuī wǒ.

B 他很喜欢你嘛!
Tā hěn xǐhuan nǐ ma!

A 쟤 나 맨날 쫓아다녀.
B 쟤가 너 아주 좋아하잖아!

> 단어 总是 zǒngshì 늘, 항상 | 很 hěn 매우

★ 追는 "이성을 쫓아다니다, 구애하다"란 뜻이에요.

> **Tip** 追你的男人多吗? Zhuī nǐ de nánrén duō ma? 너 쫓아다니는 남자 많아?
> 追我的男人多。Zhuī wǒ de nánrén duō. 나 쫓아다니는 남자 많아.
> 没有追我的男人。Méiyǒu zhuī wǒ de nánrén. 나 쫓아다니는 남자 없어.

12 인기 짱 人气旺 rénqì wàng

A 我今天收到了花。
Wǒ jīntiān shōudào le huā.

B 你人气很旺啊!
Nǐ rénqì hěn wàng a!

A 나 오늘 꽃 선물 받았어.

B 너 인기 짱인데.

단어 收到 shōudào 받다 | 花 huā 꽃 | 人气 rénqì 인기 | 很 hěn 매우 | 旺 wàng 왕성하다. 충분하다

★ "인기가 있다"라는 말을 "인기가 왕성하다". 즉 人气旺 rénqì wàng처럼 표현해요. 예문의 人气很旺은 우리말의 "인기가 매우 좋다, 인기가 완전 짱이다"의 뜻이에요. 행여나 "인기가 있다"라는 말을 우리식대로 생각해서 "有人气"라고 하는 일이 없도록 주의하세요.

★ 만약 "나 남자들한테 인기 많아" 또는 "나 여자들한테 인기 많아"같은 말을 할때는 〈我wǒ+男nán(女nǚ)人气rénqì+很hěn+旺wàng〉형식을 써서 말해요.

Tip
我人气很旺。 Wǒ rénqì hěn wàng. 나 인기 완전 많아.
我女人气很旺。 Wǒ nǚrénqì hěn wàng. 나 여자들한테 인기 많아.
我男人气很旺。 Wǒ nánrénqì hěn wàng. 나 남자들한테 인기 많아.
我没有人气。 Wǒ méiyǒu rénqì. 나 인기 없어.
我在学校人气很旺。 Wǒ zài xuéxiào rénqì hěn wàng. 나 학교에서 인기 많아.

13 여복 女人缘 nǚrényuán

A 你很有女人缘。
Nǐ hěn yǒu nǚrényuán.

B 羡慕吗?
Xiànmù ma?

A 넌 여복도 참 많다.

B 부럽냐?

단어 很 hěn 매우 | 有 yǒu 있다 | 羡慕 xiànmù 부러워하다

★ 우리는 주위에 여자가 끊이지 않는 사람에게 "넌 여복도 참 많다"라고 하잖아요. 이때 "여복"이란 말은 女人缘을 써서 표현해요. 女人缘을 풀이하면 "여자 인연"이란 뜻이죠. 반대로 "남자복"은 男人缘 nánrényuán이라고 해요.

> **Tip** 我没有女人缘。Wǒ méiyǒu nǚrényuán. 난 여자복이 없어.
> 我没有男人缘。Wǒ méiyǒu nánrényuán. 난 남자복이 없어.
> 我有男人缘。Wǒ yǒu nánrényuán. 난 남자복이 많아.
> 我很有男人缘。Wǒ hěn yǒu nánrényuán. 난 남자복이 완전 많아.

14 고백하다 表白 biǎobái

A 我向她表白了。
Wǒ xiàng tā biǎobái le.

B 她答应了吗?
Tā dāying le ma?

A 나 그녀에게 고백했어.
B 걔가 오케이 했어?

단어 向 xiàng ~에게 | 答应 dāying 동의하다. 승낙하다

★ "누구누구에게 고백하다"란 말은 "~에게"란 뜻의 向xiàng을 써서 〈向xiàng+대상+表白biǎobái〉의 형식을 써서 표현해요.

> **Tip** 우리는 친구 커플들을 보고 "너희 둘 중에 누가 먼저 고백했어?"이런 질문 참 잘하잖아요. 이 말은 이렇게 해요.
> 你们俩是谁先向谁表白的? Nǐmen liǎ shì shéi xiān xiàng shéi biǎobái de?

15 짝사랑하다 暗恋 ànliàn

A 我终于有男朋友了。
Wǒ zhōngyú yǒu nán péngyǒu le.

B 不会是暗恋吧?
Bú huì shì ànliàn ba?

A 나 드디어 남자친구 생겼어.
B 설마 짝사랑은 아니지?

단어 终于 zhōngyú 결국, 마침내 | 有 yǒu 생기다 | 男朋友 nán péngyǒu 남자친구

★ 暗은 "어둡다", 恋은 "연애"로, 暗恋은 어두운 연애, 즉 "짝사랑"의 뜻이에요.
★ 우리말의 "설마 ~는 아니겠지?"란 말은 不会…吧 bú huì…ba로 표현해요.

Tip 我暗恋她。Wǒ ànliàn tā. 난 그녀를 짝사랑해.
　　　我暗恋她很久了。Wǒ ànliàn tā hěn jiǔ le. 난 오랫동안 그녀를 짝사랑해왔어.

16 100일 기념일　100天纪念日 yībǎi tiān jìniànrì

A 你知道今天是什么日子吗?
　　Nǐ zhīdao jīntiān shì shénme rìzi ma?

B 100天纪念日!
　　Yībǎi tiān jìniànrì!

A 너 오늘이 무슨 날인지 알아?
B 100일 기념일!

단어 今天 jīntiān 오늘 | 什么 shénme 무슨, 어떤 | 日子 rìzi 날, 데이 | 纪念日 jìniànrì 기념일

★ 100天纪念日는 연인들이 만난지 100일 되는 날. 즉 "100일 기념일"을 뜻해요.

17 장미꽃 100 송이　100支玫瑰花 yībǎi zhī méiguīhuā

A 我为你准备了100支玫瑰花。
　　Wǒ wèi nǐ zhǔnbèi le yībǎi zhī méiguīhuā.

B 太感动了。
　　Tài gǎndòng le.

A 널 위해 장미꽃 100송이를 준비했어.
B 완전 감동인데.

단어 为 wèi ~을 위해 | 准备 zhǔnbèi 준비하다 | 支 zhī 송이 | 玫瑰花 méiguīhuā 장미꽃 |
　　　感动 gǎndòng 감동하다

★ 누굴 위해 "~을 준비하다"란 말은 〈为wèi+대상+准备zhǔnbèi+물건〉형식을 써요.
★ 太感动了는 "완전 감동했어, 진짜 감동인걸"의 의미에요.

Tip 我收到了100支玫瑰花。Wǒ shōudào le yībǎi zhī méiguīhuā. 나 장미꽃 100송이 받았어.
　　　我收到男朋友送的100支玫瑰花。
　　　Wǒ shōudào nán péngyǒu sòng de yībǎi zhī méiguīhuā. 나 남친한테 장미꽃 100송이 받았어.

18 밸런타인데이 情人节 Qíngrén Jié

A 今天是情人节，没有巧克力吗？
Jīntiān shì Qíngrén Jié, méiyǒu qiǎokèlì ma?

B 你自己买去。
Nǐ zìjǐ mǎi qù.

A 오늘 밸런타인데이인데 초콜릿 없니?
B 니가 사서 먹어.

단어 今天 jīntiān 오늘 | 情人 qíngrén 연인 | 巧克力 qiǎokèlì 초콜릿 | 自己 zìjǐ 직접

★ 情人节는 말뜻 그대로 "연인의 날". 즉 "밸런타인데이"를 말해요.
★ 중국에서는 "화이트 밸런타인"을 "백색 연인의 날"이란 뜻의 白色情人节 Báisè qíngrén Jié라고 해요.

19 제 눈에 안경 情人眼里出西施 qíngrén yǎn lǐ chū xīshī

A 我的女朋友很漂亮吧？
Wǒ de nǚ péngyou hěn piàoliang ba?

B 情人眼里出西施啊！
Qíngrén yǎn lǐ chū xīshī a!

A 내 여자친구 진짜 예쁘지?
B 제 눈에 안경이라더니!

단어 女朋友 nǚ péngyou 여자친구 | 漂亮 piàoliang 예쁘다 | 很 hěn 매우, 진짜

★ 情人眼里出西施를 풀이하면 "연인의 눈안에서 서시가 나오다"로 우리말의 "눈에 콩깍지가 씌다, 제 눈에 안경이다" 와 같은 뜻의 표현이에요. 참! "서시"는 중국 춘추 전국시대 월국 제일의 미녀랍니다.

20 보는 눈 眼光 yǎnguāng

A 她是不是很漂亮？
　　Tā shì bu shì hěn piàoliang?

B 你的眼光太差了。
　　Nǐ de yǎnguāng tài chà le.

A 쟤 진짜 예쁘지 않냐?

B 넌 눈이 너무 낮아.

단어 很 hěn 매우 ｜ 差 chà (수준, 질이) 떨어지다

★ 眼光은 사람이나 물건의 좋고 나쁨을 구별하는 안목. 즉 "보는 눈"을 말해요. 특히 이성을 고르는 눈이 높다(낮다) 등을 표현할 때 잘 쓰입니다.

★ "보는 눈이 낮다"할 때 "낮다"는 질 · 수준 등이 떨어지다란 뜻의 差를 써서 眼光差라고 하고, 반대로 "보는 눈이 높다"는 "높다"란 뜻의 高를 써 眼光高라고 해요.

Tip
看女人的眼光高。Kàn nǚrén de yǎnguāng gāo. 여자 보는 눈이 높다.
看男人的眼光差。Kàn nánrén de yǎnguāng chà. 남자 보는 눈이 낮다.
你应该眼光放低点。Nǐ yīnggāi yǎnguāng fàng dī diǎn. 넌 눈을 좀 낮춰야해. (放低 낮추다)
你应该眼光放高点。Nǐ yīnggāi yǎnguāng fàng gāo diǎn. 넌 눈을 좀 높여야해. (放高 높이다)

21 키스하다 吻 wěn

A 我想吻你。
　　Wǒ xiǎng wěn nǐ.

B 在这儿？
　　Zài zhèr?

A 나 너랑 키스하고 싶어.

B 여기서?

단어 想 xiǎng ~하고 싶다 ｜ 在 ~에서 ｜ 这儿 zhèr 여기

★ 我想吻你는 영어 I wanna kiss you의 뜻이랍니다.

Tip
吻我。Wěn wǒ. 나 키스해줘.
我可以吻你吗？Wǒ kěyǐ wěn nǐ ma? 나 너한테 키스해도 돼?

22 첫키스 初吻 chūwěn

A 你的初吻是什么时候?
Nǐ de chūwěn shì shénme shíhou?

B 秘密。
Mìmì.

A 너 첫키스 언제 했어?
B 비밀이야.

단어 秘密 mìmì 비밀

★ 初는 "처음", 吻은 "키스하다"로, 初吻은 "첫키스"를 뜻해요.
★ 첫키스에서 진도가 더 나간 "첫경험"은 "최초경험"이란 뜻의 初次经验 chūcì jīngyàn이라고 해요.

23 뽀뽀하다 亲 qīn

A 亲爱的, 亲一个。
Qīn'àide, qīn yíge.

B 别闹了。
Bié nào le.

A 자기야. 나 뽀뽀.
B 저리 좀 가.

단어 亲爱的 qīn'àide 자기야(애인을 부르는 호칭이에요) | 闹 nào 소란을 떨다

★ 亲은 가벼운 입맞춤이나 볼에 하는 뽀뽀를 말해요. 예문의 亲一个는 "뽀뽀를 1개 하다"로, 우리말의 "나 뽀뽀, 뽀뽀해줘"같은 어감을 줘요. 우리가 예쁜 아이들을 보면 "아줌마 뽀뽀, 언니 뽀뽀"란 말을 잘 쓰듯, 중국사람들도 그럴 때 亲一个라는 표현을 잘 써요.
★ 예문의 别闹了는 우리말의 "그만 좀 까불어, 저리좀 가"같이 약간 짜증을 내는 듯한 어감을 주는 관용표현이에요.

Tip 给我亲一个。 Gěi wǒ qīn yí ge. 나 뽀뽀해줘.
咱们亲一个。 Zánmen qīn yí ge. 우리 뽀뽀하자.
我亲你一下。 Wǒ qīn nǐ yíxià. 내가 뽀뽀해줄게.

24 애교떨다 撒娇 sājiāo

A 你会撒娇吗?
Nǐ huì sàjiāo ma?

B 我不会撒娇。
Wǒ bú huì sàjiāo.

A 너는 애교가 많은 편이야?

B 난 애교가 없어.

단어 会 ~할 줄 알다 | 不会 ~할 줄 모르다

★ 우리말의 "넌 애교가 많아?"라는 말을 중국에선 "넌 애교를 잘 부릴줄 알아?"라고 표현해요. 그래서 "~할 줄 알다"란 뜻의 会를 써서 〈会huì+撒娇sājiāo〉라고 표현해요. 만약 애교부리는 정도가 강하면 会 앞에 "매우, 무척"이란 뜻의 很 hěn 또는 真 zhēn을 붙여 써요.

Tip 我会撒娇。 Wǒ huì sājiāo. 난 애교가 많아.
我很会撒娇。 Wǒ hěn huì sājiāo. 난 애교가 완전 많아.
我很不会撒娇。 Wǒ hěn bú huì sājiāo. 난 애교가 완전 없어.

25 손잡다 牵手 qiānshǒu

A 你们进展到什么程度了?
Nǐmen jìnzhǎn dào shénme chéngdù le?

B 我们只是牵牵手。
Wǒmen zhǐshì qiānqiānshǒu.

A 너희둘 진도 어디까지 나갔어?

B 우리 손만 잡았어.

단어 进展 jìnzhǎn 진행하다 | 到 dào 이르다 | 程度 chéngdù 정도 | 只是 zhǐshì 단지

★ "손잡다"란 말은 참 간단해 보이는데, 중국어로 말해보라고 하면 은근 버벅 거리는 사람이 많아요. 그냥 "잡아 끌다"란 뜻의 동사 牵를 써서 牵手라고 하면 되요.

★ 예문의 你们进展到什么程度了를 직역하면 "너희 어느 정도까지 진전을 했어?"로 우리말의 "너희 진도 어디까지 뺐어?"와 같은 표현이에요.

Tip 咱们牵手吧。 Zánmen qiānshǒu ba. 우리 손잡자.

26 포옹하다 抱 bào

A 亲爱的，抱我一下。
Qīn'àide, bào wǒ yíxià.

B 我抱你。
Wǒ bào nǐ.

A 자기야! 나 안아줘.

B 내가 안아줄게.

단어 亲爱的 qīn'àide 자기야 (연인들끼리 부르는 호칭) | 抱 bào 포옹하다, 안다

★ 예문의 抱我一下는 "나 좀 안아줘, 나 포옹해줘"란 뜻이에요.

Tip 중국어에는 "백 허그"에 해당하는 어휘가 없어요. 그래도 굳이 표현하자면 "몸의 뒤에서 포옹하다" 从身后抱我 cóng shēnhòu bào wǒ란 의미의 문장을 한번 써 볼 수는 있겠네요.

27 연상녀와의 연애 姐弟恋 jiědìliàn

A 我女朋友比我大。
Wǒ nǚ péngyou bǐ wǒ dà.

B 你是姐弟恋呢!
Nǐ shì jiědìliàn ne!

A 내 여자친구 나보다 나이 많아.

B 너 연상녀 사귀는 거였구나.

단어 比 bǐ ~보다 | 大 dà (나이가) 많다 '크다'라는 뜻이지만 여기서는 나이가 많음을 뜻해요.

★ 姐弟恋의 글자뜻을 풀자면 "누나와 동생 간의 연애"로, 즉 연상녀와 연하남 간의 연애를 말해요.

★ 주의! 중국어에는 우리말의 "연상녀, 연하녀"에 해당하는 단어가 따로 없어요. 그래서 "나보다 나이 많은 여자", "나보다 나이 적은 남자"처럼 풀어서 말해요.

Tip 我喜欢比我大的女人。Wǒ xǐhuan bǐ wǒ dà de nǚrén. 난 연상녀가 좋아.
我喜欢比我小的男人。Wǒ xǐhuan bǐ wǒ xiǎo de nánrén. 난 연하남이 좋아.

28 질투하다 吃醋 chīcù

A 你们俩真够亲热的。
Nǐmen liǎ zhēngòu qīnrè de.

B 你吃醋了?
Nǐ chīcù le?

A 너희 둘 아주 분위기 좋더라.
B 너 질투하는 거니?

단어 你们 nǐmen 너희 | 俩 liǎ 두 사람 | 亲热 qīnrè 친밀하고 다정스럽다

★ 醋는 "식초"로, 吃醋는 "식초를 먹다"가 아니라 "질투하다"란 뜻이에요. 중국사람들은 왜 질투라는 말을 시큼한 식초에 비유한걸까요? 질투하면 식초 먹은 것처럼 마음이 시큼털털해져서 식초에 비유한 것 이래요.

★ 真够는 구어체로서, 우리말의 "완전, 엄청"같은 어감이에요. 주로 真够…的 zhēngòu…de 형식으로 많이 쓰여요.

Tip 你吃我的醋了吗? Nǐ chī wǒ de cù le ma? 너 나 질투하는 거야?
我不吃你的醋。Wǒ bù chī nǐ de cù. 나 너 질투 안 하거든.
吃醋个屁! Chīcù ge pì! 질투는 개뿔!

29 바람피다 有外遇 yǒu wàiyù

A 你怎么会有外遇?
Nǐ zěnme huì yǒu wàiyù?

B 请原谅我。
Qǐng yuánliàng wǒ.

A 너 어떻게 바람을 피울 수가 있어?
B 제발 용서해줘.

단어 怎么 zěnme 어떻게 | 会 huì ~할 수 있다 | 原谅 yuánliàng 용서하다. 봐주다

★ 중국에서는 "바람을 피우다" 란 말을 "외도가 있다"라고 표현해요. 그래서 외도란 뜻의 外遇 wàiyù와 "있다"란 뜻의 有를 결합해 有外遇라고 표현합니다.

★ 우리가 잘 쓰는 "나도 맞바람 피울거야" 같은 말은 중국어로 어떻게 할까요? 이럴 때도 역시 "나 역시 외도가 있을 거야"란 의미의 我也会有外遇 Wǒ yě huì yǒu wàiyù라고 합니다.

Tip 我男朋友有了外遇。Wǒ nán péngyǒu yǒu le wàiyù. 내 남자친구 바람났어.
我老公有了外遇。Wǒ lǎogōng yǒu le wàiyù. 내 남편 바람났어.

30 불륜을 저지르다 出轨 chūguǐ

A 他们夫妻为什么离婚了?
Tāmen fūqī wèishénme líhūn le?

B 女的出轨了。
Nǚ de chūguǐ le.

A 쟤네 부부 왜 이혼했대?
B 여자가 불륜을 저질렀대.

단어 他们 tāmen 그들 | 夫妻 fūqī 부부 | 为什么 wèishénme 왜 | 离婚 líhūn 이혼하다 | 女的 nǚ de 여자

★ 出轨는 열차가 궤도를 "벗어나다. 탈선하다"란 의미인데, 부부관계에 있어 "불륜을 저지르다"란 뜻으로도 많이 쓰여요.
★ 예문의 女的는 여자측. 여자쪽의 뜻으로, 女的出轨了는 "여자쪽이 탈선을 했다". 즉 "여자가 불륜을 저질렀다"란 뜻이에요.

Tip 중국어로 "의처증, 의부증"은 "의심병"이란 뜻의 疑心病 yíxīnbìng이라고 해요.

31 삼자대면하다 三方对质 sānfāng duìzhì

A 我真没有外遇。
Wǒ zhēn méiyǒu wàiyù.

B 那三方对质行吗?
Nà sānfāng duìzhì xíng ma?

A 나 정말 바람 안 폈어.
B 그럼 삼자대면 한번 할까?

단어 真 zhēn 정말 | 有外遇 yǒu wàiyù 바람피다 | 那 nà 그럼 | 行 xíng ~해도 좋다

★ 三方은 "삼자, 세 사람", 对质는 "대질하다"로, 三方对质는 우리말의 "삼자대면하다"란 뜻입니다.
★ 没有外遇는 말 그대로 "외도가 없었다". 즉 우리말의 "바람피지 않았다"란 뜻이에요.

32 딱 걸리다 穿帮 chuānbāng

A 你们为什么分手了?
Nǐmen wèishénme fēnshǒu le?

B 他有了外遇穿帮了。
Tā yǒu le wàiyù chuānbāng le.

A 너희 왜 헤어졌어?

B 걔 바람피다 딱 걸렸거든.

단어 为什么 wèishénme 왜 | 分手 fēnshǒu 헤어지다 | 有外遇 yǒu wàiyù 바람피다

★ 穿帮은 어떤 비밀이나 꼼수가 '들통나다. 들키다'란 뜻이에요. 특히 배우자가 몰래 외도 하거나, 바람피다 걸렸을 때 "딱 걸리다"란 의미로 많이 쓰여요.

33 배신하다 背叛 bèipàn

A 你敢背叛我!
Nǐ gǎn bèipàn wǒ!

B 我没有背叛过你。
Wǒ méiyǒu bèipàn guo nǐ.

A 네가 감히 날 배신하다니!

B 난 널 배신한 적 없어.

단어 敢 gǎn 감히

★ 背叛은 "배신하다, 배반하다"의 뜻으로, 엇갈린 남녀관계에서 잘 쓰이는 어휘이죠.

34 화를 내다 生气 shēngqì

A 你生气了吗?
Nǐ shēngqì le ma?

B 我没生气。
Wǒ méi shēngqì.

A 너 화났어?

B 나 화 안 났어.

★ 生气는 쉬운 어휘지만 정확한 용법을 아는 게 중요해요. 만약 화내는 대상을 특정한 "내가 누구에게 화를 내다"란 말은 〈我Wǒ+生shēng+대상+的de+气qì〉형식을 써요. "나 너한테 화났어"란 말은 我生了你的气 Wǒ shēng le nǐ de qì라고 말해요.

★ 반대로 "누가 내게 화를 내다"란 말은 〈대상+生shēng+我wǒ+的de+气qì〉형식을 쓰고요.

Tip 你干嘛生我的气? Nǐ gànmá shēng wǒ de qì? 너 왜 나한테 화를 내?
我不是生你的气。 Wǒ bú shì shēng nǐ de qì. 나 너한테 화내는 거 아니야.
我生了你的气。 Wǒ shēng le nǐ de qì. 나 너한테 화났어.
你别惹我生气。 Nǐ bié rě wǒ shēngqì. 너 나 화나게 하지 마.

35 성질을 부리다 发火 fāhuǒ

A 你干嘛对我发火啊!
Nǐ gànmá duì wǒ fāhuǒ a!

B 我气糊涂了。
Wǒ qì hútu le.

A 너 왜 나한테 성질이야!

B 나 완전 열 받았어.

단어 干嘛 gànmá 왜 | 对 duì ~를 향해, ~에게 | 气糊涂 qì hútu 열을 받다, 열이 뻗치다

★ 发火는 말 그대로 "불을 뿜다". 즉 우리말의 "성질을 내다, 성질을 부리다"란 뜻이에요.

★ "누구에게 성질을 내다"란 말은 "~에게"란 뜻의 对를 써서 〈对duì+대상+发火fāhuǒ〉형식을 써요.

Tip 别发火! bié fāhuǒ! 성질내지 마!
老板对下属发火。 Lǎobǎn duì xiàshǔ fāhuǒ. 사장이 아랫사람에게 성질을 부리다.
他动不动就对我发火。 Tā dòng bu dòng jiù duì wǒ fāhuǒ. 걔는 걸핏하면 내게 성질을 부려.

36 화를 풀다 消气 xiāoqì

A 你消消气吧!
Nǐ xiāoxiāoqi ba!

B 我消不了。
Wǒ xiāobùliǎo.

A 너 그만 화풀어.

B 화가 안 풀려!

★ 消气는 "화를 풀다, 화를 삭이다, 분을 풀다"란 뜻이에요.
★ 중국사람들은 보통 消를 두 번 써서 消消气라고 많이 써요. 이는 우리말의 "화 좀 풀어, 분 좀 삼켜"같은 어감을 줘요.
★ 消消气를 발음할 때 뒤에 얼화음을 넣어 "샤오 샤오 칠~"처럼 말해요.
★ 우리가 진짜 화났을 때 쓰는 "아~ 나 분해서 죽을거 같아!", "아~ 나 분해서 잠이 안 와"같이 분함의 정도가 셀 때는 咽不下这口气 yānbúxià zhè kǒu qì라는 표현을 써요. 풀이하면 "이 분노가 삼켜지질 않다"란 뜻이에요.

> **Tip** 我消不了气。Wǒ xiāo bù liǎo qì. 나 분이 안 가셔.
> 我能消得了气吗? Wǒ néng xiāo dé liǎo qì ma? 내가 화가 풀리게 생겼니?
> 我咽不下这口气。Wǒ yān bú xià zhè kǒuqì. 나 완전 분이 안 삭혀져.

37 삐치다 怄气 òuqì

A 你怄气啦?
Nǐ òuqì la?

B 我没有怄气。
Wǒ méiyǒu òuqì.

A 너 삐쳤어?

B 나 안 삐쳤어.

> **단어** 啦 la 어기조사(실제로 이미 발생한 동작이나 변화에 사용됨)

★ 怄气는 우리말의 "토라지다, 삐치다"란 뜻이에요. 怄气와 "화를 내다"란 뜻의 生气는 분명 그 의미가 다르니 수준있게 구별해서 쓰세요!!
★ 만약 "나 너한테 삐쳤어"란 말처럼 구체적인 대상을 넣고 싶다면 〈我wǒ+怄òu+대상+的de+气qì〉형식을 써요.

> **Tip** 我怄你的气了。Wǒ òu nǐ de qì le. 나 너한테 삐쳤어.
> 你怄我的气啦? Nǐ òu wǒ de qì la? 너 나한테 삐쳤어?
> 谁怄气了? Shéi òuqì le? 누가 삐쳤다고 그래?

38 너 미워 我讨厌你 Wǒ tǎoyàn nǐ

A 我讨厌你!
　　Wǒ tǎoyàn nǐ!

B 别生气，我错了。
　　Bié shēngqì, wǒ cuò le.

A 너 미워!
B 화 내지마. 내가 잘못했어.

단어 生气 shēngqì 화내다 | 错 cuò 잘못하다

★ 讨厌은 "싫어하다, 미워하다"로. 진짜 열 받아서 하는 "밉다"란 말이 아니라 약간 애교가 들어간 그런 느낌? 我讨厌你는 우리말의 "너 미워, 너 나빠"같은 어감이에요.

★ 예문의 我错了는 "내 잘못이야, 내가 잘못했어"의 뜻이에요.

★ 상대방에 대한 미움의 정도에 따라 恨 hèn(증오하다), 恨死 hènsǐ(죽도록 증오하다), 憎恨 zēnghèn(저주하다)로 나눌 수 있어요.

Tip 真讨厌! Zhēn tǎoyàn! 아잉! 미워!
　　　我恨你! Wǒ hèn nǐ! 널 증오해!
　　　我恨死你! Wǒ hèn sǐ nǐ! 널 죽도록 증오해!
　　　我憎恨你! Wǒ zēnghèn nǐ! 널 저주해!

여자가 남자에게 애교부릴 때 혹은 남자가 스킨십을 시도하려할 때 "아잉~ 몰라", "아잉~ 너 나빠!"같은 말을 하듯. 중국 여성들도 그럴 때 真讨厌 zhēn tǎoyàn이란 말을 잘 써요. 커플들이 데이트하는 곳을 지나칠 때면 真讨厌같은 애교스러운 뉘앙스의 말이 들려옵니다. 단 주의 해야할 사항은 真讨厌을 악센트를 강하게 발음하면 그땐 "완전 짜증나, 대박 짜증이야"같은 어감을 준답니다. 이렇게 같은 단어라도 발음의 악센트의 강·약에 따라 뜻이 달라져요.

39 촉 第六感 dì liùgǎn

A 女人有第六感。
Nǚrén yǒu dì liùgǎn.

B 男人也有。
Nánrén yě yǒu.

A 여자에겐 "촉"이란 게 있어.
B 남자한테도 있어.

단어 女人 nǚrén 여자 | 男人 nánrén 남자 | 也 yě 역시

★ 상대방의 바람기를 본능적으로 감지하는 "육감, 촉"이란 말을 중국에서는 "제 6의 감각"이란 의미의 第六感 dì liùgǎn 이라고 해요.

Tip 我的第六感很准。Wǒ de dì liùgǎn hěn zhǔn. 내 육감은 완전 정확해.
我的第六感没有错过。Wǒ de dì liùgǎn méiyǒu cuòguo. 내 육감은 틀린 적이 없어.

40 또 시작이군 又来了 yòu lái le

A 你到底跟她什么关系?
Nǐ dàodǐ gēn tā shénme guānxì?

B 又来了。
Yòu lái le.

A 너 대체 그 여자랑 무슨 사이야?
B 또 시작이군.

단어 到底 dàodǐ 도대체 | 跟 gēn ~와 | 什么 shénme 무슨 | 关系 guānxì 관계

★ 又来了는 "너 시집은 대체 언제 갈거야?, 넌 머리가 왜이리 나빠?, 너 살 좀 빼야겠다" 혹은 자뻑에 빠져 "난 너무 예뻐서 탈이야"처럼 상대방이 나를 무한 짜증나게 할 때 쓰는 표현이에요.

Tip 我跟她没什么关系。Wǒ gēn tā méi shénme guānxì. 나 걔랑 아무사이 아니야.
我们只是朋友。Wǒmen zhǐshì péngyou. 우린 그냥 친구야.
她是我的同事。Tā shì wǒ de tóngshì. 걔는 내 회사동료야.
她是我的同学。Tā shì wǒ de tóngxué. 걔는 내 동창이야.

41 이런 도둑놈 你可真奸 Nǐ kě zhēn jiān

A 我的女朋友和我差一轮。
Wǒ de nǚ péngyou hé wǒ chà yìlún.

B 你可真奸。
Nǐ kě zhēn jiān.

A 내 여자친구는 나랑 띠동갑이야.

B 이런 도둑놈 같으니라고.

> **단어** 和 hé ~와 | 差 chà 차이가 나다 | 一轮 yìlún 한 바퀴 | 可 kě 강조부사 | 真 zhēn 정말

★ 奸은 "이기적이다, 간사하다"의 뜻으로, 你可真奸은 누군가 나이차가 많이 나는 사람과 사귀거나 혹은 결혼을 했을 때 사람들이 질타반 부러움 반으로 잘 쓰는 "이런 도둑놈 같으니라고!"와 비슷한 어감을 주는 표현이에요. 여기서 可는 부사로 쓰여 어감을 더욱 강조하는 역할을 해요.

★ 예문의 我的女朋友和我差一轮은 직역하면 "나의 여자친구는 나와 한 바퀴가 차이 나다"로, "나와 여자친구는 띠동갑이다"란 뜻이에요. 중국에서는 띠동갑을 이처럼 한 바퀴가 차이가 난다라고 표현해요.

42 불여우 狐狸精 húlíjīng

A 她很会勾引男人。
Tā hěn huì gōuyǐn nánrén.

B 她是个狐狸精。
Tā shì ge húlíjīng.

A 쟤 남자한테 완전 꼬리 잘쳐.

B 쟤 여우야.

> **단어** 很 hěn 매우 | 会 huì ~에 능하다 | 勾引 gōuyǐn 꼬리치다 | 男人 nánrén 남자

★ 狐狸는 "여우"란 뜻으로, 狐狸精은 우리말의 "여시, 불여시, 불여우"에 해당하는 어휘에요.

★ 예문의 勾引男人은 "남자에게 꼬리치다"란 뜻으로, 她很会勾引男人은 "쟤는 남자 꼬시는데 매우 능숙하다"란 뜻이에요.

43 따귀를 때리다 抽耳光 chōu ěrguāng

A 你敢抽我耳光?
Nǐ gǎn chōu wǒ ěrguāng?

B 对不起。
Duìbuqǐ.

A 네가 감히 내 따귀를 때려?

B 미안해.

단어 敢 gǎn 감히 | 抽 chōu 갈기다 | 耳光 ěrguāng 뺨(따귀)

★ 抽耳光은 "뺨을 때리다"란 말보다 좀 더 어감이 센 "따귀를 때리다"란 뜻이에요. "따귀를 때리다"란 말은 〈抽chōu+상대+耳光ěrguāng〉형식을 써요.

★ 네이티브 스럽게 말하기! 중국어에도 우리처럼 "싸대기를 날리다, 귀싸대기를 갈기다" 같은 화끈한 표현이 있어요. 바로 扇嘴巴子 shàn zuǐbāzi란 표현이죠. 扇 shàn은 "후려치다, 내려치다", 嘴巴子 zuǐbāzi는 "귓 방망이"란 뜻이에요. 누구의 뺨을 때리다라는 말은 〈扇shàn+대상+嘴巴子zuǐbāzi〉형식을 써요.

Tip 我抽他耳光。Wǒ chōu tā ěrguāng. 내가 그의 따귀를 때리다.
我被他抽耳光。Wǒ bèi tā chōu ěrguāng. 내가 그녀에게 따귀를 맞다.
我爸扇我嘴巴子了。Wǒ bà shàn wǒ zuǐbāzi le. 아버지가 내 귀싸대기를 때렸어.
我被我爸扇嘴巴子了。Wǒ bèi wǒ bà shàn zuǐbāzi le. 나 아버지한테 귀싸대기 맞았어.

44 말싸움하다 吵架 chǎojià

A 我想和男朋友分手。
Wǒ xiǎng hé nán péngyou fēnshǒu.

B 你们俩又吵架了?
Nǐmen liǎ yòu chǎojià le?

A 나 남자친구랑 헤어질거야.

B 너희 둘 또 싸웠어?

단어 想 xiǎng ~하려 하다 | 和 hé ~와 | 男朋友 nán péngyou 남자친구 | 分手 fēnshǒu 헤어지다 |
俩 liǎ 두 사람 | 又 yòu 또

★ 吵架는 말로만 하는 싸움. 즉 "말다툼하다, 말싸움하다"의 뜻이에요. 누구와 말 싸움을 하다란 말은 〈주어+跟gēn+대상+吵架chǎojià〉형식을 써요.

★ 예문의 你们俩는 "너희 둘, 너희 두 사람"의 뜻입니다.
★ 참고로 서로 몸으로 치고 받는 "몸 싸움하다"란 말은 打架 dǎjià라고 해요.

Tip 我跟小李吵架了。 Wǒ gēn Xiǎo Lǐ chǎojià le. 나 샤오리랑 싸웠어.
有话好好说。 Yǒu huà hǎohǎo shuō. 할 말 있으면 좋게 말로 해.
我和他谈不来。 Wǒ hé tā tánbùlái. 걔랑은 말이 안 통해. (谈不来 말이 통하지 않다)
你们俩为什么吵架？ Nǐmen liǎ wèishénme chǎojià? 너희 둘 무엇 때문에 싸운거니?
你们俩怎么一见面就吵架呢？ Nǐmen liǎ zěnme yī jiànmiàn jiù chǎojià ne?
너희 둘은 어쩜 만나기만 하면 싸우니?

45 참견 하지마 别掺和 bié chānhuo

A 你们不要吵架了。
Nǐmen búyào chǎojià le.

B 你别掺和!
Nǐ bié chānhuo!

A 너희 그만 싸워.

B 넌 참견 하지마!

단어 你们 nǐmen 너희 | 不要 búyào ~하지 마라 | 吵架 chǎojià 싸우다. 말다툼하다

★ 掺和는 다른 사람의 다툼이나 일에 "참견하다, 끼어들다"란 뜻으로, 중국사람들이 시비가 붙었을 때 잘 쓰는 네이티브스런 표현입니다. 보통 앞에 "~하지 마"라는 뜻의 别와 함께 써요.
★ 掺和는 두 글자 모두 다음자(多音字)로 발음할 때 성조와 병음을 유심히 살펴야 해요. 특히 이 단어에서는 和 hé로 읽지 않도록 주의하세요.

Tip 第三者别掺和。 Dì sān zhě bié chānhuo. 제 삼자는 빠져.
你掺和什么呀？ Nǐ chānhuo shénme ya? 네가 뭔데 참견이야?
这事和你无关。 Zhè shì hé nǐ wúguān. 이 일은 너랑 상관없어.
这是我们俩之间的事。 Zhè shì wǒmen liǎ zhījiān de shì. 이건 우리 둘만의 문제야.

46 소리 지르다 嚷嚷 rāngrang

A 都几点了，才回家。
Dōu jǐ diǎn le, cái huíjiā.

B 你别嚷嚷了。
Nǐ bié rāngrang le.

A 지금이 몇 시인데, 이제 들어와.

B 너 소리 좀 치지 마!

단어 都 dōu 벌써, 이미 | 几点 jǐ diǎn 몇 시 | 才 cái 비로소, 이제서야 | 回家 huíjiā 집에오다, 귀가하다

★ 嚷嚷은 "소리 지르다, 땍땍거리다"란 뜻으로, 보통 남녀가 대판 싸울 때나 혹은 부인이 남편 바가지를 박박 긁을 때 자주 쓰이는 표현이에요.

★ 예문의 都几点了，才回家는 풀이하면 "벌써 몇 시인데, 이제서야 집에 돌아오다"로, 이는 "지금 몇 시인데, 이제 집에 들어오니"와 같은 의미에요. 중국의 부인들이 귀가 시간이 늦은 남편들에게 한 소리 할 때 꼭 내 뱉는 말이기도 하죠.

Tip 我现在能不嚷嚷吗? Wǒ xiànzài néng bù rāngrang ma? 내가 지금 소리 안 치게 됐어?
你小点声! Nǐ xiǎo diǎn shēng! 너 목소리 낮춰!
我不耳聋。Wǒ bù ěrlóng. 나 귀 안 먹어. (耳聋 귀가 먹다)
你干了什么好事还嚷嚷啊? Nǐ gàn le shénme hǎo shì hái rāngrang a?
네가 뭘 잘했다고 도리어 큰 소리야?

47 화해하다 和解 héjiě

A 你和男朋友和解了吗?
Nǐ hé nán péngyou héjiě le ma?

B 我不想和他和解。
Wǒ bù xiǎng hé tā héjiě.

A 너 남자친구랑 화해했어?

B 나 걔랑 화해할 생각 없어.

단어 和 hé ~와 | 不想 bù xiǎng ~하고 싶지 않다

★ 중국에서도 "화해하다"란 말은 우리와 똑같이 和解라고 합니다.

★ 누구누구와 화해하다란 말은 〈주어+和hé+대상+和解héjiě〉형식을 씁니다.

Tip 我想和你和解。 Wǒ xiǎng hé nǐ héjiě. 나 너랑 화해하고 싶어.
你们俩快和解吧。 Nǐmen liǎ kuài héjiě ba. 너희 둘 빨리 화해해.
你们俩快握个手。 Nǐmen liǎ kuài wò ge shǒu. 너희 둘 빨리 악수해.
对不起，我道歉。 Duìbuqǐ, wǒ dàoqiàn. 미안해. 내가 사과할게.
对不起，我错了。 Duìbuqǐ, wǒ cuò le. 미안해. 내가 잘못했어.
对不起，我有点过分了。 Duìbuqǐ, wǒ yǒudiǎn guòfèn le. 미안해. 내가 좀 심했어.

48 때리다 打 dǎ

A 你敢打我?
Nǐ gǎn dǎ wǒ?

B 打了，怎么着?
Dǎ le, zěnmezhe?

A 네가 감히 날 쳐?

B 쳤다. 어쩔래?

단어 敢 gǎn 감히 | 怎么着 zěnmezhe 어쩌라고. 어쨌다고

★ "누구를 때리다"란 말은 〈打dǎ+대상〉형식을 씁니다.

★ 怎么着는 우리말의 "어쩔건데?, 뭐 어쩌라고?"같은 어감을 주는 관용표현이에요. 중국사람들은 시비가 붙거나 서로 싸울 때 상대방의 몸을 밀치거나 삿대질을 하면서 怎么着란 말을 잘 써요. 여기서 着는 zhe로 읽어도 되고 또 zhāo로 읽어도 상관없어요.

Tip 我打A了。 Wǒ dǎ A le. 내가 A를 때리다.
我被A打了。 Wǒ bèi A dǎ le. 내가 A에게 맞다.
眼睛打肿了。 Yǎnjing dǎ zhǒng le. 눈이 밤탱이가 되다.
干嘛打人啊? Gànma dǎ rén a? 왜 사람을 때리고 그래요?
我什么时候打你了? Wǒ shénme shíhou dǎ nǐ le? 내가 언제 당신을 때렸다고 그래?
我真的很冤。 Wǒ zhēn de hěn yuān. 나 진짜 억울해.
他是装的。 Tā shì zhuāng de. 쟤 쇼하는 거야.

49 싸움을 말리다 拦架 lánjià

A 你快去拦架。
Nǐ kuài qù lánjià.

B 拦架也没有用。
Lánjià yě méiyǒu yòng.

A 너 빨리 가서 싸움 말려 봐.
B 말려도 소용없어.

단어 去 qù 가다 | 也 yě ~도 | 没有用 méiyǒu yòng 소용없다

★ 拦은 "막다, 저지하다", 架는 "다툼하다"로, 拦架는 "싸움을 말리다"란 뜻입니다.

Tip 你别拦着我。Nǐ bié lánzhe wǒ. 너 나 말리지 마.
你想找死吗? Nǐ xiǎng zhǎo sǐ ma? 너 죽고 싶어?
你死定了。Nǐ sǐ dìng le. 너 죽었어.
你给我出来一下。Nǐ gěi wǒ chūlái yíxià. 너 나 따라나와.
今天送你上西天。Jīntiān sòng nǐ shàng xītiān. 오늘이 네 제삿날이야. (上西天 저승길로 가다)

50 까불다 得瑟 dèsè

A 你别得瑟了。
Nǐ bié dèsè le.

B 你也别得瑟。
Nǐ yě bié dèsè.

A 너 까불지 좀 마.
B 너나 좀 까불대지 마.

단어 别 bié ~하지 말아라 | 也 yě ~역시, 도

★ 得瑟는 사전상에는 없지만 우리말의 "까불다"와 100% 어감이 일치하는 표현이에요. 촐싹대며 까불거리는 사람한테도 쓸 수 있고, 또 "너 까불면 죽는다"처럼 상대방에게 일종의 경고성 발언을 할 때도 쓸 수 있어요. 예문의 你别得瑟了는 "너 까불지마, 너 나대지마"같은 어감을 줍니다.

★ 得瑟는 모두 4성으로 발음하며 위에서 아래로 내려가는 소리로 악센트를 강하게 줘야 느낌이 제대로 전달됩니다.

Tip 우리말의 "살살 기어오르다"에 해당하는 표현으로는 蹬鼻子上脸 dēng bízi shàng liǎn이 있어요.

蹬은 "밟다, 디디다", 鼻子는 "코", 脸은 "얼굴"로, 풀이하면 "코를 밟고 얼굴에 오르다"가 되죠.
你别蹬鼻子上脸。Nǐ bié dēng bízi shàng liǎn. 너 기어오르지마.

51 머리채를 잡다 揪头发 jiū tóufa

A 你怎么哭了?
Nǐ zěnme kū le?

B 我被他的老婆揪头发了。
Wǒ bèi tā de lǎopó jiū tóufa le.

A 너 왜 울어?
B 나 그 사람 와이프한테 머리채 잡혔어.

단어 怎么 zěnme 왜, 어째서 | 哭 kū 울다 | 被 bèi ~에 의해 당하다 | 老婆 lǎopó 부인, 마누라

★ 揪는 "틀어주다, 잡아당기다"고, 头发는 "머리"로, 揪头发는 "머리채를 잡아당기다"란 뜻이에요. 중국판 막장 드라마를 보면 쉽게 들을 수 있는 말이기도 하죠.
★ 누구에게 머리채를 잡히다란 말은 피동문을 써서 〈我wǒ+被bèi+대상+揪头发jiū tóufa〉형식을 써요.
★ 반대로 "누구의 머리채를 잡다"란 말은 〈我wǒ+揪jiū+대상+的de+头发tóufa〉형식을 써요.

Tip 我被她揪头发了。Wǒ bèi tā jiū tóufa le. 나 개한테 머리끄덩이 잡혔어.
我揪她的头发了。Wǒ jiū tā de tóufa le. 내가 개 머리끄덩이 잡았어.

52 멱살을 잡다 抓领子 zhuā lǐngzi

A 你别抓我领子。
Nǐ bié zhuā wǒ lǐngzi.

B 你是人吗?
Nǐ shì rén ma?

A 멱살 잡지 마.
B 니가 사람이야?

단어 别 bié ~하지 말아라 | 抓 zhuā 잡다, 움켜쥐다 | 领子 lǐngzi 옷깃

★ 抓领子는 "옷깃을 움켜쥐다"로, 우리말의 "멱살을 잡다"란 의미에요.

★ "누구의 멱살을 잡다"란 말은 〈抓zhuā+대상+领子lǐngzi〉형식을 써요.
★ 반대로 누구에게 멱살을 잡히다란 말은 피동문인 〈被bèi+대상+抓zhuā+领子lǐngsi〉형식을 써요.

Tip 我抓他领子。Wǒ zhuā tā lǐngzi. 내가 그의 멱살을 잡다.
我被他抓领子。Wǒ bèi tā zhuā lǐngzi. 내가 그에게 멱살을 잡히다.
干嘛抓我领子？Gànmá zhuā wǒ lǐngzi? 왜 멱살을 잡고 난리야?

53 양다리 걸치다 脚踏两只船 jiǎo tà liǎng zhī chuán

A 你脚踏两只船不怕穿帮吗？
Nǐ jiǎo tà liǎng zhī chuán, bú pà chuānbāng ma?

B 放心，我是专家嘛。
Fàngxīn, wǒ shì zhuānjiā ma.

A 너 그렇게 양다리 걸치다 걸리면 어떡해?

B 걱정마. 내가 전문가잖니.

단어 穿帮 chuānbāng 들통 나다. 들키다 | 放心 fàngxīn 걱정마 | 专家 zhuānjiā 전문가

★ 脚踏两只船을 풀이하면 "다리를 두 척의 배에 걸치다"로 우리말의 "양다리 걸치다"와 같은 뜻의 표현이에요. 만약 양다리가 아닌 세 다리를 걸치는 건 "세 척의 배에 다리를 올려 놓는다"라고 말하면 되겠죠? 脚踏三只船 jiǎo tà sān zhī chuán처럼요.

54 원나잇 스탠드 一夜情 yíyèqíng

A 你有过一夜情吗？
Nǐ yǒu guo yíyèqíng ma?

B 没有。
Méiyǒu.

A 너 원나잇 스탠드 해본 적 있어?

B 없어.

단어 一夜 yíyè 하룻밤

★ 一夜情은 말 그대로 "하룻밤의 사랑", 즉 "원나잇 스탠드"를 말해요. "원나잇 스탠드를 하다"란 말은 "있다"란 뜻의 有를 써서 有一夜情이라고 해요.

Tip 我想要一夜情。 Wǒ xiǎng yào yíyèqíng. 나 원나잇 스탠드 해보고 싶어.

55 여자를 꼬시다 泡妞 pàoniū

A 他又换个女朋友。
   Tā yòu huàn ge nǚ péngyou.

B 他很会泡妞。
   Tā hěn huì pàoniū.

A 쟤 여자친구 또 바뀌었어.
B 쟤 여자 꼬시는데 선수야.

단어 又 또 | 换 huàn 바꾸다 | 会 huì ~에 능하다

★ 泡는 "귀찮게 하다", 妞는 "아가씨, 여자"로 泡妞는 "여자를 꼬시다"란 뜻이에요.
★ 他很会泡妞를 직역하면 "그는 매우 여자 꼬시는데 능하다"로, 우리말의 "쟤 여자 꼬시는데 선수야"의 뜻이에요.

Tip 他是泡妞高手。 Tā shì pàoniū gāoshǒu. 쟤는 여자 꼬시는 데 선수야.

56 작업 걸다 搭讪 dāshàn

A 那边有一个美女!
   Nà biān yǒu yí ge měinǚ!

B 你去跟她搭讪。
   Nǐ qù gēn tā dāshàn.

A 저쪽에 예쁜 여자 한 명 있다!
B 너 가서 작업 좀 걸어봐.

단어 那边 nàbiān 저쪽, 저기 | 美女 měinǚ 미인, 미녀 | 去 qù 가다

★ 搭讪은 모르는 이성에게 작업을 걸다의 뜻으로, "누구에게 작업을 걸다"란 말은 〈跟gēn+대상+搭讪dāshàn〉형식을 써요.
★ 搭讪은 "여자를 꼬시다"란 의미의 泡妞 pàoniū 보단 정도가 좀 약해요. 泡妞은 왠지 목적이 있을 것 같은 흑심이 느껴지기도 하지만, 搭讪은 누군가가 맘에 들어 말을 걸고 싶거나 차를 마시고 싶은 그런 약간 순수한 느낌을 줘요.

> **Tip** 我不会搭讪。Wǒ bú huì dāshàn. 나 작업 걸 줄 몰라.
> 我没有搭过讪。Wǒ méiyǒu dā guo shàn. 나 작업 걸어본 적 없어.
> 我很会搭讪。Wǒ hěn huì dāshàn. 나는 작업거는 게 무척 능해.

57 입만 살아 가지곤 你嘴真甜 Nǐ zuǐ zhēn tián

A 你今天很漂亮。
Nǐ jīntiān hěn piàoliang.

B 你嘴真甜。
Nǐ zuǐ zhēn tián.

A 너 오늘 정말 예쁜데.
B 하여튼 입만 살아 가지곤.

단어 漂亮 piàoliang 예쁘다. 아름답다 | 嘴 zuǐ 입 | 真 zhēn 정말 | 甜 tián 달콤하다. 달다

★ 你嘴真甜을 풀이하면 "당신은 입이 참 달다"로, 우리말의 "사탕발림 같은 말을 잘하다, 말을 살살 녹게 하다"란 뜻이에요.
★ 你嘴真甜은 상대방이 말만 그럴듯하게 하는 것을 비꼬는 의미도 있지만, 영어 You are so sweet처럼 여심을 살살 녹이듯 달콤한 말을 잘한다는 일종의 칭찬 의미 또한 있어요.

58 바람둥이 花花公子 huāhuā gōngzǐ

A 他长得很帅。
Tā zhǎng de hěn shuài.

B 他是花花公子。
Tā shì huāhuā gōngzǐ.

A 쟤 진짜 잘생겼다.
B 쟤 바람둥이야.

단어 长 zhǎng 생기다 | 很 hěn 매우 | 帅 shuài 잘생기다

★ 花花公子는 말 그대로 "꽃 공자". 즉 "플레이보이, 바람둥이"를 뜻해요.

59 바람 맞추다 放鸽子 fàng gēzi

A 你跟小李见面了吗?
　　Nǐ gēn Xiǎo Lǐ jiànmiàn le ma?

B 我被放鸽子了。
　　Wǒ bèi fàng gēzi le.

A 너 샤오리랑 만났어?
B 나 바람 맞았어.

단어 跟 gēn ~와 | 见面 jiànmiàn 만나다 | 被 bèi ~당하다 | 鸽子 gēzi 비둘기

★ 放鸽子는 "비둘기를 놓아주다"란 말로, "사람을 바람맞히다"란 말을 "비둘기를 날려 보낸다"라고 표현해요.
★ "누구에게 바람 맞다"란 말은 피동구문인 〈被bèi+(상대)+放鸽子fàng gēzi〉형식을 써서 표현해요.
★ 반대로 "누구를 바람 맞히다"란 말은 〈放fàng+상대+鸽子gēzi〉형식을 쓰고요.

Tip 我被她放鸽子了。Wǒ bèi tā fàng gēzi le. 나 걔한테 바람 맞았어.
　　　我放她鸽子了。Wǒ fàng tā gēzi le. 내가 걔 바람 맞췄어.

60 나 약속 있어 我有约 Wǒ yǒu yuē

A 我们今晚一起吃饭吧!
　　Wǒmen jīnwǎn yìqǐ chīfàn ba!

B 对不起，我有约。
　　Duìbuqǐ, wǒ yǒu yuē.

A 우리 오늘 저녁 같이 밥 먹자!
B 미안. 나 약속 있어.

단어 今晚 jīnwǎn 오늘 저녁 | 一起 yìqǐ 함께 | 吃饭 chīfàn 밥 먹다 | 约 yuē 약속

★ "약속"이란 말을 사전에서 찾아보면 约와 约会 yuēhuì가 있어요. 이 둘은 뜻은 비슷하지만 실제로는 다음과 같은 차이가 있어요. 그냥 我有约하면 "나는 약속이 있다"로 이는 다른 사람들과 식사, 술 약속 같은 일반적인 약속을 뜻하고, 만약 我有约会라고 하면 "나 데이트 약속 있어"처럼 남녀, 연인과의 데이트 성격을 띠는 약속을 가리킵니다.

Tip 我约别人了。Wǒ yuē biérén le. 나 다른 사람과 약속 있어.
　　　我和别人约好了。Wǒ hé biérén yuē hǎo le. 나 다른 사람하고 약속 잡았어.
　　　我和小李有个约会。Wǒ hé Xiǎo Lǐ yǒu ge yuēhuì. 나 샤오리랑 데이트 약속 있어.
　　　我有约在先。Wǒ yǒu yuē zài xiān. 나 선약 있어.(在先 사전에)

61 약속을 어기다 爽约 shuǎngyuē

A 他可真失信。
Tā kě zhēn shīxìn.

B 我最讨厌爽约的人。
Wǒ zuì tǎoyàn shuǎngyuē de rén.

A 쟤는 약속을 참 안 지켜.

B 난 약속 안 지키는 사람이 제일 싫어.

단어 可 kě 강조부사 | 真 zhēn 정말 | 失信 shīxìn 약속을 어기다 | 讨厌 tǎoyàn 싫어하다

★ 爽은 "상쾌하다, 시원하다"란 뜻 외에도 "(약속을) 어기다, 위배하다"란 뜻도 있어요. 爽约는 "약속을 어기다, 약속을 안 지키다"란 뜻입니다.

62 헤어지다 分手 fēnshǒu

A 你还在和他交往吗?
Nǐ hái zài hé tā jiāowǎng ma?

B 我们分手了。
Wǒmen fēnshǒu le.

A 너 걔랑 아직도 사귀어?

B 우리 헤어졌어.

단어 还 hái 여전히, 아직도 | 在 zài ~하고 있다 | 和 hé ~와 | 交往 jiāowǎng 사귀다

★ 네이티브처럼 말하기! 요즘 중국의 젊은이들은 "헤어지다"란 말을 쿨하게 그냥 分이라고 해요. 我们分了 Wǒmen fēn le (우리 깨졌어)

Tip 我们分手吧! Wǒmen fēnshǒu ba! 우리 헤어지자!
我要跟他分手。Wǒ yào gēn tā fēnshǒu. 나 걔랑 헤어질 거야.
我跟他分手了。Wǒ gēn tā fēnshǒu le. 나 걔랑 헤어졌어.
我早就跟他分手了。Wǒ zǎo jiù gēn tā fēnshǒu le. 나 걔랑 진작에 헤어졌어.

63 깨지다 掰 bāi

A 你的女朋友还好吧?
Nǐ de nǚ péngyou hái hǎo ba?

B 我们已经掰了。
Wǒmen yǐjing bāi le.

A 너 여자친구 잘 지내지?
B 우리 이미 깨졌어.

단어 还 hái 여전히 | 好 hǎo 좋다, 잘 지내다 | 已经 yǐjing 이미

★ 掰는 원래 사과 등을 "쪼개다, 나누다"란 뜻이지만, 우리말의 "쪽 나다, 깨지다"처럼 연인들의 헤어짐을 가리킬 때도 잘 쓰입니다.
★ 掰와 分手 fēnshǒu는 둘 다 "헤어지다"로 뜻은 같지만 掰가 좀더 젊고 쿨한 느낌을 줘요.
★ 예문의 你的女朋友还好吧는 "너 여자친구 잘 지내지?"하고 상대방의 안부를 묻는 인사말이에요.

Tip 我们早就掰了。Wǒmen zǎo jiù bāi le. 우리 진작에 깨졌어.

64 실연하다 失恋 shīliàn

A 你怎么哭了?
Nǐ zěnme kū le?

B 我失恋了。
Wǒ shīliàn le.

A 너 왜 울고 그래?
B 나 실연당했어.

단어 怎么 zěnme 어째서, 왜 | 哭 kū 울다

★ "실연당하다"란 말을 중국어로 할 때 왠지 "~당하다"란 뜻의 被 bèi 피동문으로 써야 할 거 같지만, 그냥 失恋이라고 하는 게 맞아요.

Part 07 사랑 **245**

65 가슴이 아파 心里难过 xīnlǐ nánguò

A 你忘了他吧。
Nǐ wàng le tā ba.

B 我心里很难过。
Wǒ xīnlǐ hěn nánguò.

A 이제 걔 그만 잊어.

B 나 가슴이 너무 아파.

단어 忘 wàng 잊다 | 心里 xīnlǐ 가슴 속 | 难过 nánguò 슬프다, 괴롭다

★ "가슴이 아프다"란 말을 중국에서는 "가슴속이 슬프다" 즉 心里难过라고 표현해요.
★ 你忘了他吧는 우리말의 "걔는 이제 잊어, 걔 그만 잊어버려"와 같은 의미에요.

Tip "가슴이 찢어지다"란 말은 "가슴이 찢기고 폐가 갈라지다"라는 의미의 撕心裂肺 sīxīn lièfèi란 표현을 써요. 我觉得撕心裂肺。Wǒ juéde sīxīn lièfèi. 나 가슴이 찢어질 거 같아.

66 울고불고 난리 치다 哭得稀里哗啦 kū de xīlǐ huālā

A 听说她和男朋友分手了。
Tīngshuō tā hé nán péngyǒu fēnshǒu le.

B 她哭得稀里哗啦。
Tā kū de xīlǐ huālā.

A 샤오리 남자친구랑 깨졌다더라.

B 걔 울고 불고 난리도 아니었어.

단어 分手 fēnshǒu 헤어지다 | 哭 kū 울다

★ 稀里哗啦는 시끌벅적 난리를 치는 모양, 어지럽게 부산을 떠는 모양을 나타내요, 예문처럼 〈哭kū+得de+稀里哗啦 xīlǐ huālā〉라고 하면 우리말의 "울고불고 난리 치다, 울며불며 질질짜다"같은 어감을 줘요. 얼핏 보면 어휘가 좀 복잡한 거 같지만 실생활에서 정말 많이 쓰이니 꼭 기억해두세요!

Tip 你为什么哭？Nǐ wèi shénme kū? 너 왜 울어?
别哭了。Bié kū le. 울지 마.
哭什么哭！Kū shénme kū! 울긴 왜 울어!

67 차다 甩 shuǎi

A 你把女朋友甩了吧!
Nǐ bǎ nǚ péngyǒu shuǎi le ba!

B 我被她甩了。
Wǒ bèi tā shuǎi le.

A 네가 여자친구 찬 거지?

B 내가 차인 거야.

단어 把 bǎ ~을 | 被 bèi ~에 의해 ~당하다

★ 甩는 "떼어놓다, 떼어버리다"로, "누구를 차버리다"란 의미의 슬랭표현.
★ 누구를 차다라는 말은 把구문을 써서 〈주어+把bǎ+대상+甩shuǎi+了le〉를 쓰고, 반대로 누구에게 차이다란 말은 被구문을 써서 〈주어+被bèi+대상+甩shuǎi+了le〉형식으로 써요.

Tip 我把小李甩了。Wǒ bǎ Xiǎo Lǐ shuǎi le. 나 샤오리 차버렸어.
我被小李甩了。Wǒ bèi Xiǎo Lǐ shuǎi le. 나 샤오리한테 차였어.
你们俩谁先甩得谁? Nǐmen liǎ shéi xiān shuǎi de shéi? 너희 둘 중 누가 먼저 찼어?

68 엎질러진 물은 다시 담을 수 없다 覆水难收 fùshuǐ nánshōu

A 你还在想他吗?
Nǐ hái zài xiǎng tā ma?

B 不，覆水难收。
Bù, fùshuǐ nánshōu.

A 너 아직도 걔 생각하니?

B 아니. 엎질러진 물은 다시 담을 수 없잖아.

단어 还 hái 여전히 | 在 zài ~하고 있다 | 想 xiǎng 생각하다

★ 覆水는 "쏟아진 물", 难은 "어렵다", 收는 "담다"로, 覆水难收를 풀이하면 "엎질러진 물은 담기 어렵다"란 뜻이에요. "이미 지나간 일은 다시 되돌릴 수 없다"는 말로, 헤어진 연인과의 아픈 인연을 회상할 때 쓸 수 있는 표현이에요.

PART
08

你愿意嫁给我吗?
나랑 결혼해줄래?

중국의 예단비

중국은 결혼 전 남자가 여자 집에 돈과 선물을 주는 관습이 있어요. 한국은 여자측에서 남자 집에 예단비를 주지만, 중국은 정 반대죠. 이러한 예단비를 중국에선 彩礼 cǎilǐ라고 해요. 근데 이 彩礼를 얼마나 줘야 할까요? 물론 액수는 남자 집의 형편에 따라 달라지겠지만, 그래도 암묵적으로 정해진 금액이 있어요. 이게 보통 최소 5만위안. 즉 우리돈 900만 원 이상이에요. 이것도 어디까지나 최소 기본액수이고, 베이징이나 상하이 같은 대도시의 중산층이라면 10만위안. 즉 우리돈 2천만 원 정도는 줘야 남자 쪽 체면이 산다고 생각해요. 중국의 부자들이나 연예인들을 보면 예단비로만 수억 아니 수십억 원을 주기도 하니까요. 우리도 예단비 때문에 결혼 전 깨지는 커플이 있듯이, 중국도 이 "차이리"때문에 갈등을 겪어 힘들어하는 사람들이 있답니다.

01 결혼하다 结婚 jiéhūn

A 你打算什么时候结婚?
   Nǐ dǎsuan shénme shíhou jiéhūn?

B 别问了, 烦!
   Bié wèn le, fán!

A 너 결혼 언제쯤 할거야?
B 묻지마! 짜증나!

단어 打算 dǎsuan ~할 예정이다 | 问 wèn 묻다 | 烦 fán 짜증나다

★ 예문의 别问了는 상대방이 짜증나는 질문을 할 때 우리가 잘 쓰는 "묻지마!"같은 어감이에요.

Tip 我不想早结婚。Wǒ bù xiǎng zǎo jiéhūn. 나 결혼 일찍할 생각 없어.
遇上好男人就结婚。Yùshàng hǎo nánrén jiù jiéhūn. 좋은 남자 만나면 바로 결혼할 거야.
遇上好女人就结婚。Yùshàng hǎo nǚrén jiù jiéhūn. 좋은 여자 만나면 바로 결혼할 거야.
结婚是坟墓。Jiéhūn shì fénmù. 결혼은 무덤이야.

02 이혼하다 离婚 líhūn

A 我要和他离婚了。
   Wǒ yào hé tā líhūn le.

B 又吵架了?
   Yòu chǎojià le?

A 나 걔랑 이혼할 거야.
B 또 싸웠어?

단어 要 yào ~할 것이다 | 和 hé ~와 | 又 yòu 또 | 吵架 chǎojià 싸우다

★ 네이티브처럼 말하기! 중국사람들은 离婚이란 말을 짧게 줄여서 离라고 많이 해요.
★ 중국어로 "싸우다"란 말은 吵架와 打架 dǎjià가 있어요. 吵架는 그냥 말로만 하는 말다툼을 말하고, 打架는 손과 발을 이용한 물리적인 싸움을 말해요.

Tip 我要和他离了。Wǒ yào hé tā lí le. 나 그 사람이랑 이혼할 거야.
我们离了。Wǒmen lí le. 우리 이혼했어.
我们离吧。Wǒmen lí ba. 우리 이혼하자.

03 짝을 찾다 找对象 zhǎo duìxiàng

A 你也该找对象了。
Nǐ yě gāi zhǎo duìxiàng le.

B 我也希望。
Wǒ yě xīwàng.

A 너도 이제 짝을 찾아야지.

B 나도 그러고 싶어.

단어 也 yě 역시 | 该…了 gāi…le 반드시 ~해야 하다 | 找 zhǎo 찾다 | 对象 duìxiàng 짝 |
希望 xīwàng 희망하다

★ 对象 duìxiàng은 결혼이나 연애를 할 상대. 즉 우리말의 "짝"에 가까운 뜻이에요.
★ 옆구리가 허전한 솔로들이 잘하는 말인 "아! 나의 반쪽은 어디에 있을까"에서 "나의 반쪽"이란 말은 중국어로 另一半 lìng yíbàn이라고 해요.

04 결혼정보업체 婚介公司 hūnjiè gōngsī

A 你们俩怎么认识的?
Nǐmen liǎ zěnme rènshi de?

B 通过婚介公司。
Tōngguò hūnjiè gōngsī.

A 너희 둘 어떻게 만났어?

B 결혼정보업체 통해서 만났어.

단어 俩 liǎ 두 사람, 둘 | 怎么 zěnme 어떻게 | 认识 rènshi 알다 | 通过 tōngguò 통하다

★ 婚介公司는 풀이하면 "혼인을 소개하는 회사"로, 우리말의 "결혼정보업체"를 뜻해요.
★ 상대방이 "두 사람 어떻게 만났어요?"라는 질문에 답할 때 "~소개로 만나다"란 말은 "~를 통하다"라는 뜻의 通过를 써서 〈通过 tōngguò+주선자+介绍 jièshào+认识 rènshi〉형식으로 써요.

Tip 我们通过朋友介绍认识。Wǒmen tōngguò péngyou jièshào rènshi. 우리 친구소개로 만났어.
我们通过媒婆介绍认识。Wǒmen tōngguò méipó jièshào rènshi. 우리 중매쟁이 소개로 만났어.
我通过朋友介绍认识小李。Wǒ tōngguò péngyou jièshào rènshi Xiǎo Lǐ. 나 친구 소개로 샤오리 만났어.

05 싱글 单身 dānshēn

A 你不想结婚吗?
　Nǐ bù xiǎng jiéhūn ma?

B 我喜欢单身。
　Wǒ xǐhuan dānshēn.

A 너 결혼 안 할거야?

B 난 싱글이 좋아.

단어 结婚 jiéhūn 결혼하다 | 喜欢 xǐhuan 좋아하다

★ 单身은 말 그대로 "홀로인 몸". 즉 우리말의 "싱글, 솔로"를 뜻해요.
★ 결혼 안 하고 화려한 싱글로 사는 "골드 미스"란 말은 "싱글 귀족"이란 뜻의 单身贵族 dānshēn guìzú라고 해요.

Tip 중국어로 "노처녀"는 남은 여자란 뜻의 剩女 shèngnǚ, "노총각"은 光棍儿 guānggùnr라고 해요.

 China talk! talk!

중국에도 "노처녀 히스테리"란 말이 있을까요? 딱히 1대1로 대응되는 말은 없지만 비슷한 뜻의 표현이 있어요. 바로 三八 sānbā란 말인데요. 三八는 중국의 3월 8일 부녀자의 날에서 모티브를 따왔는데, 누군가 꼭 부녀자처럼 말도 많고 시끄럽고, 억척스러울 때 쓰는 말이에요. 보통 뒤에서 남을 욕할 때 많이 써요. 예를 들어 직장에서 시집도 안 간 노처녀 상사가 부하 직원들을 마구 괴롭힐 때 직원들은 삼삼오오 화장실에 모여 이렇게 얘기를 한답니다. 真够三八的 zhēn gòu sānbā de(노처녀 히스테리 짱). 간혹 한 성격하는 무서운 아줌마들이 싸울 때는 꼭 你个臭三八 Nǐ ge chòu sānbā(이런 왕 XX) 라는 멘트를 날려요. 만약 三八를 상대방의 면전에다 대고 직접 쓰면 상대방에게 머리채를 잡힐 수 도 있으니 조심하세요!

06 장가가다 成家 chéngjiā

A 你要什么时候成家?
Nǐ yào shénme shíhou chéngjiā?

B 先立业后成家。
Xiān lìyè hòu chéngjiā.

A 너 언제 장가 갈꺼야?
B 성공한 다음에 갈 거야.

단어 先 xiān 먼저 | 立业 lìyè 출세하다 | 后 hòu 후에

★ 成家는 말 그대로 "가정을 이루다". 즉 우리말의 "장가 가다"란 뜻이에요.
★ 예문의 先立业后成家를 풀이하면 "먼저 출세를 한 후 나중에 가정을 꾸리다"란 뜻이에요. 특히 이 말은 여자가 남자에게 빨리 결혼하자고 막 조를 때 중국미혼 남성들이 참 많이 쓰는 표현이죠.

07 시집가다 嫁 jià

A 我要嫁个有钱人。
Wǒ yào jià ge yǒu qián rén.

B 就凭你的条件?
Jiù píng nǐ de tiáojiàn?

A 난 돈 많은 사람한테 시집 갈거야.
B 꼴랑 네 주제에?

단어 有钱人 yǒu qián rén 돈 많은 사람. 부자 | 凭 píng 기대다 | 条件 tiáojiàn 조건

★ "누구에게 시집을 가다"란 말은 〈嫁jià + 给gěi + 대상〉형식을 써요.
★ 예문의 就凭你的条件? 은 직역하면 "고작 너의 조건에 기대서?"로, 우리말의 "꼴랑 네 주제에?"처럼 상대방을 살짝 비꼬는 어감을 줘요.

Tip
我要嫁给你。 Wǒ yào jià gěi nǐ. 나 너한테 시집 갈거야.
你嫁给我吧。 Nǐ jià gěi wǒ ba. 너 나한테 시집와라.
我怕嫁不出去。 Wǒ pà jià bù chūqù. 나 시집 못 갈까봐 두려워.
我能嫁出去吗? Wǒ néng jià chūqù ma? 나 시집은 갈 수 있을까?

08 결혼을 반대하다 反对结婚 fǎnduì jiéhūn

A 父母反对我们结婚。
　Fùmǔ fǎnduì wǒmen jiéhūn.

B 那怎么办?
　Nà zěnmebàn?

A 부모님이 우리 결혼을 반대하셔.
B 이제 어쩌지?

단어 父母 fùmǔ 부모님 | 反对 fǎnduì 반대하다 | 结婚 jiéhūn 결혼 | 那 nà 그럼, 이제

★ 반대로 "결혼을 허락하다"란 말은 "동의하다"란 뜻의 同意 tóngyì를 써서 同意结婚 tóngyì jiéhūn이라고 해요. 주의! 한중사전에서 "허락하다"란 말을 찾아보면 许诺 xǔnuò란 말이나오는데, 중국에서 许诺는 "허락하다"가 아닌, "약속하다" 즉 영어 promise의 뜻으로 쓰입니다.

Tip 说服父母 shuōfú fùmǔ 부모님을 설득하다
父母同意我们结婚。Fùmǔ tóngyì wǒmen jiéhūn. 부모님께서 우리 결혼을 허락하셨어.
我不会把女儿给你的。Wǒ bú huì bǎ nǚ'ér gěi nǐ de. 내 딸을 자네에게 줄 수 없네.
请同意我们结婚吧。Qǐng tóngyì wǒmen jiéhūn ba. 저희 결혼 허락해 주세요.

09 비슷한 집안끼리 혼사하다 门当户对 méndāng hùduì

A 她嫁了豪门。
　Tā jià le háomén.

B 门当户对。
　Méndāng hùduì.

A 걔 재벌한테 시집갔더라.
B 끼리끼리 가는 거지 뭐.

단어 嫁 jià 시집가다 | 豪门 háomén 명문가, 돈과 재력 있는 집안

★ 豪门은 재벌 집안처럼 돈과 재력이 있는 집안을 뜻해요.
★ 门当户对는 사회적 지위나 경제적 형편이 맞는 집안끼리의 혼사를 말해요. 마치 재벌가와 정치인 혹은 재벌가와 재벌가 사이의 정략 혼인처럼 말이죠.

10 프러포즈 하다 求婚 qiúhūn

A 你是怎么求婚的?
　Nǐ shì zěnme qiúhūn de?

B 我就说"给我生个小孩儿吧!"
　Wǒ jiù shuō "gěi wǒ shēng ge xiǎo háir ba!"

A 너 프러포즈 어떻게 했어?
B 그냥 "내 아를 낳아도!"라고 했어.

단어 怎么 zěnme 어떻게 | 就 jiù 그냥 | 说 shuō 말하다 | 生 shēng 낳다 | 小孩儿 xiǎo háir 어린아이

★ "누구에게 프러포즈하다"란 말은 "~에게, ~를 향해서"란 뜻의 向 xiàng을 써 〈向xiàng+대상+求婚qiúhūn〉형식을 써요.

★ 결혼을 위한 프로포즈가 아닌 연애할 때 이성에게 좋아하는 마음을 "고백하다"라는 말은 表白 bǎobái라는 표현을 씁니다.

Tip 我向她求婚了。Wǒ xiàng tā qiúhūn le. 나 그녀에게 프러포즈 했어.
他还没向我求婚。Tā hái méi xiàng wǒ qiúhūn. 그 남자 아직 나한테 프러포즈 안 했어.

11 청첩장 喜帖 xǐtiě

A 听说小李快要结婚了。
　Tīngshuō Xiǎo Lǐ kuàiyào jiéhūn le.

B 我收到喜帖了。
　Wǒ shōudào xǐtiě le.

A 샤오리 곧 결혼한대.
B 나 청첩장 받았어.

단어 快要…了 kuàiyào…le 곧 ~하려 하다 | 结婚 jiéhūn 결혼하다 | 收到 shōudào 받다

★ "청첩장을 받다"란 말은 "받다"란 뜻의 收到를 써서 收到喜帖라고 해요.
★ "청첩장을 돌리다"란 말은 "뿌리다"란 뜻의 发 fā를 써서 发喜帖 fā xǐtiě라고 해요.

Tip 给朋友发喜帖。Gěi péngyou fā xǐtiě. 친구들에게 청첩장을 돌리다.
我给你发喜帖了吗？Wǒ gěi nǐ fā xǐtiě le ma? 내가 너 청첩장 줬나?
你为什么不给我发喜帖？Nǐ wèishénme bù gěi wǒ fā xǐtiě? 난 왜 청첩장 안 주니?
喜帖真漂亮。Xǐtiě zhēn piàoliang. 청첩장 정말 예쁘다.

12 혼수 嫁妆 jiàzhuāng

A 你嫁妆都准备好了吗?
Nǐ jiàzhuāng dōu zhǔnbèi hǎo le ma?

B 差不多。
Chàbuduō.

A 너 혼수준비 다 했어?

B 대충했어.

단어 都 dōu 모두, 다 | 准备 zhǔnbèi 준비하다 | 差不多 chàbuduō 대략 비슷하다

★ 嫁妆은 여자가 시집갈 때 준비해가는 혼수품을 말해요.
★ 중국 여성들은 우리처럼 혼수품을 품목별로 빼꼼히 준비해 가진 않아요. 보통 결혼 전 남자는 집을 사고, 여자는 가전제품이나 가구 등을 집에 채워 넣는답니다.

Tip 男方买房子。Nánfāng mǎi fángzi. 남자쪽 집을 사다.
女方买家电。Nǚfāng mǎi jiādiàn. 여자쪽 가전제품을 사다.

13 예단비 彩礼 cǎilǐ

A 你给男方送彩礼了吗?
Nǐ gěi nánfāng sòng cǎilǐ le ma?

B 送了。
Sòng le.

A 너 남자쪽에 예단비 줬어?

B 줬어.

단어 给 gěi 주다 | 男方 nánfāng 남자측, 남자쪽 | 送 sòng 보내다

★ 우리말의 "예단비를 주다"란 말은 "보내다"란 뜻의 送을 써 送彩礼이라고해요.
★ 중국은 한국과 달리 결혼 전 남자측이 여자측에게 현금과 선물을 예단비로 준답니다.

Tip 你给男方多少彩礼? Nǐ gěi nánfāng duōshǎo cǎilǐ? 너 남자쪽에 예단비 얼마나 줬어?
我没送彩礼。Wǒ méi sòng cǎilǐ. 나 예단비 안 드렸어.
因为彩礼少被婆婆骂了。Yīnwèi cǎilǐ shǎo bèi pópo mà le. 예단비 적다고 시어머니께 욕먹었어.

14 예식장을 잡다 订婚礼场地 dìng hūnlǐ chǎngdì

A 你订婚礼场地了吗?
Nǐ dìng hūnlǐ chǎngdì le ma?

B 早定了。
Zǎo dìng le.

A 너 예식장 잡았어?
B 진작 잡았지.

단어 订 dìng 예약하다 | 婚礼 hūnlǐ 결혼식 | 场地 chǎngdì 장소 | 早 zǎo 일찍이 | 定 dìng 정하다

★ 婚礼场地는 "결혼식 장소", 즉 우리말의 "예식장"을 뜻해요. "예식장을 잡다"란 말은 "예약하다"란 뜻의 订을 써서 订婚礼场地라고 해요.

★ 예문의 早定了는 우리말의 "진작에 정했어. 일찍 잡아놨어"란 의미에요.

Tip 订婚礼场地真难。 Dìng hūnlǐ chǎngdì zhēn nán. 예식장 잡기 정말 어렵다.
婚礼场地都满了。 Hūnlǐ chǎngdì dōu mǎn le. 예식장이 전부 다 찼어.

China talk! talk!

중국은 우리처럼 결혼을 전문으로 하는 웨딩홀이 따로 없어요. 대부분의 중국 커플들은 饭店 fàndiàn이라 불리는 "호텔"이나 혹은 "큰 식당"을 잡아서 피로연과 겸해 예식을 진행해요. 우리는 누가 "호텔"에서 결혼하면 "좀 사는구나" 생각하지만, 중국은 아주 보편적이에요. 중국은 인구가 많아서 그런지 역시 예식장 잡기가 아주 힘들어요. 특히 꽤나 괜찮은 예식장은 1~2년 전에 미리 예약을 해야 하죠. 식장 예약을 위해 갖은 인맥과 빽을 동원하는 사람들도 많습니다.

15 결혼시즌 结婚旺季 jiéhūn wàngjì

A 订婚礼场地真难。
　Dìng hūnlǐ chǎngdì zhēn nán.

B 结婚旺季嘛!
　Jiéhūn wàngjì ma!

A 예식장 잡기 정말 어렵네.
B 결혼시즌이잖아!

단어 订 dìng 예약하다 | 婚礼场地 hūnlǐ chǎngdì 예식장 | 难 nán 어렵다 | 旺季 wàngjì 성수기

★ 结婚旺季는 사람들이 결혼식을 집중적으로 올리는 결혼 성수기를 말해요.
★ 중국의 최고 결혼시즌은 5월과 10월이에요. 이때 중국 최고의 황금휴일인 노동절과 국경절에는 온 도시가 폭죽놀이로 아수라장이 된답니다.

Tip 신랑：新郎 xīnláng / 신부：新娘 xīnniáng / 신랑 들러리：伴郎 bànláng / 신부 들러리：伴娘 bànniáng /
주례：司仪 sīyí / 하객：客人 kèrén

16 결혼반지 婚戒 hūnjiè

A 你的婚戒真好看。
　Nǐ de hūnjiè zhēn hǎokàn.

B 2克拉。
　Liǎng kèlā.

A 너 결혼반지 정말 예쁘다.
B 2캐럿짜리야.

단어 真 zhēn 정말 | 好看 hǎokàn 예쁘다 | 克拉 kèlā 캐럿

★ "결혼반지"는 원래 结婚戒指 jiéhūn jièzhǐ라고 하는데, 중국사람들은 짧게 줄여 婚戒라고 해요.
★ 참고로 반지는 戒指 jièzhǐ, 다이아몬드는 钻石 zuànshí라고 해요.

Tip 给新娘手指戴上婚戒。Gěi xīnniáng shǒuzhǐ dài shàng hūnjiè. 결혼 반지를 신부 손가락에 끼우다.
你的婚戒几克拉？Nǐ de hūnjiè jǐ kèlā? 너 결혼 반지 몇 캐럿짜리야?

17 웨딩 드레스 婚纱 hūnshā

A 你穿婚纱像天使。
Nǐ chuān hūnshā xiàng tiānshǐ.

B 谢谢。
Xièxie.

A 너 웨딩드레스 입으니까 천사같다.
B 고마워.

단어 穿 chuān 입다 | 像 xiàng ~와 같다 | 天使 tiānshǐ 천사

★ "웨딩 드레스를 입다"란 말은 穿婚纱라고 해요.

Tip 웨딩촬영 : 婚纱摄影 hūnshā shèyǐng / 턱시도 : 燕尾服 yànwěifú / 웨딩카 : 婚车 hūnchē

18 국수먹다 吃喜糖 chī xǐtáng

A 你什么时候请我们吃喜糖？
Nǐ shénme shíhou qǐng wǒmen chī xǐtáng?

B 尽快！
Jǐnkuài!

A 너 언제 우리 국수 먹게 해줄거야?
B 최대한 빨리!

단어 请 qǐng 초대하다 | 尽快 jǐnkuài 되도록 빨리

★ 喜糖은 결혼식 때 신랑 신부가 하객들에게 나눠주는 사탕을 말해요. 吃喜糖은 "기쁨사탕을 먹다". 즉 우리말의 "국수 먹다"와 비슷한 의미에요.

★ 예문의 你什么时候请我们吃喜糖은 직역하면 "너 언제 우리를 초대해서 기쁨사탕을 먹게 해줄 거야?"로, 우리말의 "너 언제 우리 국수 먹게 해줄 거야?"와 같은 의미에요.

19 축의금 红包 hóngbāo

A 你红包里放多少钱?
　Nǐ hóngbāo lǐ fàng duōshǎo qián?

B 500块。
　Wǔbǎi kuài.

A 너 축의금 얼마나 넣었어?
B 500위안.

단어 放 fàng 넣다 | 多少钱 duōshǎo qián 얼마예요

★ 红包는 "붉은 봉투"란 뜻으로, 중국사람들은 축의금을 붉은 봉투에 넣어 주기 때문에 붙여진 이름이에요.
★ "누구에게 축의금을 주다"란 말은 "보내다, 건네다"란 뜻의 送 sòng을 써서 〈给gěi+대상+送sòng+红包hóngbāo〉 형식을 써요.

Tip 我给小李送了红包。Wǒ gěi Xiǎo Lǐ sòng le hóngbāo. 나 샤오리한테 축의금 줬어.
　　　我没给小李送红包。Wǒ méi gěi Xiǎo Lǐ sòng hóngbāo. 나 샤오리한테 축의금 못 줬어.
　　　我给小李送500块钱的红包。Wǒ gěi Xiǎo Lǐ sòng wǔbái kuài qián de hóngbāo.
　　　　　　　　　　　　　　나 샤오리한테 축의금 500위안 줬어.

China talk! talk!

중국에선 축의금을 우리처럼 흰봉투가 아닌 붉은색 봉투에 넣기 때문에 红包 hóngbāo라고 불러요. 중국사람들은 축의금을 얼마나 넣을까요? 뭐 사실 이런것은 딱 정해진 것이 없기는 한데. 한국은 보통 정말 친하진 않지만 어쩔수 없이 가게 되면 한 3만 원, 조금 친한 사람은 5만원, 뭐 그보다 더 가까운 사람은 10만 원. 그리고 완전 절친은 10만 원+α정도를 내자나요. 중국도 역시 이런 기준에 따라, 200위안, 500위안, 800위안, 1000위안 이렇게 등급을 나누죠. 중국에선 8자를 좋아하기 때문에 888위안 이렇게 넣는 경우도 있고요. 중국과 우리나라의 공통점은 준 만큼 되돌려 받는다는 기브 앤 테이크 礼尚往来 lǐshàng wǎnglái 법칙이에요.

20 결혼식을 올리다 举行婚礼 jǔxíng hūnlǐ

A 我下个月举行婚礼。
Wǒ xià ge yuè jǔxíng hūnlǐ.

B 我一定参加。
Wǒ yídìng cānjiā.

A 나 다음 달에 식올려.

B 나 꼭 참석할게.

단어 下个月 xià ge yuè 다음 달 | 举行 jǔxíng 거행하다 | 婚礼 hūnlǐ 결혼식 | 一定 yídìng 꼭 | 参加 cānjiā 참가하다

★ "결혼식을 올리다"란 말은 "거행하다"란 뜻의 举行을 써 举行婚礼라고 해요.

Tip 你什么时候举行婚礼？ Nǐ shénme shíhou jǔxíng hūnlǐ? 너 결혼식 언제 올려?
我的婚礼推迟了。 Wǒ de hūnlǐ tuīchí le. 나 결혼식 연기됐어.
我的婚礼取消了。 Wǒ de hūnlǐ qǔxiāo le. 나 결혼식 취소됐어.
你一定要参加我的婚礼。 Nǐ yídìng yào cānjiā wǒ de hūnlǐ. 너 내 결혼식 꼭 와야된다.

21 결혼 축하해 恭喜你结婚 gōngxǐ nǐ jiéhūn

A 恭喜你结婚。
Gōngxǐ nǐ jiéhūn.

B 谢谢。
Xièxie.

A 결혼 축하해.

B 고마워.

단어 恭喜 gōngxǐ 축하하다 | 结婚 jiéhūn 결혼하다

★ 恭喜你结婚를 풀이하면 "네가 결혼하는 걸 축하하다"로, 우리말의 "결혼 축하해, 결혼을 진심으로 축하해"란 뜻의 인사말이에요.

Tip 祝你幸福！ Zhù nǐ xìngfú! 행복하게 잘 살아!
你的新娘真漂亮。 Nǐ de xīnniáng zhēn piàoliang. 네 신부 정말 예쁘다.
你的新朗真帅。 Nǐ de xīnláng zhēn shuài. 네 신랑 정말 잘생겼다.

22 검은 머리가 파뿌리가 되도록 살다 白头偕老 báitóu xiélǎo

A 祝你们白头偕老。
Zhù nǐmen báitóu xiélǎo.

B 谢谢。
Xièxie.

A 검은 머리가 파뿌리가 되도록 잘살아.

B 고마워.

단어 祝 zhù 빌다, 축원하다 | 白头 báitóu 백발 | 偕 xié 함께 | 老 lǎo 늙다

★ 白头偕老는 우리말의 '백년해로 하다, 검은 머리가 파뿌리가 되도록 살다'란 뜻이에요. 중국의 결혼식에 참석해보면 주례자가 부부에게 꼭 건내는 표현이기도 해요.

23 신혼여행 가다 度蜜月 dùmìyuè

A 你要去哪儿度蜜月?
Nǐ yào qù nǎr dùmìyuè?

B 去马尔代夫。
Qù Mǎ'ěrdàifū.

A 너 신혼여행 어디로 갈거야?

B 몰디브로 갈거야.

단어 哪儿 nǎr 어디 | 度 dù 보내다 | 蜜月 mìyuè 허니문 | 马尔代夫 Mǎ'ěrdàifū 몰디브

★ 度蜜月은 "허니문을 보내다". 즉 "신혼여행을 가다"란 뜻이에요.
★ "어디로 신혼여행을 가다"라고 목적지를 말하고자 할 때는 〈去qù+목적지+度蜜月dùmìyuè〉형식을 써요.

Tip 我要去海外度蜜月。Wǒ yào qù hǎiwài dùmìyuè. 나 신혼여행 해외로 갈거야.
我要在国内度蜜月。Wǒ yào zài guónèi dùmìyuè. 나 신혼여행 국내로 갈거야.
(주의! 여기선 去 qù대신 在 zài를 써요)

24 신혼 첫날밤 新婚之夜 xīnhūn zhī yè

A 你的新婚之夜怎么样?
Nǐ de xīnhūn zhī yè zěnmeyàng?

B 累得睡着了。
Lèi de shuìzháo le.

A 너 첫날밤 어땠어?

B 너무 피곤해서 잤어.

단어 新婚 xīnhūn 신혼 | 夜 yè 밤 | 累 lèi 피곤하다 | 睡着 shuìzháo 잠들다

★ 新婚之夜는 말 그대로 "신혼의 밤". 즉 신혼 첫날밤을 말해요.
★ 중국어로 "잠을 자다"는 睡觉 shuìjiào라고 하잖아요. 근데 예문처럼 睡着了라고 하면 우리말의 "잠들어 버렸어, 곯아 떨어졌어"같은 어감을 줘요.

25 혼인신고하다 婚姻登记 hūnyīn dēngjì

A 咱们先婚姻登记吧。
Zánmen xiān hūnyīn dēngjì ba.

B 以后再说吧。
Yǐhòu zài shuō ba.

A 우리 혼인신고부터 먼저 하자.

B 나중에 하자.

단어 先 xiān 먼저 | 婚姻 hūnyīn 결혼 | 登记 dēngjì 등록하다. 등기하다

★ 婚姻登记는 말 그대로 "혼인등기". 즉 우리말의 "혼인신고하다"란 뜻이에요.
★ 以后再说吧는 직역하면 "이후에 다시 말하자"로, 우리말의 "나중에 다시 얘기하지, 나중에 처리하자"같은 의미에요. 상대방과 어떤 화제에 대해 계속 얘기하기 귀찮거나 아님 회피할 때 주로 쓰는 관용표현이에요.

Tip 我没有婚姻登记。Wǒ méiyǒu hūnyīn dēngjì. 나 혼인신고 안 했어.
你什么时候婚姻登记? Nǐ shénme shíhou hūnyīn dēngjì? 너 혼인신고 언제할 거야?
我还没婚姻登记。Wǒ hái méi hūnyīn dēngjì. 나 아직 혼인신고 안 했어.

중국은 한국과 달리 결혼 전에 대부분 커플들이 혼인신고를 마쳐요. 우리처럼 만약(?)을 대비해 많은 신혼부부들이 결혼 후 혼인신고를 질질 끄는 경우는 없어요. 중국에서는 우리나라의 동사무소에 해당하는 민정국에 가서 신고를 하는데, 신고를 마치면 붉은색 여권 크기의 결혼증명서를 부부에게 각각 한 부씩 나눠 줍니다. 이 안에는 신랑 신부의 증명사진과 혼인신고한 날짜가 찍혀있어요. 그리고 결혼식 중간에 주례자는 이 혼인증명서를 신랑 신부에게 전달하는 전달식을 하기도 합니다.

26 시댁 婆婆家 pópo jiā

A 你春节去婆婆家吗?
Nǐ Chūn Jié qù pópo jiā ma?

B 不想去，但得去。
Bù xiǎng qù, dàn děi qù.

A 너 설날에 시댁 가니?
B 가기 싫지만, 가야지.

단어 春节 Chūn Jié 설, 춘절 | 去 qù 가다 | 但 dàn 그러나 | 得 děi ~해야만 하다

★ 婆婆는 "시어머니"로, 婆婆家는 "시어머니 집", 즉 "시댁"을 뜻해요. 去婆婆家는 "시댁에 가다"란 뜻이고요.
★ 예문의 不想去, 但得去는 직역하면 "가고 싶지는 않다, 그러나 가기는 해야 한다"로, 우리말의 "가기는 싫은데, 가야지"와 같은 의미에요.
★ 반대로 처가댁은 "장모님 집"이란 뜻의 丈母娘家 zhàngmǔniáng jiā라고 해요.

Tip 我要在婆婆家住一天。Wǒ yào zài pópo jiā zhù yìtiān. 나 시댁에서 하루 자고 올 거야.
我要在丈母娘家住一天。Wǒ yào zài zhàngmǔniáng jiā zhù yìtiān. 나 처가댁에서 하루 자고 올 거야.

27 부부가 서로 닮다 夫妻相 fūqīxiāng

A 你们俩真有夫妻相。
Nǐmen liǎ zhēn yǒu fūqīxiāng.

B 真的吗?
Zhēnde ma?

A 너희 부부 정말 닮았다.

B 정말?

[단어] **你们** nǐmen 너희들 | **俩** liǎ 둘, 두 사람 | **真** zhēn 정말, 진짜 | **夫妻** fūqī 부부

★ 夫妻相은 "부부의 모습", 즉 우리말의 "부부가 서로 닮다"란 뜻이에요.
★ 예문의 你们俩真有夫妻相을 직역하면 "너희 두 사람은 정말 부부의 모습이 있다"로, 우리말의 "너희 부부 정말 닮았어"와 같은 의미에요.

28 마누라 媳妇儿 xífùr

A 这是我媳妇儿。
Zhè shì wǒ xífùr.

B 果然是美女。
Guǒrán shì měinǚ.

A 여긴 내 마누라야.

B 과연 미인이시네요.

[단어] **果然** guǒrán 과연 | **美女** měinǚ 미인

★ 媳妇儿은 우리말의 "마누라, 와이프"의 뜻이에요. 발음할 때는 얼화음에 주의해서 "시펄~"이라고 해요.
★ 제가 갓 중국어를 배울무렵 학교에서 "아내"란 말은 妻子 qīzi라고 배웠는데, 실제 중국사람들은 妻子란 단어를 잘 쓰지 않아요. 대신 "마누라"란 뜻의 媳妇儿이나 老婆 lǎopó를 주로 써요.

(Tip) 남편은 丈夫 zhàngfu 또는 老公 lǎogōng이라고 해요. 근데 실제 중국사람들은 일상생활에서 老公을 훨씬 더 많이 씁니다.

시아버지 公公 gōnggong	시어머니 婆婆 pópo	장모님 丈母娘 zhàngmǔniáng	장인어른 岳父 yuèfù
며느리 儿媳妇儿 érxífùr	사위 女婿 nǚxu	매형 姐夫 jiěfu	처남 内弟 nèidì
처제 妻弟 qīdì	형수 嫂子 sǎozi	제수 弟媳 dìxí	동서 妯娌 zhóulǐ
사돈 亲家 qìngjiā			

29 고부간의 갈등 婆媳关系 póxí guānxì

A 你的婆媳关系怎么样?
Nǐ de póxí guānxì zěnmeyàng?

B 不怎么样。
Bù zěnmeyàng.

A 너희 고부간의 사이는 어때?

B 별로 안 좋아.

단어 关系 guānxi 관계 | 不怎么样 bù zěnmeyàng 별로다, 안 좋다

★ 婆는 "시어머니", 媳는 "며느리"로, 婆媳关系는 "고부간의 관계"란 뜻이에요. 중국에서는 "고부간의 갈등"을 이처럼 "고부간의 관계"라고 표현해요.

★ 중국도 같은 유교 문화권인지라 한국처럼 고부간의 갈등이 존재해요. 장자는 꼭 부모님을 모시고 산다거나, 며느리는 명절 때 시댁을 찾아 일을 해야 하는 것도 비슷하죠.

Tip 我的婆婆对我好。 Wǒ de pópo duì wǒ hǎo. 우리 시어머니 나한테 잘해주셔.
我跟婆婆关系不好。 Wǒ gēn pópo guānxì bù hǎo. 나 시어머니랑 사이 안 좋아.
我的婆婆真烦人。 Wǒ de pópo zhēn fánrén. 우리 시어머니 완전 짜증나.

30 처가살이 倒插门 dàochāmén

A 你结婚买房子了吗?
Nǐ jiéhūn mǎi fángzi le ma?

B 我要倒插门。
Wǒ yào dàochāmén.

A 너 결혼하는데 집 샀어?

B 나 처가살이 하려고.

단어 结婚 jiéhūn 결혼하다 | 买 mǎi 사다 | 房子 fángzi 집

★ 倒는 '거꾸로', 插门은 '문에 빗장을 걸다'로, 倒插门을 그대로 풀이하면 '빗장을 거꾸로 걸다'가 되지만, 의역하면 '데릴사위가 되다, 처가살이 하다'라는 의미에요.

★ 주의! 倒插门은 발음할 때 뒤에 얼화음(儿)을 붙여 '따오차멀~'이라고 읽어요.

31 부부싸움은 칼로 물베기 夫妻没有隔夜仇
fūqī méiyǒu géyè chóu

A 我和老婆吵架了。
Wǒ hé lǎopo chǎojià le.

B 夫妻没有隔夜仇。
Fūqī méiyǒu géyè chóu.

A 나 마누라랑 싸웠어.

B 부부싸움은 칼로 물베기야.

단어 老婆 lǎopo 마누라 | 吵架 chǎojià 말싸움하다 | 夫妻 fūqī 부부 | 隔夜 géyè 하룻밤을 넘기다 | 仇 chóu 원한

★ 夫妻没有隔夜仇는 직역하면 '부부는 하룻밤을 넘기는 원한이 없다'로, 우리말의 '부부싸움은 칼로 물베기'와 같은 의미에요.

32 속도위반 奉子成婚 fèngzǐ chénghūn

A 你怎么这么快结婚?
Nǐ zěnme zhème kuài jiéhūn?

B 我奉子成婚。
Wǒ fèngzǐ chénghūn.

A 너 결혼을 왜 이렇게 빨리 했어?

B 나 속도위반 했거든.

단어 怎么 zěnme 왜, 어째서 | 快 kuài 빨리 | 这么 zhème 이렇게

★ 奉子成婚은 풀이하면 '자식을 받아들여 결혼을 성사시키다'란 뜻으로, 우리말의 "속도 위반하다"에 해당하는 표현이에요. 특히 중국판 "섹션 TV"같은 연예 뉴스를 보다보면 아주 쉽게 들을 수 있는 말이기도 합니다.

Tip 现在奉子成婚是流行。 Xiànzài fèngzǐ chénghūn shì liúxíng. 요즘은 속도위반이 트랜드야.

33 임신하다 怀孕 huáiyùn

A 我好像怀孕了。
Wǒ hǎoxiàng huáiyùn le.

B 确定吗?
Quèdìng ma?

A 나 아무래도 임신한 것 같아.

B 확실해?

단어 好像 hǎoxiàng 아마도 ~인듯하다 | 确定 quèdìng 확실하다

★ 임신여부를 체크하는 "임신 테스트기"는 验孕试纸 yànyùn shìzhǐ라고 해요.

Tip 我没来月经。Wǒ méi lái yuèjīng. 나 생리가 안 나와.
我怀孕了。Wǒ huáiyùn le. 나 임신했어.
我要是怀孕了怎么办? Wǒ yàoshì huáiyùn le zěnmebàn? 나 만약 임신한거면 어쩌지?
你是不是怀孕了? Nǐ shì bu shì huáiyùn le? 너 혹시 임신한 거 아니야?
你不会怀孕了吧。Nǐ bú huì huáiyùn le ba? 너 설마 임신한 건 아니겠지?

34 쌍둥이를 임신하다 怀双胞胎 huái shuāngbāotāi

A 我怀双胞胎了。
Wǒ huái shuāngbāotāi le.

B 恭喜!
Gōngxǐ!

A 나 쌍둥이 임신했어.

B 축하해!

단어 怀 huái (아이를) 배다. 임신하다 | 双胞胎 shuāngbāotāi 쌍둥이 | 恭喜 gōngxǐ 축하하다

★ 중국어로 일란성 쌍둥이는 同卵双生 tóngluǎn shuāngshēng, 이란성 쌍둥이는 异卵双生 yìluǎn shuāngshēng이라고 해요.

Tip 我怀上了你的孩子。Wǒ huái shàng le nǐ de háizi. 나 당신 애기 임신했어.
我怀上了第二胎。Wǒ huái shàng le dì'èrtāi. 나 둘째 임신했어.
我怀上了第三胎。Wǒ huái shàng le dìsāntāi. 나 셋째 임신했어.

35 임신이 안 되다 怀不上 huái bú shàng

A 我怀不上孩子。
　 Wǒ huái bú shàng háizi.

B 去医院检查吧!
　 Qù yīyuàn jiǎnchá ba!

A 나 아이가 안 생겨.
B 병원 가서 검사받아봐!

단어 孩子 háizi 아기 | 去 qù 가다 | 医院 yīyuàn 병원 | 检查 jiǎnchá 검사하다

★ 怀不上은 우리말의 "임신할 수 없다, 임신이 안 되다"란 뜻으로, 怀不上孩子는 "아기가 안 들어서다"란 뜻이에요.
★ 임신이 안 되는 "불임증"은 不孕症 bú yùnzhèng이라고 해요. "인공수정"은 人工受精 réngōng shòujīng이라고 하고요.

Tip 我不孕。Wǒ bú yùn.　나 불임이야.
　　　 大夫说我是不孕症。Dàifu shuō wǒ shì bú yùnzhèng.　의사가 그러는데, 나 불임증이래.
　　　 我需要人工受精。Wǒ xūyào réngōng shòujīng.　나 인공수정해야 돼.
　　　 我永远不能生孩子。Wǒ yǒngyuǎn bù néng shēng háizi.　나 영원히 아이 못 낳아.

36 헛구역질하다 干呕 gān'ǒu

A 我怎么总是干呕?
　 Wǒ zěnme zǒngshì gān'ǒu?

B 你是不是怀孕了?
　 Nǐ shì bu shì huáiyùn le?

A 나 왜이리 계속 헛구역질이 나지?
B 너 혹시 임신한 거 아니야?

단어 怎么 zěnme 어째서, 왜 | 总是 zǒngshì 늘, 항상 | 怀孕 huáiyùn 임신하다

★ 干呕는 "건조한 구토", 즉 우리말의 "헛구역질하다"란 뜻이에요.
★ 임신했을 때 "속이 메슥거리다"란 말은 恶心 ě'xīn이라고 해요.

Tip 我恶心。Wǒ ě'xīn.　나 속이 메슥거려.
　　　 我想吐。Wǒ xiǎng tù.　나 토할 것 같아.
　　　 我闻菜味想吐。Wǒ wén cài wèi xiǎng tù.　나 음식냄새만 맡아도 토할 것 같아.

37 낙태하다 打胎 dǎtāi

A 我要打胎。
　Wǒ yào dǎtāi.

B 还是生吧!
　Háishi shēng ba!

A 나 애 지울거야.
B 그냥 낳자!

단어 还是 háishi 그래도, 그냥 | 生 shēng 낳다

★ 打胎는 말 그대로 "태아를 때리다", 즉 "낙태하다, 애를 지우다"란 뜻이에요.
★ "낙태하다"란 말을 다르게는 "지워 없애다"란 뜻의 做掉 zuò diào라고 하기도 해요. 좀더 유식하게는 "인공유산을 하다"란 의미의 做人流 zuò rénliú라고도 하고요. 人流는 인공유산(人工流产 réngōng liúchǎn)의 줄임말이에요.
★ 중국은 한국과 달리 합법적으로 "낙태시술"을 받을 수가 있어요. 아무래도 국가 정책적으로 "한 가정 한 자녀 정책"을 펴다 보니 낙태시술이 보편화 돼 있기도 해요. 한국은 낙태시술이 불법이어서 한때 중국에 가서 시술을 받고 오는 한국사람들이 꽤 많다는 언론 보도가 있기도 했었죠.

38 아기 孩子 háizi

A 你想要几个孩子?
　Nǐ xiǎngyào jǐ ge háizi?

B 我竭尽全力。
　Wǒ jiéjìn quánlì.

A 너 아기 몇 명이나 갖고 싶어?
B 힘닿는데 까지.

단어 想要 xiǎngyào ~하려고 하다 | 几个 jǐ ge 몇 명 | 孩子 háizi 자녀, 아이

★ 竭尽은 "최선을 다하다", 全力는 "전력, 온 힘"으로, 竭尽全力는 "온 힘으로 최선을 다하다"란 뜻이에요.

Tip 我不要孩子。Wǒ búyào háizi. 난 아이 안 가질 거야.
　　我要一个孩子。Wǒ yào yí ge háizi. 난 아이 하나만 가질 거야.
　　我要一个男孩儿一个女孩儿。Wǒ yào yí ge nánháir yí ge nǚháir. 난 아들 하나, 딸 하나 가질 거야.

39 아이를 낳다 生孩儿 shēng háir

A 你生了男孩儿还是女孩儿？
   Nǐ shēng le nánhái háishi nǚhái?

B 我生了男孩儿。
   Wǒ shēng le nánhái.

A 너 아들 낳았어, 아니면 딸 낳았어?
B 나 아들 낳았어.

단어 生 shēng 낳다 | 男孩儿 nánhái 남자아이 | 还是 háishi 아니면 | 女孩儿 nǚhái 여자아이

★ 남자아이를 낳다란 말은 生男孩儿 shēng nánhái, 여자아이를 낳다란 말은 生女孩儿 shēng nǚhái이라고 해요.
★ 주의! 男孩儿과 女孩儿을 발음할 때는 얼화음에 주의해서 각각 "난할~", "뉘할~"이라고 발음해요.

Tip 我又生了女孩儿。Wǒ yòu shēng le nǚhái. 나 또 딸 낳았어.
我要生到男孩儿为止。Wǒ yào shēng dào nánhái wéizhǐ. 나 아들 날 때까지 낳을 거야.

40 자연분만 自然分娩 zìrán fēnmiǎn

A 你是自然分娩的吗？
   Nǐ shì zìrán fēnmiǎn de ma?

B 我是剖腹产。
   Wǒ shì pōufùchǎn.

A 너 자연분만 했니?
B 나 제왕절개 했어.

단어 分娩 fēnmiǎn 분만하다, 출산하다 | 剖腹产 pōufùchǎn 제왕절개

★ 중국도 "자연분만"이란 말은 우리가 쓰는 한자와 똑같이 自然分娩이라고 해요.
★ 剖腹产의 글자풀이를 하면 "배를 갈라 낳다"로, 우리말의 "제왕절개"란 뜻이에요.

Tip 임산부 : 产妇 chǎnfù / 산부인과 : 妇产科 fùchǎnkē / 산부인과 의사 : 妇产科大夫 fùchǎnkē dàifu / 분만실 : 分娩室 fēnmiǎnshì / 인큐베이터 : 保温箱 bǎowēnxiāng / 출산예정일 : 预产期 yùchǎnqī

41 산후조리하다 坐月子 zuò yuèzi

A 我在坐月子。
Wǒ zài zuò yuèzi.

B 注意身体。
Zhùyì shēntǐ.

A 나 산후조리 중이야.
B 몸조리 잘해.

단어 在 zài ~하는 중이다 | 坐 zuò 앉다 | 注意 zhùyì 주의하다 | 身体 shēntǐ 몸

★ 月子는 "산후 한 달, 산욕기"로, 坐月子는 우리말의 "산후조리하다"란 뜻이에요.

Tip 미역국 : 海带汤 hǎidàitāng / 산후조리 도우미 : 月嫂 yuèsǎo

42 모유 수유하다 母乳喂养 mǔrǔ wèiyǎng

A 你是母乳喂养吗?
Nǐ shì mǔrǔ wèiyǎng ma?

B 我喂奶粉。
Wǒ wèi nǎifěn.

A 너 모유수유 하니?
B 나 분유 먹이는데.

단어 母乳 mǔrǔ 모유 | 喂养 wèiyǎng 키우다, 양육하다 | 喂 wèi 먹이다 | 奶粉 nǎifěn 분유

★ 母乳喂养은 풀이하면 "모유로 키우다" 즉 "모유 수유하다"란 뜻이에요.
★ 예문의 喂奶粉은 "분유를 먹이다"란 뜻이에요.
★ 참고로 분유를 타다란 말은 "타다"란 뜻의 冲 chōng을 써서 冲奶粉 chōng nǎifěn이라고 해요.

Tip 妈给孩子喂奶。Mā gěi háizi wèinǎi. 엄마가 아이에게 젖을 먹이다.
妈给孩子喂奶粉。Mā gěi háizi wèi nǎifěn. 엄마가 아이에게 분유를 먹이다.

43 기저귀 尿不湿 niàobùshī

A 孩子大便了。
　Háizi dàbiàn le.

B 我给换尿不湿。
　Wǒ gěi huàn niàobùshī.

A 아기가 똥 쌌어.
B 기저귀 갈아야겠다.

단어 孩子 háizi 아기 | 大便 dàbiàn 대변을 보다 | 换 huàn 교환하다

★ 尿不湿의 글자 뜻을 풀이하면 "오줌을 싸도 젖지 않는다"가 돼요. 즉 "기저귀"란 뜻으로 "기저귀를 갈다"라는 말은 "교환하다"란 뜻의 换을 써 换尿不湿라고 해요.

Tip 孩子小便了。Háizi xiǎobiàn le. 아기가 오줌 쌌어.
哎呦，便味儿。Āiyōu, biàn wèir. 어휴, 똥 냄새.
我不会换尿不湿。Wǒ bú huì huàn niàobùshī. 나 기저귀 갈 줄 몰라.
你换尿不湿很好。Nǐ huàn niàobùshī hěn hǎo. 너 기저귀 진짜 잘 간다.

44 돌잔치 周岁生日 zhōusuì shēngrì

A 你过周岁生日抓了什么？
　Nǐ guò zhōusuì shēngrì zhuā le shénme?

B 我抓了钱。
　Wǒ zhuā le qián.

A 너 돌잔치할 때 뭐 집었어?
B 나 돈 집었어.

단어 过 guò (잔치, 생일 등을) 시내나 | 抓 zhuā 집다 | 钱 qián 돈

★ 周岁는 "한 살(만 나이)". 生은 "생일"로, 周岁生日는 "한 살 생일(만 나이)", 즉 "돌잔치"를 말해요.
★ "돌잔치를 하다"란 말은 "지내다, 보내다"란 뜻의 동사 过를 써서 过周岁生日라고 해요.
★ 중국에는 돌잔치 때 음식이나 돈을 놓고 아이보고 잡게 하는 일명 돌잡이가 없답니다.

45 피임하다 避孕 bìyùn

A 我怀孕了。
　Wǒ huáiyùn le.

B 你没避孕啊!
　Nǐ méi bìyùn a!

A 나 임신했어.
B 너 피임 안 했어?

단어 怀孕 huáiyùn 임신하다

★ 네이티브처럼 말하기!! 중국사람들은 "피임하다"란 말을 다르게는 "조취를 취하다"란 의미의 采取措施 cǎiqǔ cuòshī 라고도 해요. 여기서 采取는 "수단, 방법 등을 취하다", 措施는 "조치, 대책"의 뜻이에요.
★ 피임법의 일종인 "루프"는 중국어로 节育环 jiéyùhuán이라고 하고, 피임약은 避孕药 bìyùnyào라고 해요.

Tip 你不是采取措施了吗? Nǐ bú shì cǎiqǔ cuòshī le ma? 너 피임한다고 하지 않았어?

46 첫경험 初次经验 chūcì jīngyàn

A 你的初次经验是什么时候?
　Nǐ de chūcì jīngyàn shì shénme shíhou?

B 我是处男。
　Wǒ shì chǔnán.

A 넌 첫경험이 언제야?
B 나 숫총각이야

단어 初次 chūcì 처음, 최초 | 经验 jīngyàn 경험

★ 初次经验은 성적인 의미에서의 "첫 경험"을 의미해요.
★ 处男은 성경험이 전무한 남자, 즉 "숫총각"의 뜻이에요. 반대로 숫처녀는 处女 chǔnǚ라고 해요.

47 애무하다 爱抚 àifǔ

A 你喜欢我爱抚哪里?
Nǐ xǐhuan wǒ àifǔ nǎli?

B 都喜欢。
Dōu xǐhuan.

A 넌 내가 어디 애무해줄 때가 좋아?
B 다 좋아.

단어 哪里 nǎli 어디. 어느 곳 | 都 dōu 모두. 다

Tip 핥다 : 舔 tiǎn / 깨물다 : 咬 yǎo / 쓰다듬다 : 摸 mō

에로영화를 보면 여배우가 성적 흥분을 했을 때 "아~ 좋아"이런 말을 하잖아요. 이런 말은 중국어로 과연 어떻게 할까요? 바로 "포근하다, 편하다"란 뜻의 舒服 shūfu란 단어를 써요. 그래서 真舒服 zhēn shūfu라고 하면 "아~ 좋아, 아~ 황홀해~"이런 뜻이 된답니다. 또 다른 말로는 "시원하다, 개운하다"란 뜻의 爽 shuǎng이 있어요. 이 표현은 주로 남성들이 쓰는데, 真爽 zhēn shuǎng이라고 하면 우리말의 "오호~ 완전 죽여, 오호~완전 뿅 가는데"같은 어감을 준답니다. 중국 남성들은 술 마실 때 시원하게 원샷을 한 후 "캬아~ 죽인다" 같은 의미로도 真爽이란 말을 써요.

PART 09

坐出租车 택시를 타다

친절한 택시 기사 아저씨

베이징에서 있었던 아찔한 사건 하나 있었어요. 지금으로부터 10여 년 전 한번은 한국에서 방학을 보낸 후 베이징공항에서 학교로 오는데 택시에다 1년 학비며 생활비, 그리고 여권이 든 가방까지 통째로 깜빡 잊고 내렸어요. 차 번호와 택시회사도 전혀 기억할 수가 없었죠. 라디오 방송국에 가서 광고를 한번 내볼까 고민하는 찰라 그 기사로부터 연락이 왔어요. 돈 가방을 공항 보관소에 갖다 놓았으니 찾아가라더군요. 오~ 언빌리버블! 정말 기적과도 같은 일이었죠. 그 당시 수천 달러면 그 기사의 몇 년 수입보다 훨씬 많은 돈이었을 텐데 말이죠. 아무튼 그 이후로 베이징 택시기사들에 대한 인식이 싹 바뀌었답니다.

01 택시를 잡다 打车 dǎ chē

A 咱们打车去吧!
Zánmen dǎ chē qù ba!

B 还是坐公交车吧!
Háishi zuò gōngjiāochē ba!

A 우리 택시타고 가자!
B 그냥 버스 타자!

단어 咱们 zánmen 우리 | 还是 háishi 그냥 | 坐 zuò 타다 | 公交车 gōngjiāochē 버스

★ 택시는 중국어로 出租车 chūzūchē라고 해요. "택시를 잡다(타다)"에서 "잡다"는 "때리다"란 뜻의 동사 打를 쓰고요.
★ 네이티브처럼 말하기! 중국사람들은 "택시를 잡다(타다)"란 말을 打出租车 dǎ chūzūchē라고 하지 않고 줄여서 打车라고 해요.
★ 택시를 제외한 버스나 지하철, 비행기, 배 등을 타다는 "앉다, 타다"란 뜻의 동사 坐를 써요.

Tip 真不好打车。 Zhēn bù hǎo dǎ chē. 택시 진짜 안 잡힌다.
过马路打车吧。 Guò mǎlù dǎ chē ba. 길 건너서 택시 잡자.
出租车怎么还不来呢。 Chūzūchē zěnme hái bù lái ne. 택시가 왜 이리 안 오지?
因为下雨了出租车不多。 Yīnwèi xiàyǔ le chūzūchē bù duō. 비가 오니까 택시가 별로 없네.

02 기본요금 起步价 qǐbùjià

A 北京的出租车，起步价是多少?
Běijīng de chūzūchē, qǐbùjià shì duōshǎo?

B 10块钱。
Shí kuài qián.

A 베이징 택시는 기본요금이 얼마야?
B 10위안이야.

단어 出租车 chūzūchē 택시 | 多少 duōshǎo 얼마, 몇 | 块钱 kuàiqián 위안

★ 起步는 "시작하다", 价는 가격으로, 起步价는 시작하는 가격, 즉 기본요금을 뜻해요.

중국은 지역별로 택시 기본요금이 다 달라요. 베이징의 택시 기본요금은 차 종류에 상관없이 모두 10위안(우리돈 2,000원)이에요. 주행요금은 킬로당 2위안(우리돈 400위안)씩 올라가고요. 밤 10시가 넘으면 할증 요금이 적용됩니다. 최근에는 기름값이 올라 연료부과세 附加燃料费 fù jiā ránliàofèi라는 명목으로 기본요금에 추가로 3위안(우리돈 600원)을 따로 받고 있어요. 근데 이 추가요금 3위안은 기본요금이 나올 경우에는 내지 않고 기본요금을 초과할 때만 부과됩니다. 미터기에는 이 부과세가 따로 표시가 안 되니까 미터기에 표시된 요금 외에 3위안을 더 달라고 해도 당황하지 마세요.

03 미터기를 켜다 打表 dǎbiǎo

A 师傅，怎么不打表呀?
Shīfu, zěnme bù dǎbiǎo ya?

B 我忘了。
Wǒ wàng le.

A 기사님. 왜 미터기를 안 켜요?

B 깜빡했어요.

단어 师傅 shīfu 기사님 | 怎么 zěnme 왜, 어째서 | 忘 wàng 깜빡하다, 잊어먹다

★ 表는 "미터기"로 중국에서는 "미터기를 켜다"를 "미터기를 때리다". 즉 打表라고 한답니다.
★ 중국사람들은 택시 운전기사를 어떻게 부를까? 중국어로 운전기사는 司机 sījī라고 해요. 하지만 실제로는 그냥 "아저씨"란 뜻의 师傅 shīfu라고 많이들 불러요. 师傅는 스승이란 의미의 "사부"란 뜻도 있지만 중국에서는 "기사님, 아저씨"란 의미로 광범위하게 쓰여요.

04 차가 막히다 堵车 dǔchē

A 今天堵车真厉害。
Jīntiān dǔchē zhēn lìhai.

B 因为现在是下班高峰。
Yīnwèi xiànzài shì xiàbān gāofēng.

A 오늘 차가 많이 막히네.

B 지금 퇴근 러시아워라서 그래.

단어 真 zhēn 정말로 | 厉害 lìhai 심하다 | 现在 xiànzài 지금 | 下班 xiàbān 퇴근하다 |
高峰 gāofēng 절정

★ 堵는 "막히다"로, 堵车는 "차가 막히다"란 뜻이에요.
★ 下班高峰은 말 그대로 "퇴근의 절정". 즉 "퇴근 러시아워"를 뜻해요. 반대로 "출근 러시아워"는 "출근하다"란 上班 shàngbān을 써서 上班高峰 shàngbān gāofēng이라고 하죠.

Tip 今天车真堵。 Jīntiān chē zhēn dǔ. 오늘 차 정말 막힌다.
对不起，因为堵车所以迟到了。Duìbuqǐ, yīnwèi dǔchē suǒyǐ chídào le. 죄송해요. 차가 막혀 늦었어요.
车一点都不动。Chē yìdiǎn dōu bú dòng. 차가 꿈쩍도 하지 않다.

05 불법택시 黑车 hēichē

A 咱们打黑车吧。
Zánmen dǎ hēichē ba.

B 还是打出租车吧，安全第一。
Háishi dǎ chūzūchē ba, ānquán dìyī.

A 우리 불법택시 타고 가자.

B 그냥 택시 타고 가자. 안전이 제일이잖아.

단어 打黑车 dǎ hēichē 불법택시를 잡다 | 出租车 chūzūchē 택시 | 还是 háishi 그냥 |
安全第一 ānquán dìyī 안전제일

★ 黑车는 말 그대로 "검은차". 즉 정식 영업 허가를 받지 않은 "불법영업택시"를 말해요.

280

검은차란 뜻의 黑车 hēichē는 정식 영업허가를 받지 않은 불법택시를 말해요. 현재 베이징의 전체 택시수는 7만여 대 정도인데요. 하지만 불법택시가 일반택시보다 더 많습니다. 베이징시는 이 불법영업택시 때문에 아주 골머리를 앓고 있어요. 정말 어딜가나 자가용을 끌고 나와 손님을 호객하는 헤이처 기사들을 볼 수가 있어요. 특히 베이징의 한인타운인 왕징 지역이나 외국 유학생들이 많은 우다코우에 가면 헤이처 기사들이 바글바글합니다. 헤이처의 요금은 일반택시보다 결코 싸지 않아요. 오히려 바가지를 씌우는 경우가 더 많죠. 또 각종 성범죄가 발생하기도 하니 일반택시를 타는 것이 안전하고 좋답니다.

06 너무 불쌍해 好可怜 hǎo kělián

A 我把钱包忘在出租车里了。
Wǒ bǎ qiánbāo wàng zài chūzūchē lǐ le.

B 好可怜!
Hǎo kělián!

A 나 지갑을 택시에 놓고 내렸어.

B 너무 불쌍해!

단어 把 bǎ ~을(를) | 钱包 qiánbāo 지갑 | 出租车 chūzūchē 택시 | 好 매우, 완전 | 可怜 kělián 불쌍하다

★ 중국어로 "~에 물건을 깜빡 잊고 오다"란 말은 把구문을 써서 〈把bǎ+물건+忘wàng+在zài+장소〉형식을 써요. 이때 忘대신 "떨어뜨리다"란 뜻의 掉 diào, 혹은 "빠뜨리다"란 뜻의 落 là를 써도 상관없어요.

★ 예문의 好可怜은 우리말의 "완전 불쌍하다, 진짜 불쌍하지"같은 어감을 주는 관용표현이에요.

Tip 我把手机落在出租车里了。 Wǒ bǎ shǒujī là zài chūzūchē lǐ le. 나 택시에 휴대전화 놓고 내렸어.
我把手机掉在出租车里了。 Wǒ bǎ shǒujī diào zài chūzūchē lǐ le. 나 택시에 휴대전화 떨어뜨렸어.

07 합승하다 拼车 pīnchē

A 你可以和他拼车吗?
Nǐ kěyǐ hé tā pīnchē ma?

B 随便。
Suíbiàn.

A 저분이랑 합승 좀 하실 수 있으세요?

B 그렇게 하세요.

단어 可以 kěyǐ 괜찮다 | 和 hé ~와 | 随便 suíbiàn 맘대로 하다

★ 拼은 "하나로 합치다, 모으다"고, 车는 "자동차"로, 拼车는 "자동차를 하나로 합치다". 즉 "합승하다"란 의미에요.
★ 중국에도 택시 합승이란 게 있을까요? 제 경험으로는 수도인 베이징에는 합승이란 개념이 전혀 없어요. 하지만 다른 지방도시에 가면 합승이 가능해요.

Tip 기름값이나 교통비를 아끼려고 여러 명이 차를 같이 타는 것을 "카풀"이라고 하잖아요. 이 "카풀"역시 중국어로 拼车라고 해요.

08 빙빙 돌다 绕远 ràoyuǎn

A 打车费怎么这么贵?
Dǎchēfèi zěnme zhème guì?

B 好像绕远了。
Hǎoxiàng ràoyuǎn le.

A 택시비가 왜 이렇게 많이 나왔지?

B 아무래도 빙빙 돈거 같은데.

단어 打车费 dǎchēfèi 택시비 | 怎么 zěnme 왜. 어떻게 | 这么 zhème 이렇게 | 贵 guì 비싸다 | 好像 hǎoxiàng 아무래도 ~하다

★ 绕는 "돌다, 돌아가다"고, 远은 "멀다"란 뜻으로, 绕远은 택시기사가 길을 일부러 돌아가는 것을 말해요.
★ 베이징 토박이들은 绕远을 발음할 때 뒤에 얼화음을 넣어 "라오 위알~"이라고 말해요.

09 택시를 가로채다 截出租车 jié chūzūchē

A 他截了我们的出租车。
Tā jié le wǒmen de chūzūchē.

B 真过分!
Zhēn guòfèn!

A 저 사람이 우리 택시 가로챘어.
B 정말 너무하군!

단어 截 jié 막아내다, 저지하다 | 我们 wǒmen 우리 | 过分 guòfèn 심하다

★ 截出租车는 "택시를 저지하다, 막아내다"란 뜻으로, 누군가 얌체같이 먼저 기다리고 있던 사람을 제치고 택시를 가로채는 것을 말해요.
★ 예문의 真过分은 우리말의 "정말 심하군, 진짜 너무해" 같은 어감을 주는 관용표현이에요.

10 승차 거부하다 拒载 jùzǎi

A 出租车为什么都拒载?
Chūzūchē wèishénme dōu jùzǎi?

B 因为太近了，不去。
Yīnwèi tài jìn le, bú qù.

A 택시들이 왜 다 승차거부를 하지?
B 너무 가까워서 안 가는 거야.

단어 为什么 wèishénme 왜 | 都 dōu 모두 | 近 jìn 가깝다 | 去 qù 가다

★ 拒载는 "승차를 거부하다"란 뜻으로, "승객 태우는 것을 거절하다"란 의미의 拒绝载客 jùjué zǎikè의 줄임말이에요.

11 영수증 发票 fāpiào

A 请开张发票。
Qǐng kāi zhāng fāpiào.

B 没问题。
Méiwèntí.

A 영수증 좀 끊어주세요.
B 물론이죠.

단어 开 kāi 끊다 | 张 zhāng 장 (종이를 세는 양사) | 发票 fāpiào 영수증

★ 중국사람들은 습관적으로 택시기사에게 영수증을 끊어달라고 요구해요. 아무래도 택시를 이용하는 고객이 대부분 직장인이다 보니 회사에 영수증 처리를 하기 위해서죠. 또 혹시 택시에 휴대전화나 지갑을 놓고 내릴 경우에 영수증이 있으면 차량을 쉽게 찾을 수 있거든요. "영수증 한 장 끊어주세요"란 중국어 请开张发票라는 말은 정말 꼭 기억해 두세요!

12 잔돈 零钱 língqián

A 给，100块。
Gěi, yìbǎi kuài.

B 没有零钱吗?
Méiyǒu língqián ma?

A 여기요. 100위안.
B 잔돈 없으세요?

단어 给 gěi 여기요 | 块 kuài 위안

★ 돈을 내거나 상대방에게 물건을 건넬 때 쓰는 "자요, 여기요"란 말은 그냥 "주다"란 뜻의 给을 써요. 상대방에게 돈을 건네면서 그냥 给라고 한마디 하시면 돼요.

★ "잔돈을 거슬러주다"말은 "찾다"란 뜻의 동사 找 zhǎo를 써서 找零钱 zhǎo língqián이라고 해요.

Tip 有零钱吗? Yǒu líng qián ma? 잔돈 있으세요?
我没有零钱。Wǒ méiyǒu língqián. 저 잔돈 없어요.
我只有100块钱。Wǒ zhǐyǒu yìbǎi kuàiqián. 저 100위안짜리 밖에 없는데요.

중국 택시기사들은 100위안짜리 지폐를 내면 짜증을 내는 경우가 종종 있어요. 잔돈이 없다며 손님에게 가게에 가서 음료수를 사고 바꿔오라고 시키는 경우도 있습니다. 중국 말이 서투른 분들은 뭐라고 하고 싶지만, 말이 안 되니 그냥 시키는 대로 할 수밖에 없죠. 저 같은 경우에는 이런 상황이 닥치면 이렇게 말하곤 해요. 那你去买吧 Nà nǐ qù mǎi ba (그럼 당신이 가서 사오세요)

13 위조지폐 假币 jiǎbì

A 师傅，这钱换一下。
Shīfu, zhè qián huàn yíxià.

B 这绝对不是假币。
Zhè juéduì bú shì jiǎbì.

A 기사님. 이 돈 바꿔주세요.
B 이거 절대 위조지폐 아니에요.

단어 换 huàn 교환하다 | 一下 yíxià 좀 ~하다 | 绝对 juéduì 절대

★ 假는 "가짜", 币는 "돈, 화폐"의 뜻으로, 假币는 가짜돈. 즉 "위조지폐"를 말해요.
★ 중국에는 위폐가 정말 많아요. 그래서 택시를 탈 때 100위안짜리 지폐를 내면 기사는 이리저리 돈을 만지작 거리거나, 불빛에 비춰보기도 하고, 심지어는 휴대용 위폐 감별기를 동원하기도 하죠. 위조지폐가 아무리 정교해도 손으로 만져보면 금세 알 수가 있어요. 왠지 돈의 촉감이 이상하다 싶으면 주저하지 마시고 기사에게 换一下라고 말하세요.

14 왕푸징까지 가주세요 去王府井 qù Wángfǔjǐng

A 您去哪儿?
Nín qù nǎr?

B 去王府井。
Qù Wángfǔjǐng.

A 어디까지 가세요?

B 왕푸징이요.

단어 去 qù 가다 | 王府井 Wángfǔjǐng 왕푸징 (베이징 번화가)

★ 택시를 탈 때 잘 쓰는 "~까지 가주세요"란 말은 "가다"란 뜻의 동사 去 qù를 써서 〈去qù+목적지〉형식으로 써요. 근데, 중국사람들은 去대신 "도착하다"란 뜻의 到 dào도 많이 써요. 둘다 많이 쓰이니 입맞에 맞게 골라 쓰세요.

Tip 到那儿要多久? Dào nàr yào duōjiǔ? 거기까지 가는데 얼마나 걸려요?
半个小时内能到吗? Bàn ge xiǎoshí nèi néngdào ma? 30분내로 갈 수 있나요?
你尽量开快点吧! Nǐ jǐnliàng kāi kuàidiǎn ba! 최대한 빨리 가주세요!

15 최대한 빨리 가주세요 尽量快点吧 jǐnliàng kuàidiǎn ba

A 师傅，尽量快点吧。
Shīfu, jǐnliàng kuàidiǎn ba.

B 我尽力。
Wǒ jìnlì.

A 기사님, 최대한 빨리 가주세요.

B 최대한 노력해볼게요.

단어 尽量 jǐnliàng 가능한한. 최대한 | 快点 kuàidiǎn 서둘러. 빨리 | 尽力 jìnlì 온힘을 다하다

★ 우리가 택시를 탈 때 잘 쓰는 "빨리 좀 가주세요"란 말은 "가능한한, 최대한"이란 뜻의 부사 尽量을 써서 尽量快点吧라고 해요.

★ 我尽力는 "제가 최대한 노력할게요, 제가 최선을 다해볼게요"란 말로, 택시기사에게 빨리 가달라고 재촉하면 기사들이 늘상 쓰는 말이에요.

★ 참고로 "지름길, 가까운 길"이란 뜻의 近道 jìndào라고 해요.

Tip 师傅有近道吗? Shīfu yǒu jìndào ma? 기사님, 지름길은 없나요?

我尽力，但是够呛。Wǒ jìnlì, dànshì gòuqiāng.
노력은 해보겠지만, 아마 힘들거에요. (**够呛** 힘들다, 빠듯하다)

师傅能不能开得更快点？Shīfu néng bu néng kāi de gèng kuàidiǎn?
기사님, 조금만 더 빨리 가주시면 안 돼요?

16 유턴하다 调头 diàotóu

A 前面调头。
Qiánmiàn diàotóu.

B 这儿不让调头。
Zhèr bú ràng diàotóu.

A 앞에서 유턴해주세요.
B 여긴 유턴 금지인데요.

단어 前面 qiánmiàn 앞에 | 这儿 zhèr 여기 | 不让 bú ràng ~하지 못하게 하다
★ 不让调头는 직역하면 "유턴을 하지 못하게 하다"로, 우리말의 "유턴 금지인데요"란 뜻이에요.

Tip 중국어로 "유턴해 주세요!"란 말은 다음과 같이 다양하게 쓸 수 있어요.
调一下头 diào yíxià tóu
调个头 diào ge tóu

17 좌회전하다 往左拐 wǎng zuǒguǎi

A 前面红绿灯往左拐。
Qiánmiàn hónglǜdēng wǎng zuǒguǎi.

B 这是单行线。
Zhè shì dānxíngxiàn.

A 저기 앞 신호등에서 좌회전 해주세요.
B 여긴 일방통행인데요.

단어 红绿灯 hónglǜdēng 신호등 | 往 wǎng ~을 향해서 | 拐 guǎi (방향을) 틀다, 바꾸다 |
单行线 dānxíngxiàn 일방통행
★ 往左拐는 풀이하면 "좌측을 향해 방향을 틀다"로, 우리말의 "좌회전하다"란 뜻이에요.

★ 방향을 지시할 때 拐 대신 "바꾸다, 전환하다"란 뜻의 동사 转 zhuǎn을 써서 往左转 wǎng zuǒzhuǎn이라고 해도 돼요.
★ 반대로 "우회전 해주세요"는 往右拐 wǎng yòuguǎi라고 하면 되겠죠?

Tip 请往右转。Qǐng wǎng yòuzhuǎn. 우회전 해주세요.
请往左转。Qǐng wǎng zuǒzhuǎn. 좌회전 해주세요.

18 직진해 주세요 一直走 yìzhí zǒu

A 前边十字路口怎么走?
Qiánbian shízì lùkǒu zěnme zǒu?

B 一直走。
Yìzhí zǒu.

A 저기 앞 사거리에서 어떻게 갈까요?

B 직진해 주세요.

단어 前边 qiánbian 앞, 전방 | 十字路口 shízì lùkǒu 사거리 | 怎么 zěnme 어떻게 | 走 zǒu 가다

★ 一直는 "곧장", 走는 "가다"로 一直走는 "직진해 주세요"란 뜻이에요.
★ 一直走란 말을 그냥 "곧장 가다"란 뜻의 直走 zhí zǒu라고 간단히 말해도 돼요.

Tip 往胡同里走。Wǎng hútòng lǐ zǒu. 골목 안으로 들어가주세요.
开进院子里。Kāi jìn yuànzi lǐ. 아파트 안까지 들어가주세요.

19 다 왔어요 到了 dàole

A 到了, 靠边停。
Dàole, kàobiān tíng.

B 好嘞!
Hǎo lei!

A 다왔어요. 저기다 세워주세요.

B 알았어요!

★ 靠边은 "길 옆으로 붙다, 대다"의 뜻으로, 중국사람들은 뒤에 얼화음을 넣어 "카오 비알~"하고 말해요.
★ 예문의 靠边停은 "옆으로 붙어서 세우다"로, 인도쪽으로 차를 붙여서 세워달라는 말이에요. 중국사람들이 택시를 탈 때 어김없이 쓰는 활용도100% 실용표현이죠.

★ 예문의 **好嘞** hǎo lei는 우리말의 "오케이, 좋아요"란 뜻으로 베이징 토박이들, 특히 택시기사들이 이 즐겨쓰는 슬랭이에요. 발음할 땐 최대한 느끼하게 "하오~레이".

20 운전하다 开车 kāichē

A 你会开车吗?
Nǐ huì kāichē ma?

B 我已经开7年车了。
Wǒ yǐjing kāi qī nián chē le.

A 너 운전할 줄 알아?
B 나 운전한지 7년이나 됐어.

단어 会 huì ~할 줄 알다 | 已经 yǐjing 이미 | 开 kāi 몰다 | 车 chē 차

★ 开车는 "차를 열다"란 뜻이 아니라 "운전하다, 차를 몰다"란 뜻이에요.
★ 예문의 "나 7년간 운전했어"처럼 운전한 기간을 말하고자 할 때는 〈开kāi+시간+车chē〉형식을 써요.

Tip 我不会开车。Wǒ bú huì kāichē. 나 운전할 줄 몰라.
我不太会开车。Wǒ bú tài huì kāichē. 나 운전 잘 못해.
我车开得很好。Wǒ chē kāi de hěn hǎo. 나 운전 잘해.
我怕开车。Wǒ pà kāichē. 나 운전하는 거 무서워.
我要学开车。Wǒ yào xué kāichē. 나 운전 배워야 해.

21 아우디를 몰다 开奥迪 kāi àodí

A 你男朋友开什么车?
Nǐ nán péngyou kāi shénme chē?

B 他开奥迪。
Tā kāi àodí.

A 네 남자친구는 무슨 차 몰아?
B 걔 아우디 몰아.

단어 开 kāi 몰다 | 什么 shénme 무슨 | 奥迪 àodí 아우디

★ 예문의 开什么车?는 "무슨 차를 몰아?"란 말로, 상대방이 타는 차가 어떤 브랜드인지를 묻는 말이에요.
★ 중국어 "벤츠를 몰다, 아우디를 몰다"같은 말은 "몰다"란 뜻의 开를 써서 〈开kāi+차 브랜드명〉형식으로 표현해요. 예를 들어 "벤츠를 몰다"는 开奔驰 kāi bēnchí, BMW를 몰다는 开宝马 kāi bǎomǎ처럼요.

Tip

스포츠카 跑车 pǎochē	승용차 轿车 jiàochē	폭스바겐 大众 dàzhòng	포르쉐 保时捷 bǎoshíjié
람보르기니 蓝宝基尼 lánbǎojīní	현대 现代 xiàndài	쉬보레 雪佛兰 xuěfólán	기아 起亚 qǐyà
벤틀리 宾利 bīnlì	랜드로버 路虎 lùhǔ	니산 尼桑 nísāng	혼다 丰田 fēngtián
렉서스 雷克萨斯 léikèsàsī	볼보 沃尔沃 wòěrwò	마세라티 玛莎拉蒂 mǎshālādì	페라리 法拉利 fǎlālì

China talk! talk!

중국에서 가장 인기가 좋은 3대 수입차 브랜드는 역시 아우디, 벤츠, BMW인데요. 그중에서도 아우디는 수입차 판매율 1위를 지키며, 곧 100만대 판매 돌파를 눈앞에 두고 있죠. 중국에서 아우디는 기업 CEO라든가 고위직 공무원들이 선호해요. 중국의 관공서 차량들도 대부분이 아우디일 정도예요. BMW는 暴发户 bàofāhù라고 불리는 졸부들과 부모가 돈이 많은 대도시의 젊은 층이 선호하는 차죠. 벤츠는 약간 나이가 있거나 은퇴를 한 지방의 부호들이 즐겨 타는 차량이에요. 위 3개 브랜드의 자동차 회사는 모두 중국 현지에 생산공장을 가지고 있답니다.

22 자동차 운전학원 驾校 jiàxiào

A 我报了驾校。
Wǒ bào le jiàxiào.

B 那儿学费多少钱?
Nàr xuéfèi duōshǎo qián?

A 나 자동차 운전학원 등록했어.

B 거기 학원비가 얼마야?

단어 报 bào 등록하다 | 那儿 nàr 거기, 그곳 | 学费 xuéfèi 학원비

★ 驾校는 "운전하다"란 뜻의 驾驶 jiàshǐ, "학교"란 뜻의 学校 xuéxiào를 합친 驾驶学校 jiàshǐ xuéxiào의 줄임말이에요. 자동차 운전학원에 등록하다란 말은 报驾校라고 해요.

★ 중국에선 요즘 자가 운전자가 폭발적으로 늘어나고 있어서 운전학원이 장사가 잘 돼요. 수업 과정은 우리와 비슷하고요. 학원비는 보통 3000~5000위안. 우리돈으로 60~90만 원 정도 하니 절대 싸지 않죠.

Tip 필기시험 : 笔试 bǐshì / 주행시험 : 路试 lùshì

23 운전면허 驾照 jiàzhào

A 你有驾照吗?
Nǐ yǒu jiàzhào ma?

B 有。但好久不开车了。
Yǒu. Dàn hǎojiǔ bù kāichē le.

A 너 운전면허 있어?
B 어. 근데 장롱면허야.

단어 但 dàn 그러나 | 好 hǎo 무척, 매우 | 久 jiǔ 오래 | 开车 kāichē 운전하다

★ 예문의 好久不开车를 직역하면 "매우 오랫동안 차를 운전하지 않다"로, 면허를 따놓고 운전은 안 하는 "장롱면허"를 뜻해요.

★ 중국어로 "면허를 따다"란 말은 "획득하다, 취득하다"란 뜻의 동사 拿 ná를 써서 拿驾照 ná jiàzhào라고 해요.

Tip 我拿了驾照。Wǒ ná le jiàzhào. 나 운전면허 땄어.
我还没拿驾照。Wǒ hái méi ná jiàzhào. 나 운전면허 아직 못 땄어.
我拿驾照不久。Wǒ ná jiàzhào bù jiǔ. 나 면허 딴지 얼마 안 됐어.
我拿驾照才一个月。Wǒ ná jiàzhào cái yī ge yuè. 나 면허 딴지 한 달 밖에 안 됐어.
你什么时候拿的驾照? Nǐ shénme shíhou ná de jiàzhào? 너 운전면허 언제 땄어?

China talk! talk!

중국에서 면허 따기는 어떨까요? 만약에 한국면허가 있다면 간단한 테스트만 통과하면 중국면허를 취득할 수가 있어요. 시험은 필기시험만 보면 되는데, 한국어로도 볼 수가 있어요. 1,000문제 정도 실린 예상문제집이 있는데, 거기서 그대로 나옵니다. 45분간 100문제를 풀고, 90점이 넘어야 합격이 됩니다. 컴퓨터로 시험을 보기 때문에 결과는 그 자리에서 바로 확인 가능합니다. 시험응시료, 신체검사비, 면허수속비 등 총 소요비용은 우리돈 4만 원 정도로 가격이 비교적 저렴합니다.

24 운전을 가르쳐주다 教开车 jiāo kāichē

A 你教我开车。
　　Nǐ jiāo wǒ kāichē.

B 你还是报驾校吧。
　　Nǐ háishi bào jiàxiào ba.

A 너 나 운전하는 것 좀 가르쳐줘.

B 너 그냥 운전학원 등록해.

단어 教 jiāo 가르치다 | 开车 kāichē 운전하다 | 还是 háishi 그냥 | 报 bào 등록하다 | 驾校 jiàxiào 운전학원

★ 누구에게 운전을 가르치다란 말은 〈주어+教jiāo+대상+开车kāichē〉형식을 써요. 예문의 你教我开车는 "네가 내게 운전을 가르치다"란 뜻이에요.

★ 주의! 教开车에서 教 jiāo는 1성으로 발음해요. 教는 1성과 4성으로 발음되는 다음자(多音字)로 기술, 지식 등을 가르치다할 때는 1성으로 발음됩니다.

Tip 恋人之间不能教开车。 Liànrén zhījiān bù néng jiāo kāichē.
　　　　　　　　　　연인끼리는 운전 가르쳐주는 거 아니야. (恋人之间 연인사이)

　　　 夫妻之间不能教开车。 Fūqī zhījiān bù néng jiāo kāichē.
　　　　　　　　　　부부끼리는 운전 가르쳐주는 거 아니야. (夫妻之间 부부사이)

25 브레이크를 밟다 踩刹车 cǎi shāchē

A 快踩刹车。
　　Kuài cǎi shāchē.

B 差点出事了。
　　Chà diǎn chūshì le.

A 빨리 브레이크 밟아.

B 하마터면 사고 날 뻔 했다.

단어 快 kuài 빨리 | 踩 cǎi 밟다 | 刹车 shāchē 브레이크 | 差点 chà diǎn 하마터면 ~하다 | 出事 chūshì 사고 나다

★ 刹는 "(기계, 차량 등을) 멈추다"란 뜻으로 刹车는 "자동차 브레이크"를 뜻해요. 브레이크를 밟다 할 때 "밟다"는 동사 踩를 씁니다.

★ 참고로 핸드 브레이크는 "손으로 멈추다"란 뜻의 手刹라고 합니다.

> **Tip**
> 踩油门 cǎi yóumén 액셀을 밟다
> 打转向灯 dǎ zhuǎnxiàngdēng 방향등을 키다
> 拉手刹 lā shǒushā 파킹브레이크를 올리다
> 挂挡 guà dǎng 기어를 바꾸다

자동차 관련 단어

와이퍼 雨刮器 yǔguāqì	방향등 方向灯 fāngxiàngdēng	사이드미러 侧镜 cèjìng	파킹브레이크 手刹 shǒushā
후드 车盖 chēgài	헤드라이트 前灯 qiándēng	계기판 方向盘 fāngxiàngpán	운전석 驾驶座 jiàshǐzuò
트렁크 车厢 chēxiāng	브레이크등 刹车灯 shāchēdēng	크락션 喇叭 lǎba	조수석 副驾驶座 fùjiàshǐzuò
엔진 发动机 fādòngjī	주차등 停车灯 tíngchēdēng	기어 排挡 páidàng	뒷자리 后座 hòuzuò
타이어 轮胎 lúntāi	꼬리등 尾灯 wěidēng	오토기어 自动挡 zìdòngdǎng	안전띠 安全带 ānquándài
바람빠진 타이어 漏气胎 lòuqìtāi	후진등 倒车灯 dàochēdēng	수동기어 手动挡 shǒudòngdǎng	기름 汽油 qìyóu
범퍼 保险杠 bǎoxiǎngàng	고장경고등 故障信号灯 gùzhàng xìnhàodēng	악셀리어터 油门 yóumén	윤활유 润滑油 rùnhuáyóu
번호판 车牌 chēpái	백미러 后视镜 hòushìjìng	브레이크 刹车 shāchē	

26 초보운전 新手 xīnshǒu

A 你开车真不熟练。
Nǐ kāichē zhēn bù shúliàn.

B 因为我是新手。
Yīnwèi wǒ shì xīnshǒu.

A 너 운전하는 거 진짜 서툴다.
B 나 초보운전자잖아.

단어 开车 kāichē 운전하다 | 真 zhēn 정말 | 熟练 shúliàn 능숙하다 | 因为 yīnwèi 왜냐하면

★ 新手 xīnshǒu는 말 그대로 "새로운 손". 즉 "초보 운전자"를 뜻해요.
★ 중국도 우리처럼 면허를 갓 취득한 초보 운전자들은 차 뒷 유리창에 新手라고 쓰인 한자를 붙이고 다녀요.

> **Tip** 车内有小孩儿! Chē nèi yǒu xiǎoháir! 차에 아기가 타고 있어요!

27 드라이브 하다 兜风 dōufēng

A 天气真好，去兜风吧!
Tiānqì zhēn hǎo, qù dōufēng ba!

B 好的!
Hǎo de!

A 날씨도 좋은데, 드라이브 가자!

B 좋지!

단어 天气 tiānqì 날씨 | 好 hǎo 좋다 | 去 qù 가다

★ 兜风은 "바람을 쐬다"로, 우리말의 "차를 타고 드라이브 하다"란 뜻이에요. "드라이브 가다"란 말은 "가다"란 뜻의 동사 去를 써서 去兜风이라고 해요.
★ 예문의 好的는 "좋지, 좋아"로 상대방의 제안을 흔쾌히 수락할 때 써요.

28 가는 길 顺路 shùnlù

A 你能把我拉到超市吗?
Nǐ néng bǎ wǒ lādào chāoshì ma?

B 行，正好顺路。
Xíng, zhènghǎo shùnlù.

A 나 마트까지 태워다 줄 수 있어?

B 그래. 어차피 가는 길이야.

단어 拉 lā 태우다 | 到 dào ~까지 | 超市 chāoshì 마트 | 正好 zhènghǎo 마침 | 行 xíng 좋아

★ 우리말의 "같은 방향이야, 같은 길이야"를 중국어로는 顺路라고 해요. 보통 앞에 "마침"이란 뜻의 부사 正好 zhènghǎo와 같이 써요.
★ 중국어로 "누구를 어디까지 태워다 주다"란 말은 把구문과 "태우다"란 뜻의 동사 拉 lā를 써서 〈把bǎ+대상+拉lā+到dào+목적지〉형식을 써요. 참! 이때 拉대신 "바래다주다"란 뜻의 送 sòng으로도 바꿔쓸 수 있어요.

Tip 我把你拉到学校。 Wǒ bǎ nǐ lā dào xuéxiào. 내가 너 학교까지 태워다 줄게.
我把你送到地铁站。 Wǒ bǎ nǐ sòng dào dìtiězhàn. 내가 너 지하철역까지 태워다 줄게.

29 만땅이요 加满 jiā mǎn

A 你要加多少油?
Nǐ yào jiā duōshǎo yóu?

B 加满!
Jiā mǎn!

A 기름 얼마나 넣어 드릴까요?

B 만땅이요!

★ 加油 jiāyóu는 "기름을 넣다" 즉, "주유하다"란 뜻이에요.
★ 加는 "넣다", 满은 "가득차다"로, 加满은 "가득차게 넣다". 즉 "만땅"의 뜻.
★ 중국의 기름값은 어떨까요? 중국에는 자동차 휘발유를 등급에 따라 "보통, 고급"으로 나누는데, 이를 각각 숫자로 표시해서 93号, 97号라고 해요. 베이징의 경우 현재 자동차 휘발유값은 평균 8~8.5위안 정도 해요. 우리돈으로 하면 1,500원~1,600원 정도입니다.

Tip 주유소 : 加油站 jiāyóuzhàn / 휘발유 : 汽油 qìyóu / 디젤 : 柴油 cháiyóu /
LPG : 液化石油气 yèhuà shíyóuqì / 리터 : 毫升 háoshēng

30 음주운전 酒后开车 jiǔ hòu kāichē

A 你喝酒了，不要开车。
Nǐ hē jiǔ le, búyào kāichē.

B 我从来不酒后开车。
Wǒ cónglái bù jiǔ hòu kāichē.

A 너 술 마셨으니까 운전하지마.

B 난 음주운전은 절대 안 해.

단어 喝酒 hējiǔ 술을 마시다 | 不要 búyào ~하지 말아라 | 开车 kāichē 운전하다 |
从来 cónglái (과거부터) 여태껏, 지금까지

★ 酒后는 "음주 후", 驾车는 "차를 몰다"로 酒后驾车는 우리말의 "음주 운전을 하다"란 뜻이에요.
★ 从来는 "여태껏, 이제껏"의 뜻으로 뒤에 보통 부정사 不 bù와 함께 써서 "여태껏 ~적이 없다"란 뜻을 나타내요. 예문의 我从来不酒后开车를 풀이하면 "나는 여태까지 음주운전은 단 한 번도 한 적이 없다"가 되죠.

Tip 음주단속 : 酒后检查 jiǔ hòu jiǎnchá / 음주측정 : 酒精测试 jiǔjīng cèshì /
혈중알콜농도 : 血液酒精含量 xuèyè jiǔjīng hánliàng

31 면허 정지   吊销驾照 diàoxiāo jiàzhào

A 我被吊销驾照了。
Wǒ bèi diàoxiāo jiàzhào le.

B 你酒后驾车啦？
Nǐ jiǔ hòu jiàchē lā?

A 나 운전 면허 정지 당했어.

B 너 음주운전 했어?

단어 被 bèi 당하다 | 驾照 jiàzhào 운전면허 | 酒后驾车 jiǔhòu jiàchē 음주운전

★ 吊销는 "증명 및 면허 등을 말소하다"란 뜻으로, 吊销驾照는 운전 면허가 아예 말소되거나 정지됨을 뜻해요.

Tip 면허가 몇 개월간 잠깐 정지되다란 말은 "잠시 압류하다"란 뜻의 暂扣 zànkòu를 써서 〈暂扣 zànkòu+기간〉으로 표현해요. 我的驾照暂扣一个月 Wǒ de zànkòu jiàzhào yī ge yuè (나 1개월 면허정지 당했어)

China talk! talk!

중국에 오랫동안 살면서 몇 년 전까지만 해도 사실 음주운전 단속을 하는 경찰을 거의 본 적이 없었어요. 하지만 현재는 상황이 180도 바뀌었습니다. 요즘은 거리 곳곳에서 음주운전 단속도 자주 하고, 만약 단속에 걸릴 경우 그 자리에서 바로 구류 15일, 2000위안 미만 벌금, 면허정지가 됩니다. 만약 1년 이내 두 번 적발이 되는 경우에는 향후 5년간 면허를 다시 취득할 수가 없어요. 또 보험료도 팍팍 인상이 되고요. 베이징시 공무원들은 만약 두 번이상 음주운전을 하다 걸리면 바로 잘리게 되는 법안이 현재 시행 중이고, 또 교통 사고가 많이 나는 연말연시에는 적발된 음주운전자들의 신원이 낱낱이 공개되기도 합니다. 얼마 전에는 동승자에 대해서도 벌금을 부과하겠다고 엄포를 놓아 네티즌들이 열띤 찬반토론을 벌이기도 했고요. 상하이에선 음주운전을 하다 사고를 내면 최고 사형까지 구형하겠다는 강력한 처벌규정을 발표하기도 했죠.

32 대리운전 代驾 dàijià

A 你可以喝酒吗?
Nǐ kěyǐ hējiǔ ma?

B 我要叫个代驾。
Wǒ yào jiào ge dàijià.

A 너 술 마셔도 괜찮아?

B 나 대리운전 부를 거야.

단어 可以 kěyǐ 괜찮다, 가능하다 | 喝酒 hējiǔ 술을 마시다 | 叫 jiào 부르다 | 个 ge 양사

★ 代驾는 말 그대로 "대신 운전하다". 즉 우리말의 "대리운전"을 뜻해요. 대리운전을 부르다란 말은 "부르다"란 뜻의 叫를 써서 叫代驾라고 해요.

Tip 你叫代驾了吗? Nǐ jiào dàijià le ma? 너 대리운전 불렀어?
你叫个代驾回家。Nǐ jiào ge dàijià huíjiā. 너 대리운전 불러서 집에 가.
你喝醉了不要开车! Nǐ hēzuì le búyào kāichē! 너 취했어 운전하지 마!

33 나 길치야 我是路盲 Wǒ shì lùmáng

A 你认路吗?
Nǐ rèn lù ma?

B 我是路盲。
Wǒ shì lùmáng.

A 너 길 알아?

B 나 길치야.

단어 认 rèn 알다 | 路 lù 길 | 盲 máng 맹인

★ 路盲은 말 그대로 "길의 맹인". 즉 길눈이 어두운 "길치"를 말해요.
★ 우리가 잘 쓰는 "나 방향감각이 없어"란 말에서 "방향감각"은 중국어로 方向感 fāngxiànggǎn이라고 해요.

Tip 我没有方向感。Wǒ méiyǒu fāngxiànggǎn. 난 방향감각이 꽝이야.

34 내비게이션 导航仪 dǎohángyí

A 你知道怎么去吗?
Nǐ zhīdao zěnme qù ma?

B 放心，我有导航仪。
Fàngxīn, wǒ yǒu dǎohángyí.

A 너 어떻게 가는 줄 알아?
B 걱정마. 나에겐 내비게이션이 있잖아.

단어 知道 zhīdao 알다 | 去 qù 가다 | 放心 fàngxīn 안심해. 걱정마

★ 중국에서는 "내비게이션"을 导航仪라고 해요. 导航은 "항해나 항공을 유도하다"란 뜻이죠.
★ 중국의 운전자들도 차량에 내비게이션은 기본적으로 달고 있어요. 만약 중국에서 운전을 하려면 내비게이션은 필수 장착하는 것이 좋아요. 근데 안내멘트는 당근 중국어로 나오겠죠?

Tip 我走错路了。Wǒ zǒu cuò lù le. 나 길 잘못 들었어.
我迷路了。Wǒ mílù le. 나 길 잃었어.

35 안전벨트 安全带 ānquándài

A 你系好安全带。
Nǐ jì hǎo ānquándài.

B 已经系了。
Yǐjing jì le.

A 너 안전벨트 매.
B 이미 맸어.

단어 系 jì 매다 | 安全带 ānquándài 안전벨트

★ 중국어로 "안전벨트를 매다"란 말은 系 뒤에 "잘, 좋게"라는 뜻의 好를 붙여〈系好jìhǎo+安全带ānquándài〉라고 해야해요.
★ "~을 매다"란 뜻으로 쓰이는 系는 xì가 아니라 꼭 jì라고 읽어야 해요.

Tip 你系好安全带了吗? Nǐ jì hǎo ānquándài le ma? 너 안전벨트 맸어?
快系好安全带! Kuài jì hǎo ānquándài! 빨리 안전벨트 매!
请系好安全带。Qǐng jì hǎo ānquándài. 안전벨트 매주세요.

베이징에서 택시를 타면 자리에 앉자마자 스피커에서 "안전벨트를 매주시고, 차내에서의 흡연은 삼가해 주세요 请系好安全带，在车内请不要吸烟 Qǐng jì hǎo ānquándài, zài chē nèi qǐng búyào xīyān"이라는 멘트가 나와요. 하지만 정작 안전벨트를 매고 운전하는 택시기사들은 거의 없고 중국의 일반 운전자들도 안전벨트를 대부분 안 매고 운전합니다. 하지만 차내에서 담배를 피면 기사들이 별로 안 좋아해요. 예전에는 기사나 손님이나 택시 안에서 자유롭게 맞담배를 피기도 했지만, 지금은 거의 불가능해요. 택시 안에서의 에티켓은 꼭 지키는 것이 좋겠죠?

36 신호등 红绿灯 hónglǜdēng

A 红绿灯一闪一闪的。
Hónglǜdēng yīshǎn yīshǎn de.

B 快过马路吧!
Kuài guò mǎlù ba!

A 신호등 깜빡거린다.

B 빨리 길 건너자!

단어 闪 shǎn 반짝이다 | 过 guò 건너다 | 马路 mǎlù 길

★ 중국어로 신호등은 "적녹색등"이란 뜻의 红绿灯이라고 해요. 중국사람들은 보통 말할 때 줄여서 다음과 같이 말해요. 신호등의 빨간불은 红灯 hóngdēng, 파란불은 绿灯 lǜdēng이라고 합니다.
★ 신호등이 깜빡깜빡거리다란 말은 "반짝이다, 번쩍이다"란 뜻의 闪을 써서 一闪一闪처럼 중복해서 표현해요.
★ 참고로 "파란불이 들어오다" 혹은 "파란불로 바뀌다"에서 "들어오다, 바뀌다"란 말은 각각 동사 来 lái, 换 huàn을 써서 표현합니다.

Tip 来了红灯 lái le hóngdēng 빨간불이 들어오다
来了绿灯 lái le lǜdēng 파란불이 들어오다
换了红灯 huàn le hóngdēng 빨간불로 바뀌다
换了绿灯 huàn le lǜdēng 파란불로 바뀌다

37 주차하다 停车 tíngchē

A 在这儿停车吧!
Zài zhèr tíngchē ba!

B 这儿车位都满了。
Zhèr chēwèi dōu mǎn le.

A 여기다 주차하자!

B 여기 다 만차야.

단어 车位 chēwèi 주차 자리 | 这儿 zhèr 여기, 이곳 | 都 dōu 모두 | 满 mǎn 차다

★ 停车는 말 그대로 "차를 세우다", 즉 "파킹하다"의 뜻이에요.
★ 예문의 这儿车位都满了는 "여기 주차자리가 모두 찼다"란 뜻이에요.
★ 停车는 "파킹하다"란 뜻외에도, 우리가 차나 택시를 타고 가다 목적지에 다 왔을 때 쓰는 "세워주세요"란 의미로도 쓰여요.

Tip 주차비 : 停车费 tíngchēfèi / 주차장 : 停车场 tíngchēchǎng / 불법주차 : 违章停车 wéizhāng tíngchē
代客停车 dàikè tíngchē 발레파킹
停车费多少钱? Tíngchēfèi duōshǎo qián? 주차비 얼마에요?
到了, 停车! Dàole, tíngchē! 다왔어요. 차 세워주세요!

38 견인당하다 被拖走 bèi tuōzǒu

A 我的车被拖走了。
Wǒ de chē bèi tuōzǒu le.

B 天啊!
Tiān'a!

A 내 차 견인당했어.

B 오마이 갓!

단어 被 bèi ~당하다 | 车 chē 차 | 拖 tuō 견인하다. 끌다 | 走 zǒu 가다 | 天啊 tiān'a 세상에

★ 拖走는 "견인해 가다, 끌어가다"로, 피동형식인 被拖走는 "견인당하다"란 뜻이에요.
★ 天啊는 우리말의 "세상에 이럴 수가", 영어의 Oh! my god에 해당하는 관용표현입니다.
★ 견인차는 중국어로 "끌고 가는 차"란 뜻의 拖车 tuōchē라고 해요.

Tip 拖车拖走了我的车。 Tuōchē tuō zǒu le wǒ de chē. 견인차가 내 차를 견인해갔어.

39 교통사고 나다 出车祸 chū chēhuò

A 小李怎么没来上班?
Xiǎo Lǐ zěnme méi lái shàngbān?

B 她昨天出车祸了。
Tā zuótiān chū chēhuò le.

A 샤오리 왜 출근 안 했어?
B 걔 어제 교통 사고 당했어.

단어 上班 shàngbān 출근하다 | 昨天 zuótiān 어제 | 车祸 chēhuò 교통사고

★ 车祸는 "차사고, 교통사고"로, 出车祸는 "교통사고가 나다"란 뜻이에요.
★ 중국어로 "접촉사고"는 刮擦事故 guācā shìgù, 추돌사고는 追尾事故 zhuīwěi shìgù라고 해요.

Tip 出刮擦事故。 Chū guācā shìgù. 접촉 사고가 나다.
出追尾事故。 Chū zhuīwěi shìgù. 추돌 사고가 나다.
出三重追尾事故。 Chū sānchóng zhuīwěi shìgù. 3중 추돌사고가 나다.
保险杠瘪了。 Bǎoxiǎngàng biě le. 범퍼가 찌그러졌어.
车过分隔线了。 Chē guòfèn géxiàn le. 차가 중앙선을 침범했어.
车撞了街边树。 Chē zhuàng le jiēbiān shù. 차가 가로수를 들이 받았어.

40 나 차에 치였어 我被车撞了 Wǒ bèi chē zhuàng le

A 你的胳膊怎么了?
Nǐ de gēbo zěnme le?

B 我被车撞了。
Wǒ bèi chē zhuàng le.

A 너 팔이 왜 그래?
B 나 차에 치였어.

단어 胳膊 gēbo 팔 | 怎么了 zěnme le 왜 그래 | 被 bèi 당하다 | 车 chē 차 | 撞 zhuàng 부딪히다

★ 我被车撞了는 풀이하면 "나는 차에 부딪힘을 당하다"로, "나 차에 치였어"란 뜻이에요.

Tip 我被卡车撞了。 Wǒ bèi kǎchē zhuàng le. 나 트럭에 치였어.
我被出租车撞了。 Wǒ bèi chūzūchē zhuàng le. 나 택시에 치였어.

41 CCTV 监控摄像头 jiānkòng shèxiàngtóu

A 有人刮了我的车。
Yǒurén guā le wǒ de chē.

B 查监控摄像头。
Chá jiānkòng shèxiàngtóu.

A 누가 내 차 긁고 도망갔어.
B CCTV 확인해봐.

단어 有人 yǒurén 누군가 | 刮 guā 긁다 | 查 chá 확인하다

★ 监控은 "감시하다", 摄像头는 "캠"으로 监控摄像头는 감시하는 캠. 즉 CCTV를 말해요.
★ 주의! 중국에서는 CCTV를 우리처럼 영어식으로 발음하면 안 돼요. 왜냐하면 중국에서 CCTV는 한국의 KBS격인 중국 국영방송국(China Central Television)을 뜻하거든요.

Tip 有人刮了我的车就跑了。Yǒurén guā le wǒ de chē jiù pǎo le. 누가 내 차 긁고 도망갔어.
你找到肇事者了吗？Nǐ zhǎodào zhàoshìzhě le ma? 너 범인 잡았어?

42 무인 카메라 电子眼 diànzǐyǎn

A 你减速吧，前面有电子眼。
Nǐ jiǎnsù ba, qiánmiàn yǒu diànzǐyǎn.

B 我也知道。
Wǒ yě zhīdao.

A 속도 줄여. 앞에 무인카메라 있어.
B 나도 알아.

단어 减速 jiǎnsù 감속하다 | 前面 qiánmiàn 앞에 | 也 yě 역시 | 知道 zhīdao 알다

★ 电子眼은 "전자 눈"으로, 도로에서 과속할 때 자동으로 찍히는 과속감지용 무인카메라를 뜻해요.
★ 예문의 你减速吧는 우리말의 "너 속도 줄여"란 뜻이에요.

43 뺑소니 肇事逃逸 zhàoshì táoyì

A 听说小王肇事逃逸了。
Tīngshuō Xiǎo Wáng zhàoshì táoyì le.

B 有目击者吗?
Yǒu mùjīzhě ma?

A 샤오왕 뺑소니 당했대.
B 목격자는 있고?

단어 听说 tīngshuō 듣기로 | 小王 Xiǎo Wáng 샤오왕(사람이름) | 目击者 mùjīzhě 목격자

★ 肇事는 "사고를 내다", 逃逸는 "도망가다"로 肇事逃逸는 우리말의 "뺑소니"의 뜻.
★ 주의! "뺑소니를 당하다"를 중국어로 할 때 "당하다"란 뜻의 피동사인 被 bèi를 써야할 것 같지만 그냥 생략하고 말해요.

Tip 肇事逃逸事件 zhàoshì táoyì shìjiàn 뺑소니 사고

44 크락션 울리다 按喇叭 àn lǎba

A 怎么一直按喇叭?
Zěnme yìzhí àn lǎba?

B 真讨厌!
Zhēn tǎoyàn!

A 왜 이리 크락션을 울리고 난리야?
B 정말 짜증나!

단어 怎么 zěnme 왜 이리 | 一直 yìzhí 계속해서 | 讨厌 tǎoyàn 짜증나다

★ 按은 "누르다", 喇叭는 "나팔"로 按喇叭는 "크락션 울리다"의 뜻이에요.
★ 真讨厌은 우리말의 "완전 짜증나, 짜증 제대로야"같은 어감을 주는 관용표현이에요.

45 추월하다 超车 chāochē

A 前面车的速度太慢了。
Qiánmiàn chē de sùdù tài màn le.

B 那就超车呗。
Nà jiù chāochē bei.

A 앞에 차 너무 느리게 간다.
B 그냥 추월해 버려.

단어 前面 qiánmiàn 앞에 | 车 chē 차 | 速度 sùdù 속도 | 慢 màn 느리다 | 就 jiù 그냥

★ 超车의 超는 "초과하다, 앞지르다"로 超车는 "추월하다"의 뜻.
★ 呗는 구어에서 잘 쓰이는 어기조사로, 우리말의 "그냥 ~해버려, 그냥 ~하면 되지 뭐" 같은 어감을 줘요. 발음할 때는 약간 새침한 느낌이 들도록 "베이"가 아닌 "베"라고 경성으로 짧게 끊어 발음해요.

46 딱지 끊다 扣分 kòufēn

A 我因为超速被扣分了。
Wǒ yīnwèi chāosù bèi kòufēn le.

B 真可怜。
Zhēn kělián.

A 나 과속하다 딱지 끊었어.
B 완전 불쌍하다.

단어 因为 yīnwèi ~때문에 | 超速 chāosù 과속하다 | 被 bèi ~당하다 | 可怜 kělián 불쌍하다

★ 扣分은 "점수를 깎다"란 뜻인데 이게 왜 "딱지를 끊다"란 뜻이 될까요? 중국에서는 신호위반시 딱지를 끊을 때마다 정해진 점수에서 몇 점씩 깎아나가는 방식이에요. 예를 들어 음주운전 -12점, 신호위반 -3점 이렇게요.
★ 여기서 因为는 "왜냐하면"이란 뜻의 접속사가 아니라 "~로 인해, ~때문에"란 뜻의 개사에요.
★ 예문의 真可怜은 우리말의 "진짜 가엾다, 완전 불쌍해" 같은 어감을 줘요.

47 무단횡단하다 闯红灯 chuǎng hóngdēng

A 我们过马路吧。
Wǒmen guò mǎlù ba.

B 不行，不能闯红灯。
Bùxíng, bùnéng chuǎng hóngdēng.

A 우리 길건너 가자.
B 안 돼. 무단횡단할 수 없어.

단어 过 guò 건너다 | 马路 mǎlù 길, 대로

★ 闯은 "갑자기 뛰어들다", 红灯 hóngdēng은 "빨간불"로, 闯红灯 chuǎng hóngdēng은 빨간등을 무시하고 건너는 무단횡단을 말해요.
★ 过马路는 "길을 건너다"란 뜻이에요.

Tip 횡단보도 : 斑马线 bānmǎxiàn / 인도 : 人行道 rénxíngdào / 차도 : 车道 chēdào / 갓길 : 辅路 fǔlù
我因为闯红灯被查了。Wǒ yīnwèi chuǎng hóngdēng bèi chá le. 나 무단횡단하다 걸렸어.
我因为闯红灯被罚了。Wǒ yīnwèi chuǎng hóngdēng bèi fá le. 나 무단횡단하다 벌금 냈어.

48 한번만 봐주세요 高抬贵手 gāotái guìshǒu

A 您违章了。
Nín wéizhāng le.

B 请高抬贵手。
Qǐng gāotái guìshǒu.

A 신호 위반 하셨어요.
B 한번만 봐주세요.

단어 违章 wéizhāng 신호 위반하다

★ 高抬贵手는 "귀한 손을 높이 들다"로, 우리말의 "한번만 봐주세요"의 뜻이에요.
★ 중국사람들은 "한번만 봐주세요"란 말을 할 때 "말을 놓아주다"란 뜻의 放一马 fàng yī mǎ란 표현도 잘 써요. 그리고 "관대하게 봐주다"란 의미의 사자성어인 手下留情 shǒuxià liúqíng도 실생활 활용도 200%인 표현이에요. 꼭 기억해 두세요!!

> Tip 能不能手下留情? Néng bu néng shǒu xià liúqíng? 한번만 봐주시면 안 돼요?
> 请放我一马。Qǐng fàng wǒ yī mǎ. 저 한번만 봐주세요!
> 请出示一下驾照。Qǐng chūshì yíxià jiàzhào. 면허증 좀 제시해주세요.

> 중국에서 운전을 하다 보면 신호위반에 걸린 운전자들이 경찰들에게 쩔쩔매는 광경을 쉽게 볼수 있어요. 중국은 사회주의 국가여서 경찰들의 권한이 막강한 편이죠. 경찰들은 보통 근엄한 표정과 위압적인 말투로 운전자를 나무라고, 운전자들은 굽신거리면서 한번만 봐달라고 통 사정을 하죠. 아니면 얼른 품에서 담배를 꺼내 "저기, 한 대 태우시죠."라고 아부를 떨기도 하고요. 물론 어림 반푼에 반푼 어치도 없지만 말이죠. 이럴 때 운전자가 경찰관을 부르는 호칭은 뭘까요? 경찰 선생님? 경찰 나으리? 바로 警察同志 jǐngchá tóngzhì(경찰 동지)라고 부른답니다.

49 교통카드 一卡通 yīkǎtōng

A 你办一卡通了吗?
Nǐ bàn yīkǎtōng le ma?

B 早就办了。
Zǎo jiù bàn le.

A 너 교통카드 만들었어?

B 진작 만들었지.

단어 办 bàn 만들다 | 一卡通 yīkǎtōng 이카통(중국의 T-머니) | 早就 zǎojiù 진작에

★ 一卡通은 "하나의 카드로 통하다"란 뜻으로, 우리의 T-money같은 중국의 교통카드에요. 办一卡通은 '교통카드를 만들다'란 뜻이에요.

★ 예문의 早就办了는 "진작에 만들었다, 일찍이 만들었다"란 뜻이에요.

> Tip 办学生一卡通。Bàn xuésheng yīkǎtōng. 학생용 교통카드를 만들다.
> 充值一卡通。Chōngzhí yīkǎtōng. 교통카드를 충전하다.
> 一卡通里没有钱。Yīkǎtōng lǐ méiyǒu qián. 교통카드에 돈이 떨어지다.

베이징 시민들의 필수 휴대품인 一卡通 yīkǎtōng(이카통)은 카드 하나면 어디든 통한다는 그 이름처럼 교통카드 한 장만 있으면 버스와 지하철은 물론이고 택시요금까지 결제가 가능합니다. 심지어는 극장에서 영화를 보고, 편의점에서 물건을 살 수도 있죠. 베이징에서 알뜰하게 생활하시려면 교통카드는 꼭 만들어야 해요. 버스요금과 지하철요금이 할인되거든요. 외국 유학생은 학생용 교통카드를 만들면 더욱더 학생우대 할인이 됩니다.

50 88번 버스 88路车 bāshí bā lù chē

A 88路车去天安门吗?
Bāshí bā lù chē qù Tiān'ānmén ma?

B 不到，坐89路。
Bú dào, zuò bāshí jiǔ lù.

A 88번 버스 천안문 가나요?

B 아니요. 89번 타세요.

단어 路 lù 버스 노선 | 车 chē 차 (여기서는 버스를 뜻해요) | 天安门 Tiān'ānmén 천안문 광장 |
到 dào 도착하다 | 坐 zuò 타다

★ 버스 노선을 말할 때 쓰는 "몇 번 버스"란 말은 "노선"이란 뜻의 路를 써서 〈버스 번호+路+车〉형식을 씁니다. 중국사람들은 보통 뒤에 "차"란 뜻의 车를 생략하고 그냥 〈버스 번호+路〉형식으로 많이 써요.

★ 예문의 坐89路는 "89번 버스를 타다"란 뜻이에요.

★ 주의! "몇 번 버스"란 말을 우리식대로 생각해서 뒤에 번호를 뜻하는 号를 쓰면 안 돼요. "88번 버스"는 88路车라고 해야 맞아요. 88号车라고 하면 NO!

Tip 坐1号线地铁 zuò yīhàoxiàn dìtiě 1호선 지하철을 타다
坐1路车 zuò yī lù chē 1번 버스를 타다

51 지하철 地铁 dìtiě

A 去天安门坐几号线地铁?
Qù Tiān'ānmén zuò jǐ hàoxiàn dìtiě?

B 坐一号线。
Zuò yīhàoxiàn.

A 천안문가려면 몇 호선 타야해?
B 1호선 타면돼.

단어 去 qù 가다 | 号线 hàoxiàn 호선 | 坐 zuò 타다

★ 지하철을 타다에서 "타다"라는 동사는 坐를 써요. "1호선을 타다"는 坐一号线이라고 하고요.

Tip 换乘 huànchéng 갈아타다
换乘站 huànchéngzhàn 갈아타는 곳
请换乘1号线。Qǐng huànchéng yīhàoxiàn. 1호선으로 갈아타세요.
在这站下车。Zài zhè zhàn xiàchē. 이번 역에서 내리세요.
你坐错了车。Nǐ zuò cuò le chē. 잘못 타셨어요.

베이징의 지하철요금은 전 구간 환승에 상관없이 2위안이에요. 지하철 티켓을 살 때는 3위안을 내면 되는데, 내릴 때 요금 환급기에 티켓을 넣으면 1위안을 돌려받을 수 있어요. 베이징 지하철의 특이한 광경을 꼽으라면 모든 역사에서 보안검사 安检 ānjiǎn을 철저히 한다는 점이에요. 무슨 공항도 아닌데 매번 탈 때마다 가방이며 짐을 전부 검색대에 올려야 하죠. 원래는 올림픽을 전후로 해서 강화되었는데, 현재까지도 검색은 여전히 진행중입니다.

52 버스 公交车 gōngjiāochē

A 公交车来了。赶紧上吧!
Gōngjiāochē lái le. Gǎnjǐn shàng ba!

B 人太多了,等下一趟吧。
Rén tài duō le, děng xià yí tàng ba.

A 버스 왔다. 빨리 타자!
B 사람이 너무 많은데. 다음 것 타자.

단어 赶紧 gǎnjǐn 빨리 | 上 shàng 타다 | 人 rén 사람 | 等 děng 기다리다 | 下 xià 다음의 |
趟 tàng 편, 차례 (양사)

★ 예문의 下一趟은 "다음에 오는 차편"으로, 等下一趟吧는 "다음에 오는 차편을 기다리다". 즉 우리말의 "다음거 타자"란 의미에요.
★ 버스전용차선은 중국어로 公交车专用道 gōngjiāochē zhuānyòngdào라고 해요.
★ 주의! 중국어로 "몇 번 버스"란 말을 할 때는 숫자 뒤에 번호를 뜻하는 号 hào를 쓰지 않고, "길"을 뜻하는 路 lù를 씁니다. 예를 들어 77번 버스는 77号가 아닌, 77路라고 해야 맞아요. 헷갈리지 마세요!

Tip 车内人太挤了。Chē nèi rén tài jǐ le. 차 안에 사람이 너무 많아.
公交车费多少钱? Gōngjiāochēfèi duōshǎo qián? 버스요금 얼마예요?
早班车几点出发? Zǎobānchē jǐ diǎn chūfā? 첫차는 몇 시예요?
末班车几点出发? Mòbānchē jǐ diǎn chūfā? 막차는 몇 시예요?

 China talk! talk!

중국에서 버스는 公交车 gōngjiāochē라고 해요. 公共汽车 gōnggòng qìchē도 버스의 뜻이지만 완전 한물간 표현이에요. 베이징에는 다양한 종류의 버스가 다녀요. 일명 지네버스라 불리는 트롤리버스, 전기로 가는 버스도 있고 심지어는 2층 버스도 있어요. 일반버스의 기본요금은 단돈 1위안(우리돈 200원)이에요. 물론 버스 종류나 이동 거리에 따라 요금이 조금씩 달라지기도 해요. 만약 한국의 T-money같은 베이징의 교통카드인 一卡通을 만들면 8마오(우리돈 160원)의 요금이 적용되고, 유학생일 경우에는 학생용 교통카드를 만들면 4마오(우리돈 80원)만 내면 돼요. 베이징의 버스요금. 참 저렴하죠?

53 정거장 站 zhàn

A 从这到王府井需要几站?
Cóng zhè dào Wángfǔjǐng xūyào jǐ zhàn?

B 三站。
Sān zhàn.

A 여기서 왕푸징까지 가려면 몇 정가장 가야해?
B 세 정거장.

단어 从 cóng ~로 부터 | 到 dào ~까지 | 王府井 Wángfǔjǐng 왕푸징 | 需要 xūyào 필요하다 | 几 jǐ 몇

★ 站은 버스나 지하철의 "역, 정거장"의 뜻으로, 중국어로 "한 정거장, 두 정거장"이란 말은 각각 一站, 二站이라고 표현해요.

★ 우리가 거리를 말할 때 쓰는 "~부터 ~까지"란 말은 "从…到…"형식을 써요.

★ 우리가 버스나 지하철을 탈 때 자주 쓰는 "몇 정거장 가야해?"란 말은 "가다"란 뜻의 동사 走 zǒu나 去 qù를 쓰지 않고 그냥 "몇 정거장이 필요해?"란 뜻의 需要几站이라고 해요.

Tip 지하철역 : 地铁站 dìtiězhàn / 기차역 : 火车站 huǒchēzhàn / 버스정류장 : 公交车站 gōngjiāochēzhàn / 고속버스터미널 : 长途汽车站 zhǎngtú qìchēzhàn

54 정거장을 지나치다 坐过站 zuò guò zhàn

A 我们坐过站了。
Wǒmen zuò guò zhàn le.

B 真的吗?
Zhēnde ma?

A 우리 정거장 지나쳤어.

B 정말?

단어 坐 zuò 타다 | 过 guò 지나다 | 站 zhàn 정거장, 역

★ 坐过站은 말 그대로 "타고가다 정거장을 지나치다". 즉 버스나 지하철을 탈 때 내려야할 정거장을 지나치는 것을 뜻해요.

★ 네이티브처럼 말하기! 만약 차 안에서 깜빡 졸다 정거장을 지나쳤을 때는 坐 대신 "자다"란 뜻의 睡 shuì를 써서 睡过站 shuì guò zhàn이라고 합니다.

Tip 我们是不是坐过站了? Wǒmen shì bu shì zuò guò zhàn le? 우리 혹시 정거장 지나친 거 아니니?
我们好像坐过站了。Wǒmen hǎoxiàng zuò guò zhàn le. 우리 아무래도 정거장 지나친 거 같아.
我们没坐过站。Wǒmen méi zuò guò zhàn. 우리 정거장 지나치지 않았어.

55 자리를 양보하다 让座 ràngzuò

A 你快给老人让座。
Nǐ kuài gěi lǎorén ràngzuò.

B 不好意思，没看到。
Bù hǎoyìsi, méi kàndào.

A 너 빨리 어르신께 자리 양보해드려.
B 미안. 못 봤어.

단어 快 kuài 빨리 | 给 gěi ~에게 | 老人 lǎorén 노인 | 不好意思 bù hǎoyìsi 미안하다 | 看到 kàndào 보다

★ 누구에게 자리를 양보하다란 말은 〈给gěi+대상+让座ràngzuò〉형식을 씁니다.
★ 중국의 버스나 지하철 안에는 "노약자, 장애인에게 자리를 양보하세요"란 뜻의 请给老幼病残者让座 Qǐng gěi lǎo yòu bìng cánzhě ràngzuò란 문구가 곳곳에 붙어 있어요.
★ 노인과 어린이 : 老幼 lǎoyòu / 임산부 : 孕妇 yùnfù / 장애인 : 残疾人 cánjírén

Tip 给老人让座。Gěi lǎorén ràngzuò. 노인에게 자리를 양보하다.
给孕妇让座。Gěi yùnfù ràngzuò. 임산부에게 자리를 양보하다.
给残疾人让座。Gěi cánjírén ràngzuò. 장애인에게 자리를 양보하다.
故意装睡觉。Gùyì zhuāng shuìjiào. 일부러 자는 척을 하다.
故意装没看见。Gùyì zhuāng méi kànjiàn. 일부러 못 본척하다.

56 무임승차하다 逃票 táopiào

A 我今天坐地铁逃票了。
Wǒ jīntiān zuò dìtiě táopiào le.

B 你没钱了吗?
Nǐ méi qián le ma?

A 나 오늘 지하철 탈 때 무임승차했어.
B 너 돈 없었니?

단어 今天 jīntiān 오늘 | 坐 zuò 타다 | 地铁 dìtiě 지하철 | 没钱 méi qián 돈이 없다

★ 逃는 "도망가다", 票는 "표"란 뜻으로, 逃票는 우리말의 "무임승차하다"란 뜻이에요.
★ "버스에 무임승차하다". 혹은 "기차에 무임승차하다"와 같은 말은 "타다"란 뜻의 동사 坐를 써서 〈坐zuò+교통수단+逃票táopiào〉형식을 씁니다.

Tip 坐公交车逃票 zuò gōngjiāochē táopiào 버스에 무임승차하다
坐火车逃票 zuò huǒchē táopiào 기차에 무임승차하다
逃票被发现是罚款的。Táopiào bèi fāxiàn shì fákuǎn de. 무임승차하다 걸리면 벌금 내야 해.
罚款是车票的五倍。Fákuǎn shì chēpiào de wǔ bèi. 벌금은 표값의 5배야.

57 발을 밟다 踩脚 cǎijiǎo

A 你踩了我的脚。
Nǐ cǎi le wǒ de jiǎo.

B 对不起，没事吗?
Duìbuqǐ, méishì ma?

A 그쪽이 제 발을 밟으셨는데요.

B 죄송해요. 괜찮으세요?

단어 踩 cǎi 밟다 | 脚 jiǎo 다리 | 对不起 duìbuqǐ 미안하다 | 没事 méishì 괜찮다

★ "누구의 발을 밟다"란 말은 〈踩cǎi+대상+的de+脚jiǎo〉형식을 씁니다.

Tip 踩别人的脚。Cǎi biérén de jiǎo. 다른 사람 발을 밟다.
对不起，不是故意的。Duìbuqǐ, bú shì gùyì de. 죄송해요. 일부러 그런거 아니에요.
我向你道歉。Wǒ xiàng nǐ dàoqiàn. 제가 사과드릴게요.

58 소매치기 扒手 páshǒu

A 我在公交车里遇到扒手了。
Wǒ zài gōngjiāochē lǐ yùdào páshǒu le.

B 丢什么了?
Diū shénme le?

A 나 버스에서 소매치기 당했어.

B 뭐 없어졌는데?

단어 在 zài ~에서 | 公交车 gōngjiāochē 버스 | 遇到 yùdào 마주치다, 맞닥뜨리다 | 丢 diū 잃어버리다

★ 扒는 "날치기하다, 소매치기하다"로, 扒手는 "소매치기범"을 뜻해요. 예문의 遇到扒手는 소매치기를 만나다. 즉 "소매치기당하다"란 뜻입니다.

★ "소매치기당하다" 혹은 "쓰리당하다"란 말을 다르게는 "훔치다"란 뜻의 偷 tōu와 수동 구문 被 bèi를 써서 표현할 수도 있어요.

Tip 我钱包被偷了。Wǒ qiánbāo bèi tōu le. 나 지갑 소매치기당했어.
我手机被偷了。Wǒ shǒu jī bèi tōu le. 나 휴대전화 소매치기당했어.

59 성추행하다 性骚扰 xìngsāorǎo

A 我在地铁里被性骚扰了。
Wǒ zài dìtiě lǐ bèi xìngsāorǎo le.

B 好恐怖啊!
Hǎo kǒngbù a!

A 나 지하철에서 성추행당했어.
B 완전 끔찍했겠다!

단어 在 zài ~에서 | 地铁 dìtiě 지하철 | 被 bèi 당하다 | 好 hǎo 정말 | 恐怖 kǒngbù 공포스럽다

★ 骚扰는 "괴롭히다, 희롱하다"로, 性骚扰는 "성적으로 희롱하다" 즉 "성희롱 하다, 성추행하다"란 뜻이에요. 피동사 被를 써서 被性骚扰라고 하면 "성추행을 당하다"란 뜻이 되고요.
★ 예문의 好恐怖啊는 우리말의 "완전 무서웠겠다, 진짜 끔찍했겠다" 같은 어감을 줘요.

Tip 성희롱보다 정도가 심한 "성폭행"은 "성적으로 침범하다"란 뜻의 性侵犯 xìngqīnfàn이라고 해요.
我被性侵犯了。Wǒ bèi xìngqīnfàn le. 나 성폭행당했어.

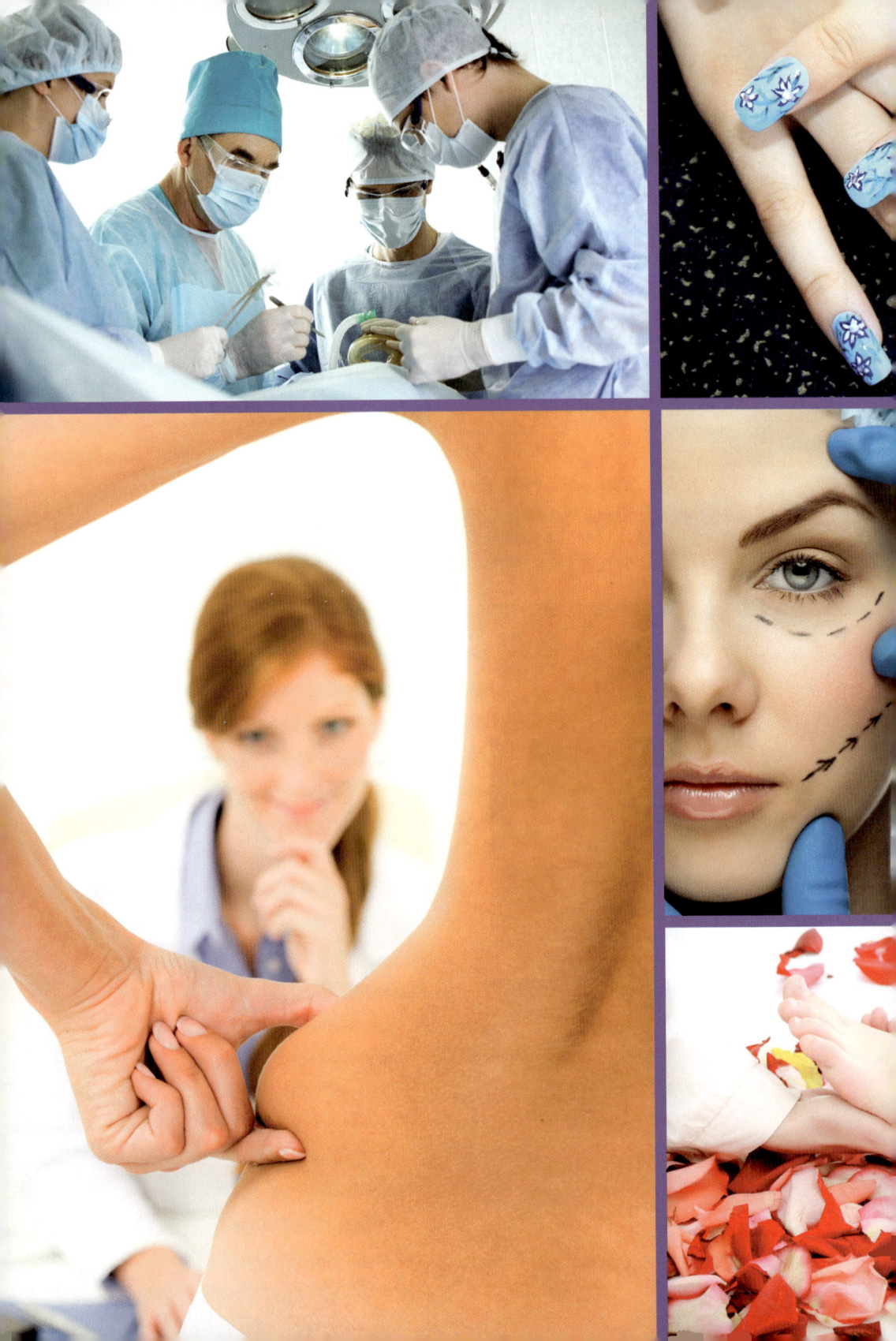

PART
10

整容美女 성형 미인

高考와 시작되는 쌍꺼풀 수술

한국의 대학입시 수능시험 격인 중국의 高考 gāokǎo가 끝나고 방학이 시작되면서 성형외과를 찾는 학생들이 많아지는데요. 특히 예비 대학생들 사이에서 성형 수술 열풍이 불고 있어요. 그중에 가장 많이 하는 수술이 쌍꺼풀 수술이에요. 그래서 성형외과에서도 학생들을 위해 10% 할인 행사들을 하면서 성형 열풍을 더욱 부추기고 있죠. 쌍꺼풀 수술을 하는 데에는 병원마다 가격차이는 있지만 일반적으로 1800위안(한국 돈 약 36만 원) 정도가 든다고 해요. 외적인 아름다움도 좋지만 내면적인 아름다움을 가꾸는 게 더 중요하다는 거 잊지 마세요!

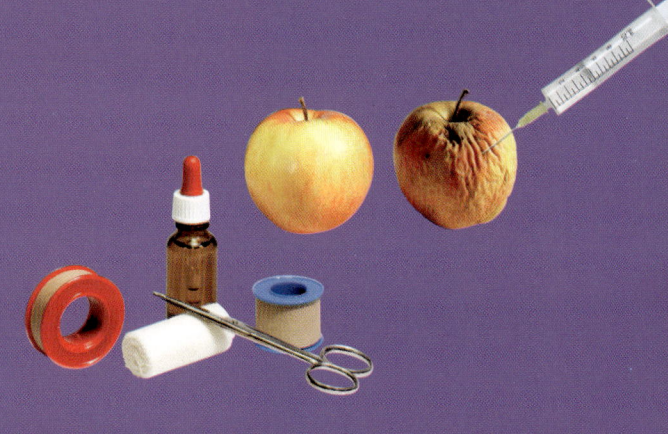

01 성형 수술하다 整容 zhěngróng

A 我想整容。
Wǒ xiǎng zhěngróng.

B 你想整哪儿?
Nǐ xiǎng zhěng nǎr?

A 나 성형수술하고 싶어.
B 어디를 고치고 싶은데?

단어 想 xiǎng ~하고 싶다 | 整 zhěng 고치다, 손을 보다 | 哪儿 nǎr 어디

★ 중국사람들은 "성형 수술하다"란 말을 "용모를 고치다"란 의미의 整容이라고 해요. 整容은 어휘 자체가 동사로 쓰이기 때문에 "~하다"란 뜻의 做 zuò같은 동사를 붙이지 않아요.

★ "성형수술 하다"란 말을 다르게는 우리식으로 〈做zuò+整容手术zhěngróng shǒushù〉라고 하기도 해요. 하지만, 그냥 整容이라고 간단히 표현하는게 훨씬 네이티브스럽죠.

Tip 你整容了吧? Nǐ zhěngróng le ba? 너 성형 수술했지?
我整容了。 Wǒ zhěngróng le. 나 성형 수술했어.
她肯定整容过了。 Tā kěndìng zhěngróng guo le. 쟤 분명 성형수술 한거야.

02 손을 보다 整 zhěng

A 你最想整哪儿?
Nǐ zuì xiǎng zhěng nǎr?

B 我想整鼻子。
Wǒ xiǎng zhěng bízi.

A 너 어디를 제일 고치고 싶어?
B 나 코를 고치고 싶어.

단어 最 zuì 제일 | 想 xiǎng ~하고 싶다 | 哪儿 nǎr 어디 | 鼻子 bízi 코

★ 整은 원래 "정리정돈 하다, 수리하다"란 뜻으로, 우리가 성형수술을 의미할 때 쓰는 "고치다, 손보다, 만지다"같은 말들은 이 整을 써서 표현할 수가 있어요.

★ "코를 고치다, 눈을 고치다"처럼 "어디를 고치다"란 말은 〈整zhěng+얼굴부위〉형식을 써요

Tip 我想整眼睛。 Wǒ xiǎng zhěng yǎnjing. 나 눈 고치고 싶어.

我想整胸。 Wǒ xiǎng zhěng xiōng. 나 가슴 하고 싶어.
我眼睛是整过的。 Wǒ yǎnjing shì zhěng guo de. 나 눈 손댄 거야.
我鼻子是整过的。 Wǒ bízi shì zhěng guo de. 나 코 손댄 거야.

중국사람과 대화하다 보면 하루에 최소한 서너 번은 듣게 되는 말이 바로 整容 zhěngróng이에요. "한국 연예인들은 다 성형빨이라며?, 한국 여자들은 성형수술을 밥 먹듯이 한다며?"같은 질문을 정말 많이 합니다. 한국 여자들이 예쁜 건 100% 성형 수술 때문이라고 생각하는 사람들도 꽤 많고요. 뭐 솔직히 말해서 한국의 성형 문화가 대중화된 것은 사실이지만, 이런 질문을 받으면 기분이 썩 좋지만은 않습니다. 아무튼 중국사람들이 이것만큼은 한국이 최고라고 생각하는 게 한국 축구와 성형 기술이라는 군요. 이거 참 웃어야 할지 울어야 할지 모르겠네요.

03 성형중독 整容有瘾 zhěngróng yǒu yǐn

A 她又整容了。
Tā yòu zhěngróng le.

B 她整容有瘾。
Tā zhěngróng yǒu yǐn.

A 쟤 또 성형수술 했어.
B 쟤는 성형중독이야.

단어 整容 zhěngróng 성형하다 | 瘾 yǐn 중독. 인

★ 有瘾은 "중독되다, 인이 박히다"로, 예문의 她整容有瘾을 풀이하면 "쟤는 성형하는데 인이 박히다". 즉 "쟤는 성형중독이야"란 의미에요.

04 주먹만한 얼굴 巴掌脸 bāzhǎngliǎn

A 你是巴掌脸。
Nǐ shì bāzhǎngliǎn.

B 谢谢!
Xièxie!

A 넌 얼굴이 주먹만하다.

B 고마워!

단어 巴掌 bāzhǎng 손바닥 | 脸 liǎn 얼굴

★ 巴掌脸은 말 그대로 "손바닥 얼굴", 즉 얼굴이 주먹만한 것을 말해요. 우리말의 "넌 얼굴이 주먹만해"란 말은 예문처럼 你是巴掌脸이라고 해요.

Tip 你的脸真小。 Nǐ de liǎn zhēn xiǎo. 너 얼굴 참 작다.
你的脸真大。 Nǐ de liǎn zhēn dà. 너 얼굴 참 크다.

05 V라인 瓜子脸 guāziliǎn

A 你是瓜子脸。
Nǐ shì guāziliǎn.

B 羡慕吗?
Xiànmù ma?

A 넌 얼굴이 V라인이네.

B 부럽니?

단어 瓜子 guāzi 해바라기 씨앗 | 脸 liǎn 얼굴 | 羡慕 xiànmù 부럽다

★ 우리는 얼굴이 갸름한 것을 V라인이라고 하지만, 중국에서는 해바라기 씨앗 얼굴, 즉 瓜子脸이라고 해요. 해바라기 씨앗을 보면 양끝이 뾰족하잖아요. 그래서 턱이 뾰족한 V라인을 해바라기씨에 비유했나봐요.

★ 중국에서 계란형 얼굴은 "거위 알 얼굴"이란 뜻의 鹅蛋脸 édànliǎn이라고 해요. 또 얼굴이 정사각형인 "네모난 얼굴"은 "나라국자 얼굴"이란 뜻의 国字脸 guózìliǎn이라고 하고요. 왜냐하면 한자의 모양이 네모모양이라 그래요.

Tip 她是国字脸。 Tā shì guózìliǎn. 쟤는 얼굴이 네모야.
她是方脸。 Tā shì fāngliǎn. 쟤는 얼굴이 사각형이야.

06 S라인 몸매 　S型身材 S xíng shēncái

A 你的身材好棒。
Nǐ de shēncái hǎobàng.

B 我是完美的S型身材。
Wǒ shì wánměi de S xíng shēncái.

A 너 몸매 진짜 죽인다.
B 난 완벽한 S라인 몸매야.

단어 身材 shēncái 몸매 | 好 hǎo 매우 | 棒 bàng 죽이다 | 完美 wánměi 완벽하다

★ 중국에서는 "S라인 몸매"를 "S형 몸매", 즉 S型身材라고 표현해요. 예문의 完美的S型身材는 우리말의 "완벽한 S라인 몸매"에 해당해요.
★ 好棒은 우리말의 "죽음이다, 대박이다"같은 어감을 줘요.

Tip 身材很漂亮。Shēncái hěn piàoliang. 몸매가 진짜 예쁘다.
身材很苗条。Shēncái hěn miáotiáo. 몸매가 진짜 날씬하다.
身材很性感。Shēncái hěn xìnggǎn. 몸매가 정말 섹시하다.

07 예쁘다 　漂亮 piàoliang

A 我的脸哪儿最漂亮？
Wǒ de liǎn nǎr zuì piàoliang?

B 都漂亮。
Dōu piàoliang.

A 내 얼굴에서 어디가 제일 예뻐?
B 다 예뻐.

단어 脸 liǎn 얼굴 | 哪儿 nǎr 어디 | 最 zuì 제일 | 都 dōu 모두 | 漂亮 piàoliang 예쁘다

★ 예문의 我的脸哪儿最漂亮?은 "나의 얼굴에서 어디가 제일 아름다워?"란 뜻이에요.
★ 漂亮은 "보기 좋다"란 뜻의 好看 hǎokàn과 바꿔서 쓸 수 있어요.

Tip 你的眼睛最漂亮。Nǐ de yǎnjing zuì piàoliang. 너는 눈이 제일 예뻐.
你的鼻子最漂亮。Nǐ de bízi zuì piàoliang. 너는 코가 제일 예뻐.
你的嘴唇最漂亮。Nǐ de zuǐchún zuì piàoliang. 너는 입술이 제일 예뻐.

08 예뻐지다 变漂亮 biàn piàoliang

A 你变漂亮了。
Nǐ biàn piàoliang le.

B 我整容了。
Wǒ zhěngróng le.

A 너 그새 예뻐졌다.

B 나 성형 수술했어.

단어 变 biàn 변화하다. 바뀌다 | 整容 zhěngróng 성형수술하다

★ 变漂亮은 "예쁘게 바뀌다, 예쁘게 변하다"로, 你变漂亮了은 "너 예뻐졌다, 너 그새 예뻐졌네"의 뜻이에요.
★ 반대로 "못생겨 지다"란 말은 "추하다, 못생기다"란 뜻의 丑 chǒu를 써 变丑 biàn chǒu라고 해요.

Tip 你变丑了。Nǐ biàn chǒu le. 너 못생겨졌어.
你变得好漂亮啊！Nǐ biàn de hǎo piàoliang a! 너 완전 예뻐졌다.
你变得好丑啊！Nǐ biàn de hǎo chǒu a! 너 완전 못생겨졌다!

09 쌍꺼풀 双眼皮 shuāngyǎnpí

A 你做双眼皮了吧？
Nǐ zuò shuāngyǎnpí le ba?

B 这是自然的。
Zhè shì zìrán de.

A 너 눈 쌍꺼풀 한거지?

B 이거 자연산이야.

단어 做 zuò 하다. 만들다 | 双眼皮 shuāngyǎnpí 쌍꺼풀 | 自然 zìrán 자연

★ 做双眼皮는 "쌍커풀을 만들다"로, 이는 "쌍커풀 수술을 하다"란 뜻이에요.
★ 这是自然的는 직역하면 "이것은 자연적이다"로, 우리말의 "이거 자연산이야"같은 어감을 주는 문장이에요.
★ 네이티브 스럽게 말하기! 중국사람들은 "쌍꺼풀 수술하다"란 말을, "칼로 절개하다"란 뜻의 割 gē를 써서 割双眼皮 gē shuāngyǎnpí라고도 해요.

Tip 我想割双眼皮。Wǒ xiǎng gē shuāngyǎnpí. 나 쌍꺼풀 수술하고 싶어.
我割双眼皮了。Wǒ gē shuāngyǎnpí le. 나 쌍꺼풀 수술 했어.
我没割双眼皮。Wǒ méi gē shuāngyǎnpí. 나 쌍꺼풀 수술 안 했어.

10 외까풀 单眼皮 dānyǎnpí

A 我喜欢单眼皮的男人。
Wǒ xǐhuan dānyǎnpí de nánrén.

B 那是我呀。
Nà shì wǒ ya.

A 난 외까풀 눈의 남자가 좋아.
B 그럼 난데.

단어 喜欢 xǐhuan 좋아하다 | 男人 nánrén 남자 | 那 nà 그럼

★ 单眼皮는 가수 "비"처럼 쌍꺼풀이 없는 외겹으로 된 눈을 말해요.
★ 단추구멍처럼 양쪽으로 쪽 찢어진 눈은 眯眯眼 mīmīyǎn이라고 해요.

11 앞트임 하다 开眼角 kāi yǎnjiǎo

A 你的眼睛变大了。
Nǐ de yǎnjing biàn dà le.

B 我开眼角了。
Wǒ kāi yǎnjiǎo le.

A 너 눈이 커진거 같아.
B 나 앞트임 했어.

단어 眼睛 yǎnjing 눈 | 变大 biàn dà 커지다 | 开 kāi 열다 | 眼角 yǎnjiǎo 눈초리

★ 눈을 크게 만들기 위해 찢는 일명 "앞트임 하다"란 말은 "열다, 째다"란 뜻의 동사 开 kāi와 "눈초리"란 뜻의 眼角를 써서 开眼角라고 해요.
★ 变大는 "크게 변하다"로, 变大了는 "커졌어"란 뜻.

12 컬러렌즈 美瞳 měitóng

A 你的眼球怎么这种颜色?
Nǐ de yǎnqiú zěnme zhè zhǒng yánsè?

B 我戴美瞳了。
Wǒ dài měitóng le.

A 너 눈동자 색이 왜 이래?

B 나 컬러렌즈 꼈어.

단어 眼球 yǎnqiú 눈동자 | 怎么 zěnme 어찌, 왜 | 这种 zhèzhǒng 이러한 | 颜色 yánsè 색, 컬러

★ 美瞳은 "아름다운 동공"으로, 눈에 끼는 컬러렌즈를 말해요. "컬러렌즈를 끼다"란 말은 "착용하다"란 뜻의 戴를 써서 戴美瞳이라고 해요.

★ 你的眼球怎么这种颜色?를 직역하면 "너의 눈동자는 어째서 이런 색이야?"로, 우리말의 "넌 눈동자 색이 왜 그래?" 란 의미에요.

Tip 안경 : 眼镜 yǎnjìng / 콘텍즈 렌즈 : 隐形眼镜 yǐnxíng yǎnjìng

13 티가 나다 看得出来 kàn de chūlái

A 你的眼睛是不是做了?
Nǐ de yǎnjing shì bú shì zuò le?

B 看得出来吗?
Kàn de chūlái ma?

A 너 그 눈 수술한거지?

B 티가 나니?

단어 眼睛 yǎnjing 눈 | 是不是 shì bu shì 혹시 ~인가? | 做 zuò 하다 (여기서는 눈 성형을 하다란 의미에요)

★ 看得出来는 "보아서 알아차리다"로, 우리말의 "티가 나다, 표가나다"란 뜻의 관용어에요.

★ 우리도 성형수술 한 사람한테 "너 눈 했지?, 너 코 했지?" 처럼 "~했지?"라고 말하듯 중국도 "~하다"란 뜻의 做 zuò 를 써서 성형수술 한 것을 간접표현해요.

Tip 看不出来。Kàn bu chūlái. 티 안 나.
一点都看不出来。Yìdiǎn dōu kàn bu chūlái. 티 하나도 안 나.
能看出来。Néng kànchūlái. 티나는데.
不太能看出来。Bú tài néng kànchūlái. 티 별로 안 나.

14 완전 다른 사람이 되다 判若两人 pànruò liǎng rén

A 听说小李整容了。
Tīngshuō Xiǎo Lǐ zhěngróng le.

B 她判若两人了。
Tā pànruò liǎng rén le.

A 샤오리 성형수술 했다더라.

B 걔 완전 다른 사람 됐어.

단어 小李 Xiǎo Lǐ 샤오리(사람이름) | 整容 zhěngróng 성형하다

★ 判若两人은 "마치 두 사람이 된 것처럼 보이다"로, 외모나 성격이 몰라볼 정도로 크게 변한 것을 의미해요. 우리말의 "완전 딴판이 되다, 완전 다른 사람이 되다"란 말과 같아요.

Tip 她变了很多。 Tā biàn le hěn duō. 걔 진짜 많이 변했어.
我差点认不出来她了。 Wǒ chà diǎn rèn bu chūái tā le. 나 하마터면 걔 못 알아볼 뻔했어. (认不出来 알아내지 못하다)

15 불태우다 烧掉 shāodiào

A 你怎么没有毕业相册?
Nǐ zěnme méiyǒu bìyè xiàngcè?

B 烧掉了。
Shāodiào le.

A 넌 왜 졸업앨범이 없어?

B 불태웠어.

단어 怎么 zěnme 어째서, 왜 | 毕业相册 bìyè xiàngcè 졸업 앨범

★ 烧掉는 "불태워 버리다, 불태우다"란 뜻이에요.
★ 성형수술한 사람들이 잘 쓰는 "나 과거를 지우고 싶어"에서 "지우다"란 말은 抹掉 mǒdiào를 써요.

Tip 我把相册烧掉了。 Wǒ bǎ xiàngcè shāodiào le. 나 사진첩 불태워 버렸어.
我要把过去抹掉。 Wǒ yào bǎ guòqù mǒdiào. 난 과거를 지우고 싶어.
我没有以前的照片。 Wǒ méiyǒu yǐqián de zhàopiàn. 나는 옛날 사진이 없어.

16 어딘가 어색하다 不对劲儿 búduìjìnr

A 你的脸有点不对劲儿。
Nǐ de liǎn yǒudiǎn búduìjìnr.

B 我没整容。
Wǒ méi zhěngróng.

A 너 얼굴이 어딘가 어색한데.
B 나 성형수술 안 했어.

단어 脸 liǎn 얼굴 | 有点 yǒudiǎn 조금. 약간 | 不对劲 búduìjìn 이상하다. 정상이 아니다 |
整容 zhěngróng 성형하다

★ 누가 얼굴을 고쳤는데 진짜 했는지 의심스러울 때 쓰는 "좀 이상한데, 어딘가 어색한데, 어째 좀 부자연스러운데"같은 말은 不对劲儿을 써서 표현해요. 보통 앞에 "조금, 약간"이란 뜻의 有点과 함께 써요.
★ 不对劲儿은 얼화음에 유의해서 "부뚜이 쥘~"하고 발음해요.

17 지방 흡입 吸脂 xīzhī

A 吸脂能减肥吗?
Xīzhī néng jiǎnféi ma?

B 能，但是有点危险。
Néng, dànshì yǒudiǎn wēixiǎn.

A 지방 흡입수술하면 살이 빠질까?
B 어. 근데 좀 위험해.

단어 减肥 jiǎnféi 살을 빼다 | 但是 dànshì 그러나 | 有点 yǒudiǎn 조금 | 危险 wēixiǎn 위험하다

★ 吸脂는 "지방을 흡입하다, 지방을 빨아들이다"로, 성형 시술의 일종인 지방 흡입술을 말해요.
★ "지방 흡입술"을 다르게는 "지방을 뽑다"라는 의미의 抽脂 chōuzhī라고 하기도 해요.

Tip 我想抽脂。Wǒ xiǎng chōuzhī. 나 지방 흡입술 하고 싶어.

18 가슴 확대 수술하다 隆胸 lóngxiōng

A 她的胸好像变大了。
Tā de xiōng hǎoxiàng biàn dà le.

B 她肯定隆胸了。
Tā kěndìng lóngxiōng le.

A 쟤 가슴이 좀 커진거 같아.
B 가슴 수술한 게 분명해.

단어 胸 xiōng 가슴 | 好像 hǎoxiàng ~인듯하다 | 变大 biàn dà 커지다 | 肯定 kěndìng 분명히

★ 隆은 "불룩하다"고, 胸은 "유방, 가슴"으로, 隆胸은 "가슴을 볼록하게 하다". 즉 "가슴 확대수술을 하다"란 뜻이에요.

Tip 你的胸好大。Nǐ de xiōng hǎo dà. 너 가슴 되게 크다.
你的胸好小。Nǐ de xiōng hǎo xiǎo. 너 가슴 되게 작다.
你的胸好漂亮。Nǐ de xiōng hǎo piàoliang. 너 가슴 되게 예쁘다.

19 뽕을 넣다 垫胸 diànxiōng

A 你的胸好大。
Nǐ de xiōng hǎo dà.

B 我垫胸了。
Wǒ diànxiōng le.

A 너 가슴 진짜 크다.
B 이거 뽕 넣은 거야.

단어 胸 xiōng 가슴 | 好 hǎo 정말. 매우 | 大 dà 크다

★ 垫은 "깔다, 받치다", 胸은 "가슴"으로, 垫胸은 우리말의 "가슴에 뽕을 넣다"란 뜻이에요.
★ 주의! 垫胸은 어휘 자체가 "뽕을 넣다"란 동사로 쓰이기 때문에 "넣다" 혹은 "깔다"란 동사를 따로 붙이지 않아요.

Tip 你垫胸了吧？ Nǐ diànxiōng le ba? 너 가슴에 뽕 넣었지?
我没垫胸。Wǒ méi diànxiōng. 나 가슴에 뽕 안 했어.
我该垫胸了。Wǒ gāi diànxiōng le. 나 가슴에 뽕 좀 넣어야 할 것 같아.

20 브래지어 胸罩 xiōngzhào

A 你穿多大号的胸罩?
Nǐ chuān duōdà hào de xiōngzhào?

B 我穿B罩。
Wǒ chuān B zhào.

A 너 브레이지어 사이즈 몇 입어?
B B컵 입어.

단어 穿 chuān 입다 | 多大 duōdà 얼마나 큰 | 号 hào 사이즈 | B罩 B zhào B컵

★ 罩는 브래이지어 사이즈를 말하는 A컵, B컵 할 때의 "컵"을 말해요.
★ 我穿B罩는 "난 B컵을 입어"란 뜻이에요.
★ 참고로 "바스트 사이즈"는 "가슴 둘레"란 뜻의 胸围 xiōngwéi라고 해요.

Tip 你的胸围是多少? Nǐ de xiōngwéi shì duōshǎo? 넌 가슴 사이즈가 몇 이야?
没有适合我的胸罩。 Méiyǒu shìhé wǒ de xiōngzhào. 난 맞는 브래이지어가 없어.

21 왕가슴 波霸 bōbà

A 哇！她真是波霸。
Wà! Ta zhēnshi bōbà.

B 看你喜欢的。
Kàn nǐ xǐhuan de.

A 왜! 쟤 가슴 진짜 크다.
B 아주 좋아서 죽는구만.

단어 哇 wà 우와(놀람을 나타내는 감탄사) | 真是 zhēnshi 정말이지 | 喜欢 xǐhuan 좋아하다

★ 波霸는 우리말의 "왕 가슴"처럼 가슴이 풍만한 여자를 가리키는 슬랭표현이에요.
★ 看你喜欢的는 직역하면 "네가 좋아하는 것을 보다"로, 우리말의 "저 좋아하는 것 좀 봐, 아주 좋아 죽는구나"같은 어감을 주는 관용표현이에요.

22 절벽 飞机场 fēijīchǎng

A 你真是飞机场。
Nǐ zhēnshi fēijīchǎng.

B 那怎么了?
Nà zěnme le?

A 너 가슴 완전 절벽이구나.
B 그래서 어쩌라고?

단어 真是 zhēnshi 정말로, 정말이지 | 飞机场 fēijīchǎng 비행장

★ 우리는 가슴이 작은 여자를 가리켜 "아스팔트 위의 껌", 혹은 "절벽"이라고 부르잖아요. 중국에서는 비행장, 즉 飞机场이라고 해요. 비행장의 활주로의 평평한 것에 비유한 표현이에요.
★ 예문의 那怎么了는 우리말의 "그래서 어쩌라고"같은 어감으로, 상대방의 허무맹랑한 소리에 대꾸할 때 쓰는 관용표현이에요.
★ 중국에서는 가슴이 작은 여자를 "빨래판" 이란 뜻의 搓衣板 cuōyībǎn이라고도 해요.

Tip 她是搓衣板。 Tā shì cuōyībǎn. 쟤 가슴 절벽이야.
她的胸真小。 Tā de xiōng zhēn xiǎo. 쟤 가슴 진짜 작다.

23 보톡스 肉毒素 ròudúsù

A 打肉毒素能祛皱吗?
Dǎ ròudúsù néng qū zhòu ma?

B 当然。
Dāngrán.

A 보톡스 맞으면 주름이 펴져?
B 당연하지.

단어 打 dǎ 맞다 | 肉毒素 ròudúsù 보톡스 | 祛 qū 제거하다 | 皱 zhòu 주름

★ 打肉毒素는 "보톡스 주사를 맞다"의 뜻.
★ 祛皱는 "주름살을 제거하다, 주름을 없애다"란 뜻이에요.

Tip 我打肉毒素了。 Wǒ dǎ ròudúsù le. 나 보톡스 맞았어.
我正想打肉毒素。 Wǒ zhèng xiǎng dǎ ròudúsù. 나 보톡스 맞을까 생각중이야.

你打过肉毒素吗? Nǐ dǎ guo ròudúsù ma? 너 보톡스 맞아본 적 있어?
她的表情太不自然了。 Tā de biǎoqíng tài bú zìrán le. 쟤 표정이 완전 부자연스러워.

24 필러주사 맞다 打填充剂 dǎ tiánchōngjì

A 你的嘴唇怎么肿了?
Nǐ de zuǐchún zěnme zhǒng le?

B 我打填充剂了。
Wǒ dǎ tiánchōngjì le.

A 너 입술이 왜 부었어?
B 나 필러 맞았어.

단어 嘴唇 zuǐchún 입술 | 肿 zhǒng 붓다

★ 填充剂는 풀이하면 "채워 넣는 약물"로, 성형에서 말하는 "필러"를 뜻해요. 打填充剂는 "필러 주사를 맞다"란 의미에요.

Tip 嘴唇厚 zuǐchún hòu 입술이 두껍다
嘴唇变厚了 zuǐchún biàn hòu le 입술이 두꺼워지다
我想拥有象安吉丽娜·朱莉一样的嘴唇。 Wǒ xiǎng yōngyǒu xiàng Ānjílìnà·zhūlì yíyàng de zuǐchún.
나 안젤리나졸리 같은 입술 갖고 싶어.

25 나이는 못 속여 岁月不饶人 suìyuè bù ráorén

A 我脸上有很多皱纹了。
Wǒ liǎnshàng yǒu hěn duō zhòuwén le.

B 岁月不饶人啊!
Suìyuè bù ráorén ā!

A 나 얼굴에 주름이 자글자글해.
B 나이는 못 속이는 법이지!

단어 脸上 liǎnshàng 얼굴에 | 很多 hěn duō 매우 많다 | 皱纹 zhòuwén 주름 | 岁月 suìyuè 세월 |
饶 ráo 용서하다

★ 岁月不饶人은 풀이하면 "세월이 사람을 용서하지 않다"로, 우리말의 "나이는 못 속이는 법이지"에 해당하는 관용표현이에요.

★ 우리말의 "주름이 생기다"를 중국에서는 "주름이 있다", 즉 有皱纹처럼 표현해요. 예문의 我脸上有很多皱纹了는 직역하면 "나는 얼굴 위에 매우 많은 주름이 생겼다"로, 이는 우리말의 "나 얼굴에 주름이 자글자글해"같은 의미에요.

Tip 눈가에 생기는 주름을 중국사람들은 "물고기 꼬리 주름"이란 뜻 鱼尾纹 yúwěiwén이라고 해요.
我有鱼尾纹了。 Wǒ yǒu yúwěiwén le. 나 눈가에 주름 생겼어.

26 턱을 깎다 削下巴 xiāo xiàba

A 我想削下巴。
Wǒ xiǎng xiāo xiàba.

B 那可疼了。
Nà kě téng le.

A 나 턱 깎고 싶어.
B 그거 되게 아픈데.

단어 削 xiāo 깎다 | 下巴 xiàba 턱 | 可 kě 매우, 무척 | 疼 téng 아프다

★ 削는 과일 같은 것을 "깎다"란 뜻이고, 下巴는 "턱"으로, 削下巴는 "턱을 깎다"란 뜻이에요.

Tip 얼굴에 살이 쪄서 턱이 두 개가 된 것은 "쌍턱"이란 의미의 双下巴 shuāng xiàba라고 해요. 또 주걱턱은 "큰 턱이란 의미의 大下巴 dà xiàba라고 하고요.

27 코를 높이다 隆鼻 lóngbí

A 你的鼻子真挺。
Nǐ de bízi zhēn tǐng.

B 我隆鼻了。
Wǒ lóngbí le.

A 넌 코가 참 오똑하다.
B 나 코 수술한 거야.

단어 鼻子 bízi 코 | 挺 tǐng 곧다, 오똑하다

★ 隆鼻는 성형수술로 코를 높게 세우는 것을 말해요. 주의! 隆鼻는 어휘 자체가 동사로 쓰이기 "~하다"란 뜻의 做 같은 동사를 따로 붙이지 않아요.

★ 참고로 들창코는 "돼지 코"란 뜻의 猪鼻子 zhūbízi라 하고, 매부리 코는 "독수리 코"란 뜻의 鹰钩鼻 yīnggōubí라고 해요.

Tip 我的鼻子真塌。 Wǒ de bízi zhēn tā. 난 코가 너무 낮아. (塌 낮다)
我的鼻子歪了。 Wǒ de bízi wāi le. 나 코가 휘었어. (歪 휘다)
我的鼻子塌下来了。 Wǒ de bízi tā xiàlái le. 나 코가 주저 앉았어. (塌下来 내려 앉다)

28 점을 빼다 点痦子 diǎn wùzi

A 你脸上痦子真多呀。
Nǐ liǎnshang wùzi zhēn duō ya.

B 我要点痦子。
Wǒ yào diǎn wùzi.

A 너 얼굴에 점 되게 많다.

B 나 점 뺄거야.

단어 脸上 liǎnshang 얼굴에 | 痦子 wùzi 점 | 真 zhēn 정말 | 多 duō 많다 | 点 diǎn 빼다

★ 얼굴에 난 점을 중국어로 모르는 분이 의외로 많아요. 점은 痦子라고 해요.
★ 주의! 点은 원래 "찍다"란 뜻으로, 点痦子라고 하면 "점을 찍다"가 되는데요. 비록 点의 사전상 의미에는 "빼다"란 뜻이 없지만 실생활에서 "점을 빼다"란 말을 할 때 역시 동사 点을 씁니다. 조금 아이러니하죠?
★ 레이저로 점을 빼다할 때 "레이저"는 激光 jīguāng이라고 해요.

Tip 这痦子是福气。 Zhè wùzi shì fúqì. 이거 복점이야. (福气 복)
用激光点痦子。 Yòng jīguāng diǎn wùzi. 레이저로 점을 빼다.
点痦子会没福气。 Diǎn wùzi huì méi fúqì. 점 빼면 복 나가. (没福气 복 나가다)
痦子不能随便点。 Wùzi bù néng suíbiàn diǎn. 점은 함부로 빼는 거 아냐.

29 콤플렉스 缺点 quēdiǎn

A 对你的脸哪儿不满意?
Duì nǐ de liǎn nǎr bù mǎnyì?

B 我的小眼睛是缺点。
Wǒ de xiǎo yǎnjing shì quēdiǎn.

A 넌 얼굴에서 어디가 제일 마음에 안 들어?

B 난 작은눈이 컴플렉스야.

단어 对 duì ~에 대하여 | 脸 liǎn 얼굴 | 哪儿 nǎr 어디 | 满意 mǎnyì 만족하다 |
小眼睛 xiǎo yǎnjing 작은 눈

★ "콤플렉스"란 말과 1:1 매칭되는 중국어는 없어요. 그냥 "결점"이란 뜻의 缺点을 쓰는 게 어감이 가장 가까워요.
★ 예문의 对你的脸哪儿不满意?는 직역하면 "너의 얼굴 어느 부위에 대해서 만족하지 않아?"로, 즉 우리말의 "넌 얼굴에서 어디가 제일 불만족스러워?"란 의미에요.

Tip 我的胸小是缺点。 Wǒ de xiōng xiǎo shì quēdiǎn. 난 가슴 작은 게 콤플렉스야.
我的脸大是缺点。 Wǒ de liǎn dà shì quēdiǎn. 난 얼굴 큰 게 콤플렉스야.

30 보조개 酒窝 jiǔwō

A 你的酒窝真迷人。
Nǐ de jiǔwō zhēn mírén.

B 我觉得也是。
Wǒ juéde yě shì.

A 넌 보조개가 참 매력적이야.

B 나도 그렇게 생각해.

단어 真 zhēn 정말 | 迷人 mírén 매력적이다 | 觉得 juéde 생각하다

★ 酒窝는 웃을 때 볼에 생기는 "보조개"를 말해요.
★ 迷人은 "매혹적이다, 매력적이다"로, 真迷人은 "참 매력적이다"란 뜻.
★ 예문의 我觉得也是는 "나도 역시 그렇게 생각하다"로, 상대방의 의견이나 말에 동의할 때 써요.

Tip 你有酒窝吗? Nǐ yǒu jiǔwō ma? 너 보조개 있어?
我有酒窝。 Wǒ yǒu jiǔwō. 나 보조개 있어.
我一笑就有酒窝。 Wǒ yī xiào jiù yǒu jiǔwō. 난 웃으면 보조개가 나와.

31 덧니 虎牙 hǔyá

A 你有虎牙啊。
Nǐ yǒu hǔyá a.

B 可爱吗?
Kě'ài ma?

A 너 덧니 있네.

B 귀엽지?

단어 可爱 kě'ài 귀엽다

★ 중국어로 "덧니, 뻐드렁니"는 "호랑이 이빨"이란 뜻의 虎牙 hǔyá라고 해요.

32 치아교정 하다 牙齿矫正 yáchǐ jiǎozhèng

A 我的牙齿参差不齐。
Wǒ de yáchǐ cēncī bùqí.

B 你得做牙齿矫正。
Nǐ děi zuò yáchǐ jiǎozhèng.

A 나 이가 고르지가 않아.

B 너 치아교정 좀 해야겠는데.

단어 牙齿 yáchǐ 치아 | 参差不齐 cēncī bùqí (크기, 높이, 길이가) 일정하지 못하다

★ 参差不齐는 "들쭉날쭉하다, 가지런하지 않다"로, 보통 치아가 고르지 않다는 것을 표현할 때 써요.
　주의! 参差不齐의 성조와 병음을 주의 깊게 보세요!
★ 牙齿矫正은 "치아교정"의 뜻으로, "치아교정을 하다"는 〈做zuò+牙齿矫正yáchǐ jiǎozhèng〉형식으로 써요.
★ 철사로 만든 치아교정기는 "이에 끼는 틀"이란 뜻의 牙套 yátào라고 해요. 또 틀니는 "움직이는 가짜 이빨"이란 뜻의 活动假牙 huódòng jiǎyá라고 하고요.

Tip 带牙套不方便吗? Dài yátào bù fāngbiàn ma? 교정기 끼면 불편하지 않아?

33 미백시술 하다 做美白 zuò měibái

A 你的牙齿真黄。
Nǐ de yáchǐ zhēn huáng.

B 我要做美白。
Wǒ yào zuò měibái.

A 너 이빨 진짜 노랗다.
B 나 미백시술 받고 싶어.

단어 牙齿 yáchǐ 이빨 | 真 zhēn 정말 | 黄 huáng 노랗다

★ 美白는 "미백"으로, 이를 하얗게 만드는 "미백시술을 하다(받다)"란 말은 "~하다"란 뜻의 동사 做를 써서 做美白라고 해요.

Tip 你的牙齿真白。Nǐ de yáchǐ zhēn bái. 너 이빨 진짜 하얗다.

34 스케일링하다 洗牙 xǐyá

A 你的牙齿真白。
Nǐ de yáchǐ zhēn bái.

B 因为我洗牙了。
Yīnwèi wǒ xǐyá le.

A 너 이가 참 하얗다.
B 나 스케일링 했거든.

단어 牙齿 yáchǐ 이 | 真 zhēn 정말 | 白 bái 하얗다 | 因为 yīnwèi 왜냐하면

★ 洗牙 xǐyá는 말 그대로 "이를 씻다". 즉 "스케일링을 하다"란 뜻이에요.
★ 치과 : 牙科 yákē / 치과의사 : 牙医 yáyī

Tip 你多久洗一次牙? Nǐ duōjiǔ xǐ yícì yá? 너 스케일링 얼마만에 한 번해?
我一年洗一次牙。Wǒ yìnián xǐ yícì yá. 나 일 년에 한 번 스케일링해.
经常洗牙容易损坏牙齿。Jīngcháng xǐyá róngyì sǔnhuài yáchǐ. 스케일링 자주 하면 이빨 상해.

35 여드름 青春痘 qīngchūndòu

A 真烦，又长了青春痘。
Zhēn fán, yòu zhǎng le qīngchūndòu.

B 我给你挤一挤。
Wǒ gěi nǐ jǐ yi jǐ.

A 짜증나! 또 여드름 났어.
B 내가 짜줄게.

단어 又 yòu 또 | 长 zhǎng 생기다 | 挤 jǐ (여드름을) 짜다

★ 우리는 "여드름이 나다"라고 하지만 중국에선 "여드름이 자란다"라고 해요. 그래서 "자라다"란 동사 长을 써서 长青春痘라고 해요.
★ "여드름이 나다"란 말을 중국사람들은 간단하게 줄여 长痘 zhǎng dòu라고도 해요.
★ 真烦은 우리말의 "대박 짜증나, 왕 짜증"같은 어감을 줘요.

Tip 不要用手碰。Búyào yòng shǒu pèng. 손으로 만지지마. (碰 만지다)
不要用手挤。Búyào yòng shǒu jǐ. 손으로 짜지 마. (挤 짜다)
青春痘化脓了。Qīngchūndòu huànóng le. 여드름이 곪았어. (化脓 곪다)

36 피부가 번들거리다 皮肤油 pífū yóu

A 你的皮肤很油。
Nǐ de pífū hěn yóu.

B 我油质比较多。
Wǒ yóuzhì bǐjiào duō.

A 너 피부 진짜 번들거린다.
B 난 피지가 많은 편이야.

단어 皮肤 pífū 피부 | 很 hěn 매우 | 油 yóu 기름지다 | 油质 yóuzhì 피지 | 比较 bǐjiào 비교적 | 多 duō 많다

★ "피부가 번들거리다"할 때 "번들거리다"는 "기름지다"란 뜻의 油를 써요. 예문의 你的皮肤很油는 "너는 피부가 매우 번들거리다"란 뜻이에요.

Tip 干性皮肤 gànxìng pífū 건성피부

油性皮肤 yóuxìng pífū 지성피부
中性皮肤 zhōngxìng pífū 중성피부
我的皮肤很油。 Wǒ de pífū hěn yóu. 나 피부 완전 번들거려.

37 뚱뚱하다 胖 pàng

A 我觉得你很胖。
Wǒ juéde nǐ hěn pàng.

B 你更胖。
Nǐ gèng pàng.

A 넌 너무 뚱뚱한 거 같아.

B 네가 더 뚱뚱하거든.

단어 觉得 juéde ~라고 느끼다 | 很 hěn 매우 | 更 gèng 더욱. 더

★ 우리말의 "뚱보, 뚱땡이"는 胖子 혹은 大胖子라고 해요.
★ 胖의 반대어는 "마르다"란 뜻의 瘦 shòu에요.

Tip 你胖了。 Nǐ pàng le. 너 뚱뚱해졌어.
你瘦了。 Nǐ shòu le. 너 말랐어.
你胖了很多。 Nǐ pàng le hěn duō. 너 많이 뚱뚱해졌어.
你瘦了很多。 Nǐ shòu le hěn duō. 너 많이 말랐어.

38 종아리가 두껍다 小腿肚子粗 xiǎotuǐ dùzi cū

A 你为什么不穿裙子?
Nǐ wèishénme bù chuān qúnzi?

B 因为我的小腿肚子粗。
Yīnwèi wǒ de xiǎotuǐ dùzi cū.

A 넌 왜 치마를 잘 안 입어?

B 나 종아리가 두껍거든.

단어 为什么 wèishénme 왜 | 穿 chuān 입다 | 裙子 qúnzi 치마 | 因为 yīnwèi 왜냐하면 |
小腿肚子 xiǎotuǐ dùzi 종아리 | 粗 cū 두껍다

★ 小腿는 "아랫 다리", 肚子는 "배, 복부"로, 小腿肚子는 "아랫 다리 복부". 즉 종아리를 뜻해요.
★ "다리나 팔 등이 두껍다"할 때 "두껍다"란 말은 "굵다"란 뜻의 粗를 써요. 반대로 "얇다"라고 할 때는 "가늘다"란 뜻의 细 xì를 써요.

Tip 신체부위의 "가늘다"와 "두껍다"의 표현

• 팔뚝이 두껍다 胳膊粗 gēbo cū	• 허벅지가 가늘다 大腿细 dàtuǐ xì
• 팔뚝이 가늘다 胳膊细 gēbo xì	• 손목이 두껍다 手腕粗 shǒuwàn cū
• 허벅지가 두껍다 大腿粗 dàtuǐ cū	• 손목이 가늘다 手腕细 shǒuwàn xì

39 다이어트하다 减肥 jiǎnféi

A 从今天起我要减肥了。
Cóng jīntiān qǐ wǒ yào jiǎnféi le.

B 你不用减肥。
Nǐ búyòng jiǎnféi.

A 나 오늘부터 다이어트할 거야.
B 넌 다이어트 할 필요 없어.

단어 从…起 cóng…qǐ ~부터 시작하다 | 不用 búyòng ~할 필요가 없다

★ 减은 "빼다, 줄이다"고, 肥는 "지방"으로, 减肥는 "다이어트하다, 살을 빼다"란 뜻이에요.
★ 주의! 减肥는 어휘자체가 동사로 쓰이기 때문에 "~하다"란 뜻의 做 zuò 같은 동사를 따로 붙이지 않아요.
★ 예문의 从今天起는 "오늘부터 시작하다"의 뜻.

Tip 我要减肥。 Wǒ yào jiǎnféi. 나 다이어트할 거야.
我在减肥。 Wǒ zài jiǎnféi. 나 다이어트 중이야.
我需要减肥。 Wǒ xūyào jiǎnféi. 난 다이어트가 필요해.
我该减肥了。 Wǒ gāi jiǎnféi le. 난 다이어트 좀 해야 해.

40 말라깽이 麻杆儿 mágǎnr

A 你瘦得像麻杆儿。
Nǐ shòu de xiàng mágǎnr.

B 多苗条啊!
Duō miáotiáo a!

A 너 말라깽이처럼 말랐어.
B 날씬하고 좋잖아!

단어 瘦 shòu 마르다 | 像 xiàng ~같다 | 多 duō 얼마나 | 苗条 miáotiáo 날씬하다

★ 你瘦得像麻杆儿을 직역하면 "너는 마른게 마치 말라깽이 같다"로, "너 너무 말라서 말라깽이 같아"라는 뜻이에요.
★ 예문의 多苗条啊는 우리말의 "얼마나 날씬하니, 날씬해서 얼마나 좋니"같은 어감을 줘요.

41 유산소 운동 有氧运动 yǒu yǎng yùndòng

A 减肥做什么运动好?
Jiǎnféi zuò shénme yùndòng hǎo?

B 有氧运动。
Yǒu yǎng yùndòng.

A 다이어트에는 무슨 운동이 좋아?
B 유산소 운동.

단어 减肥 jiǎnféi 다이어트 하다 | 做 zuò ~하다 | 什么 shénme 무슨 | 运动 yùndòng 운동

★ 氧은 "산소(O2)"로, 有氧运动은 "산소가 있는 운동". 즉 유산소 운동을 말해요.

Tip 달리기 : 跑步 pǎobù / 체조 : 体操 tǐcāo / 에어로빅 : 健美操 jiànměicāo / 요가 : 瑜伽 yújiā / 수영 : 游泳 yóuyǒng

42 몸무게 体重 tǐzhòng

A 你的体重是多少?
Nǐ de tǐzhòng shì duōshǎo?

B 秘密!
Mìmì!

A 넌 체중이 얼마야?
B 비밀이야!

단어 体重 tǐzhòng 체중 | 多少 duōshao 몇, 얼마 | 秘密 mìmì 비밀

★ 你的体重是多少?는 직역하면 "너는 체중이 얼마야?"로, 우리말의 "너 몸무게 몇 킬로그램 나가?"의 뜻이에요.
★ 체중계는 중국어로 秤 chèng이고, "체중을 재다"란 말은 "측정하다, 재다"란 뜻의 동사 量 liáng을 써서 量体重 liáng tǐzhòng이라고 해요.

Tip 我体重减了。Wǒ tǐzhòng jiǎn le. 나 체중이 줄었어. (减 줄다)
我体重增了。Wǒ tǐzhòng zēng le. 나 체중이 늘었어. (增 늘다)
我是超体重。Wǒ shì chāo tǐzhòng. 나 과체중이야. (超体重 과체중)

43 체중을 빼다 减掉 jiǎndiào

A 你看起来瘦了。
Nǐ kànqǐlái shòu le.

B 我减掉了5公斤呢。
Wǒ jiǎndiào le wǔ gōngjīn ne.

A 너 마른 거 같아.
B 나 5킬로그램 뺐어.

단어 看起来 kànqǐlái 보기에 ~하다 | 瘦 shòu 마르다 | 公斤 gōngjīn 킬로그램

★ 减掉는 "체중을 감량하다, 빼다"란 뜻이에요. "몇 킬로그램을 빼다"란 말은 〈减掉jiǎndiào+숫자+公斤gōngjīn〉형식을 써요.
★ 你看起来瘦了를 직역하면 "너는 보기에 마른 거 같아"로, 우리말의 "너 마른 거 같아, 너 말라 보여"란 뜻이에요.

Tip 我减掉了3公斤。Wǒ jiǎndiào le sān gōngjīn. 나 3킬로그램 뺐어.
我需要减掉了3公斤。Wǒ xūyào jiǎndiào le sān gōngjīn. 나 3킬로그램 빼야해.

我还要减掉3公斤。Wǒ hái yào jiǎndiào sān gōngjīn. 나 3킬로그램 더 빼야해.
我只减掉了3公斤。Wǒ zhǐ jiǎndiào le sān gōngjīn. 나 겨우 3킬로그램 밖에 안 빠졌어.
我才减掉了3公斤。Wǒ cái jiǎndiào le sān gōngjīn. 나 고작 3킬로그램 밖에 못 뺐어.

44 체중이 빠지다 掉体重 diào tǐzhòng

A 我掉体重了。
Wǒ diào tǐzhòng le.

B 掉了多少公斤?
Diào le duōshǎo gōngjīn?

A 나 체중이 빠졌어.

B 몇 킬로그램이나 빠졌는데?

단어 掉 diào 빠지다 | 体重 tǐzhòng 체중 | 多少 duōshao 몇, 얼마

★ 掉는 원래 물건 등이 "위에서 아래로 떨어지다"란 뜻이며, "체중이 빠지다, 몸무게가 줄다"란 뜻으로도 쓰여요.
★ 주의!! 앞에서 소개한 减掉 jiǎndiào는 내가 내 의지대로 체중을 빼는 것이고, 예문처럼 그냥 掉를 쓰면 내 의지가 아닌 다른 것에 의해. 예를 들어 약을 먹거나, 성형 시술을 받거나, 혹은 몸이 아프거나 해서 체중이 빠지는 것을 말해요.

Tip 我减掉了3公斤。Wǒ jiǎndiào le sān gōngjīn. 나 3킬로그램을 뺐어.
我掉了3公斤。Wǒ diào le sān gōngjīn. 나 3킬로그램이 빠졌어.

45 작심삼일 三分钟热情 sān fēnzhōng rèqíng

A 这次一定要减肥成功。
Zhècì yídìng yào jiǎnféi chénggōng.

B 不会又三分钟热情吧?
Bú huì yòu sān fēnzhōng rèqíng ba?

A 이번에는 꼭 다이어트에 성공할 테야.

B 또 작심삼일 하는거 아니겠지?

단어 这次 zhècì 이번에 | 一定 yídìng 꼭 | 成功 chénggōng 성공하다 | 又 yòu 또

★ 三分钟热情은 "3분 동안의 열정"이란 말로, 우리말의 "작심삼일 하다"에 해당하는 표현이에요.
★ 예문의 不会…吧?는 "설마 ~인것은 아니겠지?"같은 어감을 나타내요.

46 살 찌다 长胖 zhǎng pàng

A 你长胖了。
Nǐ zhǎng pàng le.

B 是吗?
Shì ma?

A 너 살쪘다.

B 정말?

★ 长은 "증가하다, 늘다"고, 胖은 "뚱뚱하다"로 长胖은 "살이 찌다, 뚱뚱해지다"란 뜻이에요.
★ 중국사람들은 "살이 찌다"란 말을 长胖 대신 그냥 "뚱뚱하다"란 뜻의 胖을 써서 말하기도 해요.

Tip 你脸胖了。Nǐ liǎn pàng le. 너 얼굴 살쪘어.
我喝水都胖。Wǒ hē shuǐ dōu pàng. 난 물만 먹어도 살이 쪄.
我怎么吃也不胖。Wǒ zěnme chī yě bú pàng. 난 아무리 먹어도 살이 안 쪄.
我吃很少也胖。Wǒ chī hěn shǎo yě pàng. 난 조금만 먹어도 살이 쪄.
我是不胖的体质。Wǒ shì bú pàng de tǐzhì. 난 살이 안 찌는 체질이야.

47 후덕해지다 发福 fāfú

A 你发福了。
Nǐ fāfú le.

B 你逗我吧。
Nǐ dòu wǒ ba.

A 너 후덕해 졌는걸.

B 너 나 놀리는 거지.

단어 发福 fāfú 몸이 부해지다. 후덕해지다 | 逗 dòu 놀리다

★ 发福는 "복스러워지다, 후덕해지다"로, 상대방이 살찐 것을 조금 부드럽게 돌려 말할 때 쓰는 표현이에요. 보통 중년 여성들의 살찐 것을 가리킬 때 이 发福라는 표현을 써요.
★ "누구를 놀리다"란 말은 〈逗 dòu + 대상〉 형식을 써요.

48 엉덩이가 쳐지다 屁股下垂 pìgu xiàchuí

A 你的屁股下垂了。
Nǐ de pìgu xiàchuí le.

B 因为我老了。
Yīnwèi wǒ lǎo le.

A 너 엉덩이가 쳐졌어.

B 나이가 들어서 그래.

단어 屁股 pìgu 엉덩이 | 下垂 xiàchuí 밑으로 쳐지다 | 因为 yīnwèi 왜냐하면 | 老 lǎo 늙다

★ 屁股下垂는 "엉덩이가 밑으로 쳐지다"로, 屁股下垂了는 "엉덩이가 쳐졌어"의 뜻이에요.
★ 예문의 我老了 Wǒ lǎo le는 "나 늙었어, 나 나이 들었어"의 뜻이에요.
★ 반대로 "엉덩이가 탱탱하다, 힙업이 되다"란 말은 "치켜들다"란 뜻의 형용사 翘 qiào를 써요.

Tip 你的屁股真翘。Nǐ de pìgu zhēn qiào. 너 힙업 짱이다.
你的胸下垂了。Nǐ de xiōng xiàchuí le. 너 가슴이 쳐졌어.

49 칼로리 卡路里 kǎlùlǐ

A 你怎么不喝可乐?
Nǐ zěnme bù hē kělè?

B 因为卡路里高。
Yīnwèi kǎlùlǐ gāo.

A 넌 왜 콜라를 안 마셔?

B 칼로리가 높잖아.

단어 喝 hē 마시다 | 可乐 kělè 콜라 | 高 gāo 높다

★ 卡路里는 영어 칼로리(calorie)에서 발음을 따온 말이에요.
★ 고칼로리 gāo kǎlùlǐ는 高卡路里, 저칼로리는 低卡路里 dī kǎlùlǐ라고 해요.

Tip 卡路里低 kǎlùlǐ dī 칼로리가 낮다
卡路里高 kǎlùlǐ gāo 고칼로리 높다
低卡路里饮食 dī kǎlùlǐ yǐnshí 저칼로리 음식
高卡路里饮食 gāo kǎlùlǐ yǐnshí 고칼로리 음식

50 귀를 뚫다 打耳眼儿 dǎ ěryǎnr

A 打耳眼儿，不疼吗?
Dǎ ěryǎnr, bù téng ma?

B 一点都不疼。
Yìdiǎn dōu bù téng.

A 귀 뚫는 거 안 아파?

B 하나도 안 아파.

단어 耳眼儿 ěryǎnr 귓구멍 | 疼 téng 아프다 | 一点 yìdiǎn 조금

★ 耳眼儿은 "귓구멍"으로, "귀를 뚫다"란 말은 동사 打를 써서 打耳眼儿이라고 해요.
★ 耳眼儿은 읽을 때 얼화음에 유의해서 "얼알~"하고 발음해요.
★ 〈一点 yìdiǎn+都 dōu+不 bù〉는 "조금도 ~하지 않다"의 뜻.

Tip 戴耳环。Dài ěrhuán. 귀걸이를 하다.
我想打耳眼儿。Wǒ xiǎng dǎ ěryǎnr. 나 귀 뚫고 싶어.
你打了几个耳眼儿? Nǐ dǎ le jǐ ge ěryǎnr? 너 귀 몇 군데 뚫었어?
我打了三个耳眼儿。Wǒ dǎ le sān ge ěryǎnr. 나 귀 세 군데 뚫었어.
你什么时候打耳眼儿的? Nǐ shénme shíhou dǎ ěryǎnr de? 너 귀 언제 뚫었어?

51 배꼽 피어싱 脐钉 qídīng

A 我想穿脐钉。
Wǒ xiǎng chuān qídīng.

B 随便!
Suíbiàn!

A 나 배에 피어싱하고 싶어.

B 맘대로 하셔!

단어 想 xiǎng ~하고 싶다 | 穿 chuān 뚫다 | 随便 suíbiàn 마음대로 하다

★ 脐는 "배꼽", 钉은 "못"으로, 脐钉은 배꼽의 못. 즉 "배꼽 피어싱"을 뜻해요. "배꼽에 피어싱을 하다"란 말은 "뚫다"란 뜻의 穿을 써서 穿脐钉이라고 하고요.
★ 주의! "귀를 뚫다"할 때는 동사 打 dǎ를 쓰지만 "배꼽에 피어싱하다"는 穿을 써요.

★ 참고로 코에 하는 피어싱은 "코의 못", 즉 鼻钉 bídīng이고, 혀에 하는 피어싱은 "혀의 못" 즉, 舌钉 shédīng이라고 해요.

Tip 她穿鼻钉了。 Tā chuān bídīng le. 쟤 코에 피어싱했어.
她穿舌钉了。 Tā chuān shédīng le. 쟤 혀에 피어싱했어.

52 쭉쭉빵빵 正点 zhèngdiǎn

A 她好正点。
Tā hǎo zhèngdiǎn.

B 快擦擦口水吧!
Kuài cāca kǒushuǐ ba!

A 쟤 완전 쭉쭉빵빵인데.

B 얼른 침이나 좀 닦으셔!

단어 好 hǎo 매우, 무척(강조를 나타냄) | 擦 cā 닦다 | 口水 kǒushuǐ 침

★ 正点은 우리말의 "쭉쭉빵빵"같은 어감으로 몸매가 환상적인 여성을 가리킬 때 쓰는 슬랭표현이에요. 正点은 크게 저속한 말은 아니지만 그래도 남성들이 주로 쓰다보니 여성들에게 대놓고 쓰면 실례가 될 수도 있어요.

★ 擦口水는 "침을 닦다"로, 예문의 快擦擦口水吧는 "빨리 침을 좀 닦아라"란 뜻이에요.

53 글래머 丰满 fēngmǎn

A 你喜欢什么样的女人?
Nǐ xǐhuan shénmeyàng de nǚrén?

B 我喜欢丰满的女人。
Wǒ xǐhuan fēngmǎn de nǚrén.

A 넌 어떤 스타일의 여자가 좋아?

B 난 글래머러스한 여자가 좋아.

단어 喜欢 xǐhuan 좋아하다 | 女人 nǚrén 여자, 여성 | 什么样 shénmeyàng 어떠한, 어떤 모양의

★ 丰满은 "풍만하다"란 말로, 여성의 몸매가 육감적임을 뜻하는 "글래머러스하다"에 해당하는 표현이에요. 예문의 丰满的女人은 "글래머러스한 여자"란 뜻.

Tip 她可真丰满。 Tā kě zhēn fēngmǎn. 저 여자 진짜 글래머다.

54 섹시하다 性感 xìnggǎn

A 我穿网袜怎么样?
Wǒ chuān wǎngwà zěnmeyàng?

B 好性感啊!
Hǎo xìnggǎn a!

A 내 망사스타킹 어때?
B 완전 섹시한데!

단어 穿 chuān 입다 | 网袜 wǎng wà 망사스타킹 | 好 hǎo 매우. 무척

Tip 性感个屁! Xìnggǎn ge pì! 섹시하기는 개뿔!
你今天好性感啊! Nǐ jīntiān hǎo xìnggǎn a! 너 오늘 완전 섹시한데.
我喜欢性感的女人。Wǒ xǐhuan xìnggǎn de nǚrén. 난 섹시한 여자가 좋아.
你觉得女人什么时候最性感? Nǐ juéde nǚrén shénme shíhou zuì xìnggǎn?
넌 언제 여자가 제일 섹시한거 같아?

55 싼티나다 贱 jiàn

A 我觉得她很性感。
Wǒ juéde tā hěn xìnggǎn.

B 看起来很贱!
Kànqǐlái hěn jiàn!

A 저 여자 완전 섹시한 거 같아.
B 완전 싼티나보여!

단어 很 hěn 매우 | 性感 xìnggǎn 섹시하다 | 看起来 kànqǐlái 보기에 ~하다

★ "싼티나다"란 말은 중국어로 어떻게 할까요? 바로 "천박하다"란 뜻의 贱을 쓰면 되요. 예문의 看起来很贱은 "보기에 매우 싼티가나다"로, 즉 "완전 싼티나보여"의 뜻이에요.
★ 반대로 "부티가 나다"란 말은 "부귀스럽다"란 뜻의 富贵 fùguì를 써요.

Tip 她显得很贱。Tā xiǎnde hěn jiàn. 쟤 진짜 싼티나보여.
她显得很富贵。Tā xiǎnde hěn fùguì. 쟤 진짜 부티나보여.

56 예뻐지고 싶은 건 다 똑같아 爱美之心，人皆有之
àiměi zhī xīn, rén jiē yǒu zhī

A 现在整容很盛行。
Xiànzài zhěngróng hěn shèngxíng.

B 爱美之心，人皆有之。
Àiměi zhī xīn, rén jiē yǒu zhī.

A 요즘 성형이 너무 판치는 것 같아.

B 아름답고 싶은 마음이야 다 똑같잖니.

단어 现在 xiànzài 요즘 | 整容 zhěngróng 성형수술하다 | 很 hěn 매우 | 盛行 shèngxíng 성행하다, 판치다 | 爱美 àiměi 아름다운 것을 좋아하다 | 皆 jiē 모두

★ 爱美之心은 "아름다운 것을 좋아하는 마음", 人皆有之는 "사람은 누구나 갖고 있다"로, 爱美之心，人皆有之는 우리말의 "예뻐지고 싶은 마음이야 사람마다 다 똑같다"란 뜻이에요. 문장이 다소 길지만, 여성들이 정말 많이 쓰는 활용도 200%인 표현이에요.

57 하늘에 별 따기 难如登天 nánrú dēngtiān

A 现在找到自然美女是难如登天。
Xiànzài zhǎodào zìrán měinǚ shì nánrú dēngtiān.

B 没错。
Méicuò.

A 요즘 자연미인을 찾기란 하늘에 별 따기야.

B 맞아.

단어 现在 xiànzài 요즘 | 找到 zhǎodào 찾다 | 自然美女 zìrán měinǚ 자연미인 | 难 nán 어렵다 | 如 rú 마치 ~같다 | 登天 dēngtiān 하늘에 오르다

★ 难如登天은 풀이하면 "마치 하늘에 오르기처럼 어렵다"로, 우리말의 "하늘에 별 따기"에 해당하는 표현이에요.
★ 没错는 "맞아, 그래"처럼 상대방의 말에 강한 동의를 나타내요.
★ 주의! 중국에서는 미인을 우리처럼 美人 měirén이라 하지 않고, "미녀" 즉 美女라고 하니 혼동하지 마세요!

PART
11

学校生活 학교 생활

대리출석이 가능할까?

중국의 대학교에서는 교수님들이 출석 체크를 꼼꼼하게 해요. 그럼 중국에서도 대리 출석이 가능할까요? 제 경험으로 비추어보면 단 한번도 대출을 하는 중국 학생은 보지 못했어요. 예전에 "엽기적인 그녀"가 중국에서 빅히트를 쳤을 때 영화에서 보면 차태현이 전지현 대신 대리출석 하는 장면이 나오잖아요. 그 장면이 중국 학생들에게는 꽤나 인상적이었나 봐요. 그걸 보고 중국인 친구들이 "한국에는 정말 저런 게 가능해?"라며 신기하게 물어봤던 기억이 나네요.

01 출석부르다 点名 diǎnmíng

A 开始点名了，张东健。
kāishǐ diǎnmíng le, Zhāng Dōngjiàn.

B 到！
Dào!

A 출석부를게요. 장동건.

B 네!

단어 开始 kāishǐ 시작하다 | 到 dào 도착하다

★ 교수님이 출석할때 우리는 "네"라고 대답하지만, 중국에선 "도착하다"란 의미의 到라고 해요. 중국으로 유학 가실분들, 강의실에서 자기 이름이 불리면 큰 소리로 "따오!"라고 외치시면 되요. 행여나 우리식으로 생각해서 这儿(여기요)이라고 대답하는 분이 없기를….

★ "누구의 이름을 출첵하다"란 말은 〈点diǎn+대상+名míng〉형식을 써요.

Tip 老师会点名吗？ Lǎoshī huì diǎnmíng ma? 선생님이 출첵 하실까?
老师肯定要点名。 Lǎoshī kěndìng yào diǎnmíng. 선생님이 분명 출첵하실거야.
老师点我名了吗？ Lǎoshī diǎn wǒ míng le ma? 선생님이 내 이름 출첵했어?
老师点你名了。 Lǎoshī diǎn nǐ míng le. 선생님이 너 이름 출첵했어.

02 땡땡이 치다 逃课 táokè

A 咱们逃课吧！
Zánmen táokè ba!

B 不行，要点名了。
Bùxíng, yào diǎnmíng le.

A 우리 수업 땡땡이 치자!

B 안 돼. 출첵한단 말이야

단어 逃 táo 도망가다 | 课 kè 수업 | 点名 diǎnmíng 출첵하다 | 要…了 yào…le ~하려 하다

★ 逃课는 "수업에 도망가다", 즉 "수업을 땡땡이 치다"의 뜻이에요.
★ 不行은 "안 돼"로, 영어 NO WAY와 같은 의미에요.

Tip 비슷한 말로 旷课 kuàngkè라는 표현도 잘 쓰여요.

03 교수님 안녕하세요 老师好 lǎoshī hǎo

A 开始上课。
Kāishǐ shàngkè.

B 起立，老师好。
Qǐlì, lǎoshī hǎo.

A 수업 시작 할게요.
B 일어섯! 교수님 안녕하세요.

단어 开始 kāishǐ 시작하다 | 上课 shàngkè 수업하다 | 起立 qǐlì 일어서다, 기립하다

★ 중국 대학교에선 강의 시작전, 과대표가 일어나 큰소리로 "일어섯!" 하고 외치면 학생들이 전부일어나 "교수님, 안녕하세요"라고 인사한답니다.

★ 주의! 중국어로 "교수님"은 教授 jiàoshòu라고 해요. 하지만 실제 중국 대학생들은 교수님을 부를 때 教授란 호칭보다는 그냥 "선생님"이란 뜻의 老师를 주로 써요. 만약 교수님과 1대1 대면시에는 교수님의 성을 앞에 붙여 王老师(왕 선생님), 张老师(장 선생님)처럼 불러요.

04 수업에 가다 去上课 qù shàngkè

A 你去哪儿?
Nǐ qù nǎr?

B 我去上课。
Wǒ qù shàngkè.

A 너 어디가?
B 나 수업 받으러 가.

단어 去 qù 가다 | 哪儿 nǎr 어디

★ 上课는 "수업을 받다"로, 去上课는 "수업 받으러 가다", "강의 들으러 가다"란 뜻이에요.

Tip 我要去上课。Wǒ yào qù shàngkè. 나 수업 가야해.
我没去上课。Wǒ méi qù shàngkè. 나 수업 안갔어.
我上完课了。Wǒ shàng wán kè le. 나 수업 끝났어.
你怎么没来上课? Nǐ zěnme méi lái shàngkè? 너 왜 수업에 안왔어?

05 강의하다 讲课 jiǎngkè

A 今天哪位老师讲课?
Jīntiān nǎ wèi lǎoshī jiǎngkè?

B 金老师。
Jīn lǎoshī.

A 오늘 어느 교수님이 강의하셔?

B 김 교수님.

단어 今天 jīntiān 오늘 | 哪 nǎ 어느 | 位 wèi 분 | 老师 lǎoshī 선생님

★ 讲课는 선생님의 학생들에게 강의하다. 수업하다란 뜻이에요.
★ 앞에서 중국 대학생들은 "교수님"을 부를 때 "교수님"이란 뜻의 教授 jiàoshòu대신 그냥 "선생님"이란 뜻의 老师를 많이 쓴다고 설명드렸죠?

Tip 金老师讲课没意思。Jīn lǎoshī jiǎngkè méi yìsī. 김 교수님 강의는 재미없어.
金老师讲课很生动。Jīn lǎoshī jiǎngkè hěn shēngdòng. 김 교수님 강의는 활기차.
金老师讲课很无聊。Jīn lǎoshī jiǎngkè hěn wúliáo. 김 교수님 강의는 너무 지루해.

06 수업이 끝나다 下课 xiàkè

A 你下课后要干嘛?
Nǐ xiàkè hòu yào gànmá?

B 要出去玩儿。
Yào chūqu wánr.

A 너 수업 끝나고 뭐 할 거야?

B 놀러 갈거야.

단어 后 hòu 후에 | 要 yào ~하려하다 | 出去 chūqu 나가다 | 玩儿 wánr 놀다

★ 下课는 "수업이 끝나다, 수업을 마치다"란 뜻이에요. 중국 대학교에선 강의가 끝나면 교수님이 항상 큰소리로 下课하고 외친답니다.
★ 要干嘛는 우리말의 "뭐 할거야?"란 말로, 要干什么? yào gàn shénme? 와 같은 뜻이에요.

Tip 终于下课了! Zhōngyú xiàkè le! 드디어 수업 끝났다!
到底什么时候下课? Dàodǐ shénme shíhou xiàkè? 대체 수업 언제끝나는 거야?
已经过了下课时间。Yǐjing guò le xiàkè shíjiān. 수업끝날 시간 지났는데.

07 수업이 끝나는 종 下课铃 xiàkè líng

A 下课铃响了！
Xiàkè língxiǎng le!

B 解放啦！
Jiěfàng la!

A 수업종 쳤다!

B 해방이다!

단어 响 xiǎng (종이)울리다 | 解放 jiěfàng 해방되다 | 啦 la 어기조사

★ 下课는 "수업이 끝나다", 铃은 "종, 벨"로, 下课铃은 "수업 마치는 종"을 뜻해요.
★ 예문의 解放啦는 어떠한 억압이나 스트레스에서 풀려날 때 우리가 잘 쓰는 "해방이다, 살았다"같은 어감을 주는 관용표현이에요.
★ 반대로 "수업 시작종"은 上课铃라고 해요.

Tip 上课铃响了。 Shàngkè língxiǎng le. 수업시작종 쳤다.
下课铃怎么还不响啊? Xiàkè líng zěnme hái bù xiǎng a? 수업끝나는 종 왜 아직 안 치는거야?

08 지각하다 迟到 chídào

A 你又迟到了。
Nǐ yòu chídào le.

B 对不起，我睡过头了。
Duìbuqǐ, wǒ shuìguòtóu le.

A 너 또 지각이야.

B 미안. 나 늦잠 잤어.

단어 又 yòu 또 | 迟到 chídào 지각하다 | 睡过头 shuìguòtóu 늦잠 자다

★ 睡는 "자다", 过头는 "도에 넘치다"로, 睡过头는 "자는 것이 도에 넘치다". 즉 "늦잠 자다"란 뜻이에요.

Tip 我上课迟到了。Wǒ shàngkè chídào le. 나 수업에 지각했어.
我上课没迟到。Wǒ shàngkè méi chídào. 나 수업에 지각안했어.
我上课差点迟到了。Wǒ shàngkè chà diǎn chídào le. 나 하마터면 수업에 지각할뻔했어.

09 지각하다 迟到 chídào

A 你为什么上课迟到了?
Nǐ wèishénme shàngkè chídào le?

B 闹钟没响。
Nàozhōng méi xiǎng.

A 너 왜 수업에 늦었어?
B 알람이 안 울렸어.

단어 为什么 wèishénme 왜 | 上课 shàngkè 수업받다 | 迟到 chídào 지각하다 | 响 xiǎng 울리다

★ 알람(시계)는 "시끄러운 시계"라는 뜻의 闹钟이라고 해요.
★ "알람을 몇시에 맞추다"할 때 "맞추다"란 말은 "정하다"란 뜻의 定 dìng을 써요. 만약 "알람을 7시에 맞추다"처럼 구체적인 시간을 말하고자 할때는 〈闹钟nàozhōng+定dìng+在zài+시간〉형식을 씁니다.
★ 예문의 上课迟到는 "수업에 지각하다"란 뜻이에요.

Tip 定闹钟 dìng nàozhōng 알람시계를 맞추다
闹钟定在7点 nàozhōng dìng zài qī diǎn 알람시계를 7시에 맞추다
我没听到闹钟响。Wǒ méi tīngdào nàozhōng xiǎng. 나 알람소리 못들었어.
我忘了定闹钟。Wǒ wàng le dìng nàozhōng. 알람시계 맞추는 걸 깜빡했어.

10 나 좀 깨워줘 叫醒我 jiàoxǐng wǒ

A 明天早上七点叫醒我。
Míngtiān zǎoshang qī diǎn jiàoxǐng wǒ.

B 哦了!
Ò le!

A 나 내일 아침 7시에 깨워줘.
B 오케바리!

단어 明天 míngtiān 내일 | 早上 zǎoshang 아침 | 七点 qī diǎn 7시

★ 叫醒은 잠을 깨우다란 뜻이에요. "누구를 잠에서 깨우다"란 말은 〈叫醒+대상〉형식을 써요.
★ 예문의 哦了는 중국 신세대들이 즐겨 쓰는 Hot한 슬랭으로, 우리말의 "오케바리, 오케이"란 뜻이에요. 발음은 "오울러~"처럼 해요.

★ 참고로 "모닝콜"은 叫醒电话 jiàoxǐng diànhuà라고 해요. "모닝콜을 걸다"는 打叫醒电话 dǎ jiàoxǐng diànhuà이고요.

Tip 你为什么没叫醒我? Nǐ wèishénme méi jiàoxǐng wǒ? 너 왜 나 안 깨웠어?
你一定要叫醒我. Nǐ yídìng yào jiàoxǐng wǒ. 너 나 꼭 깨워줘야 해!
我叫醒了你, 但你没起来. Wǒ jiàoxǐng le nǐ, dàn nǐ méi qǐlái. 나 너 깨웠는 데, 네가 안 일어났어.
明天早上七点给我打叫醒电话. Míngtiān zǎoshang qī diǎn gěi wǒ dǎ jiàoxǐng diànhuà.
나 내일 아침 7시에 모닝콜좀 해줘.

11 등록금 学费 xuéfèi

A 现在大学学费太贵了。
Xiànzài dàxué xuéfèi tài guì le.

B 可不是嘛!
Kěbúshì ma!

A 요즘 대학 등록금이 너무 비싸.

B 누가 아니래니!

단어 现在 xiànzài 요즘 | 大学 dàxué 대학 | 贵 guì 비싸다

★ 可不是嘛는 우리말의 "누가 아니래니, 그러게나 말이야"같은 의미로, 상대방의 말에 강한 동의를 나타내요. 중국 사람들은 더 짧게 줄여 그냥 可不라고도 많이들해요.

★ 한국 대학생들의 영원한 화두 "반값 등록금"은 중국어로 学费减半 xuéfèi jiǎnbàn이라고 해요.

Tip 学费涨了. Xuéfèi zhǎng le. 등록금이 올랐어.
学费降了. Xuéfèi jiàng le. 등록금이 내렸어.
学费涨了很多. Xuéfèi zhǎng le hěn duō. 등록금이 많이 올랐어.
学费降了很多. Xuéfèi jiàng le hěn duō. 등록금이 많이내렸어.

12 학자금 대출 助学贷款 zhùxué dàikuǎn

A 你学费问题解决了吗?
Nǐ xuéfèi wèntí jiějué le ma?

B 我拿到助学贷款了。
Wǒ nádào zhùxué dàikuǎn le.

A 너 학비문제 해결했어?
B 나 학자금 대출 받았어.

단어 学费 xuéfèi 학비 | 问题 wèntí 문제 | 解决 jiějué 해결하다 | 拿到 nádào 손에 넣다

★ 助学 zhùxué는 "학업을 돕다", 贷款 dàikuǎn는 "대출 받다"로, 助学贷款 zhùxué dàikuǎn은 "학자금 대출"의 뜻.
★ "학자금을 대출 받다"란 말은 "손에 넣다"란 뜻의 拿到 nádào를 써서 拿到助学贷款이라고 해요.

Tip 申请助学贷款。Shēnqǐng zhùxué dàikuǎn. 학자금 대출을 신청하다.

13 학교를 중퇴하다 辍学 chuòxué

A 你为什么辍学了?
Nǐ wèishénme chuòxué le?

B 我交不起学费。
Wǒ jiāo buqǐ xuéfèi.

A 너 학교 왜 그만뒀어?
B 등록금 낼 형편이 안 돼.

단어 为什么 wèishénme 왜 | 交 jiāo 내다 | 不起 buqǐ ~할 수 없다 (동사 뒤에서 역량이 부족함을 나타냄) |
学费 xuéfèi 학비

★ 辍学 chuòxué는 학비를 낼만한 경제형편이 안 되거나 개인사정이 있어 학교를 중간에 그만두는 "중퇴하다, 자퇴하다"란 뜻이에요.
★ 交不起 jiāo buqǐ는 "(경제 능력이 안 돼) 돈을 지불하기 어렵다"로, 交不起学费 jiāo buqǐ xuéfèi는 "돈이 없어 학비를 낼 여력이 없다"란 의미에요.

Tip 我交得起学费。Wǒ jiāo deqǐ xuéfèi. 나 등록금 낼 형편이 돼.
我交不起房租。Wǒ jiāo buqǐ fángzū. 나 집세낼 형편이 안 돼.
我交不起手机费。Wǒ jiāo buqǐ shǒujīfèi. 나 휴대전화 요금 낼 형편이 안 돼.

14 알바하다 打工 dǎgōng

A 你打什么工?
Nǐ dǎ shénme gōng?

B 我当家教。
Wǒ dāng jiājiào.

A 너 무슨 알바해?

B 나 과외해.

단어 当 dāng 되다 | 家教 jiājiào 가정교사, 과외선생

★ 예문의 "你打什么工?" Nǐ dǎ shénme gōng은 "너 무슨 아르바이트 해?"란 뜻으로, 이 때 행여나 你打工什么? Nǐ dǎ gōng shénme라고 하지 마세요. 반드시 "打+什么+工"형태로 써야 해요!

★ 우리말의 "나 과외선생 해", "나 과외가르쳐"란 말을 중국어로는 "~이 되다"란 뜻의 "当"을 써서 "내가 가정교사가 되다". 즉 我当家教 Wǒ dāng jiājiào처럼 표현해요.

Tip 我在便利店打工。 Wǒ zài biànlìdiàn dǎgōng. 나 편의점에서 알바해.
我要打工挣学费。 Wǒ yào dǎgōng zhèng xuéfèi. 나 알바해서 학비벌어야해.
边打工边学习累。 biān dǎgōng biān xuéxí lèi. 알바하랴 공부하랴 힘들어.

15 장학금 奖学金 jiǎngxuéjīn

A 我拿奖学金了。
Wǒ ná jiǎngxuéjīn le.

B 恭喜你!
Gōngxǐ nǐ!

A 나 장학금 받았어.

B 축하해!

단어 拿 타다, 얻다 | 恭喜 gōngxǐ 축하하다

★ "장학금을 받다, 타다"란 말은 "획득하다, 취득하다"란 뜻의 동사 拿를 써서 拿奖学金이라고 해요.

★ 남에게 축하의 인사말을 건넬 때 쓰는 "축하해"란 말은 중국어로 恭喜你라고 해요.

★ 참고로 나라에서 주는 "국비 장학금"은 公费奖学金라고 해요.

> **Tip** 我拿了全额奖学金。 Wǒ ná le quán'é jiǎngxuéjīn. 전액 장학금 받았어.
> 我拿了公费奖学金。 Wǒ ná le gōngfèi jiǎngxuéjīn. 나 국비장학금 받았어.
> 我是公费留学生。 Wǒ shì gōngfèi liúxuéshēng. 나 국비유학생이야.

> 중국은 현재 "중국에서 유학하기"란 프로젝트를 가동해서 2020년까지 50만 명의 해외 유학생을 유치한다는 계획을 갖고 있어요. 특히 석·박사과정에 대한 장학금 제도를 늘려가는 추세에요. 석·박사과정은 학부성적 및 대학원 입학시험 성적에 따라 장학생을 선발해요. 저도 박사과정은 중국 정부 장학금을 탔는데, 3년간 학비 전액 면제에 매달 2천 위안(우리돈 40만 원)의 생활비가 나온답니다. 중국의 각종 장학금 제도에 관해 자세히 알고 싶으면 "중국 유학기금 관리위원회"웹사이트를 참고하세요. www.laihua.csc.edu.cn

16 수능시험 高考 gāokǎo

A 马上要高考了。
Mǎshàng yào gāokǎo le.

B 太紧张了。
Tài jǐnzhāng le.

A 이제 곧 있으면 수능이야.

B 너무 긴장 돼.

단어 马上 mǎshàng 바로 | 要…了 yào… le 곧 ~하다 | 紧张 jǐnzhāng 긴장하다

★ 高考는 한국의 "수능", 미국의 "SAT"같은 중국의 대학입학 시험을 말해요.
★ "수능 시험을 보다"란 말은 "참가하다"란 뜻의 参加 cānjiā를 써서 参加高考 cānjiā gāokǎo라고 해요.

> **Tip** 我今年参加高考。 Wǒ jīnnián cānjiā gāokǎo. 나 올해 수능시험 봐.

17 문과, 이과 文科, 理科 wénkē, lǐkē

A 你是文科还是理科?
Nǐ shì wénkē háishi lǐkē?

B 我是文科。
Wǒ shì wénkē.

A 너 문과야, 이과야?
B 나 문과.

단어 文科 wénkē 문과 | 还是 háishi 아니면 | 理科 lǐkē 이과

★ 중국 고등학교에서도 우리처럼 문과, 이과를 나눠요. 중국의 대입시험인 高考에서도 문・이과 별로 시험문제가 따로 출제가 돼요.

Tip 我高中时是文科。Wǒ gāozhōng shí shì wénkē. 나 고등학교때 문과였어.
我高中时是理科。Wǒ gāozhōng shí shì lǐkē. 나 고등학교때 이과였어.
我原来是文科, 后来改成理科。Wǒ yuánlái shì wénkē, hòulái gǎichéng lǐkē.
나 원래 문과였는데. 이과로 바꿨어.
我原来是理科, 后来改成文科。Wǒ yuánláishì lǐkē, hòulái gǎichéng wénkē.
나 원래 이과였는데. 문과로 바꿨어.

China talk! talk!

중국의 대입시험 열기는 상상을 초월해요. 매년 6월 7일, 8일 이틀간 시행되는 데, 전국에서 약 1천만 명의 수험생이 참가합니다. 시험과목은 문・이과로 나뉘는 데, 첫째 날은 어문(국어), 수학을 보고, 둘째 날은 문과종합(정치, 역사, 지리), 이과종합(물리, 화학, 생물), 외국어를 봐요. 재미난 건 중국의 수능시험 문제는 성급별로 다 다르게 출제가 돼요. 우리로 치면 서울, 경기도, 경상도의 수능문제가 다 다른 것과도 같죠. 중국 수능시험의 만점은 750점으로 현재까지 만점자가 나온적은 단 한 번도 없답니다. 시험을 치룬 후 3주가 지나면 성적이 나오고 이때부터 피를 말리는 원서접수 전쟁이 시작되죠.

18 기도하다 祈祷 qídǎo

A 明天就高考了。
Míngtiān jiù gāokǎo le.

B 我会为你祈祷。
Wǒ huì wèi nǐ qídǎo.

A 내일이면 수능이네.
B 내가 널 위해 기도해줄게.

단어 就 jiù 곧 | 高考 gāokǎo 수능시험 보다 | 会 huì ~할 것이다 | 为 wèi ~을 위하여

★ "누구를 위해 기도하다"란 말은 〈为wèi+대상+祈祷qídǎo〉형식을 써요.
★ 절 寺庙 sìmiào / 교회 教堂 jiàotáng / 성당 天主堂 tiānzhǔtáng / 스님 和尚 héshang / 목사 牧师 mùshī / 신부 神父 shénfu

Tip 你为我祈祷吧。Nǐ wèi wǒ qídǎo ba. 나를 위해 기도해줘.
家长为子女祈祷。jiāzhǎng wèi zǐ nǚ qídǎo. 학부모가 자녀를 위해 기도하다.
去寺庙拜佛。qù sìmiào bàifó. 절에 가서 부처님께 절하다.
去教堂祈祷。qù jiàotáng qídǎo. 교회에 가서 기도를 하다.
去天主堂做礼拜。qù tiānzhǔtáng zuò lǐbài. 성당에가서 예배를 보다.

19 부적 护身符 hùshēnfú

A 那是什么东西?
Nà shì shénme dōngxi?

B 这是大仙给的护身符。
Zhè shì dàxiān gěi de hùshēnfú.

A 그게 뭐야?
B 이거 무속인이 써준 부적이야.

단어 什么 shénme 무슨 | 东西 dōngxi 물건 | 大仙 dàxiān 무속인 | 给 gěi 주다

★ 护身符는 "몸을 보호하는 표시"으로, 액운을 물리치는 "부적"을 뜻해요.
★ 무당 같은 무속인을 중국어로는 "신선"이나 "선녀"를 뜻하는 大仙 dàxiān 또는 仙 xiān이라고 해요. 발음할 때는 뒤에 얼화음을 붙여 각각 "따씨알", "씨알"이라고 말해요.

Tip 부적은 행운을 가져다 줘. 护身符会带来好运。Hùshēnfú huì dàilái hǎoyùn

20 점을 보다 算卦 suànguà

A 我昨天去算卦了。
Wǒ zuótiān qù suànguà le.

B 算卦先生怎么说?
Suànguà xiānsheng zěnme shuō?

A 나 어제 점보러 갔었어.
B 점쟁이가 뭐라고 하든?

단어 去 qù 가다 | 算卦先生 suànguà xiānsheng 점쟁이 | 怎么 zěnme 어떻게 | 说 shuō 말하다

★ 算卦는 "점괘를 보다"로, 去算卦는 "점을 보러 가다"란 뜻이에요.
★ 算卦先生은 "점을 보는 선생" 즉 "점쟁이"를 뜻해요.

Tip 他太神了! Tā tài shén le 그 사람 정말 용해!
那是骗人的! Nà shì piànrén de 그거 다 사기야!
别信算卦先生的话。 Bié xìn suànguà xiānsheng de huà. 점쟁이 말 믿지마.
算卦先生说我一定能考上大学。 Suànguà xiānsheng shuō wǒ yídìng néng kǎoshàng dàxué.
점쟁이가 나 대학에 꼭 붙는대.

China talk! talk!

중국사람들은 우리처럼 점을 잘 보지 않아요. 중국 사회는 무속신앙 자체를 원천적으로 인정하지 않아서 철학관, 점집이 아예 없어요. 물론 숨어서 몰래들 하지만 말이죠. 제가 중국에 10년 넘게 있었지만 점을 봤었다는 친구들이 손가락에 꼽을 정도예요. 하지만 일부 사람, 주로 사업가들은 알음알음해서 점집을 찾기도 해요. 중국 점쟁이는 과연 어떤 모습일까요? 저는 이게 너무 궁금해서, 지인을 통해 용하다고 소문난 점집을 방문한 적이 있었죠. 중국에도 사주팔자로 점을 치는 사람, 신내림을 받은 무당으로 구분이 되는데, 한국이랑 레퍼토리가 비슷해요. 단지 점괘를 중국어로 말한다는 차이가 있을 뿐이죠. 복채는 우리처럼 3만원, 5만원 이렇게 정해진 게 없고, 알아서 내라고 하는데, 얼마를 내야할지 완전 난감했습니다. 원래는 100위안 생각했었는데…제 운세가 매우 좋다는 말에 혹해 200위안(우리돈 3만 9천 원)을 내고 나온적이 있어요.

21 합격하다 考上 kǎoshàng

A 我考上北大了。
Wǒ kǎoshàng Běidà le.

B 祝贺你!
zhùhè nǐ!

A 나 베이징대에 합격했어.

B 축하해!

단어 考上 kǎoshàng 합격하다 | 祝贺 zhùhè 축하하다 | 北大 Běidà 북경대학

★ 중국에서는 베이징대학을 줄여서 北大라고 해요. 칭화대학은 清华라고 부르고요.
★ 대학이나 공무원 시험등에 합격하다란 말은 考上을 써요. "어느 대학에 합격하다"할때는 〈考上 kǎoshàng+대학명〉을 쓰고요. 우리식대로 "합격"이란 合格을 쓰면 안되요. 合格은 제품의 품질이 합격인 것을 말해요.
★ 반대로 "대학에 떨어지다"란 말은 没考上 méi kǎoshàng라고 해요.

Tip 我考上大学了。Wǒ kǎoshàng dàxué le. 나 대학에 붙었어.
我没考上大学。Wǒ méi kǎoshàng dàxué. 나 대학에 떨어졌어.
我考上公务员了。Wǒ kǎoshàng gōngwùyuán le. 나 공무원 시험에 붙었어.

22 재수하다 复读 fùdú

A 我没考上大学。
Wǒ méi kǎoshàng dàxué.

B 你要复读吗?
Nǐ yào fùdú ma?

A 나 대학 떨어졌어.

B 너 재수할거니?

단어 考上 kǎoshàng 합격하다 | 大学 dàxué 대학

★ 复读는 "반복해서 공부하다"란 말로, 우리말의 "재수하다"의 뜻이에요.
★ 중국에는 우리처럼 "삼수, 사수"란 표현이 따로 없고, 모두 复读로 표현해요.

Tip 我要复读。Wǒ yào fùdú. 나 재수할거야.
我不想复读。Wǒ bú xiǎng fùdú. 나 재수하기 싫어.

23 수석 状元 zhuàngyuán

A 他高考是状元。
Tā gāokǎo shì zhuàngyuán.

B 好厉害啊!
Hǎo lìhai a!

A 쟤 수능에서 수석했어.

B 정말 대단한데.

단어 高考 gāokǎo 수능시험 | 好 hǎo 정말, 완전 | 厉害 lìhai 대단하다

★ 수능에서 최고성적을 거두는 "수석"은 状元이라고 해요.
★ 예문의 好厉害啊는 우리말의 "완전 대단한걸, 진짜 대단한데"같은 어감을 주는 관용표현이에요.
★ 참고로 수석 다음인 "차석"은 榜眼 bǎngyǎn, 그 다음 차석은 探花 tànhuā라고 해요.

Tip 중국어에도 최고의 자리를 뜻하는 首席 shǒuxí란 말이 있어요. 하지만 중국에서 말하는 首席는 회사의 최고 경영자를 뜻해요. 기업 CEO를 중국어로는 "수석 집행관", 즉 首席执行官 shǒuxí zhíxíngguān이라고 하거든요.

24 명문대 名牌大学 míngpái dàxué

A 考北大难吗?
Kǎo Běidà nán ma?

B 当然，名牌大学嘛!
Dāngrán, míngpái dàxué ma!

A 베이징대학 들어가기 어려워?

B 당근이지. 명문대 잖아.

단어 考 kǎo 시험보다 | 北大 Běidà 베이징대학 | 难 nán 어렵다 | 当然 dāngrán 당연하다

★ "베이징대학 들어가기 어려워?"란 말을 중국어로 할 때 "대학에 들어가다"란 말을 우리식으로 생각해서 进大学 jìn dàxué라고 하면 안 돼요. 이때는 예문처럼 "베이징대학 시험치기 어려워?"라는 뜻으로 물어봐야 해요.

★ 名牌는 "유명브랜드", 大学는 "대학"으로, 名牌大学 는 우리말의 "일류대, 명문대"란 뜻이에요. 주의! 名牌을 발음할 때는 뒤에 얼화음을 붙여 "밍팔~"하고 말해요.

★ 중국어로 "삼류대학"은 우리와 똑같이 三流大学 sānliú dàxué라고 해요. 그럼 이류대학은 二流大学 èrliú dàxué일까요? 이런 표현은 중국에는 없어요.

Tip 考首尔大学真难。Kǎo Shǒu'ěr dàxué zhēn nán. 서울대학은 들어가기 진짜 어려워.
考首尔大学不难。Kǎo Shǒu'ěr dàxué bù nán. 서울대학은 들어가기 쉬워.
考首尔大学一点都不难。Kǎo Shǒu'ěr dàxué yìdiǎn dōu bù nán. 서울대학은 들어가기 완전쉬워.

China talk! talk!

중국 최고의 명문대는 어디일까요? 최근 한 조사에서 중국 대학을 호텔처럼 등급으로 매겼는데, 6성급을 받은 대학은 단 3곳. 베이징대, 칭화대, 그리고 홍콩대. 그다음으로는 저장대, 푸단대, 런민대, 난카이대, 난징대, 중국 커지대가 뒤를 이었고요. 이중 항저우에 위치한 저장대학은 한국인에겐 익숙하지 않지만, 중국 대학순위에서 TOP5안에 드는 명문중의 명문이에요. 학과별로 보자면 의과대로는 베이징 협회의학원이 부동의 1위, 한의대는 베이징 중의약 대학, 법대는 런민대, 건축은 칭화대가 BEST OF BEST에요. 미대 쪽으로는 중국의 홍대 미대라 할 수 있는 중앙미술학원, 음대로는 중앙음악학원, 체대는 베이징 체육대학이 예체능계 최고명문이죠. 그 외 경찰대는 중국 인민 공안대학과 랴오닝성에 위치한 중국 경찰학원, 육군 사관학교로는 마오쩌둥의 고향인 후난성 장사에 있는 국방 커지대가 최고명성을 자랑해요.

25 학과에 지원하다 报专业 bào zhuānyè

A 你要报什么专业?
Nǐ yào bào shénme zhuānyè?

B 我要报医学院。
Wǒ yào bào yīxuéyuàn.

A 너 무슨 학과 지원할 거야?

B 나 의학부에 지원할 거야.

단어 报 bào 지원하다 | 专业 zhuānyè 학과, 전공 | 什么 무슨 | 医学院 yī xuéyuàn 의학부

★ 대학 원서를 쓸 때 "무슨 학과에 지원하다"란 말은 〈报bào+학과〉형식을 써요.

26 경쟁률이 세다 竞争性强 jìngzhēngxìng qiáng

A 我要报"人大"法学院。
Wǒ yào bào "Réndà" fǎxuéyuàn.

B 那竞争性很强。
Nà jìngzhēngxìng hěn qiáng.

A 나 런민대 법대에 지원할 거야.

B 거기 경쟁률 매우 센데.

단어 报 bào 지원하다 | 人大 Réndà 런민대학 | 法学院 fǎxuéyuàn 법학부, 법대

★ 주의! "경쟁률"이란 말을 중국에서는 "경쟁성", 즉 竞争性라고 표현해요.
★ "경쟁률이 세다"할 때 "세다"란 말은 "강하다"란 뜻의 强을 써요. 반대로 "약하다"란 말은 弱 ruò가 아닌, "(수준, 질 등이) 떨어진다"란 뜻의 差 chà를 쓰고요.
★ 人大는 중국 명문대 런민대학(人民大学)의 줄임말. 런민대 법학부는 중국 수능시험에서 최고 성적을 거둔 수재들이 들어가는 명문학부에요.

Tip 热门学科 rèmén xuékē 인기 학과
冷门学科 lěngmén xuékē 비인기 학과
医学院竞争性强。Yīxuéyuàn jìngzhēngxìng qiáng. 의학부는 경쟁률이 세.
医学院竞争性差。Yīxuéyuàn jìngzhēngxìng chà. 의학부는 경쟁률이 약해.

27 전공 专业 zhuānyè

A 你学什么专业?
Nǐ xué shénme zhuānyè?

B 经济学。
Jīngjìxué.

A 넌 전공이 뭐야?

B 경제학.

단어 学 xué 공부하다 | 什么 shénme 무슨 | 专业 zhuānyè 전공 | 经济学 Jīngjìxué 경제학

★ 你学什么专业? Nǐ xué shénme zhuānyè?는 직역하면 "넌 무슨 전공을 공부해?"로, 이는 우리말의 "넌 전공이 뭐야?"라고 묻는 표현이에요.

★ "나는 ~학과를 전공해"란 말은 〈我wǒ+学xué+학과명+专业zhuānyè〉형식을 써요.

Tip 我学中文专业。 Wǒ xué Zhōngwén zhuānyè. 난 중문학 전공해.
我学经济专业。 Wǒ xué jīngjì zhuānyè. 난 경제학 전공해.
我学法律专业。 Wǒ xué fǎlǜ zhuānyè. 난 법학 전공해.
我学医学专业。 Wǒ xué yīxué zhuānyè. 난 의학 전공해.

28 적성에 안 맞다 不适合 bú shìhé

A 中文专业不适合我。
Zhōngwén zhuānyè bú shìhé wǒ.

B 那就转学呗!
Nà jiù zhuǎnxué bei!

A 중문과는 내 적성에 안 맞아.

B 그럼 편입해!

단어 中文 Zhōngwén 중문 | 专业 zhuānyè 과, 전공 | 转学 zhuǎnxué 편입하다 | 呗 bei 어기조사

★ 适合는 "적합하다, 어울리다"로, 반대어인 不适合는 "적합하지 않다". 즉 학과 등이 적성에 안 맞는다는 말을 할 때 써요. 예문의 中文专业不适合我 Zhōngwén zhuānyè bù shìhé wǒ는 "중문과는 나에게 적합하지 않다"란 뜻이에요.

★ "무슨 학과가 내 적성에 안 맞다"란 말은 〈전공+专业zhuānyè+不合适 bù héshì+我wǒ〉 형식을 써요.

★ 예문의 那就转学呗 Nà jiù zhuǎnxué bei는 우리말의 "그럼 편입하던가, 그럼 편입해버려!"같은 어감을 줘요.

Tip 理工专业不适合我。 Lǐgōng zhuānyè bù shìhé wǒ. 공대는 내 적성에 안맞아.
理工专业很适合我。 Lǐgōng zhuānyè hěn shìhé wǒ. 공대는 내 적성과 잘 맞아.

29 수강 신청하다 选课 xuǎn kè

A 这学期你选了几门课?
Zhè xuéqī nǐ xuǎn le jǐ mén kè?

B 选了三门。
Xuǎn le sān mén.

A 너 이번 학기에 몇 과목 신청했어?

B 세 과목 신청했어.

단어 学期 xuéqī 학기 | 几 jǐ 몇 | 门 mén 과목(양사) | 课 kè 강의, 수업

★ 选课는 말 그대로 "수업을 선택하다". 즉 "수강신청을 하다, 학과목을 선택하다"란 뜻이에요. 예문의 选了几门课는 "몇 과목을 선택했어?"의 뜻이에요.

Tip 전공과목 专业课 zhuānyèkè
교양과목 选修课 xuǎnxiūkè
我选了两门专业课。 Wǒ xuǎn le liǎng mén zhuānyèkè. 나 전공과목 2개 신청했어.
我选了两门选修课。 Wǒ xuǎn le liǎng mén xuǎnxiūkè. 나 교양과목 2개 신청했어.

30 신입생 오리엔테이션 新生欢迎会 xīnshēng huānyínghuì

A 今天有新生欢迎会。
Jīntiān yǒu xīnshēng huānyínghuì.

B 我不会喝酒怎么办?
Wǒ bú huì hējiǔ zěnmebàn?

A 오늘 신입생 OT있어.

B 나 술 못 마시는데. 어쩌지?

단어 今天 jīntiān 오늘 | 有 yǒu 있다 | 不会 bú huì ~할 줄 모르다 | 喝酒 hējiǔ 술을 마시다

★ 新生欢迎会는 "신입생 환영회"란 뜻으로, 우리의 "신입생 OT"를 말해요.
★ 중국 대학의 새내기들도 OT를 해요. 하지만 우리 나라처럼 MT를 가거나 술판을 벌이는 문화는 전혀 없답니다.

31 동아리 社团 shètuán

A 你想参加什么社团?
Nǐ xiǎng cānjiā shénme shètuán?

B 跳舞社团。
Tiàowǔ shètuán.

A 너 무슨 동아리 들거야?
B 댄스동아리.

단어 参加 cānjiā 참가하다 | 什么 shénme 무슨 | 跳舞 tiàowǔ 댄스

★ 중국에서는 대학 서클이나 동아리를 社团라고 해요.
★ "동아리에 들다"란 말은 "참가하다"란 뜻의 동사 参加를 써서 参加社团라고 해요.

32 학년 年级 niánjí

A 你大学几年级?
Nǐ dàxué jǐ niánjí?

B 我大二。
Wǒ dà èr.

A 너 대학 몇 학년이야?
B 나 2학년.

단어 大学 dàxué 대학 | 几 jǐ 몇 | 大二 dà èr 대학 2학년

★ 大二은 "대학 2학년"이란 뜻의 大学二年级의 줄임말로 중국 대학생들은 이렇게 줄여서 말해요.
★ 네이티브 처럼 말하기! 중국사람들은 "너 대학 몇 학년이야?"란 말을 你大几了? Nǐ dà jǐ le?처럼 심플하게 줄여 말하기도 해요.
★ 참고로 "나 대학 몇 학년이야"를 지극히 교과서적으로 표현하자면 "공부하다, 재학중이다"란 뜻의 读를 써서 〈주어+读+大学dàxué+학년+年级niánjí〉형식을 써요.

Tip
我大一。Wǒ dà yī. 나 1학년이야.
我大三。Wǒ dà sān. 나 3학년이야.
我大四。Wǒ dà sì. 나 4학년이야.
我读大学一年级。Wǒ dú dàxué yīniánjí. 나 대학 1학년에 재학중이야.
我读大学二年级。Wǒ dú dàxué èr niánjí. 나 대학 2학년에 재학중이야.

33 선배 学长 xuézhǎng

A 学长，请我吃饭吧！
Xuézhǎng, qǐng wǒ chīfàn ba!

B 没问题。
Méi wèntí.

A 선배! 저 밥 좀 사주세요!

B 알겠어.

단어 请 qǐng 대접하다 | 吃饭 chīfàn 밥을 먹다 | 没问题 méi wèntí 문제 없어, 알았어

★ 学长 xuézhǎng은 "선배, 선배님"의 뜻으로, 후배가 학과 선배를 "선배님~"하고 부를 때 써요.
★ "누구에게 밥을 사다"란 말은 〈请qǐng+대상+吃饭chīfàn〉형식을 써요.
★ 주의! "선배, 후배"를 한중 사전에서 찾아보면 각각 前辈 qiánbèi, 后辈 hòubèi란 단어가 나와요. 하지만 이 두 단어는 학교의 선후배 사이를 가리키는게 아니라, 주로 직장에서 사회생활 경험이 많은 고참과, 신참을 가리킬 때 주로 쓰여요.

Tip 중국어로 "후배"란 말은 남·녀의 구분이 있어요. 즉 남자 후배면 学弟 xuédì, 여자 후배면 学妹 xuémèi라고 해요.

China talk! talk!

중국 대학생들의 선후배 관계는 어떨까요? 중국 대학에선 후배가 선배를 부를 때 우리처럼 "선배님~"하며 깍듯하게 하진 않아요. 물론 선배에게 머리 숙여 인사하는 문화도 없고요. 하지만 대학원이나 박사과정은 얘기가 좀 틀려요. 학번에 따라 상하질서가 나름 엄격해요. 서로 "몇 학번이세요?"란 질문이 오가면 금세 서열이 정리됩니다. 대학원 재학시절 동갑이지만 한 학번 아래인 후배가 제게 항상 "사형 师兄"이란 호칭을 깍듯이 붙였으니까요. 박사과정 때도 마찬가지였고요. 중국어에는 비록 존댓말도 없고, 상하질서가 엄격하진 않지만, 그래도 사람 사는 세상인지라 선배에게 "선배님 学长 xuézhǎng", "형님 大哥 dàgē", 혹은 "누님 大姐 dàjiě"같은 호칭을 써주면 좋아해요.

34 대학원 다니다 读研 dúyán

A 你大学毕业后想干什么?
　　Nǐ dàxué bìyè hòu xiǎng gànshénme?

B 我要读研。
　　Wǒ yào dúyán.

A 너 대학 졸업하고 뭐 할거야?
B 나 대학원에 갈거야.

단어 大学 dàxué 대학 | 毕业 bìyè 졸업하다 | 干什么 gànshénme 무엇을 하는가?

★ 중국에서는 대학원생을 "연구생", 즉 研究生 yánjiūshēng라고 해요. "대학원에 다니다"란 말은 "학교를 다니다"란 뜻의 读를 써서 读研究生 dú yánjiūshēng이라고 해요. 하지만 보통 줄여서 读研이라고 해요.

★ "대학원"을 행여나 우리식대로 大学院 dàxúeyuàn이라고 하거나 "대학원생"을 大学院生 dàxúeyuànshēng이라고 하지 마세요.

Tip 우리가 잘쓰는 "나 석사과정에 있어, 나 석사과정을 밟고 있어"등의 말 역시 "학교를 다니다"란 뜻의 동사 读를 써서 표현해요.
我读本科。Wǒ dú běnkē. 나 학사과정에 있어.
我读硕士。Wǒ dú shuò shì. 나 석사과정에 있어.
我读博士。Wǒ dú bóshì. 나 박사과정에 있어.
我读博士后。Wǒ dú bóshì hòu. 나 박사후과정에 있어.

35 휴학하다 休学 xiūxué

A 你最近怎么没来上课?
　　Nǐ zuìjìn zěnme méi lái shàngkè?

B 我休学了。
　　Wǒ xiūxué le.

A 너 요즘 왜 수업 안 나와?
B 나 휴학했거든

단어 最近 zuìjìn 요즘 | 怎么 zěnme 왜. 어째서 | 上课 shàngkè 수업하다.

★ 예문의 没来上课는 "수업 받으로 오지 않았다"로, 학교 수업에 안 나온다는 뜻이에요.

★ 만약 "나 1년간 휴학했어"처럼 휴학한 기간을 말하고자 할때는 〈주어+休学+기간+了〉형식을 써요.

★ 반대로 "복학하다"는 复学 fùxué라고 해요.

Tip 我要休学。Wǒ yào xiūxué. 나 휴학할거야.
我要休学一年。Wǒ yào xiūxué yīnián. 나 1년간 휴학할거야.
我休学一年了。Wǒ xiūxué yīnián le. 나 1년간 휴학했어.
我复学了。Wǒ fùxué le. 나 복학했어.

36 유학하다 留学 liúxué

A 我要去中国留学。
Wǒ yào qù Zhōngguó liúxué.

B 要呆多久?
Yào dāi duō jiǔ?

A 나 중국으로 유학갈거야.

B 얼마나 있을 건데?

단어 要 yào ~하고 싶다 | 去 qù 가다 | 呆 dāi 머물다. 체류하다 | 多久 duō jiǔ 얼마나 오래

★ "어디 어디로 유학을 가다"란 말은 〈去qù+지역+留学liúxué〉형식을 써요.

Tip 我准备去留学。Wǒ zhǔnbèi qù liúxué. 나 유학가려고 준비중이야.
我要去中国留学一年。Wǒ yào qù Zhōngguó liúxué yīnián. 나 1년간 중국으로 유학갈거야.
我在中国留学过。Wǒ zài Zhōngguó liúxué guò. 나 중국에서 유학한적 있어.
我在中国留学过一年。Wǒ zài Zhōngguó liúxué guò yīnián. 나 중국에서 1년간 유학한적 있어.

37 어학연수 가다 去学语言 qù xué yǔyán

A 你暑假要干什么?
Nǐ shǔjià yào gàn shénme?

B 我要去中国学语言。
Wǒ yào qù Zhōngguó xué yǔyán.

A 너 여름방학때 뭐 할거야?

B 나 중국으로 어학연수 갈거야.

단어 暑假 shǔjià 여름방학 | 干 gàn 하다 | 什么 shénme 무엇 | 去 qù 가다 | 学 xué 배우다 | 语言 yǔyán 어학. 언어

★ 중국어에는 우리말의 "어학연수 가다"는 "언어를 배우러 가다"란 뜻의 去学语言처럼 표현해요.
★ 어느 나라로 어학연수를 가다란 말은 〈去+국가+学+语言〉형식을 써요.

Tip 我要去中国学语言一年。Wǒ yào qù Zhōngguó xué yǔyán yīnián. 나 중국으로 1년간 어학연수 갈거야.
我在中国学过语言。Wǒ zài Zhōngguó xué guo Yǔyán. 나 중국에서 어학연수한적 있어.
我在中国学过语言一年。Wǒ zài Zhōngguó xué guo yǔyán yīnián. 나 중국에서 1년간 어학연수한 적 있어.

38 토플 托福 tuōfú

A 我要去美国留学。
Wǒ yào qù Měiguó liúxué.

B 你考托福了吗?
Nǐ kǎo tuōfú le ma?

A 나 미국 유학가.

B 너 토플시험 쳤어?

단어 去 qù 가다 | 美国 Měiguó 미국 | 留学 liúxué 유학하다

★ 托福는 영어 "토플(TOFEL)의 발음을 따서 만든 단어로, 考托福는 "토플시험을 치다"란 뜻이에요.

39 HSK(한어 수평 고시) HSK(汉语水平考试)
Hànyǔ Shuǐpíng Kǎoshì

A 你HSK考得怎么样?
Nǐ HSK kǎo de zěnmeyàng?

B 我拿了六级。
Wǒ ná le liù jí.

A 너 HSK시험 잘 봤어?

B 나 6급 받았어.

단어 考 kǎo 시험치다 | 拿 ná 얻다. 따다 | 六级 liùjí 6급

★ HSK는 "한어수평고사 汉语水平考试"의 약자에요.
★ "HSK등급을 받다"할때 "받다"란 말은 "얻다, 획득하다"란 뜻의 拿를 써요.

Tip 我没拿六级。Wǒ méi ná liùjí. 나 6급 못받았어.
我HSK考得不好。Wǒ HSK kǎo de bù hǎo. 나 HSK시험 잘 못봤어.
什么时候考HSK? Shénme shíhou kǎo HSK? HSK 시험일이 언제야?
HSK成绩出来了吗? HSK chéngjì chūlái le ma? HSK 성적 나왔어?

40 책을 대출하다 借书 jiè shū

A 我想借书。
Wǒ xiǎng jiè shū.

B 拿出学生证。
Náchū xuéshēngzhèng.

A 책을 대출하고 싶은데요.

B 학생증 보여 주세요.

단어 想 xiǎng ~하고 싶다 | 借 jiè 빌리다 | 书 shū 책 | 学生证 xuéshēngzhèng 학생증

★ 借书는 책을 빌리다, 즉 "도서를 대출하다"의 뜻.
★ 拿出는 "꺼내다"란 뜻으로, 拿出学生证은 학생증을 꺼내 보여달라는 의미에요.
★ 반대로 "책을 반납하다"란 말은 "반환하다"란 뜻의 还을 써서 还书 huánshū라고 해요.

Tip 借书卡 jièshūkǎ 도서대출카드
我要还书。Wǒ yào huán shū. 책을 반납하려 하는데요.
到什么时候还书? Dào shénme shíhou Huánshū? 책 언제까지 반납해야 해요?

41 자리 찜하다 占座 zhàn zuò

A 图书馆有座位吗?
Túshūguǎn yǒu zuòwèi ma?

B 别人都占座了。
Biérén dōu zhàn zuò le.

A 도서관에 자리 있어.

B 사람들이 다 찜했어.

단어 图书馆 túshūguǎn 도서관 | 座位 zuòwèi 자리, 좌석 | 别人 biérén 사람들 | 都 dōu 모두

★ 占은 "차지하다", 座는 "자리, 좌석"으로, 占座는 "자리를 찜하다"란 뜻이에요.

Tip 这座有人吗? Zhè zuò yǒu rén ma? 여기 사람 있어요?
这座有人。 Zhè zuò yǒu rén. 여기 사람 있는데요.
这是我的座位。 Zhè shì wǒ de zuòwèi. 여기 제자린데요.
没有空座位。 Méiyǒu kòng zuòwèi. 빈자리가 없어.
你去图书馆给我占座。 Nǐ qù túshūguǎn gěi wǒ zhàn zuò. 너 도서관가면 내 자리좀 맡아줘.

China talk! talk!

중국 대학 도서관도 한국처럼 자리 맡기가 어려워요. 특히 중간·기말 고사기간에는 거의 하늘에 별 따기죠. 보통 새벽 6시에 문을 여는데, 이때부터 치열한 자리 쟁탈전이 시작됩니다. 보통 제일 부지런한 사람이 친구들 자리를 여러 개 대신 맡아주고는 하는데, 학창시절 그 정도가 지나쳐서 짜증날 때가 많았어요. 사람은 없고 연필이나 노트 한 권만 달랑 가져오거든요. 전 그럴 때면 그것들을 옆자리로 툭~밀어내고 모른 척 앉곤 했죠. 또 하나 불만이었던 건 중국 도서관은 밤 10시만 되면 어김없이 문을 닫는 거였어요. 기숙사도 밤 10면 무조건 소등이 되니. 중국 도서관에서는 밤을 새우며 공부하는 게 원천적으로 불가능해요.

42 담을 넘다 翻墙 fānqiáng

A 宿舍关门了。
Sùshè guānmén le.

B 咱们翻墙吧!
Zánmen fānqiáng ba!

A 기숙사 문 닫혔어.
B 우리 담 넘자!

단어 宿舍 sùshè 기숙사 | 关门 guānmén 문이 닫히다 | 咱们 zánmen 우리

★ 翻은 "넘다, 넘어가다"고, 墙은 "담, 벽"으로, 翻墙은 "담을 넘다"의 뜻이에요.
★ 중국 대학생들은 기숙사를 가리킬 때 "침실"이란 뜻의 寝室 qǐnshì라고도 많이들 해요.

China talk! talk!

중국의 대학 기숙사는 외국인용과 중국인 학생용으로 구분이 돼요. 현재까지 중국의 어느 대학이든 중국인과 외국인은 함께 거주할 수가 없답니다. 중국 학생 기숙사는 밤 10시면 어김없이 문을 닫아요. 외국인 유학생 기숙사야 밤에 문을 닫아도 기숙사문을 두드리면 언제든 문을 열어 주는데, 중국인 기숙사는 웬만해선 절대 안 열어 줍니다. 게다가 밤 10시가 되면 기숙사 전체가 소등이 된답니다. 심지어 전기 콘센트의 전원까지 모두 나가서 밤에 스탠드를 키고 책을 보거나 인터넷을 할 수도 없답니다. 주말이나 시험기간에는 소등시간이 1~2간 정도 늘어나긴 합니다. 중국 학생들이 수업에 지각도 안 하고, 결석률도 거의 제로인 이유가 알고보면 강제 소등의 영향도 있습니다.

43 시험 考试 kǎoshì

A 咱们去迪厅吧。
Zánmen qù dítīng ba.

B 我明天有考试。
Wǒ míngtiān yǒu kǎoshì.

A 우리 클럽가자
B 나 내일 시험있어.

단어 去 qù 가다 | 迪厅 dítīng 클럽, 나이트 | 明天 míngtiān 내일 | 有 yǒu 있다

★ 考试는 "시험"이란 명사로도 쓰이고, 또 "시험을 보다"란 동사로도 쓰여요. "나 내일 시험있어"라는 말은 예문처럼 我明天有考试라고 해도 되고, 또는 我明天考试 Wǒ míngtiān kǎoshì라고 해도되요. 굳이 비교하자면 후자가 좀더 네이티브스럽죠.

★ 만약 "나 수학시험봐"처럼 구체적으로 시험보는 과목을 말하고자 할때는 〈考kǎo +시험과목〉형식을 써요.

Tip 你明天考什么？ Nǐ míngtiān kǎo shénme? 너 내일 무슨 시험봐?
我明天考数学。 Wǒ míngtiān kǎo shùxué. 나 내일 수학시험 봐.
我明天考HSK。 Wǒ míngtiān kǎo HSK. 나 내일 HSK시험봐.

44 시험문제 考题 kǎotí

A 你考得好吗?
Nǐ kǎo de hǎo ma?

B 不好，考题太难了。
Bù hǎo, kǎotí tài nán le.

A 너 시험 잘 봤어?
B 아니. 시험문제가 너무 어려웠어.

단어 考 kǎo 시험보다 | 太…了 tài…le 매우 ~하다 | 难 nán 어렵다

★ 你考得好吗는 "너 시험 잘 쳤어?, 너 시험 잘 봤니?"의 뜻.
★ 참고로 객관식은 选择题, 주관식이나 서술형은 问答题라고 해요.

Tip 考题太容易了。 kǎotí tài róngyì le. 시험문제 완전 쉬웠어.
考题比较容易。 Kǎotí bǐjiào róngyì. 시험문제가 비교적 쉬웠어.
考题太出乎意料了。 Kǎotí tài chūhūyìliào le. 시험문제가 완전 예상밖이었어. (出乎意料 예상을 빗나가다)

45 시험 공부하다 复习 fùxí

A 你复习得怎么样?
Nǐ fùxí de zěnmeyàng?

B 没复习好。
Méi fùxí hǎo.

A 너 시험공부 많이 했어?

B 많이 못 했어.

단어 复习 fùxí 복습하다 | 好 hǎo 잘

★ "시험공부 하다"란 말을 의외로 어렵게 생각하는 경우가 많아요. 복잡하게 생각할 거 없이 그냥 "복습하다"란 뜻의 复习를 쓰면 되요. 复习는 단순히 "예습·복습하다"할 때 "복습하다"란 의미 말고도, "시험 공부를 하다"란 의미로 많이 쓰여요.

★ 예문의 没复习好는 "복습을 잘 못하다"로, 우리말의 "공부 많이 못 했어, 복습 많이 못 했어"의 뜻이에요.

Tip 我复习得很充分。Wǒ fùxí de hěn chōngfèn. 나 시험공부 완벽하게 했어.
我复习得不好。Wǒ fùxí dé bù hǎo. 나 시험공부 별로 못 했어.

46 공부를 열심히하다 学习认真 xuéxí rènzhēn

A 你学习很认真。
Nǐ xuéxí hěn rènzhēn.

B 那当然了。
Nà dāngrán le.

A 너 공부 진짜 열심히 한다.

B 당연한거 아냐.

단어 学习 xuéxí 공부하다 | 很 hěn 매우 | 认真 rènzhēn 진지하다. 착실하다 | 当然 dāngrán 당연하다

★ 认真은 "착실하다, 진지하다"로, 学习认真은 "공부를 열심히 하다"란 뜻이에요. 쉽지만 중국 대학생들이 가장 많이 쓰는 표현이기도 해요.

★ 예문의 那当然了는 우리말의 "당연한거 아냐, 당연한거 아니샴"같은 어감을 주는 관용표현이에요.

★ 비슷한 말로는 "열심히 공부하다"란 뜻의 用功 yònggōng 이 있어요. 认真과 用功 둘다 똑같이 잘 쓰여요.

Tip 你用功学习吧。Nǐ yònggōng xuéxí ba. 너 공부좀 열심히 해라.
你太不认真学习了。Nǐ tài bú rènzhēn xuéxí le. 넌 공부 진짜 열심히 안 해.

47 아이큐 智商 zhìshāng

A 她考试得满分了。
Tā kǎoshì dé mǎnfēn le.

B 她的智商高。
Tā de zhìshāng gāo.

A 쟤 시험에서 만점 받았어.
B 걔는 아이큐가 높잖아.

단어 考试 kǎoshì 시험 | 得 dé 얻다 | 满分 mǎnfēn 만점 | 高 gāo 높다

★ 감성지수를 나타내는 EQ는 情商 qíngshāng이라고 해요.
★ IQ 148이상의 사람만이 가입할 수 있는 "멘사"는 门萨 Ménsà라고 해요.

Tip 智商测试 zhìshāng cèshì. 아이큐 테스트
你的智商是多少？ Nǐ de zhìshāng shì duōshao? 너 IQ가 몇이야?
我的智商是130。 Wǒ de zhìshāng shì yìbǎi sānshí. 나 IQ130이야.
我是门萨的会员。 Wǒ shì Ménsà de huìyuán. 나 멘사회원이야.
我的情商高。 Wǒ de qíngshāng gāo. 난 EQ가 높아.

48 머리가 좋다 脑子灵 nǎozi líng

A 你不用复习吗?
Nǐ búyòng fùxí ma?

B 嗯，我的脑子灵。
Èng, wǒ de nǎozi líng.

A 너 시험공부 안해도 돼?
B 어. 난 머리가 좋잖아.

단어 复习 fùxí (시험)복습하다 | 不用 búyòng ~할 필요가 없다 | 嗯 èng 응

★ 脑子는 "뇌, 머리", 灵은 "총명하다, 영리하다"로, 脑子灵은 머리가 좋다란 뜻이에요.
★ 주의! "머리가 좋다"에서 "머리"를 행여나 头 tóu라고 하지 마세요!
★ 반대로 "머리가 나쁘다"란 말은 "멍청하다"란 뜻의 笨 bèn을 써서 脑子笨 nǎozi bèn이라고 해요.

Tip 你真聪明。 Nǐ zhēn cōngmíng. 넌 정말 똑똑해.
你真笨。 Nǐ zhēn bèn. 넌 정말 멍청해.
你的脑子聪明。 Nǐ de nǎozi cōngmíng. 넌 머리가 좋아.
你的脑子笨。 Nǐ de nǎozi bèn. 넌 머리가 나빠.

49 시험 잘 봐 祝你考好 Zhù nǐ kǎo hǎo

A 小李，祝你考好！
Xiǎo Lǐ, zhù nǐ kǎo hǎo.

B 你也是！
Nǐ yě shì.

A 샤오리. 시험 잘 봐!

B 너도!

★ 祝你考好는 "네가 시험 잘 보기를 기원하다"로, 우리말의 "시험 잘 봐"에 해당하는 표현이에요.

★ 你也是는 영어 You too의 뜻.

Tip 시험 잘 봐! 란 말을 다르게는 "제대로, 잘"이란 뜻의 好好 hǎohǎo를 써 好好考 hǎohao kǎo라고 하기도 해요. 이 때 好好는 보통 뒤에 얼화음을 붙여 "하오하올~"하고 발음해요.

50 시험 망쳤어 考砸了 kǎozá le

A 你考得怎么样？
Nǐ kǎo de zěnmeyàng?

B 考砸了。
Kǎo zá le.

A 너 시험 어떻게 봤어?

B 망쳤어.

단어 考 kǎo 시험을치다 │ 怎么样 zěnmeyàng 어때

★ 砸는 "실패하다, 망치다"로, 考砸는 "시험을 망치다, 시험을 죽 쑤다"란 뜻.

★ 예문의 你考得怎么样?은 "너 시험 잘 쳤어?, 너 시험 어떻게 봤어?"의 뜻이에요.

★ 참고로 "시험을 죽 쑤다"란 뜻의 考糊了 kǎo hú le도 잘쓰는 표현이에요.

Tip 考得很好。Kǎo de hěn hǎo. 완전 잘 봤어.
考得还行。Kǎo de háixíng. 그럭저럭 봤어.
考得一般。kǎo dé yìbān. 보통으로 봤어.
考得很糟。kǎo de hěn zāo. 대박 망쳤어.

51 찍다 瞎蒙 xiāmēng

A 今天考得怎么样?
Jīntiān kǎo de zěnmeyàng?

B 全瞎蒙的。
Quán xiāmēng de.

A 오늘 시험 잘 봤어?

B 다 찍었어.

단어 考 kǎo 시험보다 | 全 quán 전부, 다

★ 瞎蒙의 사전상 의미는 "사람을 속이다, 기만하다"에요. 하지만 슬랭으로 "시험문제를 찍다"란 뜻으로도 쓰여요. 全瞎蒙的는 "전부 다 찍었어"의 뜻.

Tip 시험지 : 考卷 kǎojuàn / 객관식 : 选择题 xuǎnzétí / 주관식 : 问答题 wèndátí
我交了白卷。Wǒ jiāo le báijuàn. 나 백지 냈어.

52 밀려쓰다 写串 xiě chuàn

A 我答案写串了。
Wǒ dáàn xiě chuàn le.

B 真笨!
Zhēn bèn!

A 나 답안지 밀려 썼어.

B 이런 바보!

단어 答案 dá'àn 답안, 답안지 | 真 zhēn 정말 | 笨 bèn 바보

★ 写는 "쓰다", 串은 "뒤섞이다"로 写串은 "답안을 밀려쓰다"란 뜻이에요.
★ 真笨은 우리말의 "이런 멍청이, 이런 떨빵" 같은 어감이에요.

Tip 수험표 : 准考证 zhǔnkǎozhèng / 시험감독관 : 考官 kǎoguān / 시험장 : 考场 kǎochǎng / 시험시간 : 考试时间 kǎoshì shíjiān

53 패스하다 及格 jígé

A 你期末考试及格了吗?
Nǐ qīmò kǎoshì jígé le ma?

B 及格了。
Jígé le.

A 너 기말고사 패스했어?
B 패스했지.

단어 期末考试 qīmò kǎoshì 기말고사

★ 及格는 학교에서 보는 기말고사나 중간고사 등의 "시험에 패스하다, 통과하다"의 뜻이에요.
★ 及格대신 "지나가다, 통과하다"란 뜻의 过 guò를 써도 되요. 행여나 "통과하다"란 말을 우리식대로 생각해서 通过 tōngguò를 쓰면 안 되요.

Tip 我考试及格了。 Wǒ kǎoshì jígé le. 나 시험 패스했어.
我考试过了。 Wǒ kǎoshì guò le. 나 시험 통과했어.
我考试没及格。 Wǒ kǎoshì méi jígé. 나 시험 패스 못했어.
我考试没过。 Wǒ kǎoshì méi guò. 나 시험 통과 못했어.

54 F학점 받다 挂科 guàkē

A 你怎么这么沮丧?
Nǐ zěnme zhème jǔsàng?

B 我挂科了。
Wǒ guàkē le.

A 너 왜이리 풀이 죽어있어?
B 나 F학점 받았어.

단어 怎么 zěnme 어째서, 왜 | 这么 zhème 이렇게나 | 沮丧 jǔsàng 풀이죽다, 의기소침하다

★ 挂科는 우리말의 "F학점을 받다, 과목이 빵꾸 나다"와 같은 의미로, 현재 중국 대학생들이 즐겨쓰는 진정 네이티브스러운 슬랭이에요.
★ 挂科가 왜 이런 의미로 쓰인지는 의견이 분분해요. 과거 형벌중에 죽은 사람을 장터에 내거는 것에서 비롯됐다는 설도 있고, 또 중국 대학생들은 "이제 끝났다"같은 의미로 挂了라는 말을 쓰는데, 여기서 유래했다는 설도 있어요.
★ 중국의 학점제는 우리와 달라서 과목점수를 100점 만점에 60점 밑으로 받으면 바로 挂科! 즉 F학점을 받는 것과 같죠.

55 성적 成绩 chéngjì

A 期末考试成绩出来了吗?
Qīmò kǎoshì chéngjì chūlái le ma?

B 还没呢。
Hái méi ne.

A 기말고사 성적 나왔어?

B 아직 안 나왔어.

단어 期末考试 qīmò kǎoshì 기말고사 | 出来 chūlái 나오다

★ "성적이 나오다"란 말은 "나오다"란 뜻의 出来를 써서 成绩出来 chéngjì chūlái라고해요.
★ 성적표는 成绩单 chéngjì dān이라고 해요.

Tip 查成绩。Chá chéngjì。 성적을 확인하다.
我考了第一名。Wǒ kǎo le dì yīmíng. 나 1등했어.
我考了最后一名。Wǒ kǎo le zuìhòu yīmíng. 나 꼴등했어.
我得了90分。Wǒ dé le jiǔshí fēn. 나 90점 받았어.
我的了A学分。Wǒ de le A xuéfēn. 나 A학점 받았어.

56 커닝하다 作弊 zuòbì

A 我作弊被发现了。
Wǒ zuòbì bèi fā xiàn le.

B 活该!
Huógāi!

A 나 커닝하다 걸렸어.

B 쌤통이다.

단어 发现 fāxiàn 발견하다 | 被 bèi 당하다 | 活该 huógāi ~당해도 싸다

★ 被发现은 "발각당하다, 적발되다"란 뜻이에요.
★ 活该는 우리말의 "거참 쌤통이다, 거참 고소하다"같은 어감을 주는 관용표현이에요.

57 커닝 페이퍼 小抄儿 xiǎochāor

A 你干吗呢?
Nǐ gànmá ne?

B 我在准备小抄儿呢。
Wǒ zhèngzài zhǔnbèi xiǎochāor ne.

A 너 뭐해?
B 커닝페이퍼 만들고 있잖아.

단어 干吗 gànmá 뭐해 | 在 zài ~하는 중이다 | 准备 zhǔnbèi 준비하다

★ 小抄儿은 "작게 베껴 적은 책"이란 의미로, 커닝 페이퍼를 말해요. 발음할 땐 얼화음에 주의해서 "샤오챠올~"이라고 해요.
★ 你干吗呢?는 우리말의 "너 뭐해?, 너 뭐하니?"같은 어감의 관용표현이에요.

Tip 如果是我会把做小抄儿的时间用来学习。Rúguǒ shì wǒ huì bǎ zuò xiǎochāor de shíjiān yòng lái xuéxí.
나 같으면 커닝페이퍼 만들시간에 공부하겠다.

China talk! talk!

중국 대학생들도 커닝을 합니다. 대담하게 커닝 페이퍼를 준비하는 친구들도 있지만, 대부분은 지우개나 손바닥 혹은 책상 같은데 볼펜으로 깨알 같이 쓰는 편이에요. 그래서 중국도 우리처럼 감독관이 들어오면 "자! 첫 째줄과 둘 째줄은 자리를 바꾼다!"이렇게 말하기도 해요. 제가 베이징에서 다닌 대학에서는 만약 커닝하다 적발이 될경우 바로 퇴장을 당하고, 곧바로 정학 또는 유급 조치를 받았어요. 울고불고 매달려도 소용 없을 정도로 엄격했죠. 심지어는 강의실안에 CCTV가 설치되어 있기도 합니다.

58 잔머리 굴리다 小聪明 xiǎo cōngmíng

A 我做了小抄儿。
Wǒ zuò le xiǎochāor.

B 耍小聪明。
Shuǎ xiǎo cōngmíng.

A 나 커닝 페이퍼 만들었어.

B 잔머리 굴리긴.

단어 做 zuò 만들다 | 小抄儿 xiǎo chāor 커닝페이퍼 | 耍 shuǎ 수작을 부리다

★ 小聪明은 "잔머리, 잔꾀"를 뜻해요. "잔머리를 굴리다"란 말은 "수작을 부리다"란 뜻의 동사 耍 shuǎ를 써서 耍小聪明라고 해요.

★ "잔머리 굴리다"란 말을 좀더 유식하게는 "요행을 부리다"란 뜻의 投机取巧 tóujīqǔqiǎo라고 해요.

Tip 你别耍小聪明。Nǐ bié shuǎ xiǎo cōngmíng 너 잔머리 굴리지 마.

59 벼락치기하다 临时抱佛脚 línshí bàofójiǎo

A 我考砸了。
Wǒ kǎozá le.

B 临时抱佛脚的后果。
Línshí bàofójiǎo de hòuguǒ.

A 나 시험 망쳤어.

B 벼락치기한 결과지 뭐.

단어 考砸 kǎozá 시험을 망치다 | 后果 hòuguǒ 결과

★ 临时는 "때에 이르러", 抱는 "끌어안다", 佛脚는 "부처의 다리"로, 临时抱佛脚는 위급할때에 이르러 부처의 다리를 끌어았다. 즉 "일이 닥쳐서 부랴부랴 서두르다"란 의미에요.

60 밤을 새다 熬夜 áoyè

A 你的黑眼圈很重。
Nǐ de hēiyǎnquān hěn zhòng.

B 我熬夜了。
Wǒ áoyè le.

A 너 다크서클 장난 아닌데.

B 나 밤샜어.

단어 黑眼圈 hēiyǎnquān 다크서클 | 很 hěn 매우 | 重 zhòng 심하다

★ 熬는 "참다, 인내하다", 夜는 "밤"으로, 熬夜는 "날밤을 새다"란 뜻.
★ "다크서클이 심하다"란 말을 중국에서는 "다크서클이 매우 중하다" 즉 黑眼圈很重처럼 표현해요.
★ "밤을 새다"란 말을 다르게는 "밤차를 운전하다"란 뜻의 开夜车 kāiyèchē라고도 해요.

Tip 我熬了几天夜。Wǒ áo le jǐ tiān yè. 나 몇일이나 밤샜어.
我熬了三天夜。Wǒ áo le sān tiān yè. 나 사흘이나 밤샜어.
我天天熬夜。Wǒ tiāntiān áoyè. 나 매일매일 밤샘해.
我不能熬夜。Wǒ bù néng áoyè. 나 밤을 못새겠어.

61 군복무하다 当兵 dāngbīng

A 你当过兵吗?
Nǐ dāng guò bīng ma?

B 当过。
Dāng guò.

A 너 군대 갔다 왔어?

B 갔다 왔지.

★ 当兵은 말 그대로 "병사가 되다". 즉 우리말의 "군복무를 하다, 군대에 가다"란 뜻이에요.
★ 주의! 중국어로 "너 군대갔다 왔어?"란 말을 할 때 행여나 你当兵过吗? Nǐ dāng bīng guò ma?라고 하면 안 돼요. 반드시 예문처럼 你当过兵吗? Nǐ dāng guò bīng ma라고 해야 맞아요.
★ 부대 : 部队 bùduì / 신참 : 新兵 xīnbīng / 고참 : 老兵 lǎobīng

Tip 我还没当过兵。Wǒ háiméi dāng guò bīng. 나 아직 군대 안 갔어.
我已经当过兵了。Wǒ yǐjing dāng guò bīng. 나 이미 군대 갔다 왔어.
我早就当过兵。Wǒ zǎo jiù dāng guò bīng. 나 군대 진작에 갔다 왔어.

62 입대하다 入伍 rùwǔ

A 我马上就入伍了。
Wǒ mǎshang jiù rùwǔ le.

B 好可怜！
Hǎo kělián!

A 나 이제 곧 입대해.

B 완전 불쌍해!

단어 马上 mǎshang 바로, 금방 | 就 jiù 곧 | 好 hǎo 매우, 완전 | 可怜 kělián 불쌍하다

★ 入伍는 부대에 들어가다. 즉 "군 입대하다"란 뜻이에요.
★ 예문의 好可怜은 우리말의 "완전 불쌍하다, 진짜 안됐다"같은 어감을 주는 관용표현이에요.
★ 반대로 "제대하다, 전역하다"란 말은 退伍 tuìwǔ라고 해요.

Tip 我退伍了。 Wǒ tuìwǔ le. 나 제대했어.
我还没退伍呢。 Wǒ hái méi tuìwǔ ne. 나 아직 제대안했어.
我明年退伍。 Wǒ míngnián tuìwǔ. 나 내년에 제대해.
我退伍一年了。 Wǒ tuìwǔ yī nián le. 나 제대한지 1년됐어.

China talk! talk!

중국은 우리와 달리 모병제에요. 원하는 사람만이 군대를 가죠. 예전에는 군대에 자원입대하면 꽤나 파격적인 조건들이 많아 자원입대를 선호하는 사람들이 많았는데, 요즘은 인기가 시들해졌어요. 중국 대학생들은 그 대신 입학과 동시에 1달간 의무적으로 军训 jūnxùn이라 불리는 군사훈련에 참가해야해요. 재미난건 여학생들도 무조건 다 참가해야한다는 사실. 군사훈련은 인근부대에 입대해서 진행하는데, 구보, 행군, 실탄사격 등 4주간 강도 높은 훈련을 받아요. 중국인 친구들 말을 들어보니 교관들의 구타도 종종 있고, 군기를 세게 잡아 여학생들은 울기도 많이 한다네요. 중국에도 한국처럼 "신의 아들·딸"들이 있어 갖은 핑계로 군사훈련을 회피하는 학생들도 있답니다. 만약 정말 몸이 아파 불참하게되면 다음해에 꼭 참가해야하죠.

63 논문 论文 lùnwén

A 你的论文写完了吗?
Nǐ de lùnwén xiě wán le ma?

B 快写完了。
Kuài xiě wán le.

A 너 논문 다 썼어?
B 거의 다 써가.

단어 写完 xiě wán 작성을 끝내다 | 快…了 kuài … le 곧 ~하다

★ "논문을 쓰다"란 말은 写论文이고, "논문쓰는 것을 끝내다"는 写完论文 Xiě wan lùnwén이라고 해요.
★ 참고로 "졸업 논문"은 毕业论文 bìyè lùnwén, 졸업할 때 하는 논문심사는 "논문답변"이란 뜻의 论文答辩 lùnwén dábiàn라고 해요.

Tip 论文已经写完了。Lùnwén yǐjing xiě wán le. 논문 이미 다 했어.
论文还没写完呢。Lùnwén hái méi xiě wán ne? 논문 아직 다 못했어.
论文早就写完了。Lùnwén zǎo jiù xiě wán le. 논문 진작에 다 했어.
论文正在写着呢。Lùnwén zhèngzài xiě zhe ne. 논문 지금 쓰는 중이야.

64 대필하다 代笔 dài bǐ

A 你的论文是不是代笔?
Nǐ de lùnwén shì bu shì dàibǐ?

B 有证据吗?
Yǒu zhèngjù ma?

A 너 논문 대필한거지?
B 증거 있어?

단어 论文 lùnwén 논문 | 是不是 shì bu shì 그렇지 않냐 | 有 yǒu 있다 | 证据 zhèngjù 증거

★ 代笔는 말 그대로 "대신 쓰다, 대필하다"의 뜻이에요.
★ 참고로 "표절하다"란 말은 剽窃 piāoqiè라고 해요.

Tip 他剽窃了别人的论文。Tā piāoqiè le biérén de lùnwén. 쟤는 다른사람 논문을 표절했어.

Part 11 학교 **385**

중국에서도 대학가에 만연하고 있는 논문 표절과 대필문제로 골머리를 썩고 있어요. 중국 네이버인 바이두에 "논문대필"이란 검색어를 치면 아주 엄청난 정보들이 쏟아지기도 하죠. 대학 도서관 화장실에 가보면 구석탱이에 "논문 대필함"라고 쓰인 작은 쪽지들이 붙은걸 볼수있어요. 그 쪽지를 보면 학사 논문대필 3천위안, 석사논문 5천위안, 박사논문 "전화상담"같은 내용이 적혀있죠. 이렇게 다른 사람의 논문이나, 레포트, 혹은 시험을 대신해서 치뤄주는 사람을 이 바닥 전문용어(?)로 枪手 qiāngshǒu라고 해요.

65 졸업하다 毕业 bìyè

A 快毕业了。
Kuài bìyè le.

B 时间过得真快。
Shíjiān guò de zhēn kuài.

A 이제 곧 졸업이네.

B 시간참 빠르다.

단어 快…了 kuài … le 곧 ~하다 | 时间 shíjiān 시간 | 过 guò 가다 | 真 zhēn 정말 | 快 kuài 빠르다

★ 예문의 快毕业了 kuài bìyè le는 우리말의 "이제 곧 졸업이야", "졸업이 코 앞이야"같은 의미에요.
★ 예문의 时间过得真快 shíjiān guò de zhēn kuài를 직역하면 "시간이 가는것이 참 빠르다"로, 우리말의 "시간 참 빠르다"의 뜻이에요.

Tip 你什么时候毕业? Nǐ shénme shíhou bìyè? 너 언제 졸업해?
我明年毕业。 Wǒ míngnián bìyè. 나 내년에 졸업해.
我已经毕业了。 Wǒ yǐjing bìyè le. 나 이미 졸업했어.
离毕业还有一年。 lí bìyè hái yǒu yì nián. 졸업하려면 아직 1년남았어.

66 유급하다 留级 liújí

A 你今年毕业吧?
Nǐ jīnnián bìyè ba?

B 我留级了。
Wǒ liújí le.

A 너 올해 졸업이지?

B 나 유급당했어.

단어 今年 jīnnián 올해 | 毕业 bìyè 졸업하다

★ 留级 liújí는 학점이 빵꾸가 나 학년이 못 올라가는 유급을 말해요.
★ 우리말의 "나 유급 당했어"란 말을 중국어로 할때 왠지 "당하다"란 被 bèi 피동문을 써야 할 것 같지만, 그냥 예문처럼 我留级了라고 해야 자연스러워요.

67 날라리 小痞子 xiǎo pǐzi

A 你上学的时候是小痞子吧?
Nǐ shàng xué de shíhou shì xiǎo pǐzi ba?

B 我是好学生。
Wǒ shì hào xuésheng.

A 너 학교 다닐 때 날라리였지?

B 나 범생이었어.

단어 上学 shàng xué 학교 다니다 | 的时候 de shíhou ~할 때 | 好学生 hào xuésheng 모범생

★ 痞子 pǐzi는 "건달, 불량배"의 뜻으로, 小痞子 xiǎo pǐzi는 우리말의 "날라리"에 해당하는 슬랭이에요.
★ 중국어로 "범생"은 "좋은 학생"이란 뜻의 好学生 hào xuésheng라고하죠.
★ 모범생이 자기의 학창시절을 회고할 때 쓰는 말인 "나 학교랑 집 밖에 몰랐어". 이말은 "두점을 하나의 선으로 연결하다"란 뜻의 两点一线 liǎng diǎn yī xiàn 라는 표현을 써요.

Tip 我上学的时候是好学生。Wǒ shàng xué de shíhou shì hào xuésheng. 나 학교다닐 때 범생이었어.
我上学的时候是小痞子。Wǒ shàng xué de shíhou shì xiǎo pǐzi. 나 학교다닐 때 날라리였어.
我上学的时候两点一线。Wǒ shàng xué de shíhou liǎngdiǎn yīxiàn. 나 학교랑 집밖에 몰랐어.

68 왕따 시키다 孤立 gūlì

A 同学孤立我。
　　Tóngxué gūlì wǒ.

B 你也孤立他们呗。
　　Nǐ yě gūlì tā men bei.

A 반 친구들이 나 왕따시켜.
B 너도 걔네들 왕따시켜.

단어 同学 tóngxué 반친구 | 也 yě 역시 | 他们 tāmen 그들 | 呗 bei 어기조사

★ 중국어로 "왕따 시키다"란 말은 "고립시키다"란 뜻의 孤立을 써요.
★ "누구를 왕따 시키다"란 말은 〈孤立gūlì+대상〉형식을 쓰고, 반대로 "누구로부터 왕따를 당하다"란 말은 被 bèi 피동문을 써 〈被bèi+가해자+孤立gūlì〉형식을 써요.

Tip 我被孤立了。Wǒ bèi gūlì le. 나 왕따당했어.
　　　我被同学孤立了。Wǒ bèi tóngxué gūlì le. 나 반친구들한테 왕따당했어.
　　　我上学的时候被孤立了。Wǒ shàng xué de shíhou bèi gūlì le. 나 학교다닐 때 왕따였어.

69 학교폭력 校园暴力 xiàoyuán bàolì

A 现在校园暴力太严重了。
　　Xiànzài xiàoyuán bàolì tài yánzhòng le.

B 社会真可怕呀！
　　Shèhuì zhēn kěpà ya!

A 요즘 학교폭력이 정말 심각해.
B 참 무서운 세상이야!

단어 现在 xiànzài 요즘 | 校园 xiàoyuán 교내 | 暴力 bàolì 폭력 | 太…了 tài …le 매우 ~하다 | 严重 yánzhòng 심각하다, 심하다 | 社会 shèhuì 사회 | 真 zhēn 정말 | 可怕 kěpà 무섭다

★ 중국에서는 "학교폭력"을 "교내폭력"이란 뜻의 校园暴力라고 해요.
★ 예문의 社会真可怕呀는 직역하면 "사회는 정말 무서워"로, 우리말의 "참 무서운 세상이야"와 똑같은 어감을 주는 문장이에요.

Tip 我跟同学打架了。Wǒ gēn tóngxué dǎjià le. 나 친구들하고 싸웠어. (打架 싸우다)
　　　我被同学打了。Wǒ bèi tóngxué dǎ le. 나 친구들한테 맞았어.
　　　我被同学厄钱了。Wǒ bèi tóngxué è qián le. 나 친구들한테 돈뺏겼어. (厄钱 돈을 뺏다)

70 퀸카 校花 xiàohuā

A 她长得真好看。
Tā zhǎng de zhēn hǎokàn.

B 她是校花。
Tā shì xiào huā.

A 쟤 얼굴 진짜 예쁘다.
B 쟤 학교 퀸카야.

단어 长 zhǎng 생기다 | 真 zhēn 정말 | 好看 hǎokàn 예쁘다

★ 校花는 말 그대로 "학교의 꽃". 즉 캠퍼스의 "퀸카. 얼짱"을 뜻해요.
★ 반대로 "킹카"는 "학교의 풀"이란 뜻의 校草 xiàocǎo라고 해요.

Tip 他是校草。Tā shì xiàocǎo. 쟤 학교 킹카야.

PART
12

上班族 샐러리맨

중국의 청년 실업난

현재 중국의 실업난은 아주 심각해요. 매년 600여만 명의 대학졸업생들이 쏟아져 나오고 있지만, 이 중 150여 만 명에 달하는 사람들이 취업을 못하고 있죠. 작년 산뚱성의 지방 환경국에서는 5명의 정화조 청소부를 모집했는데, 총 391명의 대졸자가 지원했어요. 이중 최종합격자의 이력을 보면, 경제학, 법학, 경영학 등 다양해요. 그 당시 중국에서도 꽤 이슈여서, TV방송국에서 그들이 일하는 현장을 찾아 인터뷰를 했어요. 새벽 6시30분 출근. 하루 12시간 동안 삽으로 공중화장실 분뇨를 퍼 담고 이들이 받는 월급은 2000위안(우리돈 39만 원). 기자가 대학까지 나와서 이렇게 막일을 하는 게 힘들지 않느냐고 물으니 "面子不重要 miànzi bú zhòngyào(체면은 중요하지 않아요)"라고 당차게 말하더군요. 방송을 보는 내내 한국이나 중국이나 취업난은 똑같구나 하는 생각에 씁쓸했답니다.

01 이력서 简历 jiǎnlì

A 我给三星投了简历。
Wǒ gěi Sānxīng tóu le jiǎnlì.

B 希望有好结果。
Xīwàng yǒu hǎo jiéguǒ.

A 나 삼성에 이력서 냈어.

B 좋은 결과 있길 바래.

단어 给 gěi ~에게 | 三星 Sānxīng 삼성 | 投 tóu 부치다, 보내다 | 希望 xīwàng 바라다 | 结果 jiéguǒ 결과

★ 우리말의 "이력서를 넣다"할 때 "넣다"란 말은 "(편지 등)을 부치다, 보내다"란 뜻의 投를 써요. 어느 회사에 이력서를 넣다란 말은 〈给gěi+회사명+投tóu+简历jiǎnlì〉형식을 써요.

Tip 给公司投简历。Gěi gōngsī tóu jiǎnlì. 회사에 이력서를 넣다.
你投简历了吗？Nǐ tóu jiǎnlì le ma? 너 이력서 냈어?

02 이력서를 작성하다 写简历 xiě jiǎnlì

A 我不知道怎么写简历。
Wǒ bù zhīdào zěnme xiě jiǎnlì.

B 在网上有模版。
Zài wǎngshàng yǒu móbǎn.

A 이력서 어떻게 써야하지.

B 인터넷에 샘플 많아.

단어 知道 zhīdao 알다 | 写 xiě 쓰다 | 简历 jiǎnlì 이력서 | 模版 móbǎn 샘플

★ 写简历는 "이력서를 쓰다, 이력서를 작성하다"란 뜻이에요.
★ 在网上은 우리말의 "인터넷에"로, 在网上有模版은 "인터넷상에 샘플이 있다"란 뜻이에요.
★ 중국의 네이버인 "바이두" 검색창에 "이력서" 简历란 키워드를 치면 엄청나게 많은 중문 이력서 샘플들과 무료앱이 쏟아져 나온답니다.

Tip 下载简历模版。Xiàzài jiǎnlì móbǎn. 이력서 샘플을 다운받다.
在网上下载简历模版。Zài wǎngshàng xiàzài jiǎnlì móbǎn. 인터넷에서 이력서 샘플을 다운받다.

03 면접시험 보다 面试 miànshì

A 我今天面试。
　　Wǒ jīntiān miànshì.

B 祝你好运。
　　Zhù nǐ hǎoyùn.

A 나 오늘 면접 있어.
B 행운을 빌어.

단어 今天 jīntiān 오늘 | 祝 zhù ~하길 빌다 | 好运 hǎoyùn 행운

★ 面试는 "면접시험"이란 명사로도 쓰지만, 보통 "면접시험 보다"란 뜻의 동사로 많이 쓰여요.
★ 만약 面试를 "면접시험"이란 명사로 쓸 경우 "나 오늘 면접시험 있어"란 말은 "있다"란 뜻의 有 yǒu를 써서 我今天有面试 Wǒ jīntiān yǒu miànshì라고 해도 되고, 혹은 "참가하다"란 뜻의 参加 cānjiā를 써서 我今天参加面试 Wǒ jīntiān cānjiā miànshì라고 해도 됩니다.

Tip
我今天有面试。Wǒ jīntiān yǒu miànshì. 나 오늘 면접있어.
我今天参加面试。Wǒ jīntiān cānjiā miànshì. 나 오늘 면접 봐.
你面试得怎么样? Nǐ miànshì de zěnmeyàng? 너 면접 잘 봤어?
我面试得还好。Wǒ miànshì de hái hǎo. 나 면접 잘 봤어.
我面试得不好。Wǒ miànshì de bù hǎo. 나 면접 못 봤어.
我面试得还行。Wǒ miànshì de hái xíng. 나 면접 그럭저럭 봤어.

04 면접시험에 합격하다 面试合格 miànshì hégé

A 面试结果出来了吗?
　　Miànshì jiéguǒ chūlái le ma?

B 我合格了。
　　Wǒ hégé le.

A 면접시험 결과 나왔어?
B 나 합격했어.

단어 面试 miànshì 면접시험 | 结果 jiéguǒ 결과 | 出来 chūlái 나오다

★ 合格는 "(면접시험에) 합격하다, 붙다"란 뜻이에요.
★ 면접에 합격하다란 말을 할 때 合格 외에도 "넘어가다, 통과하다"란 뜻의 过 guò를 써도 되요.

> **Tip** 我面试合格了。Wǒ miànshì hégé le. 나 면접시험 붙었어.
> 　　　我面试没合格。Wǒ miànshì méi hégé. 나 면접시험 떨어졌어.
> 　　　我面试过了。Wǒ miànshì guò le. 나 면접시험 통과했어.
> 　　　我面试没过。Wǒ miànshì méi guò. 나 면접시험 통과 못 했어.

05 기죽지 마 别灰心 bié huīxīn

A 我面试又没过。
　　Wǒ miànshì yòu méi guò.

B 别灰心。
　　Bié huīxīn.

A 나 면접시험 또 떨어졌어.
B 기 죽지마.

단어 面试 miànshì 면접시험 보다 | 又 yòu 또 | 过 guò 통과하다, 넘어가다

★ 灰心은 "낙심하다, 낙담하다"로, 别灰心은 우리말의 "기죽지 마, 낙담하지 마" 같은 어감을 주는 관용표현이에요. 상대방이 무슨일에 실망하거나 풀이 죽어있을 때 위로를 하기위해 쓰는 표현이죠.

> **Tip** 加油吧! Jiāyóu ba! 힘을 내!
> 　　　别伤心! Bié shāngxīn! 너무 상심하지 마!
> 　　　下次会有更好的机会。Xiàcì huì yǒu gèng hǎo de jīhuì. 다음에 더 좋은 기회가 있을 거야.
> 　　　下次面试一定能过。Xiàcì miànshì yídìng néng guò. 다음 면접시험엔 꼭 붙을 거야.

06 너무 긴장하지 마 别紧张 bié jǐnzhāng

A 我明天面试。
　　Wǒ míngtiān miànshì.

B 别紧张。
　　Bié jǐnzhāng.

A 내일 나 면접시험 있어.
B 너무 긴장하지 마.

단어 明天 míngtiān 내일 | 面试 miànshì 면접시험보다 | 别 bié ~하지 말아라 | 紧张 jǐnzhāng 긴장하다

★ 别紧张은 우리말의 "긴장하지 마, 쫄지 마"와 같은 뜻의 관용표현이에요.
★ 예문의 我明天面试는 "나 내일 면접시험봐, 나 내일 면접시험 있어"란 뜻이에요.
★ 비슷한말인 "긴장을 풀다, 릴렉스 하다"는 말은 放松 fàngsōng이라고 해요.

Tip 放松! Fàngsōng! 긴장 풀어!
面试的时候别太紧张。Miànshì de shíhou bié tài jǐnzhāng. 면접볼 때 너무 긴장하지 마.
面试的时候要自信点。Miànshì de shíhou yào zìxìn diǎn. 면접볼 때 자신감있게 해.
面试的时候要放松。Miànshì de shíhou yào fàngsōng. 면접볼 때 릴렉스해!
你面试肯定顺利。Nǐ miànshì kěndìng shùnlì. 너 면접 잘 볼 수 있을 거야.

07 일자리를 찾다 找到工作 zhǎodào gōngzuò

A 你找到工作了吗?
　Nǐ zhǎodào gōngzuò le ma?

B 我正找着呢。
　Wǒ zhèng zhǎo zhe ne.

A 너 일자리 찾았어?
B 지금 찾고 있어.

단어 找到 zhǎodào 찾아내다 | 工作 gōngzuò 일. 일자리 | 正 zhèng ~하는 중이다 | 找 zhǎo 찾다

★ 找到工作는 우리말의 "일자리를 찾아내다, 일자리를 구하다"란 뜻이에요.
★ 我正找着呢 Wǒ zhèng zhǎo zhe ne는 "나 지금 찾고 있어, 나 지금 찾고 있는 중이야"란 뜻이에요.

Tip 我还没找到工作。Wǒ hái méi zhǎodào gōngzuò. 나 일자리 아직 못 구했어.
我终于找到工作了。Wǒ zhōngyú zhǎodào gōngzuò le. 나 드디어 일자리 구했어.
找工作真难。Zhǎo gōngzuò zhēn nán. 일자리 구하기 정말 어렵다.
找工作真不容易。Zhǎo gōngzuò zhēn bù róngyì. 일자리 구하기 정말 쉽지가 않아.

08 취업하다 就业 jiùyè

A 你就业了吗?
Nǐ jiùyè le ma?

B 还没就业呢。
Hái méi jiùyè ne.

A 너 취업했어?
B 아직 취직 못 했어.

단어 就业 jiùyè 취업하다, 취직하다 | 还没…呢 hái méi…ne 아직 ~하지 않다 (화자가 말할 때까지 동작이 실현되지 않았음을 나타냄)

★ 주의! 만약 우리말의 "나 취직됐어"란 말을 중국어로 할 때 왠지 피동형식인 被 bèi를 써서 我被就业了 Wǒ bèi jiùyè le라고 해야할 것 같지만, 그렇게 안 써요. 그냥 我就业了라고 해야 맞아요. 就业는 피동문으로 쓰지 않는다는 사실 기억해두세요!

Tip 我就业了。 Wǒ jiùyè le. 나 취직 됐어.
你帮我就业吧。 Nǐ bāng wǒ jiùyè ba. 너 나 취직 자리 좀 알아봐줘.

09 취업 준비하다 准备就业 zhǔnbèi jiùyè

A 你最近忙什么?
Nǐ zuìjìn máng shénme?

B 正准备就业呢。
Zhèng zhǔnbèi jiùyè ne.

A 너 요즘 왜 이리 바쁘니?
B 취업 준비하고 있어.

단어 最近 zuìjìn 요즘 | 忙 máng 바쁘다 | 正…呢 zhèng …ne 지금 ~하고 있다 | 准备 zhǔnbèi 준비하다 | 就业 jiùyè 취업하다

★ 예문의 你最近忙什么?는 풀이하면 "너는 요즘 무엇으로 바쁘니?"로, 우리말의 "너 요즘 뭐가 그리 바빠?, 너 요즘 왜 이렇게 바빠?"같은 뜻이에요.

Tip 我最近正准备就业呢。 Wǒ zuìjìn zhèng zhǔnbèi jiùyè ne. 나 요즘 취업 준비중이야.
我最近忙着准备就业。 Wǒ zuìjìn máng zhe zhǔnbèi jiùyè. 나 요즘 취업준비하느라 바빠.

10 지원하다 应聘 yìngpìn

A 我去三星应聘了。
Wǒ qù Sānxīng yìngpìn le.

B 那竞争强吗?
Nà jìngzhēng qiáng ma?

A 나 삼성에 지원했어.
B 거기 경쟁률 세?

단어 去 qù 가다 | 三星 Sānxīng 삼성 | 竞争 jìngzhēng 경쟁 | 强 qiáng 강하다, 세다

★ "삼성에 지원하다, SK에 지원하다"처럼 "어느 회사에 지원하다"란 말은 〈去qù+회사+应聘yìngpìn〉형식을 써요.
★ 우리가 쓰는 "경쟁률"이란 말을 중국에서는 그냥 "경쟁". 즉 竞争이라고 해요. 또 "경쟁률이 세다"할 때 "세다"는 "강하다"란 뜻의 强을 써요.

Tip 你去三星应聘试试。 Nǐ qù Sānxīng yìngpìn shìshi. 너 삼성에 한번 지원해봐.
去三星应聘的人很多。 Qù Sānxīng yìngpìn de rén hěn duō. 삼성에 지원하는 사람이 많아.
去三星应聘的人不太多。 Qù Sānxīng yìngpìn de rén bú tài duō. 삼성에 지원하는 사람 별로 없어.

11 직원을 뽑다 招聘员工 zhāopìn yuángōng

A 三星公司正在招聘员工。
Sānxīng gōngsī zhèngzài zhāopìn yuángōng.

B 招多少?
Zhāo duōshǎo?

A 삼성에서 지금 직원을 뽑고 있어.
B 몇 명이나 모집해?

단어 正在 zhèngzài ~하는 중이다 | 员工 yuángōng 직원 | 招 zhāo 모집하다

★ 招聘은 "채용하다"란 뜻으로, 招聘员工은 우리말의 "직원을 채용하다, 사원을 뽑다"란 뜻이에요.
★ 만약 "현대에 채용되다, 삼성에 채용되다"처럼 어느 회사에 채용이 되다란 말은 被 bèi피동문을 써서 〈주어+被bèi+회사명+招聘zhāopìn〉형식을 써요.

Tip 我被三星招聘了。 Wǒ bèi Sānxīng zhāopìn le. 나 삼성에 채용됐어.
我被三星选中了。 Wǒ bèi Sānxīng xuǎnzhòng le. 나 삼성에 뽑혔어.
我进三星了。 Wǒ jìn Sānxīng le. 나 삼성에 입사했어.

12 채용광고 招聘广告 zhāopìn guǎnggào

A "现代"出招聘广告了。
"Xiàndài" chū zhāopìn guǎnggào le.

B 你要去应聘吗?
Nǐ yào qù yìngpìn ma?

A "현대"에서 채용광고를 냈어.

B 너 지원할 거야?

단어 现代 xiàndài 현대(회사) | 招聘 zhāopìn 채용하다 | 广告 guǎnggào 광고 | 应聘 yìngpìn 지원하다

★ 招聘广告는 회사나 기업에서 내는 "채용광고, 모집광고"를 말해요.

Tip 채용박람회 : 招聘会 zhāopìnhuì / 공개채용 : 公开招聘 gōngkāi zhāopìn

13 대기업에 입사하다 进大企业 jìn dàqǐyè

A 我进了大企业。
Wǒ jìn le dàqǐyè.

B 梦想成真了。
Mèngxiǎng chéng zhēn le.

A 나 대기업에 입사했어.

B 소원이뤘네.

단어 进 jìn (회사에) 들어가다. 입사하다 | 大企业 dàqǐyè 대기업 | 梦想 mèngxiǎng 꿈 | 成 chéng 이뤄지다

★ 어느 회사에 입사하다란 말은 "들어가다"란 뜻의 进 jìn을 써서 〈进jìn+회사명〉형식을 써요. 행여나 "입사하다"란 말을 우리식 한자음대로 入社 rùshè라고 하지 마세요!

★ 梦想成真은 "꿈이 진짜로 이뤄지다"로, 우리말의 "소원성취하다"에 해당하는 관용표현이에요.

Tip 我进了SK公司。Wǒ jìn le SK gōngsī. 나 SK에 입사했어.
我进了中小企业。Wǒ jìn le zhōng xiǎo qǐyè. 나 중소기업에 입사했어.
我进公司没多久。Wǒ jìn gōngsī méi duōjiǔ. 나 입사한지 얼마 안 됐어.

14 스카우트 되다　被挖走 bèi wāzǒu

A 听说你要辞职了?
Tīngshuō nǐ yào cízhí le?

B 我被挖走了。
Wǒ bèi wāzǒu le.

A 너 회사 그만둔다며?

B 나 스카우트 됐어.

단어 辞职 cízhí 직장을 관두다 ｜ 被 bèi ~에 의해, ~당하다 ｜ 挖走 wāzǒu 사람을 빼내다

★ 被挖走는 풀이하면 "사람을 빼가는 것을 당하다"로, 우리말의 "스카우트 되다"란 뜻이에요.
★ 중국어로 "어느 회사로 스카우트 되다"란 말은 〈被bèi+회사명+挖走wāzǒu〉형식을 써요.
★ 스카우트 담당자, 즉 "헤드헌터"는 猎头 liètóu라고 해요.

Tip 我被三星公司挖走了。Wǒ bèi Sānxīng gōngsī wāzǒu le. 나 삼성에 스카우트 됐어.
三星公司要挖走我。Sānxīng gōngsī yào wāzǒu wǒ. 삼성이 나 스카우트해간 데.
我被猎头挖走了。Wǒ bèi liètóu wāzǒu le. 나 헤드헌터한테 스카우트 됐어.

15 비정규직　临时工 línshígōng

A 听说你就业了?
Tīngshuō nǐ jiùyè le?

B 嗯，但是临时工。
Èng, dànshì línshígōng.

A 너 취직됐다며?

B 어. 근데 비정규직이야.

단어 就业 jiùyè 취직하다 ｜ 嗯 èng 응 ｜ 但是 dànshì 그러나

★ 临时工은 말 그대로 "임시 직공", 즉 단기 계약직 노동자, 비정규직을 뜻해요.
★ 중국어로 계약직은 合同工 hétónggōng이라고 해요.

Tip 정규직은 "정식 직공"이란 뜻의 正式工 zhèngshìgōng이라고 해요. 인턴은 "실습생"이란 뜻의 实习生 shíxíshēng, 인턴 수습기간은 试用期 shìyòngqī라고 하고요.

16 백수 待业青年 dàiyè qīngnián

A 你是搞什么的?
Nǐ shì gǎo shénme de?

B 我是待业青年。
Wǒ shì dàiyè qīngnián.

A 지금 하시는 일이 뭐에요?

B 저 지금 백수인데요.

단어 搞 gǎo 하다 | 什么 shénme 무엇 | 青年 qīngnián 청년

★ 待业青年은 풀이하면 "업무를 기다리는 청년"으로, 직장을 못 구해서 집에서 노는 "백수, 백조"를 뜻해요.
★ 你是搞什么的?는 직역하면 "당신은 무엇을 하세요?"로, 우리말의 "하는 일이 뭐에요?, 어떤 일을 하세요?"란 뜻이에요. 중국사람들이 상대방의 직업을 물어볼 때 애용하는 완소 표현이에요.

17 유학파 海归 hǎiguī

A 他的工资为什么比我们高?
Tā de gōngzī wèishénme bǐ wǒmen gāo?

B 海归嘛!
Hǎiguī ma!

A 쟤는 왜 월급이 우리보다 높아?

B 유학파잖니.

단어 工资 gōngzī 월급 | 为什么 wèishénme 왜 | 比 bǐ ~보다 | 高 gāo 높다

★ 海归는 풀이하면 "바다에서 돌아오다"로, 해외에서 공부하고 본국으로 귀국한 "유학파"를 말해요.
★ 주의! "유학파"라는 말을 행여나 우리식대로 留学派 liúxué pài라고 하지 마세요.

Tip 他是从中国留学回来的。 Tā shì cóng Zhōngguó liúxué huílái de. 쟤 중국에서 유학하고 왔어.
他是从美国留学回来的。 Tā shì cóng Měiguó liúxué huílái de. 쟤 미국에서 유학하고 왔어.
他是从哈佛大学留学回来的。 Tā shì cóng Hāfó dàxué liúxué huílái de. 쟤 하버드대학에서 유학하고 왔어.

중국은 요즘 엄청난 유학붐이 불고 있어요. 중국의 갑부들은 1년에 자녀 유학비로만 수억 원을 지출한다는 언론보도도 있었죠. 중국사람들이 선호하는 유학 국가는 미국이 압도적인 1위이고, 그 다음으로는 캐나다, 홍콩, 호주 순이에요. 요즘은 한국으로 유학 오는 중국학생들이 늘고 있어요. 현재 한국에 유학중인 중국인 학생 수는 7만여 명에 달한답니다. 전체 외국인 유학생 중 압도적인 1위를 차지하고 있죠. 그런데 중국도 구직난이 한국 뺨치게 살벌하다 보니, 해외에서 공부한 유학파들이 직장을 못 구해 백수로 전락하는 현상이 벌어지고 있어요. 중국에선 이런 백수 유학파를 가리켜 海带 hǎidài라고 불러요. 海带는 "다시마, 미역"이란 뜻인데, 유학파를 뜻하는 海归 hǎiguī와 백수라는 뜻의 待业青年 dàiyè qīngnián의 앞글자를 따서 만든 신조어에요.

18 낙하산 走后门 zǒu hòumén

A 他怎么进的大企业?
Tā zěnme jìn de dàqǐyè?

B 他走后门了。
Tā zǒu hòumén le.

A 쟤 어떻게 대기업에 입사했대?

B 쟤 낙하산이야.

단어 怎么 zěnme 어떻게 | 进 jìn 입사하다, 들어가다 | 大企业 dàqǐyè 대기업

★ 走后门은 풀이하면 "뒷문으로 가다"로, 정당한 수단이 아닌 연줄이나 빽을 이용하는 것 말해요. 우리말의 "낙하산"과 일맥상통하는 표현이죠.

★ 走后门을 발음할 때는 뒤에 얼화음을 붙여 走后门儿 zǒu hòuménr. 즉 "조우 허우멀~"하고 발음해요.

★ 비슷한 뜻으로는 "빽, 뒷 배경"이란 뜻의 后台 hòutái란 말이 있어요. 后台는 "무대 뒤"란 뜻으로 "빽이 좋다"란 말은 "무대 뒤가 딱딱하다". 즉 后台硬 hòutái yìng이라고 표현해요.

Tip 他的后台很硬。Tā de hòutái hěn yìng. 쟤는 빽이 장난아니야.
他有老板的后台。Tā yǒu lǎobǎn de hòutái. 쟤는 사장님 빽이 있어.
我没有后台。Wǒ méiyǒu hòutái. 나는 빽이 없어.
我希望有后台。Wǒ xīwàng yǒu hòutái. 나도 빽이 있었으면 좋겠다.

19 회사 公司 gōngsī

A 你的公司员工有多少?
Nǐ de gōngsī yuángōng yǒu duōshǎo?

B 我公司小。
Wǒ gōngsī xiǎo.

A 너희 회사 직원 몇 명이야.
B 우리 회사 작아.

단어 员工 yuángōng 직원 | 多少 duōshǎo 몇, 얼마 | 小 xiǎo (규모가) 작다

★ 사무실 : 办公室 bàngōngshì / 직원 : 职员 zhíyuán / 임원 : 干部 gànbù / 상사 : 上司 shàngsī / 부하직원 : 下属 xiàshǔ

Tip 我公司规模大。Wǒ gōngsī guīmó dà. 우리 회사는 규모가 커.
我公司规模小。Wǒ gōngsī guīmó xiǎo. 우리 회사는 규모가 작아.
我公司的员工有50名。Wǒ gōngsī de yuángōng yǒu wǔshí míng. 우리 회사는 직원이 50명이야.
我公司的员工不到50名。Wǒ gōngsī de yuángōng bú dào wǔshí míng. 우리 회사는 직원이 50명이 채 안 돼.

20 월급 工资 gōngzī

A 我今天拿工资了。
Wǒ jīntiān ná gōngzī le.

B 快请客!
Kuài qǐngkè!

A 나 오늘 월급탔어.
B 빨리 한턱 쏴!

단어 拿 ná 타다 | 快 kuài 빨리 | 请客 qǐngkè 쏘다, 한턱내다

★ 工资는 "임금, 월급"의 뜻으로 중국 직장인들의 필수 단어죠. "월급을 받다"란 말은 "획득하다, 타다"란 뜻의 동사 拿를 써서 拿工资라고 해요.

★ "월급"이란 말을 다르게는 月薪 yuèxīn이라고도 해요. 하지만 중국사람들은 工资를 훨씬 더 많이 써요.

Tip 你的工资多少? Nǐ de gōngzī duōshǎo? 너 월급 얼마나 받아?
我工资很少。Wǒ gōngzī hěn shǎo. 나 월급 완전 적어.

我工资不多。Wǒ gōngzī bù duō. 나 월급 얼마 안 돼.
我工资不多不少。Wǒ gōngzī bù duō bù shǎo. 나 월급 많지도 적지도 않아.

21 월급을 체불하다 拖欠工资 tuōqiàn gōngzī

A 公司又拖欠工资了。
Gōngsī yòu tuōqiàn gōngzī le.

B 拖欠了多久?
Tuōqiàn le duōjiǔ?

A 회사에서 또 월급을 체불했어.

B 얼마나 오래 체불했는데?

단어 公司 gōngsī 회사 | 又 yòu 또 | 多久 duōjiǔ 얼마나 오래

★ 拖欠은 "빚을 질질 끌다"고, 工资는 "월급"으로, 拖欠工资는 "월급을 질질 끌다". 즉 "월급을 체불하다"란 뜻이에요.

Tip 催发工资。Cuī fā gōngzī. 월급을 재촉하다.

중국의 직장인들은 월급을 얼마나 받을까요? 직업의 특징이나 분야에 따라 다르겠지만 4년제 대졸자는 보통 1달에 2000~3000위안(우리돈 38~58만 원)정도 받아요. 석사 이상의 학력자도 초봉을 3000~4000위안(우리돈 58~78만 원)정도 받으면 꽤나 많이 받는 축에 속하죠. 제 중국인 친구의 예를 들자면 박사학력에 제약회사 마케팅부 근무 5년차의 직장인인데요. 이 친구의 월급은 한 4000위안(우리돈 78만 원)정도에요. "박사학력이 고작 80만 원? 금액이 적다고 생각할 수도 있지만 실제로는 보너스, 성과금 등 이것저것 따지면 실제로 받는 돈은 더 늘어나죠. 중국에선 순전히 월급 말고도 추가로 받는 부수입이 많아요. 중국에서 안 보이는 부수입이 짭짤한 대표적인 직업이 3개가 있는데, 바로 의사, 공무원, 교사에요. 의사들의 표면상 월급은 우리돈 100만 원이 채 안 되지만, 제약회사로부터 받는 리베이트를 포함하면 실제 수령액은 훨씬 늘어난답니다. 최근 국가 통계국 발표를 보면 중국에서 최고 연봉순위 1위는 금융업 종사자에요. 평균 17만 위안을 받으니, 우리돈으로 환산하면 한 3천만 원 정도 되네요. 그 다음은 IT종사자. 참고로 2012년 기준 베이징시 근로자 평균연봉은 6만 위안(우리돈 1,100만 원), 법정 최저 월급은 1260위안(우리돈 22만 원)이에요.

22 월급이 오르다 涨工资 zhǎng gōngzī

A 我涨工资了。
Wǒ zhǎng gōngzī le.

B 恭喜你。
Gōngxǐ nǐ.

A 나 월급 올랐어.

B 축하해.

단어 涨 zhǎng 오르다 | 工资 gōngzī 월급 | 恭喜 gōngxǐ 축하하다

★ "월급이 오르다. 기름값이 오르다. 물가가 오르다"할 때 "오르다"란 말은 모두 涨을 써서 표현해요.
★ 반대로 "월급이 삭감 되다"란 말은 "떨어지다"란 뜻의 降 jiàng을 써서 降工资 jiànggōngzī라고 해요.

Tip 老板给我涨工资吧。Lǎobǎn gěi wǒ zhǎng gōngzī ba. 사장님 저 월급 좀 올려주세요.
你工资涨了多少？Nǐ gōngzī zhǎng le duōshǎo? 너 월급 얼마나 올랐어?
我工资涨了一点。Wǒ gōngzī zhǎng le yìdiǎn. 나 월급 조금 올랐어.
我工资涨了100万韩元。Wǒ gōngzī zhǎng le yìbǎi wàn Hányuán. 나 월급 100만 원이나 올랐어.
我工资降了10万韩元。Wǒ gōngzī jiàng le shí wàn Hányuán. 나 월급 10만 원이나 삭감됐어.

23 연봉 年薪 niánxīn

A 你的年薪多少？
Nǐ de niánxīn duōshǎo?

B 秘密。
Mìmì.

A 너 연봉이 어떻게 돼?

B 비밀이야.

단어 秘密 mìmì 비밀

★ 중국어로 "연봉 협상하다"란 말은 "협상하다, 논의하다"란 뜻의 商讨 shāngtǎo를 써서 商讨年薪 shāngtǎo niánxīn 이라고 해요.

Tip 我年薪大概三千万左右。Wǒ niánxīn dàgài sānqiān wàn zuǒyòu. 내 연봉 대략 3,000만 원 정도야.
我年薪不到三千万。Wǒ niánxīn bú dào sānqiān wàn. 나 연봉 3,000만 원도 안 돼.

24 인센티브 提成 tíchéng

A 你的工资真少。
Nǐ de gōngzī zhēn shǎo.

B 不过我有提成。
Búguò wǒ yǒu tíchéng.

A 너 월급 진짜 적다.

B 하지만 나 인센티브가 있잖아.

단어 工资 gōngzī 월급 | 真 zhēn 정말 | 少 shǎo 적다 | 不过 búguò 그러나

★ 提成은 "총액에서 일정 비율만큼 떼다"란 뜻으로, 업무 성과에 따라 지급받는 월급외 수당. 즉 인센티브를 말해요.

Tip 卖一辆车可以提成百分之三。 Mài yī liàng chē kěyǐ tíchéng bǎi fēnzhī sān.
차를 한 대팔면 3%의 인센티브가 떨어져.
和一个客户签合同可以提成百分之三。 Hé yí ge kèhù qiān hétóng kěyǐ tíchéng bǎi fēnzhī sān.
고객 한 명과 계약하면 3%의 인센티브가 떨어져.

25 보너스 奖金 jiǎngjīn

A 年底会有奖金吗?
Niándǐ huì yǒu jiǎngjīn ma?

B 应该有。
Yīnggāi yǒu.

A 연말에 보너스 나온대?

B 아마 나올걸.

단어 年底 niándǐ 연말 | 应该 yīnggāi 반드시 ~하다

★ 奖金은 "상금, 포상금"의 뜻으로, 회사에서 나오는 "보너스, 성과금"을 말해요.
★ "중국어로 보너스가 나오다"란 말은 "있다" 뜻의 有를 써서 有奖金이라고 해요.
★ 참고로 업무 보조비는 补贴 bǔtiē라고 해요.

Tip 我拿奖金了。 Wǒ ná jiǎngjīn le. 나 보너스 받았어.
你奖金拿了多少? Nǐ jiǎngjīn ná le duōshao? 너 보너스 얼마나 받았어?
我奖金拿了工资的两倍。 Wǒ jiǎngjīn ná le gōngzī de liǎng bèi. 나 월급의 100%를 보너스로 받았어.
我们公司年底没有奖金。 Wǒmen gōngsī niándǐ méiyǒu jiǎngjīn. 우리회사 연말에 보너스 안 나온대.

26 개인 소득세 个人所得税 gèrén suǒdéshuì

A 你个人所得税交多少钱?
Nǐ gèrén suǒdéshuì jiāo duōshǎo qián?

B 工资的百分之三。
Gōngzī de bǎi fēnzhī sān.

A 너 소득세 얼마나 내?
B 월급의 3%.

단어 个人 gèrén 개인 | 所得税 suǒdéshuì 소득세 | 交 jiāo 내다 | 工资 gōngzī 월급 |
百分之 bǎifēnzhī 퍼센트

★ 중국어로 "몇 프로". 즉 퍼센티지를 말하려면 〈百分之bǎi fēnzhī+숫자〉형식을 써요. 예를 들어 3%는 "백분의 3"이란 뜻의 百分之三처럼 표현 해요.

Tip 국민연금 : 养老保险 yǎnglǎo bǎoxiǎn / 건강보험 : 医疗保险 yīliáo bǎoxiǎn / 산재보험 : 工伤保险 gōngshāng bǎoxiǎn / 고용보험 : 失业保险 shīyè bǎoxiǎn

China talk! talk!

중국의 개인소득세 산정방식은 월급에서 국민연금, 고용보험, 의료보험 및 주택적립금을 제한 후 거기다 세율을 곱하는 방식으로 산출을 해요. 이를 유식하게는 三险一金 sānxiǎn yìjīn이라고 해요. 즉 앞서 말한 3개의 보험, 1개의 주택적립금이란 뜻이에요. 참고로 중국에서 자국인의 개인소득세 면세기준은 월급 3500위안(우리돈 68만 원)이하, 외국인은 4800위안(우리돈 95만 원)이랍니다.

27 세금을 떼다 扣税 kòushuì

A 你的工资扣多少税?
Nǐ de gōngzī kòu duōshǎo shuì?

B 扣10万韩元左右。
Kòu shíwàn Hányuán zuǒyòu.

A 넌 월급에서 세금 얼마나 떼?

B 10만 원 정도 떼.

단어 工资 gōngzī 월급 | 韩元 Hányuán 한국돈 단위(원) | 左右 zuǒyòu 가량, 안 팎

★ 扣는 "공제하다, 빼다", 税는 "세금"으로, 扣税는 "세금을 떼다, 세금을 공제하다"란 뜻이에요.
★ 예문의 扣10万韩元左右는 "10만 원 가량을 (세금으로) 떼다"란 뜻이에요.
★ 참고로 "세금을 내다"란 말은 "납부하다"란 뜻의 缴纳 jiǎonà를 써서 缴纳税 jiǎonà shuì라고 해요.

Tip
我缴纳很多税。 Wǒ jiǎonà hěn duō shuì. 나 세금 많이 내.
我缴纳很少税。 Wǒ jiǎonà hěn shǎo shuì. 나 세금 얼마 안 내.
我每个月缴纳工资的百分之五的税。 Wǒ měi ge yuè jiǎonà gōngzī de bǎi fēnzhī wǔ de shuì.
나 매달 월급의 5%를 세금으로 내.

China talk! talk!

중국에서 취업한 외국인은 이제 중국사람과 똑같이 사회보험에 의무적으로 가입해야 해요. 이 법안은 2011년 10월 15일부로 정식으로 발효 되었죠. 중국은 우리와 달리 5대 보험이 있어요. 양로보험, 의료보험, 산재보험, 고용보험, 출산보험. 그중 우리의 국민연금에 해당하는 양로보험은 한국과 중국이 연금상호면제 협정을 맺어 한국에서 국민연금을 가입한 사람은 중국의 양로보험을 면제받죠. 현재 중국에서 일하고 있는 대다수의 외국인들은 이 정책에 적잖은 의구심과 불안감을 갖고 있어요. 중국 정책이 워낙 오락가락하니 돈은 돈대로 다 내고 혜택은 하나도 못 볼까 봐요. 이 정책은 현재 중국 전역에서 실시되는 건 아니고 베이징을 포함한 일부 지역에서만 시범 실시되고 있어요.

28 신입사원 新人 xīnrén

A 我是新人，业务不太熟。
Wǒ shì xīnrén, yèwù bú tài shú.

B 慢慢来吧!
Mànman lái ba!

A 저 신입사원이라, 업무가 익숙치 않아요.
B 천천히 하세요!

단어 业务 yèwù 업무 | 不太 bú tài 별로, 그다지 | 熟 shú 익숙하다

★ 新人은 말 그대로 "새로 들어온 사람". 즉 회사에 막 들어온 "신입사원"을 말해요.
★ 慢慢来는 "일을 서두르지 않다, 천천히 하다"란 뜻의 관용표현이에요. 예문처럼 慢慢来吧라고 말하면 우리말의 "천천히 하세요, 차근차근 해나가세요" 같은 어감을 줘요.

Tip 选新人 xuǎn xīnrén 신입사원을 뽑다
     招新人 zhāo xīnrén 신입사원을 모집하다
     进新人 jìn xīnrén 신입사원이 들어오다

29 잘 부탁드려요 请多多关照 Qǐng duōduo guānzhào

A 以后请多多关照。
Yǐhòu qǐng duōduo guānzhào.

B 你好好干。
Nǐ hǎohao gàn.

A 앞으로 잘 부탁드립니다.
B 열심히 하세요.

단어 以后 yǐhòu 앞으로 | 关照 guānzhào 돌보다, 보살피다 | 好好 hǎohao 잘, 열심히 | 干 gàn 일하다

★ 请多多关照는 우리말의 "잘 부탁드려요, 잘 부탁합니다"란 뜻의 관용표현이에요. 직장에 첫 출근했을 때 상사에게 어김 없이 써야하는 필수 인사말이죠.
★ 예문의 你好好干은 "앞으로 일 잘하세요, 앞으로 일 열심히 하세요"란 뜻이에요. 여기서 好好는 말할 때 뒤에 얼화음을 넣어 "하오하올~"이라고 발음해요.

Tip 请多多指教。 Qǐng duōduo zhǐjiào. 많은 지도편달 부탁드려요.

感谢你平时对我的关照。Gǎnxiè nǐ píngshí duì wǒ de guānzhào. 매번 많은 도움 주셔서 감사해요.
我会努力的。Wǒ huì nǔlì de. 앞으로 열심히 하겠습니다.
我不会让你失望的。Wǒ bú huì ràng nǐ shīwàng de. 실망시켜 드리지 않겠습니다.
我会认真工作的。Wǒ huì rènzhēn gōngzuò de. 최선을 다해서 일 할게요.

30 처음부터 잘하는 사람은 없어요 万事开头难
wànshì kāitóu nán

A 对不起，以后我会注意的。
Duìbuqǐ, yǐhòu wǒ huì zhùyì de.

B 没关系，万事开头难。
Méiguānxi, wànshì kāitóu nán.

A 죄송해요. 앞으로는 주의할게요.

B 괜찮아요. 처음부터 잘하는 사람은 없어요.

단어 万事 wànshì 만사, 모든 일 | 开头 kāitóu 시작, 처음 | 难 nán 어렵다

★ 万事开头难은 풀이하면 "모든 일은 첫시작이 어렵다"로, 우리말의 "처음부터 잘 하는 사람은 없다"와 일맥상통하는 표현이에요. 회사에 갓 들어온 신입사원이 사소한 실수 등을 했을 때 등을 다독여주며 해줄 수 있는 매너 멘트로 딱이죠.

Tip 开始的时候都这样。Kāishǐ de shíhou dōu zhèyàng. 처음에는 원래 다그래요.
别着急。Bié zháojí. 조급해 하지 말아요.
熟悉就好了。Shúxī jiù hǎo le. 익숙해지면 괜찮아요.
需要帮忙尽管提。Xūyào bāngmáng jǐnguǎn tí. 도움이 필요하시면 언제든 말씀하세요.
边工作边学习。Biān gōngzuò biān xuéxí. 일하면서 배워나가세요.

31 출근하다 上班 shàngbān

A 你平时几点上班?
Nǐ píngshí jǐ diǎn shàngbān?

B 早上7点。
Zǎoshang qī diǎn.

A 너 평소에 몇시에 출근해?

B 아침 7시.

단어 平时 píngshí 평소에 | 几点 jǐ diǎn 몇시 | 早上 zǎoshang 아침

★ 중국사람들은 上班을 발음할 때 뒤에 얼화음을 넣어 "샹빨~"하고 말해요.

Tip 你今天上班得早。Nǐ jīntiān shàngbān de zǎo. 너 오늘 일찍 출근했네.
你今天不上班吗? Nǐ jīntiān bú shàngbān ma? 너 오늘 출근 안 해?
我从明天开始正式上班。 Wǒ cóng míngtiān kāishǐ zhèngshì shàngbān. 나 내일부터 정식으로 출근해.
他今天没来上班。 Tā jīntiān méi lái shàngbān. 걔 오늘 출근 안 했어.

32 퇴근하다 下班 xiàbān

A 到6点了, 下班了。
Dào liù diǎn le, xiàbān le.

B 你真准时。
Nǐ zhēn zhǔnshí.

A 6시다. 퇴근해야지.

B 너 진짜 칼퇴근인데.

단어 到 dào 되다 | 真 zhēn 정말 | 准时 zhǔnshí 정시에, 제때에

★ 중국사람들은 下班을 말할 때 얼화음을 넣어 "시아 빨~"하고 발음해요.
★ 你真准时는 직역하면 "너는 매우 시간이 정확하다"로, 우리말의 "너 완전 칼퇴근인데"와 비슷한 어감을 주는 표현이에요.

Tip 你什么时候下班? Nǐ shénme shíhou xiàbān? 너 언제 퇴근해?
我下班了。Wǒ xiàbān le. 나 퇴근할게.
我先下班了。Wǒ xiān xiàbān le. 나 먼저 퇴근할게.

33 샐러리맨 上班族 shàngbān zú

A 上班族的日子真累。
Shàngbānzú de rìzi zhēn lèi.

B 都那样。
Dōu nàyàng.

A 샐러리맨으로 살기 정말 힘들다.

B 다 그런거야.

단어 日子 rìzi 나날, 처지 | 真 zhēn 정말 | 累 lèi 힘들다

★ 上班族는 말 그대로 "출근족", 즉 "월급쟁이, 샐러맨"을 뜻해요.
★ 上班族的日子는 "샐러리맨의 나날, 샐러리맨의 처지"란 뜻이에요.
★ 예문의 都那样은 직역하면, "모두 그런 모습"으로, 우리말의 "다 그렇고 그런거야, 다 그런거지 뭐"같은 어감을 줘요.

Tip 화이트 칼라 : 白领 báilǐng / 블루 칼라 : 蓝领 lánlǐng

34 일을 하다 干活 gànhuó

A 明天周末啦!
Míngtiān zhōumò lā!

B 咱们好好干活吧!
Zánmen hǎohao gànhuó ba!

A 내일이면 주말이다!

B 우리 열심히 일하자!

단어 明天 míngtiān 내일 | 周末 zhōumò 주말 | 啦 lā 어기조사 | 咱们 zánmen 우리

★ 干活 gànhuó는 비록 간단해 보이지만 일상생활에서 엄청나게 활용도가 높은 말이에요.
★ 네이티브처럼 말하기! 干活는 읽을 때 반드시 뒤에 얼화음을 넣어 "깐 훨~"하고 발음해야 맛이 제대로 살아요.

Tip 干活认真 gànhuó rènzhēn 일을 열심히 하다
干活马虎 gànhuó mǎhǔ 일을 대충대충 하다
干活仔细 gànhuó zǐxì 일을 꼼꼼하게 하다
干活疯狂 gànhuó fēngkuáng 일을 미친듯이 하다

우리말의 "일하다", 영어로 work에 해당하는 중국어에는 干活 gànhuó와 工作 gōngzuò가 있어요. 근데, 두 단어의 실제 쓰임은 전혀 달라요. 예를 들어 "나 일하기 싫어"란 말을 중국어로 옮기면 我不想干活 Wǒ bù xiǎng gànhuó 혹은 我不想工作 Wǒ bù xiǎng gōngzuò가 되는데요. 먼저 我不想干活는 지금 현재 내가 사무실에서 하고 있는 일. 예를 들어 서류정리라든가, 컴퓨터 작업이라든가, 보고서 작성 등의 일을 하기 싫다는 뜻이에요. 반면에 我不想工作는 내가 현재 종사하고 있는 직업(직장)을 그만두고 싶다. 심지어는 일을 때려치우고 쉬고 싶다라는 뜻까지 내포하고 있어요. 한 가지 더 예를 들어볼게요. 우리말의 "너 열심히 좀 일해"란 말은 중국어로 하면 你努力干活 Nǐ nǔlì gànhuó 혹은 你努力工作 Nǐ nǔlì gōngzuò가 되겠는데요. 你努力干活는 누가 사무실에서 농땡이 치거나 할 때, "너 열심히 좀 일 해"라는 의미로 쓰이고, 你努力工作는 "너 직장 열심히 잘 다녀, 너 (부업 같은 거 하지말고) 하고 있는 일이나 열심히 잘해" 같은 의미에요. 이제 이해가 잘 되셨나요?

35 일하는 거 정말 힘들어　干活真累 gànhuó zhēn lèi

A 天天干活真累!
　　Tiāntiān gàn huó zhēn lèi!

B 没办法呀!
　　Méi bànfǎ ya!

A 매일 매일 일하는 거 정말 힘들다!
B 뭐 별수 있니!

단어 天天 tiāntiān 매일. 날마다 ｜ 真 zhēn 정말 ｜ 累 lèi 지치다. 힘들다 ｜ 没办法 méi bànfǎ 방법이 없다

Tip 我累死了。Wǒ lèi sǐle. 나 힘들어 죽을 거 같아.
　　我累得吃不上饭了。Wǒ lèi de chībushàng fàn le. 나 힘들어서 밥도 못 먹겠어.
　　我累得走不动了。Wǒ lèi de zǒubudòng le. 나 힘들어서 걸음도 못 걷겠어.
　　我累得喝不进水了。Wǒ lèi de hēbujìn shuǐ le. 나 힘들어서 물도 못 마시겠어.

36 일하기 싫어 不想干活 bù xiǎng gànhuó

A 我不想干活。
Wǒ bù xiǎng gànhuó.

B 加油，快下班了。
Jiāyóu, kuài xiàbān le.

A 나 일하기 싫어.
B 힘내! 퇴근시간 다 됐어.

> **단어** 不想 bù xiǎng ~하고 싶지 않다 | 加油 jiāyóu 힘내다 | 快…了 kuài…le 곧 ~하다 | 下班 xiàbān 퇴근하다

★ 제가 근무하는 병동에선 오후 4시 정도가 되면 중국 의사들이 하품과 기지개를 쭉피며 啊, 不想干活 Ā, bù xiǎng gànhuó(아~ 일하기 싫어)라고 외친답니다.

37 일이 아직 안 끝났어 活还没干完 huó hái méi gàn wán

A 你不下班吗?
Nǐ bú xiàbān ma?

B 我活还没干完。
Wǒ huó hái méi gàn wán.

A 너 퇴근 안 해?
B 나 일이 아직 안 끝났어.

> **단어** 活 huó 일. 업무 | 还没 hái méi 아직 ~않다 | 干完 gàn wán (일을) 마치다. 끝내다

★ 活는 명사로 쓰면 "일, 작업, 업무" 등의 의미로 쓰여요.

> **Tip** 我还有很多活没干完。Wǒ hái yǒu hěn duō huó méi gàn wán. 나 아직도 일이 많이 남았어.
> 我还有很久能干完活。Wǒ hái yǒu hěn jiǔ néng gàn wán huó. 나 일 끝내려면 멀었어.
> 我活快干完了。Wǒ huó kuài gàn wán le. 나 일 곧 끝나.

38 쟤는 정말 유능해 他很能干 Tā hěn nénggàn

A 他工作怎么样?
Tā gōngzuò zěnmeyàng?

B 他很能干。
Tā hěn néng gàn.

A 쟤 일하는 거 어때?
B 정말 일 잘해.

단어 工作 gōngzuò 일하다 | 怎么样 zěnmeyàng 어때 | 很 hěn 매우 | 能干 nénggàn 유능하다

★ 能干은 우리말의 "유능하다, 일을 잘하다"로, 他很能干 Tā hěn nénggàn은 "쟤는 정말 유능해, 쟤는 진짜 일을 잘해"란 뜻이에요.
★ 중국사람들이 일 잘하는 사람에게 쓰는 최고의 칭찬이 바로 이 能干이에요.

Tip 他活干得好。Tā huógàn de hǎo. 쟤는 일을 잘해.
他活干得不好。Tā huógàn dé bù hǎo. 쟤는 일을 못해.
他活干得特别好。Tā huógàn de tèbié hǎo. 쟤는 일을 진짜 잘해.
他活干得特别差。Tā huógàn de tèbié chà. 쟤는 일을 진짜 못해.
他没有不能干的活。Tā méiyǒu bù néng gān de huó. 쟤는 못하는 일이 없어.
他是完美主义者。Tā shì wánměi zhǔyìzhě. 쟤는 완벽주의자야.

39 보고하다 汇报 huìbào

A 金部长，有件事向您汇报。
Jīn bùzhǎng, yǒu jiàn shì xiàng nín huìbào.

B 什么事?
Shénme shì?

A 김 부장님, 보고드릴 사항이 있습니다.
B 무슨 일인데요?

단어 有 yǒu 있다 | 件 jiàn 건, 개(양사) | 事 shì 일 | 向 xiàng ~에게

★ 汇报는 업무관련 내용이나 일 등을 상사에게 "보고하다"란 뜻입니다.
★ 누구에게 어떤 일을 보고하다란 말은 "~에게"란 뜻의 向을 써서 〈주어+向xiàng+대상+汇报huìbào+보고할 내용〉 형식을 씁니다.

> **Tip** 业务汇报书 yèwù huìbàoshū 업무 보고서
> 向A汇报业务 xiàng A huìbào yèwù A에게 업무를 보고하다
> 有什么事急时汇报一下。Yǒu shénme shì jíshí huìbào yíxià. 무슨 일 있으면 즉시 보고하세요.
> 这汇报书重新写一下。Zhè huìbàoshū chóngxīn xiě yíxià. 이 보고서 다시 써오세요.

40 워커홀릭 工作狂 gōngzuòkuáng

A 他干活好认真呀!
Tā gànhuó hǎo rènzhēn ya!

B 他是工作狂。
Tā shì gōngzuòkuáng.

A 쟤 일 진짜 열심히 한다.
B 쟤 워커홀릭이야.

단어 干活 gànhuó 일하다 | 好 hǎo 매우. 진짜 | 认真 rènzhēn 열심히하다 | 狂 kuáng 미치다

★ 工作狂은 말 그대로 "일에 미치다". 즉 "일 벌레, 워커홀릭"을 뜻해요.

> **Tip** 他是典型的工作狂。Tā shì diǎnxíng de gōngzuòkuáng. 쟤는 지독한 워커홀릭이야.
> 你干活别太累。Nǐ gànhuó bié tài lèi. 너 쉬엄쉬엄 일해.
> 你这样干活真的会死的。Nǐ zhèyàng gànhuó zhēn de huì sǐ de. 너 그렇게 일하다간 정말 죽을지도 몰라.

41 점심시간 午饭时间 wǔfàn shíjiān

A 耶! 午饭时间到了。
Yē! Wǔfàn shíjiān dào le.

B 咱们今天吃什么?
Zánmen jīntiān chī shénme?

A 야호! 점심시간이다.
B 우리 오늘 뭐 먹지?

단어 耶 yē 야호!(감탄사) | 午饭 wǔfàn 점심 | 时间 shíjiān 시간 | 到 dào 오다 | 咱们 zánmen 우리

★ 午饭时间到了는 "점심식사 시간이 왔다." 즉 "점심시간이 됐다"란 뜻이에요.

★ 중국 회사의 점심시간은 한국보다 빨라요. 보통 11시30분을 전후로 식사를 시작해요. 중국사람들은 만약 오전 12시를 넘기면 점심시간이 많이 지났다고 생각한답니다. 오후 근무는 PM 1시부터!

> **Tip** 你不去吃饭吗? Nǐ bú qù chīfàn ma? 너 밥 먹으로 안 가?
> 我带饭了。Wǒ dài fàn le. 나 도시락 싸왔어.
> 我不吃午饭。Wǒ bù chī wǔfàn. 나 점심 안 먹을거야.
> 你先去吃饭。Nǐ xiān qù chīfàn. 너 먼저 먹으러 가!
> 今天午饭你请吧。Jīntiān wǔfàn nǐ qǐng ba. 오늘 점심 네가 사.
> 请我吃午饭吧。Qǐng wǒ chī wǔfàn ba. 나 점심 좀 사 줘.

42 야근하다 加班 jiābān

A 我今天加班。
Wǒ jīntiān jiābān.

B 好可怜。
Hǎo kělián.

A 나 오늘 야근이야.

B 완전 불쌍하다.

> **단어** 今天 jīntiān 오늘 | 好 hǎo 매우. 몹시 | 可怜 kělián 불쌍하다. 가엽다
> ★ 加班은 "초과 근무하다"란 말로, 우리말의 "야근하다"란 뜻이에요.
> ★ 好可怜은 우리말의 "완전 불쌍해, 진짜 불쌍하다"같은 어감을 주는 표현이에요.

> **Tip** 你加班到几点? Nǐ jiābān dào jǐ diǎn? 너 야근 몇 시까지 해?
> 我天天加班。Wǒ tiāntiān jiābān. 나 매일 매일 야근이야.
> 我又加班。Wǒ yòu jiābān. 나 또 야근이야.

43 투덜대다 发牢骚 fā láosāo

A 又加班，真烦!
Yòu jiābān, zhēn fán!

B 你别发牢骚了。
Nǐ bié fā láosāo le.

A 또 야근이야. 왕 짜증!

B 투덜대지 마!

> **단어** 加班 jiābān 야근하다 | 真 zhēn 정말 | 烦 fán 짜증나다 | 别 bié ~하지 말아라

★ 发는 "내뿜다", 牢骚는 "불평, 불만"으로, 发牢骚는 우리말의 "투덜대다, 구시렁대다"의 뜻이에요. 예문의 別发牢骚了는 "구시렁대지 매, 투덜거리지 매"같은 어감을 줘요.

★ 真烦은 우리말의 "완전 짜증나, 대박 짜증이야"같은 어감을 주는 관용표현이에요.

Tip 他老发牢骚。 Tā lǎo fā láosāo. 쟤는 맨날 투덜거려.
你又发牢骚啦? Nǐ yòu fā láosāo la? 너 또 투덜대니?
我没有发过牢骚。 Wǒ méiyǒu fā guò láosāo. 나 투덜거린 적 없어.

44 당직하다 值班 zhíbān

A 你干嘛不下班?
Nǐ gànma bú xiàbān?

B 我今天值班。
Wǒ jīntiān zhíbān.

A 너 왜 퇴근 안 해?

B 나 오늘 당직이야.

단어 干嘛 gànma 왜 | 下班 xiàbān 퇴근하다

★ 值班은 "당직을 서다, 당직을 맡다"란 뜻이에요.

★ 당직자 : 值班员 zhíbānyuán / 당직실 : 值班室 zhíbānshì / 당직수당 : 值班补贴 zhíbān bǔtiē

Tip 你什么时候值班? Nǐ shénme shíhou zhíbān? 너 언제 당직이야?
你跟我换着值班。 Nǐ gēn wǒ huàn zhe zhíbān. 너 나랑 당직 좀 바꾸자.
你替我值班吧。 Nǐ tì wǒ zhíbān ba. 너가 나 대신 당직 좀 서라.

45 복리후생 福利 fúlì

A 你们公司的福利好吗?
Nǐmen gōngsī de fúlì hǎo ma?

B 很不好。
Hěn bù hǎo.

A 너희 회사 복리후생 좋아?
B 완전 안 좋아.

단어 公司 gōngsī 회사 | 好 hǎo 좋다 | 很 hěn 매우 | 不好 bù hǎo 안 좋다

★ 福利는 회사가 직원들을 위해 제공하는 "복지정책". 즉 "복리후생"을 뜻해요.
★ 중국어로 출산휴가는 产假 chǎnjià, 생리휴가는 例假假期 lìjià jiàqī라고 해요.

Tip 我们公司福利好。 Wǒmen gōngsī fúlì hǎo. 우리 회사는 복리후생이 좋아.
我们公司福利差。 Wǒmen gōngsī fúlì chà. 우리 회사는 복리후생이 안 좋아.

46 회사를 그만두다 辞职 cízhí

A 我要辞职。
Wǒ yào cízhí.

B 怎么工作累吗?
Zěnme gōngzuò lèi ma?

A 나 회사 그만둘거야.
B 왜 일이 힘들어?

단어 怎么 zěnme 왜 | 工作 gōngzuò 일하다 | 累 lèi 힘들다

★ 辞职는 "사직하다, 직장을 그만두다, 회사를 관두다"란 뜻이에요.
★ 我要辞职란 표현은 직장 상사에게 욕을 먹거나 혹은 월급이 적을 때 중국 직장인들이 입에 달고 사는 말이기도 해요.
★ 주의! 중국어로 "회사를 관두다, 직장을 그만두다"란 말을 할 때 행여나 우리식대로 생각해서 뒤에 "회사"란 뜻의 公司 gōngsī를 붙여 辞职公司 cízhí gōngsī라고 하지 마세요. 그냥 辞职라고만 말해요.

Tip 我已经辞职了。 Wǒ yǐjing cízhí le. 나 이미 회사 그만뒀어.
我上个月辞职了。 Wǒ shàng ge yuè cízhí le. 나 지난달에 회사 그만뒀어.
你为什么辞职了? Nǐ wèishénme cízhí le? 너 회사 왜 그만뒀어?

47 사표내다 交辞职信 jiāo cízhíxìn

A 我这回一定要交辞职信。
　　Wǒ zhèhuí yídìng yào jiāo cízhíxìn.

B 就会说。
　　Jiù huì shuō.

A 나 이번엔 꼭 사표 내고 말테야.
B 말로만?

단어 这回 zhèhuí 이번에 | 一定 yídìng 꼭, 기필코 | 交 jiāo 내다, 제출하다 | 辞职信 cízhíxìn 사표, 사직서 | 就 jiù 오직

★ 就会说는 "오직 말만 할 줄 알다"란 뜻으로, 우리말의 "말로만?"같은 어감을 줘요.
★ 중국어로 "사표가 수리되다"란 말은 "받아들이다"란 뜻의 接收 jiēshōu를 써서 接收辞职信 jiēshōu cízhíxìn이라고 해요.

Tip 我真的要交辞职信。Wǒ zhēn de yào jiāo cízhíxìn. 나 진짜 사직서 낼 거야.
　　 你不是说要交辞职信吗? Nǐ bú shì shuō yào jiāo cízhíxìn ma? 너 사표 낸다고 하지 않았니?
　　 我不敢交辞职信。Wǒ bùgǎn jiāo cízhíxìn. 나 사직서 낼 엄두가 안나.
　　 你的辞职信被接收了吗? Nǐ de cízhíxìn bèi jiēshōu le ma? 너 사표 수리 됐니?

48 이직하다 跳槽 tiàocáo

A 我正考虑跳槽。
　　Wǒ zhèng kǎolǜ tiàocáo.

B 想跳槽到哪个公司?
　　Xiǎng tiàocáo dào nǎ ge gōngsī?

A 나 이직할까 고민중이야.
B 어느 회사로 이직할건데?

단어 正 zhèng ~하는 중이다 | 考虑 kǎolǜ 고려하다, 생각하다 | 哪个 nǎ ge 어느 | 公司 gōngsī 회사

★ 跳槽는 이직하다, 회사를 다른 곳으로 옮기다란 뜻이에요.
★ "어느 회사로 이직하다"란 말은 〈跳槽tiàocáo+到dào+회사〉형식을 써요.

Tip 我要跳槽到别的公司。Wǒ yào tiàocáo dào bié de gōngsī. 나 다른회사로 이직할 거야.

我要跳槽到三星。Wǒ yào tiàocáo dào Sānxīng. 나 삼성으로 이직할 거야.
我要开个体。Wǒ yào kāi gètǐ. 나 개인 사업할 거야.
我要创办公司。Wǒ yào chuàng bàngōngsī. 나 회사차릴 거야.
我要准备司法考试。Wǒ yào zhǔnbèi sīfǎ kǎoshì. 나 고시준비할 거야.
我要考公务员。Wǒ yào kǎo gōngwùyuán. 나 공무원시험 볼 거야.

49 잘리다 被炒鱿鱼 bèi chǎo yóuyú

A 我被公司炒鱿鱼了。
Wǒ bèi gōngsī chǎo yóuyú le.

B 为什么呢?
Wèishénme ne?

A 나 회사에서 잘렸어.

B 어쩌다?

단어 被 bèi ~에 의해 ~당하다 | 公司 gōngsī 회사 | 炒 chǎo 볶다 | 鱿鱼 yóuyú 오징어

★ 炒鱿鱼는 "오징어를 볶다"란 말로, 被炒鱿鱼는 "오징어 볶음을 당하다". 즉 우리말의 "해고당하다, 잘리다"란 뜻이에요.

★ 만약 우리말의 "나 사장한테 잘렸어, 나 삼성에서 잘렸어"처럼 해고시킨 구체적인 대상을 말하려면 〈被bèi+대상+炒鱿鱼chǎo yóuyú〉형식을 써요.

★ 주의!! 반대로 "누구를 자르다, 해고하다"란 말은 〈炒chǎo+자르려는 대상+鱿鱼yóuyú〉형식을 써요.

Tip 我被炒鱿鱼了。Wǒ bèi chǎo yóuyú le. 나 잘렸어.
老板炒我鱿鱼了。Lǎobǎn chǎo wǒ yóuyú le. 사장이 나 잘랐어.
我被老板炒鱿鱼了。Wǒ bèi lǎobǎn chǎo yóuyú le. 나 사장한테 잘렸어.

오징어를 볶다란 뜻의 炒鱿鱼 chǎo yóuyú가 어째서 "해고당하다"란 의미로 쓰이게 됐을까요? 모든 궁금증을 속 시원히 해결해주는 중국의 네이버 "바이두"에 검색해서 알아본 결과. 가장 설득력 있는 해석을 발견했습니다. 이 말은 원래 광둥성과 홍콩에서부터 전해진 말이라고 해요. 그 당시 그곳에는 대륙에서 건너간 수 많은 노동자들이 식당에서 일을 하고 있었는데. 직장을 잘리고 고향으로 돌아갈 때면 갖고 온 이불을 돌돌 말아서 떠나야 했다네요. 이불이나 침상을 돌돌 마는 모양이 마치 오징어를 볶을 때 오징어가 말리는 것과 비슷해서 이때부터 "해고당하다"란 의미로 쓰였다고 합니다.

50 월차내다 请假 qǐngjià

A 老板，我可以请假吗?
　　Lǎobǎn, wǒ kěyǐ qǐngjià ma?

B 有什么事吗?
　　Yǒu shénme shì ma?

A 사장님, 저 월차내도 되요?

B 무슨 일 있어요?

단어 老板 lǎobǎn 사장 | 可以 kěyǐ 가능하다 | 什么 shénme 무슨 | 事 shì 일

★ 请假는 "결근·조퇴·월차 등을 신청하다"란 뜻이에요.
★ 주의! 예를 들어 하루나 이삼일정도 짧게 휴가를 내는 것은 请假라고 하지만, 기간이 좀 길어지면 그땐 "휴가를 내다" 란 뜻의 申请休假 shēnqǐng xiūjià란 표현을 써야해요.

Tip
我想申请休假。 Wǒ xiǎng shēnqǐng xiūjià. 저 휴가를 내고 싶어요.
家里有点事。 Jiā lǐ yǒudiǎn shì. 집에 일이 좀 있어요.
我身体有点不舒服。 Wǒ shēntǐ yǒudiǎn bù shūfu. 제가 몸이 좀 안 좋아요.
父母生病了。 Fùmǔ shēngbìng le. 부모님이 아프세요.

51 심부름하다 跑腿儿 pǎotuǐr

A 你最近工作怎么样?
　　Nǐ zuìjìn gōngzuò zěnmeyàng?

B 天天给老板跑腿儿。
　　Tiāntiān gěi lǎobǎn pǎotuǐr.

A 너 요즘 일은 어때?

B 매일 사장님 심부름이나 하지 뭐.

단어 最近 zuìjìn 요즘 | 工作 gōngzuò 일 | 天天 tiāntiān 매일, 날마다 | 给 gěi ~에게 | 跑 pǎo 달리다 | 腿儿 tuǐr 다리

★ 跑腿儿은 "다리로 달리다". 즉 "심부름을 하다"란 뜻이에요. 발음할 땐 얼화음에 주의해서 "파오 툴~"이라고 해요.
★ "누구의 심부름을 하다"란 말은 "~에게"란 뜻의 给 gěi를 써서〈给gěi+대상+跑腿儿pǎotuǐr〉형식을 써요.
★ 반대로 "누구에게 심부름을 시키다"란 말은 "~하도록 시키다, ~하게 하다"란 뜻의 让 ràng을 써서〈让ràng+대상+跑腿儿pǎotuǐr〉형식을 써요.

> **Tip** 你给我跑腿儿吧。 Nǐ gěi wǒ pǎotuǐr ba. 너 내 심부름좀 해.
> 我天天给老板跑腿儿。 Wǒ tiāntiān gěi lǎobǎn pǎotuǐr. 나 매일 사장님 심부름만 해.
> 老板天天让我跑腿儿。 Lǎobǎn tiāntiān ràng wǒ pǎotuǐr. 사장님이 매일 나 심부름 시켜.

52 커피를 타다 冲咖啡 chōng kāfēi

A 金小姐，给我冲杯咖啡。
Jīn xiǎojiě, gěi wǒ chōng bēi kāfēi.

B 好的。
Hǎo de.

A 미스김, 커피 한 잔만 타다줘요.

B 네.

단어 小姐 xiǎojiě 미스, 아가씨 | 给 gěi ~에게 | 冲 chōng 타다 | 杯 bēi 잔(양사) | 咖啡 kāfēi 커피

★ 给我冲杯咖啡는 풀이하면 "나에게 커피 한잔을 타주다"로, 이는 우리말의 "나 커피 한 잔만 타줘", "나 커피 한 잔 부탁해"같은 뜻이에요. 만약 좀 더 공손하게 부탁을 하고 싶다면 앞에 请qǐng을 붙여도 돼요. 근데, 이때 请 qǐng을 굳이 안 붙인다고 해서 딱히 예의가 없는 것 또한 아니에요.

★ "누구에게 커피를 타주다"란 말은 〈给gěi+대상+冲咖啡chōng kāfēi〉형식을 써요.

★ 중국 회사의 상사들도 부하직원에게 이런저런 심부름을 잘 시키는데요. 중국사람들은 우리처럼 커피를 즐겨마시 않아요. 대신 "차"심부름을 시키곤 하죠.

> **Tip** 金部长天天让我冲咖啡。 Jīn bùzhǎng tiāntiān ràng wǒ chōng kāfēi. 김 부장은 매일 나보고 커피 타래.
> 我上班不是来冲咖啡的。 Wǒ shàngbān bú shì lái chōng kāfēi de. 저는 커피 타려고 회사 나오는 게 아니에요.
> 咖啡为什么总是女人冲？ Kāfēi wèishénme zǒngshì nǚrén chōng? 커피는 왜 맨날 여자만 타요?
> 你没有手吗？ Nǐ méiyǒu shǒu ma? 당신은 손이 없으세요?
> 你自己冲。 Nǐ zìjǐ chōng. 당신이 직접 타드세요.

53 대박 짜증나   真烦人 zhēn fánrén

A 金部长真烦人。
Jīn bùzhǎng zhēn fánrén.

B 冷静。
Lěngjìng.

A 김 부장 완전 짜증나.
B 진정해.

단어 真 zhēn 정말, 진짜 | 烦 fán 짜증나다 | 冷静 lěngjìng 진정하다

★ 烦人은 "사람을 짜증 나게 하다, 성가시게 하다"로, 真烦人은 우리말의 "완전 짜증나, 진짜 짜증 제대로야"같은 어감을 주는 관용표현이에요.
★ 예문처럼 그냥 冷静이라고 한마디로 말하면 이는 우리말의 "진정해, 참아"같은 뜻이됩니다.

Tip 金部长好像疯了。Jīn bùzhǎng hǎoxiàng fēng le. 김 부장 미친 거 같아.
金部长脑子有病。Jīn bùzhǎng nǎozi yǒu bìng. 김 부장 완전 또라이야.
金部长让我抓狂。Jīn bùzhǎng ràng wǒ zhuākuáng. 김 부장은 사람을 돌게 해.

54 또라이   神经病 shénjīngbìng

A 金部长让我和他交往。
Jīn bùzhǎng ràng wǒ hé tā jiāowǎng.

B 神经病!
Shénjīngbìng!

A 김 부장이 나보고 사귀재.
B 완전 또라이네!

단어 部长 bùzhǎng 부장 | 让 ràng ~하게 하다 | 和 hé ~와 | 交往 jiāowǎng 사귀다

★ 우리말의 "또라이, 미친놈"에 해당하는 중국어 욕이 神经病이에요. 중국의 남녀노소 두루 쓰는 생활욕인데, 욕설의 정도를 상·중·하로 나눈다면 대략 "중"정도 될까요?
★ 金部长让我和他交往을 직역하면 "김 부장이 나로 하여금 그와 사귀게 하다, 김 부장이 나보고 사귀재"란 의미에요.

55 뒷담화 하다 嚼舌根 jiáoshégēn

A 听说你在我的背后嚼舌根。
Tīngshuō nǐ zài wǒ de bèihòu jiáoshégēn.

B 没有啊。
Méiyǒu a.

A 너 뒤에서 내 뒷담화 하고 다닌다며.
B 아니야.

단어 在 zài ~에서 | 背后 bèihòu 등 뒤

★ 嚼는 "씹다", 舌根은 "혀 뿌리"로, 嚼舌根은 우리말의 "남을 씹다, 뒷담화 하다"란 뜻이에요. 嚼舌根은 중국사람들이 남을 씹을 때 즐겨 쓰는 리얼 슬랭표현이죠.

★ 중국어로 "누구의 뒤에서 뒷담화를 하다"란 말은 "~에서"란 뜻의 在와, "등 뒤"란 뜻의 背后를 써서 〈在zài+대상+的de+背后bèihòu+嚼舌根jiáoshégēn)〉형식을 써요.

★ 그냥 간단히 "누구의 뒷담화를 하다"란 말은 〈嚼jiáo+대상+的+舌根shégēn〉형식입니다.

Tip
在上司的背后嚼舌根。 Zài shàngsī de bèihòu jiáoshégēn. 상사 뒤에서 뒷담화를 하다.
你不要嚼我的舌根。 Nǐ búyào jiáo wǒ de shégēn. 너 나 씹고 다니지 마.
我没有嚼过你的舌根。 Wǒ méiyǒu jiáo guo nǐ de shégēn. 나 너 씹고 다닌 적 없어.
她爱嚼舌根。 Tā ài jiáo shégēn. 쟤는 남을 잘 씹고 다녀.

56 낮말은 새가 듣고 밤말은 쥐가 듣다 隔墙有耳 géqiáng yǒu ěr

A 老板原来是秃顶。
Lǎobǎn yuánlái shì tūdǐng.

B 小点声，隔墙有耳。
Xiǎo diǎn shēng, géqiáng yǒu ěr.

A 사장님 알고 보니 대머리더라.
B 소리 낮춰. 낮말은 새가 듣고 밤말은 쥐가 들어.

단어 老板 lǎobǎn 사장님 | 原来 yuánlái 알고 보니 | 秃顶 tūdǐng 대머리 | 隔墙 géqiáng 칸막이벽 | 耳 ěr 귀

★ 隔墙有耳는 풀이하면 "벽에도 귀가 있다"로, 우리말의 "낮말은 새가 듣고, 밤말은 쥐가 듣다"에 해당하는 중국어 속담이에요.

★ 小点声는 "조금 작은 목소리"로, 우리말의 "소리 낮춰, 작게 말해"같은 어감을 줘요.

57 욕을 먹다 被骂 bèi mà

A 你为什么这么沮丧?
Nǐ wèishénme zhème jǔsàng?

B 我被上司骂了。
Wǒ bèi shàngsī mà le.

A 너 왜 이리 풀이 죽어있어?
B 상사한테 욕먹었어.

> **단어** 这么 zhème 이렇게 | 沮丧 jǔsàng 풀이죽다 | 上司 shàngsī 직장상사 | 骂 mà 욕하다

★ 被 bèi는 "당하다", 骂는 "욕하다"로, 被骂는 "욕을 먹다"란 뜻이에요. "누구로부터 욕을 먹다"란 말은 〈被bèi+대상+骂mà〉형식을 써요.

★ 반대로 "누구에게 욕을 하다"란 말은 〈骂mà+대상〉형식이에요.

> **Tip** 上司骂我了。Shàngsī mà wǒ le. 상사가 나한테 욕했어.
> 我无缘无故的被上司骂了。Wǒ wúyuán wúgù de bèi shàngsī mà le. 나 이유 없이 상사한테 욕먹었어.
> 他爱骂人。Tā ài mà rén. 쟤는 욕을 잘해.
> 你别骂人。Nǐ bié mà rén. 너 욕하지 마.

58 욕을 바가지로 퍼붓다 狗血淋头 gǒuxiě líntóu

A 我被上司骂得狗血淋头。
Wǒ bèi shàngsī mà de gǒuxiě líntóu.

B 你做错什么了?
Nǐ zuò cuò shénme le?

A 나 상사한테 개 욕먹었어.
B 너 뭐 잘못 했어?

> **단어** 狗血 gǒuxiě 개의 피 | 淋 lín 튀다 | 头 tóu 머리

★ 狗血淋头를 풀이하면 "개의 피가 머리까지 튀다"로, 우리말의 "개욕을 퍼붓다, 욕을 엄청 퍼붓다"란 뜻의 슬랭표현이에요. 狗血淋头는 항상 被 bèi피동문으로 쓰여요.

★ "누구에게 욕을 엄청 먹다"란 말은 〈被bèi+대상+骂mà+得de+狗血淋头gǒuxiě líntóu〉형식을 써요.

> **Tip** 我被妈骂得狗血淋头。Wǒ bèi mā mà de gǒuxiě líntóu. 나 엄마한테 개 욕먹었어.

화장실가서 몰래할 수 있는 욕 시리즈

외국어를 제대로 익히기 위해서는 그 나라 욕도 잘 알아야 하는 법이죠. 여기 소개한 욕들은 중국사람들이 즐겨 쓰는 레알 살아 있는 표현으로, 하드코어적인 욕설도 있으니 절대 직접 쓰는 일은 없도록 하세요!

• 他妈的 tā māde 이런 개X	• 揍死你 zòu sǐ nǐ 때려 죽일 놈
• 去你妈的 qù nǐ māde 이런 SSayng	• 找死呀 zhǎo sǐ ya 나가 뒈져
• 操 cāo SSayng	• 猪脑子 zhū nǎozi 돼지 머리 같은 놈
• 操你妈 cāo nǐ mā X자식	• 王八蛋 wángbādàn 병신
• 傻B shǎ B zot 같은 놈	• 操你祖宗 cāo nǐ zǔzōng 망할 네 조상
• 去死吧 qù sǐ ba 나가 죽어	• 操你祖宗十八代 cāo nǐ zǔzōng shíbā dài 18대까지 망할 네 조상
• 吃错药了 chī cuò yào le 돌았냐	
• 神经病 shénjīngbìng 미친놈	• 下流 xiàliú 저질
• 畜牲 chùshēng 짐승 같은 놈	• 卑鄙 bēibǐ 비겁한 놈
• 小兔崽子 xiǎotù zǎizǐ 짐승만도 못한 X	• 龌龊 wòchuò 더러운 놈
• 狗崽子 gǒu zǎizǐ 개 같은 X	• 变态 biàntài 변태
• 杂种 zázhǒng 잡종	• 滚 gǔn 꺼져

59 칭찬하다 表扬 biǎoyáng

A 你怎么这么高兴?
Nǐ zěnme zhème gāoxing?

B 老板表扬了我。
Lǎobǎn biǎoyáng le wǒ.

A 너 왜 이리 싱글벙글해?

B 사장님이 나 칭찬해 주셨어.

단어 怎么 zěnme 어째서. 왜 | 这么 zhème 이렇게 | 高兴 gāoxing 기쁘다 | 老板 lǎobǎn 사장님

★ "누구를 칭찬하다"란 말은 〈주어+表扬biǎoyáng+대상〉형식을 써요

★ "사장님께 칭찬 받다, 대표님께 칭찬 받다"처럼 누구로부터 칭찬을 받다란 말은 被 bèi피동문을 써서 〈주어+被bèi+ 대상+表扬biǎoyáng〉형식을 써요.

Tip
我被老板表扬了。Wǒ bèi lǎobǎn biǎoyáng le. 나 사장님한테 칭찬 받았거든.
老板表扬我活干得好。Lǎobǎn biǎoyáng wǒ huógàn de hǎo. 사장님이 나 일 잘한다고 칭찬하셨어.
我表扬你。Wǒ biǎoyáng nǐ. 내가 너 칭찬해줄게.
你表扬我吧! Nǐ biǎoyáng wǒ ba! 나 칭찬해줘!
我要受到你的表扬。Wǒ yào shòudào nǐ de biǎoyáng. 나 너한테 칭찬받고 싶어.

60 인간관계 人际关系 rénjì guānxì

A 他的业务成绩第一。
Tā de yèwù chéngjì dìyī.

B 他人际关系很好。
Tā rénjì guānxì hěn hǎo.

A 쟤 업무성적 1위야.
B 쟤 인간관계가 좋잖아.

단어 业务 yèwù 업무 | 成绩 chéngjì 성적 | 第一 dìyī 1위, 1등 | 很 hěn 매우 | 好 hǎo 좋다

★ 대인관계가 좋고 나쁨을 가리키는 "인간관계"란 말을 중국에서는 人际关系라고 표현해요. 행여나 우리식대로 人间关系 rénjiān guānxì라고 쓰지 마세요. 그런 말은 없답니다.

Tip 人际关系好。Rénjì guānxì hǎo. 인간관계가 좋다.
人际关系不好。Rénjì guānxì bù hǎo. 인간관계가 나쁘다.

61 발이 넓다 人脉广 rénmài guǎng

A 他又和顾客签合同了。
Tā yòu hé gùkè qiān hétong le.

B 他人脉广。
Tā rénmài guǎng.

A 걔 또 고객이랑 계약했어.
B 걔는 발이 넓잖아.

단어 又 yòu 또 | 和 hé ~와 | 顾客 gùkè 고객 | 签合同 qiān hétong 계약을 맺다 | 人脉 rénmài 인맥 | 广 guǎng 광범위하다

★ 중국에서는 사교성이 좋은 사람을 가리키는 "발이 넓다"란 말을 "인맥이 광범위 하다"란 뜻의 人脉广이라고 표현해요.
★ 만약 "발이 진짜 넓다"처럼 강조를 하고 싶으면 人脉 뒤에 "매우"란 뜻의 很 hěn을 붙여 人脉很广 rénmài hěn guǎng이라고 표현해요.

Tip 他人脉很广。Tā rénmài hěn guǎng. 걔는 발이 진짜 넓어.
他没有人脉。Tā méiyǒu rénmài. 걔는 발이 좁아.

62 얼굴이 두껍다 脸皮厚 liǎnpí hòu

A 推销员要脸皮厚。
Tuīxiāoyuán yào liǎnpí hòu.

B 我脸皮薄。
Wǒ liǎnpíbáo.

A 세일즈맨은 얼굴이 두꺼워야해.
B 난 얼굴이 얇은데.

단어 推销员 tuīxiāoyuán 세일즈맨 | 脸皮 liǎnpí 낯가죽, 얼굴 | 厚 hòu 두껍다 | 薄 báo 얇다

★ 脸皮厚는 말 그대로 "얼굴 가죽이 두껍다". 즉 우리말의 "낯이 두껍다, 넉살이 좋다"에 해당하는 표현이에요. 1년 365일 항상 웃는 얼굴로 고객의 비위를 맞춰야 하는 영업사원들을 표현할 때 쓰면 딱이죠.
★ 반대로 넉살이 없고, 수줍음을 잘 타는 사람은 "얼굴 가죽이 얇다". 즉 脸皮薄라고 해요.
★ 넉살이 좋은 사람에게 꼭 필요한건 바로 사교성이죠. 중국에서는 그냥 社交 shèjiāo라고 표현해요.

Tip 我社交不好。Wǒ shèjiāo bù hǎo. 난 사교성이 없어.
我社交好。Wǒ shèjiāo hǎo. 난 사교성이 좋아.
推销员社交很重要。Tuīxiāoyuán shèjiāo hěn zhòngyào. 세일즈맨은 사교성이 중요해.
总带笑脸接待顾客。Zǒng dài xiàoliǎn jiēdài gùkè. 항상 웃는 얼굴로 고객을 맞아야해.

63 명함 名片 míngpiàn

A 这是我的名片。
Zhè shì wǒ de míngpiàn.

B 对不起，我没带名片。
Duìbuqǐ, wǒ méi dài míngpiàn.

A 여기 제 명함이에요.
B 죄송해요. 저는 명함을 안 가져왔어요.

단어 对不起 duìbuqǐ 죄송해요 | 带 dài 지니다

★ 베이징 토박이들은 名片을 발음할 때 뒤에 얼화음을 넣어 "밍피알~"이라고 발음해요.
★ 중국어로 "명함을 파다"란 말은 "파다, 새기다"란 뜻의 刻 kè를 써서 刻名片 kè míngpiàn라고 해요.

Tip 你能给我一张名片吗？Nǐ néng gěi wǒ yī zhāng míngpiàn ma? 명함 한 장 주실 수 있으세요?

我给你一张名片。Wǒ gěi nǐ yī zhāng míngpiàn. 제가 명함 한 장 드릴게요.
我没有名片。Wǒ méiyǒu míngpiàn. 저는 명함이 없어요.
我还没刻名片。Wǒ hái méi kè míngpiàn. 저는 명함을 아직 안 팠어요.
有空随时跟我联系。Yǒukòng suíshí gēn wǒ liánxì. 시간나실 때 언제든 연락주세요.

64 적을 만들다 树敌 shùdí

A 我跟金部长吵架了。
Wǒ gēn Jīn bùzhǎng chǎojià le.

B 不要在公司里树敌。
Búyào zài gōngsī lǐ shùdí.

A 나 김 부장이랑 싸웠어.
B 회사내에서 적을 만들지마.

단어 跟 gēn ~와 | 金部长 Jīn bùzhǎng 김 부장 | 吵架 chǎojià 싸우다 | 不要 búyào ~하지 말아라 | 在 ~에서 | 公司 gōngsī 회사 | 里 lǐ 안

★ 树는 나무 등을 심다, 敌는 "적"으로, 树敌는 우리말의 "적을 만들다"란 뜻이에요.
★ 예문의 不要在公司里树敌는 "회사 안에서 적을 만들지 마라"란 뜻이에요.

Tip 不要树敌。Búyào shùdí. 적을 만들지 마.
不要树很多敌。Búyào shù hěn duō dí. 적을 많이 만들지 마.
你树敌很多。Nǐ shùdí hěn duō. 너는 적을 너무 많이 만들었어.
树敌越少越好。Shùdí yuè shǎo yuè hǎo. 적은 적게 만들수록 좋아.

65 로마에 왔으면 로마법을 따르다 入乡随俗 rùxiāng suísú

A 以前的公司没有加班。
Yǐqián de gōngsī méiyǒu jiābān.

B 入乡随俗嘛!
Rùxiāng suísú ma!

A 전에 있던 회사에서는 야근 안 했는데.
B 로마에 왔으면 로마법을 따라야지!

단어 以前 yǐqián 예전에, 이전의 | 公司 gōngsī 회사 | 加班 jiābān 야근하다

★ 入乡随俗는 풀이 하면 "그 고장에 들어가면 그곳의 풍습을 따르다"란 말로, 로마에 왔으면 로마법을 따라야 한다와 같은 의미의 중국어 속담이에요. 중국과 관련된 일을 하거나, 중국 파트너와 함께 비즈니스를 할 때 꼭 지켜야 할 제1법칙이 바로 入乡随俗에요.

66 아부떨다 拍马屁 pāimǎpì

A 老板偏爱金小姐。
Lǎobǎn piān ài Jīn xiǎojiě.

B 她很会拍马屁。
Tā hěn huì pāimǎpì.

A 사장님 미스 김만 너무 좋아해.

B 걔가 아부를 잘 떨잖아.

단어 老板 lǎobǎn 사장님 | 偏爱 piān'ài 편애하다 | 金小姐 Jīn xiǎojiě 미스 김 | 很 hěn 매우 | 会 huì ~에 능하다

★ 拍는 "치다", 马屁는 "말의 엉덩이"로, 拍马屁는 "아부를 떨다"란 뜻이에요.
★ 她很会拍马屁는 풀이하면 "걔는 아부 떠는데 매우 능하다"로, "걔는 완전 아부 잘 떨어, 걔는 진짜 아부 잘 떨어"같은 의미에요.
★ 만약 "사장님에게 아부를 떨다"처럼 누구 누구에게 아부를 떨다란 말은 〈拍pāi+대상+的de+马屁mǎpì〉형식을 써요.

Tip 他经常拍老板的马屁。 Tā jīngcháng pāi lǎobǎn de mǎpì. 쟤는 늘 사장님께 아부를 떨어.
我不会拍马屁。 Wǒ bú huì pāimǎpì. 난 아부떨 줄 몰라.
你应该学会拍马屁。 Nǐ yīnggāi xué huì pāimǎpì. 넌 아부떠는 것 좀 배워야해.

67 승진하다 升职 shēngzhí

A 我升职了。
Wǒ shēngzhí le.

B 恭喜你。
Gōngxǐ nǐ.

A 나 승진했어.

B 축하해.

단어 恭喜 gōngxǐ 축하하다

★ 만약 "부장으로 승진하다, 팀장으로 승진하다"처럼 구체적인 직급을 말하고자 하면 〈주어+升职shēngzhí+到dào+직급〉형식을 써요. 여기서 到 dào는 동사 뒤에 쓰여 동작이나 어떤 결과가 있음을 나타내는 결과보어에요.

★ 승진시험은 중국어로 升职考试 shēngzhí kǎoshì라고 해요.

Tip 我升职到经理了。Wǒ shēngzhí dào jīnglǐ le. 나 팀장으로 승진했어.
我没有升职。Wǒ méiyǒu shēngzhí. 나 승진 못 했어.
我升职考试没有过。Wǒ shēngzhí kǎoshì méiyǒu guò. 나 승진시험 떨어졌어.

68 접대하다 应酬 yìngchou

A 你显得特别累。
Nǐ xiǎnde tèbié lèi.

B 应酬太多了。
Yìngchou tài duō le.

A 너 되게 피곤해 보여.

B 접대가 너무 많아.

단어 特别 tèbié 매우, 특별히 | 累 lèi 피곤하다

★ 显得는 "~하게 보이다, ~처럼 보이다"로, 看起来 kànqǐlái와 같은 뜻이에요.

★ 应酬는 비즈니스 목적을 띠고, 고객이나 바이어에게 향응을 제공하는 접대를 뜻해요. 회사의 "술 상무"들이 하는 그런 접대.

★ 주의! 중국어로 "접대하다"란 말중에 또 接待 jiēdài란 어휘가 있어요. 이 接待는 우리가 말하는 그런 향응성 접대의 의미가 아니라, 그냥 "고객이나 손님을 잘 접견하다, 잘 맞이하다"란 의미로 쓰여요. 그러니 회사의 영업사원들이 늘 하는 말인 "요즘 거래처 접대하느라 힘들어" 여기서 "접대"란 말은 接待가 아닌 应酬를 쓰는 게 훨씬 더 적합하겠죠? 두 어휘를 잘 구분해서 쓰세요!

69 출장가다 出差 chūchāi

A 我明天出差。
　　Wǒ míngtiān chūchāi.

B 出差什么时候回来?
　　Chūchāi shénme shíhou huílái?

A 나 내일 출장가.
B 출장갔다 언제 와?

단어 明天 míngtiān 내일 | 什么时候 shénme shíhou 언제 | 回来 huílái 돌아오다

★ 주의! 出差는 어휘 자체가 "출장가다"란 동사여서, 특별히 "가다"란 뜻의 동사 去 qù를 붙여 去出差 qù chūchāi라고 하지 않아요.
★ 만약 "나 중국으로 출장가"처럼 출장의 구체적인 행선지를 말하고자 할 때는 〈去qù+목적지+出差chūchāi〉형식을 써요.

Tip 你去哪儿出差? Nǐ qù nǎr chūchāi? 너 어디로 출장 가?
　　　我明天去中国出差。Wǒ míngtiān qù Zhōngguó chūchāi. 나 내일 중국으로 출장 가.
　　　我明天去中国出差七天。Wǒ míngtiān qù Zhōngguó chūchāi qī tiān. 나 내일 중국으로 7일간 출장 가.
　　　我也许明天去中国出差。Wǒ yěxǔ míngtiān qù Zhōngguó chūchāi. 나 내일 중국으로 출장 갈지도 몰라.
　　　我出差很快就会回来。Wǒ chūchāi hěn kuài jiù huì huílái. 나 출장 갔다가 빨리 돌아올거야.

70 회의하다 开会 kāihuì

A 来, 开会!
　　Lái, kāihuì!

B 开什么会?
　　Kāi shénme huì?

A 자! 회의합시다!
B 무슨 회의해요?

단어 来 lái 자(사람의 주위를 환기시킴) | 开 kāi 열다 | 会 huì 회의

★ 开会는 회의를 열다. 회의를 하다란 뜻이에요.
★ 来, 开会는 "회의하러 오세요"란 말이 아니라, 우리말의 "자! 회의 시작합니다, 자! 회의합시다!"같은 뜻이에요.
★ 예문의 开什么会?는 직역하면 "무슨 회의를 열어요?"로, 우리말의 "무슨 회의하는 데요?"란 뜻이에요.

> **Tip** 会什么时候开始? Huì shénme shíhou kāishǐ? 회의 언제 해요?
> 会什么时候结束? Huì shénme shíhou jiéshù? 회의 언제 끝나요?
> 什么会天天开? Shénme huì tiāntiān kāi? 무슨 회의를 매일 한데니?
> 今天会开得很久。Jīntiān huì kāi de hěn jiǔ. 오늘 회의 참 길구먼.
> 你一定要参加开会。Nǐ yídìng yào cānjiā kāi huì. 너 꼭 회의 참석해야 해.

71 회식 聚餐 jùcān

A 今天下班后有聚餐。
Jīntiān xiàbān hòu yǒu jùcān.

B 噢耶!
Ō yē!

A 오늘 퇴근 후 회식 있어.

B 야호!

단어 今天 jīntiān 오늘 | 下班 xiàbān 퇴근하다 | 后 hòu 후에 | 有 yǒu 있다

★ 聚餐은 "모여서 하는 식사"란 뜻으로, "회식"을 뜻해요.
★ 噢耶는 우리말의 "야호!"에 해당하는 감탄사에요. 발음은 "오오 이에!"
★ 중국사람들은 회식을 다르게는 饭局 fànjú라고도 해요.

> **Tip** 今天在哪儿聚餐? Jīntiān zài nǎr jùcān? 오늘 회식 어디서 해요?
> 今天的聚餐谁请? Jīntiān de jùcān shéi qǐng? 오늘 회식 누가 쏘는 거에요?
> 我可以不去今天的聚餐吗? Wǒ kěyǐ bú qù jīntiān de jùcān ma? 저 오늘 회식 빠지면 안 돼요?
> 我去不了今天的聚餐。Wǒ qù bùliǎo jīntiān de jùcān. 저 오늘 회식 못 가요.

72 성희롱하다 调戏 tiáoxì

A 金小姐胸真大。
Jīn xiǎojiě xiōng zhēn dà.

B 你在调戏我吗?
Nǐ zài tiáoxì wǒ ma?

A 미스 김은 가슴이 참 커.
B 지금 저 성희롱 하시는 거에요?

단어 金小姐 Jīn xiǎojiě 미스김 | 胸 xiōng 가슴 | 真 zhēn 정말 | 大 dà 크다 | 在 zài ~하고 있다

★ 调戏는 "집적거리다, 희롱하다"란 뜻으로, 보통 여성을 성희롱하다란 의미로 많이 쓰여요.
★ 누구에게 성희롱을 당하다란 말은 "~을 당하다"란 뜻의 被 bèi 피동문을 써서 〈被bèi+대상+调戏tiáoxì〉형식으로 표현해요.

Tip 金部长调戏了我。Jīn bùzhǎng tiáoxì le wǒ. 김 부장이 나 성희롱했어.
我被金部长调戏了。Wǒ bèi Jīn bùzhǎng tiáoxì le. 나 김 부장한테 성희롱당했어.
你这样调戏我，我会告你。Nǐ zhèyàng tiáoxì wǒ, wǒ huì gào nǐ. 계속 성희롱하시면, 고소할 거에요.

73 이메일을 보내다 发电子邮件 fā diànzǐ yóujiàn

A 您给我发电子邮件了吗?
Nín gěi wǒ fā diànzǐ yóujiàn le ma?

B 刚发了。
Gāng fā le.

A 이메일 보내셨어요?
B 방금 보냈어요.

★ "누구에게 E-mail을 보내다"란 말은 〈给gěi+发fā+电子邮件diànzǐ yóujiàn〉형식을 써요.

Tip 您什么时候发电子邮件? Nín shénme shíhou fā diànzǐ yóujiàn? 이메일 언제 보내셨어요?
我已经发了电子邮件。Wǒ yǐjing fā le diànzǐ yóujiàn. 저 메일 보냈는데요.
电子邮件还没到。Diànzǐ yóujiàn hái méi dào. 메일 아직 안 왔어요.
你是不是发错了? Nǐ shì bu shì fā cuò le? 혹시 잘못 보내신건 아니에요?

74 팩스 보내다 传真 chuánzhēn

A 请把订单传真过来。
Qǐng bǎ dìngdān chuánzhēn guòlái.

B 好的。
Hǎo de.

A 주문서를 팩스로 보내주세요.
B 그럴게요.

단어 把 bǎ ~을, ~를 | 订单 dìngdān 주문서 | 过来 guòlái 오다, 다가오다

★ 传真은 "팩스"란 뜻의 명사로도 쓰지만, "팩스를 보내다"란 동사로도 쓰여요. 传真过来는 "팩스로 보내오다"란 의미에요.

★ 내가 상대방에게 "문서를 팩스로 보내주세요"라고 요청할 때는 〈把bǎ+문서+传真过来chuánzhēn guòlái〉형식을 써요.

★ 반대로 내가 상대방에게 "문서를 팩스로 보내드릴게요"라고 말할 때는 〈把bǎ+문서+传真过去chuánzhēn guòqù〉형식을 써요.

Tip
我把合同书传真过去。Wǒ bǎ hétóngshū chuánzhēn guòqù. 제가 계약서를 팩스로 보낼게요.
你把合同书传真过来。Nǐ bǎ hétóngshū chuánzhēn guòlái. 계약서를 팩스로 보내주세요.
传真已经发过去了。Chuánzhēn yǐjing fā guòqù le. 팩스 이미 보내드렸어요.
传真还没发过来。Chuánzhēn hái méi fā guòlái. 팩스가 아직 안 왔어요.
传真号是多少? Chuánzhēn hào shì duōshǎo? 팩스번호가 어떻게 되요?

75 복사하다 复印 fùyìn

A 金小姐，给我复印一下这个。
Jīn xiǎojiě, gěi wǒ fùyìn yíxià zhège.

B 需要复印几份？
Xūyào fùyìn jǐ fèn?

A 미스 김, 이것 좀 복사해줘요.
B 몇 장 복사해요?

단어 复印 fùyìn 복사하다 | 需要 xūyào 필요하다 | 份 fèn 부, 장(프린트물을 세는 양사)

> **Tip** 双面复印。Shuāng miàn fùyìn. 양면 복사 하다.
> 卡纸了。Kǎ zhǐ le. 종이가 걸렸어요.
> 没有纸。Méiyǒu zhǐ. 종이가 떨어졌어요.
> 复印机坏了。Fùyìnjī huài le. 복사기가 고장 났어요.
> 我不会用复印机。Wǒ bú huì yòng fùyìnjī. 저 복사기 쓸 줄 몰라요.

사무용품

사무용품 办公用品 bàngōng yòngpǐn	스템플러 订书器 dìngshūqì	계산기 计算机 jìsuànjī	카치테이프 胶带 jiāodài
압정 图钉 túdīng	복사기 复印机 fùyìnjī	복사지 复印纸 fùyìnzhǐ	자 尺子 chǐzi
클립 回形针 huíxíngzhēn	풀 胶水 jiāoshuǐ	연필 圆珠笔 yuánzhūbǐ	노트 笔记本 bǐjìběn
파일 文件夹 wénjiànjiā	샤프 自动铅笔 zìdòng qiānbǐ	사인펜 钢笔 gāngbǐ	볼펜 铅笔 qiānbǐ

회사에서 전화 받을 때 필요한 다양한 표현들

- 김 부장님 계세요?
  金部长在吗? Jīn bùzhǎng zài ma?
- 어느분 찾으세요?
  您找哪位? Nín zhǎo nǎ wèi?
- 외출하셨는데요.
  他出去了。Tā chūqù le.
- 지금 자리에 앉아계신데요.
  他现在不在。Tā xiànzài bú zài.
- 김 부장님 회의 중이세요.
  金部长正在开会。
  Jīnbùzhǎng zhèngzài kāihuì.
- 김 부장님 출장 중이세요. 金部长正在出差。
  Jīn bùzhǎng zhèngzài chūchāi.
- 김 부장님 언제 돌아오세요?
  金部长什么时候回来?
  Jīn bùzhǎng shénme shíhou huílái?

- 연락처 좀 남겨주세요.
  请留一下联系电话。
  Qǐng liú yíxià liánxì diànhuà.
- 그분께 저한테 전화 왔었다고 전해주세요.
  转告他我来过电话了。
  Zhuǎngào tā wǒ láiguò diànhuà le.
- 오는 대로 연락 드리라고 할게요.
  他一回来就给你去电话。
  Tā yī huílái jiù gěi nǐ qù diànhuà.
- 조금 있다 다시 전화 주시겠어요?
  能过会儿再来电话吗?
  Néng guò huìr zài lái diànhuà ma?
- 전화 주셔서 감사해요.
  谢谢，你给我打电话。
  Xièxie nǐ gěi wǒ dǎ diànhuà.
- 그분께 메모 좀 남겨주시겠어요?
  麻烦你给他留个言，可以吗?
  Máfan nǐ gěi tā liú ge yán, kěyǐ ma?

China talk! talk!

요즘 중국 영피플들이 가장 선호하는 직업이 뭘까요? 대망의 1위는 바로 공무원이에요. 중국에선 공무원이 평생 잘릴 위험이 거의 없는 철밥통 직장이거든요. 공무원 시험은 경쟁률이 우리의 상상을 초월하는데, 올해 중앙부처 공무원 시험 경쟁률은 100대 1을 기록했죠. 작년 화북성에선 200명의 세무공무원을 뽑는데 지원자가 2만명이 넘었죠. 무려 1000대 1이 넘는 경쟁률을 기록했답니다. 여자들이 선호하는 직종으로는 스튜디어스가 거의 인기폭발이에요. 매 항공사 입사시험에는 엄청난 지원자가 몰려드는데. 지원자들의 예쁜 외모에 유창한 외국어 실력은 당근 기본이고요. 마술에 요가, 노래실력 등 다양한 끼도 갖춰야 하죠.

PART
13

喂 여보세요

여보세요 喂의 뉘앙스

"여보세요"란 뜻의 喂는 wèi로 원래 4성이지만, 중국사람들은 실제 wéi처럼 2성으로 발음해요. 근데, 여기에도 미묘한 차이가 있어요. 만약 喂를 4성으로 발음하면 마치 한국의 카리스마 탤런트 최민수 씨가 목소리를 저음으로 쫙 깔고 "여보세요~"하는 것 같은 강한 느낌을 줘요. 박사과정시절 제 지도교수님은 전화를 받을 때 기분이 좋으시면 낭랑하게 喂를 4성으로 발음하고, 나쁘면 목소리를 저음으로 깔고 4성으로 발음하셨죠. 그래서 전 喂라는 한마디만 듣고도 교수님의 그 날 기분을 대충 파악할 수가 있었죠. 자! 다시 한번 정리해 보면 喂는 보통 2성으로 발음하고, 사람의 성격, 기분에 따라 4성으로도 발음할 수 있답니다.

01 전화를 걸다 打电话 dǎ diànhuà

A 你经常给父母打电话吗?
Nǐ jīngcháng gěi fùmǔ dǎ diànhuà ma?

B 经常打。
Jīngcháng dǎ.

A 너 부모님께 전화 자주 드리니?

B 자주 드려.

단어 经常 jīngcháng 자주 | 父母 fùmǔ 부모님 | 打 dǎ 걸다 | 电话 diànhuà 전화

★ "누구에게 전화를 걸다"는 "~에게"란 뜻의 给 gěi를 써서 〈给gěi+대상+打电话dǎ diànhuà〉형식을 써요.

Tip 我给你打电话了。Wǒ gěi nǐ dǎ diànhuà le. 나 너한테 전화 했었어.
我给你打很多次电话了。Wǒ gěi nǐ dǎ hěn duō cì diànhuà le. 나 너한테 전화 여러 번 했어.
有空给我打电话。Yǒu kòng gěi wǒ dǎ diànhuà. 시간 날 때 나한테 전화줘.
你干嘛不给我打电话? Nǐ gànma bù gěi wǒ dǎ diànhuà? 너 왜 나한테 전화 안 해?

02 국제전화를 걸다 打国际电话 dǎ guójì diànhuà

A 手机打国际电话贵。
Shǒujī dǎ guójì diànhuà guì.

B 一分钟多少钱?
Yī fēnzhōng duōshǎo qián?

A 휴대전화로 국제전화 걸면 비싸.

B 1분에 얼마야?

단어 手机 shǒujī 휴대전화 | 打 dǎ 걸다 | 国际电话 guójì diànhuà 국제전화 | 贵 guì 비싸다 |
一分钟 yī fēnzhōng 1분

★ 만일 "중국으로 국제전화를 걸다"처럼 해당국가를 넣어 말하려면 "~을 향해서"란 뜻의 往을 써서 〈往+국가+打dǎ+国际电话guójì diànhuà〉형식을 써요.

★ 국가 번호 : guójiā qūhào 国家区号 / 시외전화 : chángtú diànhuà 长途电话 / 지역번호 : dìqū hào 地区号

Tip 往中国打国际电话。Wǎng Zhōngguó dǎ guójì diànhuà. 중국으로 국제전화를 걸다.
中国的国家区号是多少? Zhōngguó de guójiā qūhào shì duōshǎo? 중국 국가번호가 몇 번이야?

先拨86后拨对方的电话号码。 Xiānbō bāshíliù hòu bō duìfāng de diànhuà hàomǎ.
먼저 86을 누르고, 상대방 전화번호 누르면 돼.

03 전화를 받다 接电话 jiē diànhuà

A 你怎么才接电话?
Nǐ zěnme cái jiē diànhuà?

B 没听见。
Méi tīngjiàn.

A 너 왜 이리 전화를 늦게 받아?
B 못 들었어.

단어 怎么 zěnme 왜 | 才 cái 이제서야 | 听见 tīngjiàn 듣다

★ 听见은 "듣다"로, 没听见은 "(전화 벨소리를) 미쳐 듣지 못 했다"의 뜻이에요.
★ 怎么才는 "왜 이제서야 ~하다"로, 예문의 你怎么才接电话?는 "너 왜 이제서야 전화를 받아?", 즉 "너 왜 이렇게 전화를 늦게 받아?"란 뜻이에요.

Tip 小李，接电话! Xiǎo Lǐ, jiē diànhuà! 샤오리, 전화 받아!
你干嘛不接我的电话? Nǐ gànma bù jiē wǒ de diànhuà? 너 왜 내 전화 안 받아?
我给你打电话了，但你没接。Wǒ gěi nǐ dǎ diànhuà le, dàn nǐ méi jiē.
나 너한테 전화했었는 데, 네가 안 받았어.

04 샤오리 좀 바꿔줘 让小李接电话 ràng Xiǎo Lǐ jiē diànhuà

A 我现在和小李在一起。
Wǒ xiànzài hé Xiǎo Lǐ zài yìqǐ.

B 让小李接电话!
Ràng Xiǎo Lǐ jiē diànhuà!

A 나 지금 샤오리랑 같이 있어.
B 샤오리 좀 바꿔줘!

단어 和 hé ~와 | 在一起 zài yìqǐ 함께 있다 | 让 ràng ~하게 하다 | 接 jiē 받다 | 电话 diànhuà 전화

★ "누구 좀 전화 바꿔줘, 누구 좀 전화 받으라고 해"란 말은 〈让ràng+대상+接jiē+电话diànhuà〉형식을 써요. 예문의 让小李接电话를 직역하면 "샤오리로 하여금 전화를 받게 하다"로, 우리말의 "샤오리 좀 바꿔줘"란 뜻이에요.

> **Tip** 爸，让妈接电话。Bà, ràng mā jiē diànhuà. 아빠, 엄마 좀 바꿔주세요.
> 老婆，让儿子接电话。Lǎopó, ràng érzi jiē diànhuà. 여보, 아들 좀 바꿔줘.

05 잘못 걸다 打错了 dǎ cuò le

A 喂，小李吗?
Wéi, Xiǎo Lǐ ma?

B 你打错了!
Nǐ dǎ cuò le!

A 여보세요. 샤오리니?

B 잘못 거셨어요.

단어 喂 wéi 여보세요 | 小李 Xiǎo Lǐ 샤오리(사람이름)

★ 打는 "걸다", 错는 "틀리다"로, 打错了는 "잘못 거셨는 데요"란 뜻이에요.

> **Tip** 这不是小李的电话吗？Zhè bú shì Xiǎo Lǐ de diànhuà ma? 그거 샤오리 전화 아니에요?
> 你打的是多少号？Nǐ dǎ de shì duōshǎ hào? 몇 번으로 거셨어요?
> 对不起，我打错了。Duìbuqǐ, wǒ dǎ cuò le. 죄송합니다. 제가 잘못 걸었네요.

06 통화중 占线 zhànxiàn

A 你怎么老占线?
Nǐ zěnme lǎo zhànxiàn?

B 我比较忙。
Wǒ bǐjiào máng.

A 너 왜 이리 계속 통화중이야?

B 내가 좀 바빠.

단어 老 lǎo 항상, 계속 | 比较 bǐjiào 비교적 | 忙 máng 바쁘다

★ 占线의 글자 뜻을 풀이하면 "전화선을 차지하다"로, "통화중"이란 뜻이에요.

★ "너 왜 이리 전화를 안 받아?, 넌 어쩜 그리 말을 안 듣니?"처럼 상대방을 약간 다그치는 듯한 어감의 "너 왜 이렇게 계속 ~하니?"란 말은 〈你nǐ+怎么zěnme+老lǎo+○○〉형식을 써요. 老는 "늘, 계속"의 뜻으로, 중국사람들은 말할 때 습관적으로 이 老란 부사를 입에 달고 살아요.

Tip 他在占线。Tā zài zhànxiàn. 걔 지금 통화중이야.
他的电话在占线。Tā de diànhuà zài zhànxiàn. 걔 전화 지금 통화중이야.

07 끊을게 挂了 guà le

A 你先挂吧!
Nǐ xiān guà ba!

B 我挂了，拜拜!
Wǒ guà le, bàibai!

A 너 먼저 끊어!

B 나 끊을게. 안녕!

단어 先 xiān 먼저 | 挂 guà 끊다 | 拜拜 bàibai (bye-bye) 안녕

★ 전화 통화할 때 잘 쓰는 "나 끊는다, 나 끊을 게"란 말은 간단하게 我挂了라고 해요. 보통 앞에 "그럼"이란 뜻의 那 nà를 붙여서 那我挂了 Nà wǒ guà le (그럼 나 끊을게)처럼 말하기도 해요.

★ 중국 젊은이들은 전화를 끊을 때 "잘 있어, 안녕"같은 인사말을 拜拜 bye-bye라고 해요. 왠지 느낌상 여자만 쓸 것 같지만 남자들도 다 그렇게 써요. 우리가 잘 아는 再见보다 拜拜가 100배는 더 많이 쓰인다는 사실!

★ 주의! 우리가 전화를 하다가 전화기에 문제가 생기거나 혹은 실수로 전화가 끊겼을 때, "미안, 전화가 끊겼어"란 말은 挂가 아닌 "끊어지다"란 뜻의 断 duàn을 써요.

Tip 对不起，电话断了。Duìbuqǐ, diànhuà duàn le. 미안! 전화가 끊겼다.
你别挂电话。Nǐ bié guà diànhuà. 너 전화 끊지마.
通话费很多了，挂了吧! Tōnghuàfèi hěn duō le, guà le ba! 통화비 많이 나오겠다. 전화 끊자!

08 전화가 안 터지다 打不出去 dǎ bu chūqù

A 电话打不出去。
Diànhuà dǎ bu chūqù.

B 这儿信号不好。
Zhèr xìnhào bù hǎo.

A 전화가 안 터지네.

B 여기 수신상태가 안 좋아.

단어 电话 diànhuà 전화 | 这儿 zhèr 여기, 이곳 | 信号 xìnhào 신호(수신상태)

★ 打不出去는 "전화를 걸어도 나가지 않다"로, 통화자가 엘리베이터나 지하실 등 수신상태가 안 좋은곳에 있어 전화가 잘 안 터진다는 의미에요.
★ 중국에선 휴대전화의 "수신상태가 안 좋다"란 말을 "신호가 안 좋다". 즉 信号不好처럼 표현해요.
★ 반대로 "전화가 터지다"란 말은 打出去란 표현을 써요.

Tip 现在电话能打出去。 Xiànzài diànhuà néng dǎ chūqù. 전화 지금은 터지네.
你的电话能打出去吗？ Nǐ de diànhuà néng dǎ chūqù ma? 너 전화 터지니?

09 내 휴대전화로 연락줘 打我手机吧 dǎ wǒ shǒujī ba

A 有空打我手机吧！
Yǒukòng dǎ wǒ shǒujī ba!

B 好的。
hǎo de.

A 시간날 때 내 휴대전화로 연락줘!

B 알겠어.

단어 空 kòng 시간, 여유 | 有空 yǒukòng 시간이 있다. 짬이 나다

★ 打手机는 "휴대전화로 걸다". 즉 "휴대전화로 연락하다"란 뜻이에요.
★ "누구의 휴대전화로 연락하다"란 말은 〈打dǎ+연락대상+手机shǒujī〉형식을 써요. 예문의 打我手机吧는 "내 휴대전화로 걸어", 즉 "내 휴대전화로 연락해"란 뜻이에요.
★ 주의! "내 휴대전화로 연락해"란 말을 만약 우리식으로 생각해서 给我打手机吧 gěi wǒ dǎ shǒujī ba라고 하면 중국사람들이 잘 쓰지 않는 어색한 중국어가 돼요.

Tip 打他手机吧！ Dǎ tā shǒujī ba! 걔 휴대전화로 연락해봐!
打妈手机吧！ Dǎ mā shǒujī ba! 엄마 휴대전화로 연락해봐!

10 집전화로 걸다 打家里 dǎ jiā lǐ

A 喂，你在哪儿啊？
Wéi, nǐ zài nǎr a?

B 我在家里，打家里吧！
Wǒ zài jiā lǐ, dǎ jiā lǐ ba!

A 여보세요. 너 어디야?

B 나 집이야. 집으로 걸어!

단어 哪儿 nǎr 어디 | 在 zài ~에 있다 | 家里 jiā lǐ 집

★ 상대방이 내 휴대전화로 전화를 했는데, 마침 내가 집에 있을 때 우리가 잘 쓰는 "집으로 전화해"란 말은 打家里라고 해요. 打家里는 "집을 걸다"란 뜻이 아니고, "집전화로 전화하다"란 뜻이에요.

★ "나 지금 집이야, 나 집에 있어"란 말은 "내가 집 안에 있다"라는 의미의 我在家里라고 해요.

Tip 집에서 쓰는 집 전화기를 중국어로는 座机 zuòjī라고 해요.

11 모닝콜 하다 打叫醒电话 dǎ jiàoxǐng diànhuà

A 你明天给我打叫醒电话。
Nǐ míngtiān gěi wǒ dǎ jiàoxǐng diànhuà.

B 几点？
Jǐ diǎn

A 나 내일 모닝콜 좀 해줘.

B 몇 시에?

단어 明天 míngtiān 내일 | 给 gěi ~에게 | 打 dǎ 걸다 | 几 jǐ 몇 | 点 diǎn 시

★ 叫醒은 "잠에서 깨우다"고, 电话는 "전화"로 叫醒电话는 "모닝콜"을 뜻해요. "모닝콜을 걸다"란 말은 打叫醒电话라고 하고요.

★ "몇 시에 누구에게 모닝콜을 하다"란 말은 〈주어+시간+给gěi+모닝콜 대상+打dǎ+叫醒电话jiàoxǐng diànhuà〉형식을 써요.

Tip 你需要我给你打叫醒电话吗？ Nǐ xūyào wǒ gěi nǐ dǎ jiàoxǐng diànhuà ma? 너 내가 모닝콜 해주랴?
你别忘了给我打叫醒电话。 Nǐ bié wàng le gěi wǒ dǎ jiàoxǐng diànhuà. 너 나한테 모닝콜 하는 거 잊지마.

Part 13 전화 **445**

12 휴대전화 번호를 따다　拿到手机号 ná dào shǒujī hào

A 我拿到小李的手机号了。
Wǒ nádào Xiǎo Lǐ de shǒujī hào le.

B 真的吗?
Zhēn de ma?

A 나 샤오리 휴대전화 번호 땄어.
B 정말이야?

단어 拿到 nádào 얻다, 획득하다 | 手机号 shǒujī hào 휴대전화 번호

★ "휴대전화 번호"는 원래 手机号码라고 하는데, 네이티브들은 그냥 줄여서 手机号 shǒujīhào라고 해요.
★ "휴대전화 번호를 따다"란 말은 "획득하다, 손에 넣다"란 뜻의 拿到를 써서 拿到手机号라고 해요.
★ "누구의 휴대전화 번호를 따다"란 말은 〈拿到nádào+대상+的de+手机号shǒujīhào〉형식을 써요.

Tip 你的手机号是多少? Nǐ de shǒujī hào shì duōshǎo? 휴대전화 번호가 어떻게 되세요?
问我的手机号干嘛? Wèn wǒ de shǒujī hào gànma? 제 휴대전화 번호는 왜 물어요?
告诉我你的手机号。 Gàosu wǒ nǐ de shǒujī hào. 네 휴대전화 번호 좀 알려줘.

13 휴대전화 번호가 바뀌다　手机号换了 shǒujī hào huàn le

A 我的手机号换了。
Wǒ de shǒujī hào huàn le.

B 多少号?
Duōshǎo hào?

A 나 휴대전화 번호 바꿨어.
B 몇 번이야?

단어 手机号 shǒujī hào 휴대전화 번호 | 换 huàn 바꾸다

★ 우리가 잘쓰는 "나 휴대전화 옛날 번호 그대로야"에서 "옛날 번호"란 말은 "오래된 번호"란 뜻의 旧号 jiù hào라고 해요.

Tip 你换手机号了吗? Nǐ huàn shǒujī hào le ma? 너 휴대전화 번호 바꿨니?
我没换手机号。 Wǒ méi huàn shǒujī hào. 나 휴대전화 번호 안 바꿨어.
我手机号是旧号。 Wǒ shǒujī hào shì jiù hào. 나 휴대전화 번호 그대로야.

14 휴대전화가 울리다 手机响 shǒujī xiǎng

A 你的手机响了。
  Nǐ de shǒujī xiǎng le.

B 我不接。
  Wǒ bù jiē.

A 너 휴대전화 울린다.
B 나 안 받을 거야.

단어 手机 shǒujī 휴대전화 | 响 xiǎng 울리다 | 接 jiē 받다

★ 중국어로 "휴대전화가 울리다"란 말은 手机响이라고 해요.
★ 예문의 我不接는 "나 안 받을래, 그냥 안 받을래"의 뜻으로, 전화받기 싫은 사람한테 전화가 오거나 아니면 그냥 전화를 받기 싫을 때 쓰는 표현이에요.

Tip 哎，来电话了! āi, lái diànhuà le! 야! 전화왔어!
  你替我接吧。 Nǐ tì wǒ jiē ba. 네가 대신 받아.
  手机一天一直没响。 Shǒujī yìtiān yìzhí méi xiǎng. 휴대전화가 하루 종일 안 울리네.

China talk! talk!

중국의 휴대전화 사용인구는 이미 10억 명을 돌파했습니다. 시골계신 어르신부터 도시의 어린아이까지 휴대전화를 안 갖고 있는 사람이 없죠. 중국사람들은 어떤 휴대전화 브랜드를 선호할까요? 예전에는 유독 한국에서만 천대 받았던 노키아가 최고 인기였지만, 요즘은 애플이 노키아를 살포시 누르고 지존의 자리에 올랐죠. 중국도 요즘 스마트폰이 대세여서 애플 아이폰의 인기는 대단해요. 애플 아이폰4GS의 가격은 대략 5000위안 정도로 우리돈으로 환산 하면 100만원 정도 하니 꽤 비싼편이죠. 게다가 중국에는 우리처럼 약정 개념이 없어 기계값을 한 번에 모두 사야한답니다.

15 문자 보내다 发短信 fā duǎnxìn

A 我给你发短信，收到了吗?
Wǒ gěi nǐ fā duǎnxìn, shōudào le ma?

B 收到了。
Shōudào le.

A 나 너한테 문자 보냈는데. 받았어?

B 받았어.

단어 给 gěi ~에게 | 发 fā 보내다 | 短信 duǎnxìn 문자 | 收到 shōudào 받다

★ 发短信은 말 그대로 "짧은 편지를 보내다". 즉 "문자메세지를 보내다"란 뜻이에요. "누구에게 문자를 보내다"란 말은 〈给gěi+대상+发fā+短信duǎnxìn〉형식을 써요.

★ "문자를 잘못 보내다"란 말은 发뒤에 "잘못하다, 틀리다"란 뜻의 错 cuò를 붙여 发错短信 fā cuò duǎnxìn이라고 해요.

Tip 给我发短信吧。Gěi wǒ fā duǎnxìn ba. 나한테 문자 줘.
我发错短信了。Wǒ fā cuò duǎnxìn le. 나 문자 잘못 보냈어.
我没收到你的短信。Wǒ méi shōudào nǐ de duǎnxìn. 나 네 문자 못 받았어.

문자 표현 정리

• 지금 뭐해? 在干嘛？Zài gànma?	• 지금 영화보는 중 正在看电影 zhèngzài kàn diànyǐng
• 무슨 일있어? 有什么事？Yǒu shénme shì?	
• 밥 먹었어? 吃饭了吗？Chīfàn le ma?	• 나중에 전화할게 一会儿打给你 yíhuìr dǎ gěi nǐ
• 수업 끝났어? 下课了吗？Xiàkè le ma?	• 문자보면 연락바람 看短信回电话 kàn duǎnxìn huí diànhuà
• 자냐? 睡觉了吗？Shuìjiào le ma?	
• 지금 회의중 正在开会 zhèngzài kāihuì	• 급한 일임. 빨리 연락바람 急事，快回电话 jíshì, kuài huí diànhuà
• 지금 운전중 正在开车 zhèngzài kāichē	
• 지금 수업중 正在上课 zhèngzài shàngkè	• 급한 일임. 초고속으로 연락바람 急事，速回电话 jíshì, sù huí diànhuà
• 지금 샤워중 正在洗澡 zhèngzài xǐzǎo	
• 지금 똥 싸는 중 正在大便 zhèngzài dàbiàn	

16 문자 답장을 보내다 回短信 huí duǎnxìn

A 你干嘛不给我回短信?
Nǐ gànma bù gěi wǒ huí duǎnxìn?

B 我忘了。
Wǒ wàng le.

A 너 왜 나한테 문자 답장 안 보내?

B 깜빡했어.

단어 干嘛 gànma 왜 | 给 gěi ~에게 | 回 huí 회답하다 | 忘 wàng 잊어버리다

★ 回短信은 "문자를 회답하다". 즉 "문자 답장을 보내다"란 뜻이에요.
★ "누구에게 문자 답장을 보내다"란 말은 〈给gěi+대상+回huí+短信duǎnxìn〉형식을 써요.

Tip 我给你发短信了。Wǒ gěi nǐ fā duǎnxìn le. 나 너한테 문자 답장 보냈어.
　　我没给你发短信。Wǒ méi gěi nǐ fā duǎnxìn. 나 너한테 문자 답장 못 보냈어.
　　我正想给你发短信呢。Wǒ zhèng xiǎng gěi nǐ fā duǎnxìn ne. 나 막 너한테 문자 보내려던 참이었어.
　　对不起，短信回晚了。Duìbuqǐ, duǎnxìn huí wǎn le. 문자 답장이 늦어서 미안해.

17 문자를 씹다 不理短信 bùlǐ duǎnxìn

A 小李不理我的短信。
Xiǎo Lǐ bùlǐ wǒ de duǎnxìn.

B 好可怜!
Hǎo kělián!

A 샤오리가 내 문자 씹었어.

B 완전 불쌍하다!

단어 不理 bùlǐ 무시하다. 상대하지 않다 | 好 hǎo 매우. 완전 | 可怜 kělián 불쌍하다

★ 중국에서는 "문자를 씹다"란 말을 "문자를 무시하다"란 의미의 不理短信 bùlǐ duǎnxìn이라고 표현해요.
★ "누구의 문자를 씹다"란 말은 〈不理bùlǐ+대상+的de+短信duǎnxìn〉형식을 써요. 예문의 不理我的短信은 "나의 문자를 무시하다". 즉 "내 문자를 씹다"란 뜻이에요.

Tip 你为什么不理我的短信? Nǐ wèishénme bùlǐ wǒ de duǎnxìn? 너 왜 내 문자 씹어?
　　我没不理过你的短信。Wǒ méi bùlǐ guo nǐ de duǎnxìn. 나 네 문자 무시한 적 없어.
　　你敢不理我的短信? Nǐ gǎn bùlǐ wǒ de duǎnxìn? 네가 감히 내 문자를 씹어?

18 스팸문자 垃圾短信 lājī duǎnxìn

A 你来短信了。
Nǐ lái duǎnxìn le.

B 这是垃圾短信。
Zhè shì lājī duǎnxìn.

A 너 문자 왔다.

B 이거 스팸문자야.

단어 来 lái 오다 | 垃圾 lājī 쓰레기 | 短信 duǎnxìn 문자

★ 垃圾短信은 말 그대로 "쓰레기 문자", 즉 "스팸문자"를 뜻해요.
★ 예문의 来短信은 "문자가 오다"란 뜻.

Tip 删除垃圾短信。Shānchú lājī duǎnxìn. 스팸문자를 지우다. (删除 삭제하다)
屏蔽垃圾短信。Píngbì lājī duǎnxìn. 스팸문자를 차단하다. (屏蔽 차단하다)
垃圾短信真让人烦! Lājī duǎnxìn zhēn ràng rén fán! 스팸문자 때문에 완전 짜증나! (烦 짜증나)

19 보이스 피싱 电话诈骗 diànhuà zhàpiàn

A 最近电话诈骗很盛行。
Zuìjìn diànhuà zhàpiàn hěn shèngxíng.

B 你也小心!
Nǐ yě xiǎoxīn!

A 요즘 보이스 피싱이 극성이야.

B 너도 조심해!

단어 诈骗 zhàpiàn 속이다, 갈취하다 | 很 hěn 매우 | 盛行 shèngxíng 성행하다, 극성이다 |
小心 xiǎoxīn 조심하다

★ 중국에서는 "보이스 피싱"을 "전화로 갈취하다"란 뜻의 电话诈骗이라고 해요.

Tip 你被电话诈骗过吗? Nǐ bèi diànhuà zhàpiàn guo ma? 너 보이스피싱 당해본 적 있어?
你小心电话诈骗。Nǐ xiǎoxīn diànhuà zhàpiàn. 너 보이스피싱 조심해.
我差点被电话诈骗了。Wǒ chàdiǎn bèi diànhuà zhàpiàn le. 나 하마터면 보이스피싱 당할뻔했어.

20 수신 차단하다 屏蔽 píngbì

A 我不想接他的电话。
Wǒ bù xiǎng jiē tā de diànhuà.

B 屏蔽他的号码呗。
Píngbì tā de hàomǎ bei.

A 나 걔 전화 받기 싫어.
B 걔 번호 수신 차단 해버려.

단어 接电话 jiē diànhuà 전화를 받다 | 号码 hàomǎ 번호 | 呗 bei ~해라, ~하면 되지(어기조사)

★ 屏蔽는 "차단하다, 가리다"로, 받기 싫은 전화번호를 "수신 차단하다"란 의미로 쓰여요.
★ "누구의 번호를 차단하다"란 말은 〈屏蔽 píngbì+대상+的 de+号码 hàomǎ〉형식을 써요.
★ "휴대전화 수신차단 기능"은 중국어로 手机屏蔽功能 shǒujī píngbì gōngnéng이라고 해요.

Tip 我把他的手机号屏蔽了。Wǒ bǎ tā de shǒujī hào píngbì le. 나 걔 번호 수신 차단 해버렸어.
你为什么把我的号码屏蔽了？Nǐ wèishénme bǎ wǒ de hàomǎ píngbì le? 너 왜 내 번호 수신 차단 해놨어?

21 전화를 피하다 躲电话 duǒ diànhuà

A 你干嘛躲我的电话？
Nǐ gànma duǒ wǒ de diànhuà?

B 我哪儿有啊！
Wǒ nǎr yǒu a!

A 너 왜 내 전화 피해?
B 내가 언제?

단어 干嘛 gànma 왜 | 躲 duǒ 피하다 | 电话 diànhuà 전화

★ "전화를 피하다"란 말은 躲电话라고 해요. 헤어진 남친이 술만 푸면 전화를 해대거나, 빚쟁이가 돈 갚으라고 독촉을 하는 상황에서 쓰면 되겠죠?
★ "누구의 전화를 피하다"란 말은 〈躲 duǒ+대상+的 de +电话 diànhuà〉형식을 써요.
★ 예문의 我哪儿有啊는 우리말의 "내가 언제 그랬어, 에이~ 내가 언제"처럼 시치미 뚝 잡아떼는 듯한 어감을 주는 관용표현이에요.

Tip 你是不是故意躲我的电话？Nǐ shì bu shì gùyì duǒ wǒ de diànhuà? 너 내 전화 일부러 피하는 거지?

我不是故意躲你的电话。Wǒ bú shì gùyì duǒ nǐ de diànhuà.　나 네 전화 일부러 피하는 거 아니야.
你敢躲我的电话？Nǐ gǎn duǒ wǒ de diànhuà?　네가 감히 내 전화를 피해?

22　발신자 표시　来电显示 láidiàn xiǎnshì

A 唉，没有来电显示呢。
Āi, méiyǒu láidiàn xiǎnshì ne.

B 别接了。
Bié jiē le.

A 엣! 발신자 표시가 안 뜨는데.

B 받지마!

단어 唉 āi 에!(감탄사) ｜ 接 jiē 받다

★ 来电显示를 풀이하면 "전화가 오면 나타내 보여주다"로, 전화가 걸려오면 상대방 전화번호가 뜨는 발신자 표시를 말해요.
★ 발신자 표시가 "뜨다, 안 뜨다"란 말은 각각 有 yǒu와 没有 méiyǒu를 써요.

Tip　有来电显示 yǒu láidiàn xiǎnshì　발신자 표시가 뜨다
　　　没有来电显示 méiyǒu láidiàn xiǎnshì　발신자 표시가 안 뜨다

23　배터리가 나가다　没电 méi diàn

A 你手机为什么关机？
Nǐ shǒujī wéishénme guānjī?

B 手机没电了。
Shǒujī méi diàn le.

A 너 왜 휴대전화가 꺼져있어?

B 휴대전화 배터리 나갔어.

단어 手机 shǒujī 휴대전화 ｜ 为什么 wèishénme 왜 ｜ 关机 guānjī 전원이 꺼지다

★ 没电은 말 그대로 "전기가 없다". 즉 "배터리가 나가다, 전원이 나가다"란 뜻이에요.
★ 배터리는 중국어로 电池 diànchí라고 해요.

> **Tip** 手机很快就没电了。*Shǒujī hěn kuài jiù méi diàn le.* 휴대전화 배터리가 간당간당해.
> 手机几乎没电了。*Shǒujī jīhū méi diàn le.* 휴대전화 배터리가 거의 없어.
> 电池还有一个。*Diànchí hái yǒu yí ge.* 배터리 한 개 더 있어.

24 배터리가 빨리 닳다 费电 fèidiàn

A 我的手机费电。
Wǒ de shǒujī fèi diàn.

B 换个手机吧!
Huàn ge shǒujī ba!

A 내 휴대전화는 배터리가 빨리 닳아.

B 휴대전화 바꿔!

> **단어** 换 huàn 바꾸다 | 个 ge 양사

★ 费电은 "전기가 닳다, 소모되다"로, 手机费电은 우리말의 "휴대전화 배터리가 잘 닳다, 빨리 닳다"란 뜻이에요. 주의! 이때 굳이 "배터리"란 뜻의 电池 diànchí란 단어를 따로 안 붙여도 되요.

> **Tip** 苹果手机很费电。*Píngguǒ shǒujī hěn fèidiàn.* 애플 휴대전화는 배터리가 빨리 닳아.
> 苹果手机不费电。*Píngguǒ shǒujī bú fèidiàn.* 애플 휴대전화는 배터리가 빨리 안 닳아.

25 충전하다 充电 chōngdiàn

A 我的手机快没电了。
Wǒ de shǒujī kuài méi diàn le.

B 你赶快充电吧。
Nǐ gǎnkuài chōngdiàn ba.

A 나 휴대전화 배터리 거의 다 돼가.

B 빨리 충전해.

> **단어** 快…了 kuài…le 곧 ~하다 | 赶快 gǎnkuài 빨리

★ 중국도 "충전하다"란 말은 우리와 똑 같죠? 예문의 我的手机快没电了는 직역하면 "나의 휴대전화가 곧 배터리가 없다"로, 우리말의 "나 휴대전화 배터리가 다 돼가"란 뜻이에요.

★ "충전기"는 充电器 chōngdiànqì라고 해요.

Tip 我的手机需要充电。Wǒ de shǒujī xūyào chōngdiàn. 나 휴대전화 충전해야 해.
帮我的手机充电。Bāng wǒ de shǒujī chōngdiàn. 나 휴대전화 충전 좀 해줘.
手机充完电了。Shǒujī chōng wán diàn le. 휴대전화 충전 다 됐어.
你有充电器吗? Nǐ yǒu chōngdiànqì ma? 너 충전기 있어?
手机充电要多久? Shǒujī chōngdiàn yào duōjiǔ? 휴대전화 충전하는데 얼마나 걸려?

26 휴대전화를 끄다 手机关机 shǒujī guānjī

A 你的手机怎么关机了?
Nǐ de shǒujī zěnme guānjī le?

B 我上课了。
Wǒ shàngkè le.

A 너 휴대전화 왜 꺼져 있었어?

B 나 수업 중이었어.

단어 手机 shǒujī 휴대전화 | 上课 shàngkè 수업하다

★ 关机는 "휴대전화 전원을 꺼놓다" 혹은 "휴대전화 전원이 꺼지다"란 뜻이에요.
★ 만약 他的手机关机了라고 하면 "걔 휴대전화가 꺼져 있다"란 의미에요. 이는 휴대전화가 배터리가 나가서 꺼진 건지, 아니면 그 사람이 일부러 전원을 끈 것인지 분명치가 않고, 그냥 전화기가 꺼져있는 상태를 가리켜요. 만약 "걔 휴대전화를 꺼놨어"처럼 그 사람이 직접 휴대전화를 꺼 놓는 걸 의미하려면 〈주어+把bǎ+手机shǒujī+关机guānjī+了le〉형식을 써요.
★ 예문의 我上课了는 "난 수업을 받았어"로, 이는 "나 수업 중이었어, 나 수업 갔었어"란 뜻이에요.

Tip 他的手机关机了。Tā de shǒujī guānjī le. 걔 휴대전화가 꺼져있어.
他把手机关机了。Tā bǎ shǒujī guānjī le. 걔 휴대전화를 꺼놨어.
他总是把手机关机。Tā zǒngshì bǎ shǒujī guānjī. 걔는 늘 휴대전화를 꺼놔.
他本来就爱把手机关机。Tā běnlái jiù ài bǎ shǒujī guānjī. 걔는 원래 휴대전화 잘 꺼놔.
我没把手机关机。Wǒ méi bǎ shǒujī guānjī. 나 휴대전화 안 꺼놨어.
请大家把手机关机。Qǐng dàjiā bǎ shǒujī guānjī. 여러분 휴대전화는 꺼주세요.

27 휴대전화 벨소리 手机铃声 shǒujī língshēng

A 你的手机铃声太大了。
Nǐ de shǒujī língshēng tài dà le.

B 我不知道怎么调小。
Wǒ bù zhīdào zěnme tiáo xiǎo.

A 너 휴대전화 벨소리가 너무 커.
B 어떻게 줄이는지 몰라.

단어 铃声 língshēng 벨소리 | 大 dà 크다 | 调 tiáo 조절하다 | 小 xiǎo 작다

★ "벨소리를 크게 하다"할 때 "크게 하다"란 말은 "조절하다, 조정하다"란 뜻의 调 tiáo를 써서 调大라고 해요. 반대로 "작게 줄이다"란 말은 调小라고 하고요. 이때 调는 diào가 아닌 tiáo라고 발음해요!

Tip 把手机铃声调大。Bǎ shǒujī língshēng tiáo dà. 휴대전화 벨소리를 크게 하다.
把手机铃声调小。Bǎ shǒujī língshēng tiáo xiǎo. 휴대전화 벨소리를 작게 줄이다.

28 컬러링 彩铃 cǎilíng

A 你的手机彩铃真好听。
Nǐ de shǒujī cǎilíng zhēn hǎotīng.

B 你也下载吧。
Nǐ yě xiàzài ba.

A 너 휴대전화 컬러링 좋은데.
B 너도 다운 받아.

단어 好听 hǎotīng 듣기 좋다 | 也 yě 도, 역시 | 下载 xiàzài 다운로드하다

★ 彩는 "컬러", 铃은 "종, 벨"로, 彩铃은 컬러링을 뜻해요.

Tip 你换个彩铃。Nǐ huàn ge cǎilíng. 너 휴대전화 컬러링 바꿔.
你的彩铃很土。Nǐ de cǎilíng hěn tǔ. 너 휴대전화 컬러링 너무 촌스러워.

29 진동 震动 zhèndòng

A 电影快开始了，手机关了吗?
Diànyǐng kuài kāishǐ le, shǒujī guān le ma?

B 我调成震动了。
Wǒ tiáo chéng zhèndòng le.

A 영화 시작한다. 휴대전화 꺼놨어?
B 진동으로 해놨어.

단어 电影 diànyǐng 영화 | 开始 kāishǐ 시작하다 | 关 guān 끄다

★ 중국어로 "휴대전화를 진동으로 하다"란 말은 쉬운듯 하면서도 어려운데요. 이때는 "진동"이란 뜻의 震动과 "조정하다"란 뜻의 동사 调, 결과가 완성 됐음을 의미하는 보어 成을 써서 调成震动이라고 하면 돼요. 주의! 이때 调는 diào가 아닌 tiáo로 읽어야 해요!

Tip 把手机调成震动。Bǎ shǒujī tiáo chéng zhèndòng. 휴대전화를 진동으로 해놓다.
把手机调成静音。Bǎ shǒujī tiáo chéng jìng yīn. 휴대전화를 무음으로 해놓다.

30 휴대전화가 다운되다 死机 sǐjī

A 别买苹果手机，容易死机。
Bié mǎi Píngguǒ shǒujī, róngyì sǐjī.

B 是吗?
Shì ma?

A 애플휴대전화 사지마. 자꾸 다운돼.
B 그래?

단어 买 mǎi 사다 | 苹果 Píngguǒ 애플 | 容易 róngyì 쉽게, 잘

★ 死机는 말 그대로 "죽은 기계", 즉 기계가 잘 작동을 안 한다는 뜻이에요. 우리가 잘 쓰는 "아이폰이 다운이 잘 된다더라", "갤럭시가 맛탱이가 잘 간다더라"같은 말은 死机를 써서 표현해요. 예문의 容易死机는 "쉽게 기계가 죽다", 즉 "쉽게 고장이 나다"란 뜻이에요.

★ 死机는 휴대전화뿐만 아니라 "컴퓨터가 다운되다"란 의미로도 잘 쓰여요.

31 휴대전화 케이스 手机壳 shǒujī ké

A 你的手机壳很漂亮。
Nǐ de shǒujī ké hěn piàoliang.

B 这很贵。
Zhè hěn guì.

A 너 휴대전화 케이스 진짜 예쁘다.
B 이거 비싼거야.

단어 壳 ké 껍질 | 很 hěn 매우 | 漂亮 piàoliang 예쁘다 | 贵 guì 비싸다

★ 手机壳는 "휴대전화 껍질", 즉 "휴대전화 보호 케이스"를 말해요.
★ "휴대전화 케이스를 씌우다"할 때 "씌우다"란 말은 "설치하다" 뜻의 安 ān을 써요. 반대로 "벗기다"란 말은 "해제하다"란 뜻의 卸 xiè를 쓰고요.

Tip 安手机壳 ān shǒujī ké 휴대전화 케이스를 씌우다
卸手机壳 xiè shǒuī ké 휴대전화 케이스를 벗기다

32 화면에 기스 나다 屏幕有划痕 píngmù yǒu huáhén

A 手机屏幕有划痕了。
Shǒujī píngmù yǒu huáhén le.

B 贴膜吧。
Tiē mó ba.

A 휴대전화 화면에 기스났어.
B 보호필름 씌워.

단어 屏幕 píngmù 스크린. 화면 | 划痕 huáhén 긁힌 자국

★ 有划痕은 "긁힌 자국이 있다"로, 우리말의 "기스가 나다, 스크래치가 나다"란 뜻이에요.
★ 贴는 "붙이다", 膜는 "막"으로, 贴膜는 "막을 붙이다, 보호필름을 씌우다"란 뜻이에요.

Tip 给手机贴膜吧! Gěi shǒujī tiē mó ba! 휴대전화에 보호필름 붙여!
贴膜掉下来了。 Tiē mó diào xiàlái le. 보호필름이 떨어졌어.

33 수천 번 N次 N cì

A 我给你打了N次电话.
Wǒ gěi nǐ dǎ le N cì diànhuà.

B 对不起，我睡着了。
Duìbuqǐ, wǒ shuìzháo le.

A 나 너한테 전화 수천 번도 더 했어.
B 미안. 나 잠들었어.

단어 打电话 dǎ diànhuà 전화를 걸다 | 睡着 shuìzháo 잠들다

★ N次 N cì는 우리말의 "수천 번, 수백 번"이란 뜻이에요. 읽을 때는 "엔츠"가 아닌 "은츠"라고 발음해요.
★ "전화를 수천 번도 더하다"란 말은 "전화걸다"란 뜻의 打电话 사이에 N次를 넣어 "打dǎ+N次N cì+电话diànhuà" 형식으로 써요.
★ 예문의 我睡着了는 "나 자버렸어, 나 잠들었어"의 뜻이에요.

34 로밍하다 漫游 mànyóu

A 我明天去海外出差。
Wǒ míngtiān qù hǎiwài chūchāi.

B 你的手机要漫游吗?
Nǐ de shǒujī yào mànyóu ma?

A 나 내일 해외출장가.
B 너 휴대전화 로밍해갈 거야?

단어 去 qù 가다 | 海外 hǎiwài 해외 | 出差 chūchāi 출장가다

★ 漫游는 "마음대로 유람하다, 자유롭게 돌아다니다"란 뜻으로, 국내 휴대전화를 해외에서도 쓸 수 있게 해주는 "로밍 서비스"를 뜻해요.
★ "어디로 출장을 가다"란 말은 〈去qù+목적지+出差chūchāi〉형식을 써요.

Tip 国际漫游服务 guójì mànyóu fúwù 국제 로밍서비스

35 장난전화 骚扰电话 sāorǎo diànhuà

A 喂, 鸟叔在家吗?
Wéi, niǎoshū zài jiā ma?

B 别打骚扰电话。
Bié dǎ sāorǎo diànhuà.

A 여보세요. 싸이 집에 있어요?
B 장난전화 하지 마!

단어 鸟叔 niǎoshū 싸이(가수) | 别 bié ~하지 말아라 | 打 dǎ 걸다

★ 骚扰는 "희롱하다, 놀리다"로, 骚扰电话는 "장난전화"의 뜻이에요.
★ 打骚扰电话는 "장난전화를 걸다"의 뜻.

36 전화요금 电话费 diànhuàfèi

A 你一个月电话费多少钱?
Nǐ yí ge yuè diànhuàfèi duōshǎo qián?

B 大概 300 块钱。
Dàgài sānbǎi kuài qián.

A 너 한 달에 전화요금 얼마 나와?
B 한 300위안 정도.

단어 一个月 yí ge yuè 한 달 | 大概 dàgài 대략 | 多少 duōshǎo 얼마

★ 중국어로 "휴대전화 요금"은 "전화요금"이란 뜻의 **电话费**라고 하기도 하고 또는 **手机费** shǒujīfèi라고도 해요. 둘다 똑같이 많이 쓰여요.
★ 중국의 휴대전화 요금은 우리처럼 후불제가 아닌 선불제에요. 즉 미리 일정 금액을 휴대전화에 충전시켜 놓고 사용하는 방식이죠. 만약 전화기에 넣어둔 요금이 얼마 남지 않으면 "돈을 충전해주세요"란 문자가 뜹니다.

Tip 你这个月电话费多少钱? Nǐ zhège yuè diànhuàfèi duōshǎo qián? 너 이번달 통화료 얼마나 나왔어?
这个月电话费太多了。Zhège yuè diànhuàfèi tài duō le. 이번달 전화요금 완전 많이 나왔어.
这个月电话费不太多。Zhège yuè diànhuàfèi bú tài duō. 이번달 전화요금 별로 많이 안 나왔어.
这个月电话费太少了。Zhège yuè diànhuàfèi tài shǎo le. 이번달 전화요금 완전 적게 나왔어.

37 휴대전화 요금이 밀리다 欠费 qiànfèi

A 我的手机欠费了。
　　Wǒ de shǒujī qiànfèi le.

B 又欠费了?
　　Yòu qiànfèi le?

A 나 휴대전화 요금 밀렸어.
B 또 밀렸어?

단어 欠费 qiànfèi 밀리다, 미납하다 | 又 yòu 또

★ 欠费는 "요금을 미납하다"로, 手机欠费는 "휴대전화 요금이 밀리다"란 뜻이에요.

Tip 你手机费欠了几个月? Nǐ shǒujīfèi qiàn le jǐ ge yuè? 너 휴대전화 요금 몇 달치 밀렸어?
你手机费欠了多少钱? Nǐ shǒujīfèi qiàn le duōshǎo qián? 너 휴대전화 요금 얼마나 밀렸어?
手机费欠了两个月。Shǒujīfèi qiàn le liǎng ge yuè. 휴대전화 요금 두 달치 밀렸어.
手机费欠了三十万韩元。Shǒujīfèi qiàn le sānshí wàn Hányuán. 휴대전화 요금 30만원이나 밀렸어.
只能接不能打。Zhǐnéng jiē bùnéng dǎ. 받는 것만 되고, 거는 건 안 돼.

38 휴대전화가 정지되다 手机停机 shǒujī tíngjī

A 你的手机怎么打不通?
　　Nǐ de shǒujī zěnme dǎbutōng?

B 我的手机停机了。
　　Wǒ de shǒujī tíngjī le.

A 너 휴대전화가 왜 불통이야?
B 나 휴대전화가 정지됐어.

단어 怎么 zěnme 어째서, 왜 | 打不通 dǎbutōng 불통이다

★ 停机는 "통화 서비스가 정지되다"로, 手机停机는 "휴대전화가 정지되다"란 뜻이에요.
★ 예문의 打不通은 우리말의 "전화가 안 걸리다, 전화가 불통이다"란 뜻이에요.

Tip 电话欠费停机了。Diànhuà qiànfèi tíngjī le. 전화요금을 안 내서 휴대전화가 정지됐어.

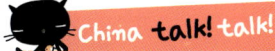

중국의 휴대전화 요금제는 우리와 달리 선불제에요. 그래서 충전요금 카드라는 것을 사야하죠. 이 카드는 充值卡 chōngzhíkǎ라고 불리는데, 버스 정류장 앞의 신문가판대, 슈퍼마켓 또는 인터넷으로 구입할 수가 있죠. 가격대는 50위안, 100위안, 200위안으로 다양해요. 휴대전화 요금을 매번 충전하려면 좀 번거롭기는 하지만, 그래도 전화비를 못내서 쩔쩔매거나 신용불량자가 될 위험은 없으니 나름 장점이기도 해요.

39 시끄럽다 吵 chǎo

A 你在哪儿这么吵?
Nǐ zài nǎr zhème chǎo?

B 我在地铁里。
Wǒ zài dìtiě lǐ.

A 너 어딘데 이렇게 시끄러워?
B 지하철 안이야.

단어 在哪儿 zài nǎr 어디야 | 这么 zhème 이렇게 | 地铁 dìtiě 지하철 | 里 lǐ 안, 내부

Tip 我在外面。Wǒ zài wàimiàn. 나 밖이야.
我在公交车里面。Wǒ zài gōngjiāochē lǐmiàn. 나 버스 안이야.
我在电梯里面。Wǒ zài diàntī lǐmiàn. 나 엘리베이터 안이야.

40 잘 안 들려 听不清 tīng bu qīng

A 你能听清我说话吗?
Nǐ néng tīngqīng wǒ shuōhuà ma?

B 听不清。
Tīng bu qīng.

A 너 내 말소리 잘 들려?

B 잘 안 들려.

단어 能 néng ~할 수 있다 | 听清 tīngqīng 잘 들리다 | 说话 shuōhuà 말 | 我说话 wǒ shuōhuà 내 말

★ 听不清은 "깨끗하게 들리지 않다"로, 우리가 통화할 때 주변이 시끄럽거나 또는 상대방 목소리가 작을 때 쓰는 "잘 안 들려"에 해당하는 어휘에요.

★ 반대로 "잘 들리다"란 말은 "깨끗하게 들리다"란 의미의 听清이라고 해요.

Tip 说大声点。 Shuō dà shēng diǎn. 크게 좀 말해.
说小声点。 Shuō xiǎo shēng diǎn. 작게 좀 말해.
你的声音太大了。 Nǐ de shēngyīn tài dà le. 너 목소리가 너무 커.
你的声音太小了。 Nǐ de shēngyīn tài xiǎo le. 너 목소리가 너무 작아.

41 귀가 따갑다 震耳朵 zhèn ěrduo

A 震耳朵，小点声!
zhèn ěrduo, xiǎo diǎn shēng!

B 对不起。
Duìbuqǐ.

A 귀 따가워. 작게 말해!

B 미안!

단어 震 zhèn 진동하다. 울리다 | 耳朵 ěrduo 귀 | 声 shēng (목)소리를 내다

★ 우리는 누가 시끄럽게 얘기하면 "귀가 따갑다"라고 하는데, 중국에서는 "귀가 진동하다"라고 표현해요. 그래서 震耳朵라는 표현을 쓰죠.

★ 예문의 小点声은 우리말의 "좀 작게 말해, 작은 소리로 말해"란 뜻이에요. 여기서 声은 "소리"란 뜻의 명사가 아닌 "목소리를 내다"란 뜻의 동사로 쓰였어요.

Tip 你讲话离电话远点。 Nǐ jiǎnghuà lí diànhuà yuǎn diǎn. 너 전화기에서 좀 떨어져서 말해.
你讲话离电话近点。 Nǐ jiǎnghuà lí diànhuà jìn diǎn. 너 전화기에 가깝게 대고 말해.

42 귀가 뜨거워 耳朵热 ěrduo rè

A 耳朵热，电话挂了吧!
Ěrduo rè, diànhuà guà le ba!

B 好吧!
Hǎo ba!

A 귀가 뜨거워. 전화 그만 끊자!
B 알겠어!

단어 耳朵 ěrduo 귀 | 热 rè 뜨겁다 | 电话 diànhuà 전화 | 挂 guà 끊다

★ 휴대전화로 장시간 통화했을 때 우리가 잘 쓰는 "귀가 뜨거워"란 말은 耳朵热라고 표현해요.
★ 상대방의 의견이나 제안을 받아들이는 "그래, 알겠어"란 말은 好吧, 好的 hǎo de, 好呀 hǎo ya처럼 다양하게 쓸 수 있어요.

Tip 通话太久耳朵都热了。Tōnghuà tài jiǔ ěrduo dōu rè le. 통화를 오래 했더니 귀가 뜨거워.

43 속삭이다 说悄悄话 shuō qiāoqiāohuà

A 你干嘛说悄悄话?
Nǐ gànma shuō qiāoqiāohuà?

B 我正在上课。
Wǒ zhèngzài shàngkè.

A 너 왜 말을 속삭이고 그래?
B 나 지금 수업중이야.

단어 干嘛 gànma 왜 | 悄悄话 qiāoqiāohuà 귓속말 | 正在 zhèngzài ~하는 중이다 | 上课 shàngkè 수업하다

★ 说悄悄话는 우리말의 "귓속말을 하다, 속삭이다"란 뜻이에요. 수업 중이거나 영화를 보고있는데, 누군가에게 전화가 걸려오면 전화기를 손으로 가리고 말을 속삭이듯말할 때 쓰는 어휘에요.

Tip 我上完课给你打电话。Wǒ shàng wán kè gěi nǐ dǎ diànhuà. 내가 수업 끝나고 전화할게.

44 메시지를 남기다 留言 liúyán

A 请在滴一声后留言。
Qǐng zài dī yī shēng hòu liúyán.

B 是我，快点回电话。
Shì wǒ, kuài diǎn huí diànhuà.

A 삐소리가 난 후 메시지를 남겨주세요.
B 난 데. 빨리 전화 좀 줘.

단어 滴一声 dī yī shēng "삐"소리 | 后 hòu 후에 | 快点 kuài diǎn 서둘러

★ 留言은 "말을 남기다", 즉 "(음성) 메시지를 남기다"란 뜻이에요.
★ 回电话는 "전화에 답하다"로, 우리말의 "전화 좀 줘, 전화 좀 부탁해"의 뜻이에요.
★ 중국에서는 휴대전화 음성녹음 서비스가 최근에서야 활성화되기 시작했어요. 예전에는 무조건 문자였죠. 생각해보니 저도 중국친구들과 연락할 때 음성서비스를 이용한 경우가 거의 전무하네요.

45 잠수타다 人间蒸发 rénjiān zhēngfā

A 你跟小李联系上了吗?
Nǐ gēn Xiǎo Lǐ liánxìshàng le ma?

B 她人间蒸发了。
Tā rénjiān zhēngfā le.

A 너 샤오리랑 연락됐어?
B 걔 잠수탔어.

단어 跟 gēn ~와 | 联系 liánxì 연락하다 | 人间 rénjiān 인간사, 세상 | 蒸发 zhēngfā 증발하다

★ 人间蒸发는 풀이하면 "인간세상에서 증발하다"로, 우리말의 "잠수타다"와 비슷한 뜻의 관용표현이에요.
★ 예문의 联系上은 "연락이 닿다, 연락이 되다"란 뜻이에요.

Tip 我跟小李联系不上。Wǒ gēn Xiǎo Lǐ liánxì bú shàng. 나 샤오리랑 연락이 안 돼.
我跟小李不怎么联系。Wǒ gēn bù zěnme liánxì. 나 샤오리랑 연락 잘 안 해.
小李不好联系。Xiǎo Lǐ bù hǎo liánxì. 샤오리는 연락이 잘 안 돼.
怎么联系不上你？Zěnme liánxì bú shàng nǐ. 너 왜 이렇게 연락이 안 되니?

46 텔레파시가 통하다 心有灵犀 xīn yǒu língxī

A 我也正要给你打电话呢。
Wǒ yě zhèngyào gěi nǐ dǎ diànhuà ne.

B 咱们心有灵犀。
Zánmen xīn yǒu língxī.

A 나도 너한테 전화할 참이었는데.
B 우리 텔레파시 통했나보다.

단어 也 yě 역시, 또한 | 正要⋯呢 zhèngyào⋯ne 때 마침 ~하려하다 | 打电话 dǎ diànhuà 전화걸다 | 咱们 zánmen 우리

★ 灵犀는 전설속에 나오는 코뿔소의 뿔로, 영험함을 상징해요. 心有灵犀는 "서로 마음이 잘 통하다, 서로 텔레파시가 통하다"란 뜻이에요.
★ 어떤 동작이나 행위를 막 하려고 하다란 말은 "正要⋯呢" 형식을 써요.

Tip 我也正等着你的电话呢。 Wǒ yě zhèng děng zhe nǐ de diànhuà ne. 나 마침 네 전화기다리고 있었는데.
我也正想着你。 Wǒ yě zhèng xiǎng zhe nǐ. 나도 너 생각하고 있었는데.
太神奇了。 Tài shénqí le. 진짜 신기하다.
太巧了。 Tài qiǎo le. 타이밍 죽인다.

47 공중전화 公用电话 gōngyòng diànhuà

A 这附近有公用电话吗?
Zhè fùjìn yǒu gōngyòng diànhuà ma?

B 好像没有。
Hǎoxiàng méiyǒu.

A 여기 근처에 공중전화 있어요?
B 아마도 없을 걸요.

단어 附近 fùjìn 근처, 부근 | 好像 hǎoxiàng 아마도

★ 중국에도 거리 곳곳에 공중전화가 있지만, 가끔 휴대전화 배터리가 나가서 급하게 전화기를 찾으려고 하면 꼭 안 보인다는게! 중국의 공중전화는 동전을 넣지 않고, 전부 IC카드라 불리는 전용 카드를 넣어서 해요.

Tip 突然想找公用电话却很难找。 Tūrán xiǎng zhǎo gōngyòng diànhuà què hěn nán zhǎo.
공중전화기는 꼭 찾으려고 하면 안 보여.

48 몰카찍다 偷拍 tōupāi

A 有人偷拍了我裙子下面。
Yǒurén tōupāi le wǒ qúnzi xiàmiàn.

B 变态!
Biàntài!

A 어떤 사람이 내 치마 밑 몰카찍었어.

B 변태 같은 놈!

단어 有人 yǒurén 어떤 사람 | 裙子 qúnzi 치마 | 下面 xiàmiàn 밑, 아래 | 变态 biàntài 변태

★ 偷는 "남몰래", 拍는 "촬영하다"로, 偷拍는 "몰카찍다"란 뜻이에요.
★ 우리는 휴대전화로 사진을 찍을 때 "찰칵"하고 소리가 크게 나지만, 중국 휴대전화는 사용자가 소리를 마음대로 조절할 수가 있답니다.

Tip 偷拍女人的身体。 Tōupāi nǚrénde shēntǐ. 여자 몸을 몰카찍다.
偷拍女人的腿。 Tōupāi nǚrénde tuǐ. 여자 다리를 몰카찍다.

49 114에 전화걸다 打114 dǎ yāo yāo sì

A 你知道A餐厅的电话吗?
Nǐ zhīdao A cāntīng de diànhuà ma?

B 打114问。
Dǎ yāo yāo sì wèn.

A 너 A식당 전화번호 알아?

B 114에 걸어서 물어봐.

단어 知道 zhīdao 알다 | 餐厅 cāntīng 식당 | 电话 diànhuà 전화(번호) | 问 wèn 묻다

★ 중국도 우리와 똑같이 전화번호 안내는 114를 눌러요.
★ 참고로 중국 경찰서 신고 번호는 110, 소방서는 우리와 똑같이 119에요.

Tip 打110 dǎ yāo yāo líng 경찰서에 걸다
打119 dǎ yāo yāo jiǔ 소방서에 걸다

50 수다떨다 闲聊 xiánliáo

A 你通话怎么那么久?
Nǐ tōnghuà zěnme nàme jiǔ?

B 和男朋友闲聊呢。
Hé nán péngyou xiánliáo ne.

A 너 통화를 왜 그렇게 오래하니?
B 남자친구랑 수다 좀 떠느라고.

단어 通话 tōnghuà 통화하다 | 和 hé ~와

★ 闲聊는 "한가하게 잡담을 하다", 즉 우리말의 "수다떨다"의 뜻이에요.

51 통화하기 괜찮으세요? 说话方便吗? Shuōhuà fāngbiàn ma?

A 你现在说话方便吗?
Nǐ xiànzài shuōhuà fāngbiàn ma?

B 方便，你说。
Fāngbiàn, nǐ shuō.

A 지금 통화하시기 괜찮으세요?
B 네. 말씀하세요.

단어 现在 xiànzài 지금 | 说话 shuōhuà 말을 하다 | 方便 fāngbiàn 편리하다

★ 우리도 평상시 상대방을 배려해서 "지금 통화 가능하세요?, 지금 통화하기 편하세요?"같은 말을 잘 하잖아요. 중국도 똑같아요. 사람에게 다짜고짜 전화해서 용건을 말하기 보단 이런 멘트를 써주면 상대방에게 훨씬 좋은 인상을 줄 수 가있죠.

Tip 我现在通话不方便。 Wǒ xiànzài tōnghuà bú fāngbiàn. 나 지금 통화하기 곤란해.
我一会儿给你打吧。 Wǒ yíhuìr gěi nǐ dǎ ba. 내가 이따 전화줄게.
我现在不能接电话。 Wǒ xiànzài bù néng jiē diànhuà. 나 지금 전화 못 받아.

52 조금 있다가 전화줄게 一会儿给你回电话
Yíhuìr gěi nǐ huí diànhuà

A 你现在忙吗?
   Nǐ xiànzài máng ma?

B 忙，一会儿给你回电话。
   Máng, yíhuìr gěi nǐ huí diànhuà.

A 너 지금 바빠?

B 바빠. 조금 있다가 전화줄게.

단어 现在 xiànzài 지금 | 忙 máng 바쁘다 | 一会儿 yíhuìr 이따가, 잠시

★ 一会儿는 "나중에, 조금 이따가", 回电话는 "다시 전화하다"로, 一会儿给你回电话는 "조금 이따가 네게 전화할게, 잠시 후에 네게 전화줄게"의 뜻이에요. 상대방이 전화를 했는데, 내가 바빠서 전화를 못 받을 때 쓸 수 있는 유용한 표현이죠.

★ 一会儿은 얼화음에 신경써서 "이 훨~"하고 발음해요.

★ 참고! "내가 잠시 후에 전화줄게"란 말을 좀 더 네이티브처럼 打过去 dǎ guòqù란 표현을 써요. 打过去는 "전화를 걸어 건너가다"로, 우리말의 "전화할게, 전화 줄게"란 뜻이에요. 반대로 상대방에게 "전화좀 줘, 전화해"란 말은 打过来 dǎ guòlái. 란 표현을 씁니다. 약간 생소한듯 하지만 중국사람들이 즐겨쓰는 전화용어죠.

Tip 我一会儿给你打过去。Wǒ yíhuìr gěi nǐ dǎ guòqù. 내가 이따 전화줄게.
   你一会儿给我打过来。Nǐ yíhuìr gěi wǒ dǎ guòlái. 너 조금 있다가 나한테 전화줘.

중국 휴대전화에서 나오는 메시지

- 지금 거신 번호는 결번입니다.
  您拨打的号码是空号。
  Nín bōdǎ de hàomǎ shì kōng hào.
- 지금 거신 전화는 전원이 꺼져있어요.
  您拨打的电话已关机。
  Nín bōdǎ de diànhuà yǐ guānjī.
- 지금 거신 전화는 사용이 정지되었어요.
  您拨打的电话已停机。
  Nín bōdǎ de diànhuà yǐ tíngjī.
- 지금 거신 전화는 서비스 지역을 벗어났어요.
  您拨打的电话不在服务区。
  Nín bōdǎ de diànhuà bú zài fúwùqū.
- 지금 거신 전화는 통화 중이에요.
  您拨打的电话正在通话中。
  Nín bōdǎ de diànhuà zhèngzài tōnghuà zhōng.

전화를 걸다 拨打 bōdǎ	번호 号码 hàomǎ	통화중 通话中 tōnghuàzhōng	전원이 꺼져있다 关机 guānjī
사용이 중지되다 停机 tíngjī	서비스 지역 服务区 fúwùqū		

53 스마트폰 智能手机 zhìnéng shǒujī

A 我想买个智能手机。
Wǒ xiǎng mǎi ge zhìnéng shǒujī

B 你要买三星的还是苹果的?
Nǐ yào mǎi Sānxīng de háishi Píngguǒ de?

A 나 스마트폰 사고 싶어.
B 너 삼성 것 살 거야 아니면 애플 것 살 거야?

단어 想 xiǎng ~하고 싶다 | 买 mǎi 사다 | 智能手机 zhìnéng shǒujī 스마트폰 | 要 yào (가지기를) 희망하다. 바라다. 필요하다 | 还是 háishi 아니면

★ 스마트폰을 중국에서는 "지능이 있는 휴대전화"라는 뜻으로 智能手机라고 해요.

Tip 스마트폰 용어 정리

데이터 数据 shùjù	랜선 宽带线 kuāndàixiàn	어플 应用 yìngyòng
다운받다 下载 xiàzài	어플을 깔다 安装应用 ānzhuāng yìngyòng	Wifi무선 인터넷 Wifi无线网络 Wifi wúxiàn wǎngluò

PART
14

上网 인터넷 하다

중국의 PC방

중국에도 PC방이 참 많은데요. PC방의 풍경도 우리랑 별반 차이가 없어요. 컵라면을 끌어안고 죽 때리는 게임 폐인들이 바글바글 하답니다. 그런데 자세히 들여다보면 나이 어린 학생들이 안 보여요. 왜냐고요? 중국에서는 18세 미만 미성년자는 낮이든 밤이든 절대 PC방에 들어갈 수가 없어요. 그래서 중국 PC방에 가려면 신분증을 꼭 지참해야 해요. 중국 신분증이 없는 외국인은 조금 불편하기는 하지만 꼭 학생증이나 여권을 들고 가야 해요. 사실 처음부터 PC방의 출입이 엄격했던 것은 아니에요. 최근 온라인 게임에 중독된 청소년들이 심각한 사회문제로 대두되고, 또 예전에 불법영업을 하던 PC방에서 화재가 나서 많은 학생이 죽은 사건이 있었거든요. 아무튼 중국 정부는 인터넷 검열, 선정적인 온라인 게임, 청소년 유해 사이트 등에 엄격하게 관리를 하고 있답니다.

01 인터넷 하다 上网 shàngwǎng

A 你上网主要干什么?
Nǐ shàngwǎng zhǔyào gàn shénme?

B 看新闻。
kàn xīnwén.

A 너 인터넷하면 주로 뭐 해?

B 뉴스 봐.

단어 主要 zhǔyào 주로 | 干 gàn 하다 | 什么 shénme 무엇 | 看 kàn 보다 | 新闻 xīnwén 뉴스

★ 인터넷은 중국어로 互联网 hùliánwǎng이라고 하고, 上网은 "인터넷을 하다"란 뜻이에요.
★ 예문의 你上网主要干什么?는 상대방에게 인터넷 할 때 주로 뉴스를 보는지, 쇼핑을 하는지, 아니면 게임을 하는지 등을 물어보는 말이에요.

Tip 我不怎么上网。 Wǒ bù zěnme shàngwǎng. 나 인터넷 잘 안 해.
这儿可以上网吗? Zhèr kěyǐ shàngwǎng ma? 여기 인터넷 돼요?
这儿不能上网。 Zhèr bùnéng shàngwǎng. 여기 인터넷 안 돼요.
你一天上网几个小时? Nǐ yìtiān shàngwǎng jǐ ge xiǎoshí. 너 하루에 인터넷 몇 시간해?

윈도우 용어 모음

윈도우 视窗 shìchuāng	바탕화면 桌面 zhuōmiàn	시작메뉴 开始菜单 kāishǐ càidān	홈페이지 主页 zhǔyè
즐겨찾기 收藏 shōucáng	도구 道具 dàojù	새로고침 刷新 shuāxīn	제어판 控制面板 kòngzhì miànbǎn
휴지통 回收站 huíshōuzhàn	검색 搜索 sōusuǒ	도메인 区名地址 qūmíng dìzhǐ	포털사이트 入门网站 rùmén wǎngzhàn

02 무선 인터넷 无线上网 wúxiàn shàngwǎng

A 这儿能无线上网吗?
Zhèr néng wúxiàn shàngwǎng ma?

B 不能。
Bùnéng.

A 여기 와이파이 터져?

B 안 터져.

단어 这儿 zhèr 여기, 이곳 | 无线 wúxiàn 무선 | 上网 shàngwǎng 인터넷을 하다

★ 无线上网은 말 그대로 "무선 인터넷을 하다". 즉 wi-fi를 뜻해요.
★ "와이파이가 터지다"할 때 "터지다", "안 터지다"란 말은 각각 "가능하다" 또는 "불가능하다"란 뜻의 조동사 能 néng, 不能 bùnéng을 써서 표현해요.

Tip 这儿能无线上网。 Zhèr néng wúxiàn shàngwǎng. 여기 와이파이 터져.
这儿不能无线上网。 Zhèr bùnéng wúxiàn shàngwǎng. 여기 와이파이 안 터져.

03 인터넷 속도 网速 wǎng sù

A 你家网速快吗?
Nǐ jiā wǎng sù kuài ma?

B 很快。
Hěn kuài.

A 너희집 인터넷 속도 빨라.

B 완전 빨라.

단어 家 jiā 집 | 很 hěn 매우 | 快 kuài 빠르다

★ 인터넷 속도는 원래 上网速度 shàngwǎng sùdù라고 하는데, 중국사람들은 이를 짧게 줄여서 그냥 网速라고 해요.

Tip 网速给力。 Wǎng sù gěilì. 인터넷속도가 대박 빨라.
网速不给力。 Wǎng sù bù gěilì. 인터넷속도가 대박 느려.

중국의 인터넷 속도는 살인적으로 느려요. 미국의 데이터 선송회사인 "판도 네트웍스"에 따르면 중국의 인터넷 속도는 초당 245kbps로, 한국의 초당 2만 202kbps보다 무려 9배가량 느리죠. 상황이 이렇다 보니 다음, 네이버 등 한국 포털사이트에 올라온 동영상은 로딩이 안 돼서 거의 볼 수가 없어요. 스포츠 중계 같은 실시간 동영상 시청은 아예 꿈도 못 꾸고요. 중국에서 2G정도 되는 영화를 다운받으려면 최소 4~5시간, 심지어는 24시간이 걸릴 때도 있어요. 그나마 다행인 건 중국 내 사이트에 들어가 동영상이나 영화를 보는 건 그나마 좀 괜찮아요. 전 세계 인터넷 속도 1위인 IT 강국 한국은 이런면에서 정말 축복받은 나라죠.

04 버벅거리다 卡 kǎ

A 这个视频太卡了。
Zhège shìpín tài kǎ le.

B 没法看。
Méifǎ kàn.

A 이 동영상 너무 버벅거린다.
B 못 보겠다.

단어 视频 shìpín 동영상 | 没法 méifǎ 방법이 없다. 어찌할 수 없다 | 看 kàn 보다

★ 卡는 "틈 사이에 끼다, 걸리다"란 뜻으로, 인터넷 속도가 느려서 버퍼링이 생기거나, 동영상이 자꾸 끊길 때 써요. 우리말의 "버벅거리다"와 정확히 매칭되는 어휘죠.
★ 예문의 没法看은 "볼 엄두가 나지 않다, 도통 볼 방법이 없다"란 뜻이에요.
★ 음반이나 DVD 등이 튀다란 말도 모두 이 卡를 써서 표현해요.

Tip 这光盘太卡了。Zhè guāngpán tài kǎ le. 이 CD너무 튄다.
太卡了! Tài kǎ le! 진짜 버벅거린다!
好卡! Hǎo kǎ! 완전 버벅거린다!
特别卡! Tèbié kǎ! 대박 버벅거린다!
卡死了。 Kǎ sǐle. 버벅거려 미치겠다.

05 검색해 봐 搜索一下 sōusuǒyíxià

A 烧牛肉怎么做?
Shāo niú ròu zěnme zuò?

B 上网搜索一下。
Shàngwǎng sōusuǒ yíxià.

A 불고기 어떻게 만들어?
B 인터넷으로 검색해 봐.

단어 烧牛肉 shāo niúròu 불고기 | 怎么 zěnme 어떻게 | 做 zuò 만들다 | 上网 shàngwǎng 인터넷을 하다

★ 搜索는 "인터넷에 검색하다"란 뜻이에요. 搜索一下는 우리말의 "검색 좀 해봐, 검색 한번 해봐"란 뜻이고요.
★ 검색엔진 搜索引擎 sōusuǒ yǐnqíng | 구글 谷歌 gǔgē | BING(MS 검색엔진) 必应 bìyìng

Tip 搜索了也找不着。 Sōusuǒ le yě zhǎo bù zháo. 검색해봤는데 못 찾겠어.

06 바이두에게 물어봐 问百度 wèn bǎidù

A 中国人口有多少?
Zhōngguó rénkǒu yǒu duōshǎo?

B 问百度!
Wèn bǎidù!

A 중국의 인구는 몇 명이야?
B 바이두에 물어봐!

단어 中国 Zhōngguó 중국 | 人口 rénkǒu 인구 | 有 yǒu 있다 | 多少 duōshǎo 얼마나 | 问 wèn 묻다

★ 우리나라에 네이버가 있다면 중국에는 바이두 百度가 있죠. 百度는 13억 중국인이 즐겨 쓰는 국가대표 검색엔진이에요.

Tip 上百度。Shàng bǎidù. 바이두에 접속하다.
上百度问一下。Shàng bǎidù wèn yíxià. 바이두에 접속해서 물어봐.
百度没有不懂的。Bǎidù méiyǒu bù dǒng de. 바이두는 모르는 게 없어.
百度什么都知道。Bǎidù shén me dōu zhīdao. 바이두는 모든 걸 가르쳐 줘.

07 사이트가 안 열려 网页打不开 wǎngyè dǎbukāi

A 这网站打不开。
Zhè wǎngzhàn dǎbukāi.

B 等会儿吧。
Děng huìr ba.

A 이 사이트가 안 열리는데.
B 좀 기다려 봐.

단어 网站 wǎngzhàn 사이트 | 等 děng 기다리다 | 会儿 huìr 잠시, 잠깐

★ 打不开는 "열리지가 않다"란 말로, 인터넷 속도가 느려지거나 혹은 컴퓨터에 문제가 생겨 사이트 화면이 늦게 뜰 때 쓸 수 있는 말이에요.
★ 예문의 等会儿吧는 "잠깐 기다려 봐, 좀 기다려"란 뜻으로, 읽을 때는 얼화음에 주의해서 "덩훨~바"라고 발음해요.

Tip 网页打不开 wǎngyè dǎbukāi 인터넷 페이지가 안 열리다
可乐打不开 kělè dǎbukā 콜라가 안 열리다
瓶盖打不开 pínggài dǎbukā 병뚜껑이 안 열리다

08 접속이 안 되다 上不去 shàngbuqù

A 这网站怎么上不去呢?
Zhè wǎngzhàn zěnme shàngbuqù ne?

B 政府给封闭了。
Zhèngfǔ gěi fēngbì le.

A 이 사이트 왜 접속이 안 되지?

B 정부에서 막아 놨어.

단어 网站 wǎngzhàn 사이트 | 怎么 zěnme 어째서, 왜 | 政府 zhèngfǔ 정부 | 封闭 fēngbì 막다, 차단하다

★ 上不去의 본뜻은 "올라갈 수 없다"로, 이는 어떤 사이트에 "접속이 안 되다", 사이트에 "접속할 수 없다"란 뜻이에요.
★ 중국에서는 트위터, 유튜브, 트위터 등은 아예 접속이 불가능해요(2012년도 기준). 국가 안보와 안전을 위한 것이라는데, 앞으로는 개선이 필요한 문제점이 것 같네요.

Tip 在中国上不去推特。Zài Zhōngguó shàngbuqù tuī tè. 중국에서는 트위터에 접속이 안 돼.
在中国上不去脸谱网。Zài Zhōngguó shàngbuqù liǎnpǔwǎng. 중국에서는 페이스북에 접속이 안 돼.

09 우회 접속하다 翻墙 fānqiáng

A 上不去推特。
Shàngbuqù tuī tè.

B 翻墙呗。
Fānqiáng bei.

A 트위터에 접속이 안 돼.

B 우회해서 접속해.

단어 上不去 shàngbuqù 접속이 안 되다 | 推特 tuī tè 트위터 | 呗 bài ~해 버려(어기조사)

★ 翻墙은 중국 네티즌들 사이에서 유행하는 신조어에요. 원래는 "담을 넘다"란 뜻인데, 인터넷상에선 접속이 차단된 사이트에 우회 접속을 하는 걸 말해요.
★ 예문의 翻墙呗는 우리말의 "우회해서 접속해 봐, 우회해서 접속하면 되지"같은 어감을 줘요.

중국의 인터넷 검열은 엄격하기로 명성이 자자해요. 중국에는 일명 "만리장성 방화벽"이라 불리는 인터넷 감시 시스템이 돌아가고 있어요. 이는 정부 입맛에 안 맞는 사이트나 검색어를 차단하는 역할을 해요. 중국 정부의 이런 특성을 한마디로 말하자면 "안정은 모든 것을 압도한다 稳定压倒一切 wěndìng yādǎo yìqiē"라는 공산당의 제1철칙이에요. 현재 중국에서 다음 블로그, 유튜브, 페이스북, 트위터, 인터넷 교보문고 등. 접속이 차단된 사이트가 있어요. 하지만 다 통하는 방법이 있죠. 바로 서버를 우회접속 하는 방법인데. 예를 들어 프락시(kproxy) 같은 프로그램을 쓰면 가능해요. 물론 속도가 매우 느려지는 단점이 있지만, 자세한 방법을 알고 싶으신 분들은 네이버에 물어보세요.

10 페이스북 脸谱网 liǎnpǔwǎng

A 你有脸谱网的账号吗?
Nǐ yǒu liǎnpǔwǎng de zhànghào ma?

B 当然有。
Dāngrán yǒu.

A 너 페이스북 계정있어?

B 당근 있지.

단어 有 yǒu 있다 | 账号 zhànghào 계정 | 当然 dāngrán 당연히

★ 소셜네트워킹 서비스(SNS)는 중국어로 "사회성 인터넷서비스"란 뜻의 社会性网络服务 shèhuìxìng wǎngluò fúwù 라고 해요. 트위터는 推特 tuītè이고요.

Tip 你有推特的账号吗? Nǐ yǒu tuītè de zhànghào ma? 너 트위터 계정 있어?
我没有推特的账号。Wǒ méiyǒu tuītè de zhànghào. 나 트위터 계정 없어.
我没有脸谱网的账号。Wǒ méiyǒu liǎnpǔwǎng de zhànghào. 나 페이스북 계정 없어.

페이스북은 현재 중국에서 아예 접속이 안 돼요. 페이스북에선 중국어 서비스를 실시했고, CEO인 마크 주커버그의 여자친구도 중국사람이지만, 정작 중국에선 페이스북을 못 쓴다니 참 아이러니하죠? 재밌는 건 대다수의 중국 대학생들은 "페이스북"이란 사이트 자체를 잘 모른다는 거에요. 제가 중국인 학교 후배들에게 "너희 페이스북 계정 있어?" 혹은 "너 트위터란 거 아니?"라고 물어보면 대부분 "페이스북이 뭐에요?, "어디서 들어본 것 같은데…" 혹은 "중국사람들은 그거 안 해요!" 뭐 이런 답변들을 합니다. 중국사람들은 페이스북 대신 人人网 rénrénwǎng이라고 하는 토종 SNS 사이트를 즐겨해요. 트위터를 대신해선 微博 wēibó라고 하는 마이크로 블로그를 이용하고요.

11 팔로워 粉丝 fěnsī

A 你的推特有多少粉丝?
Nǐ de tuītè yǒu duōshǎo fěnsī?

B 大概50个人左右。
Dàgài wǔshí ge rén zuǒyòu.

A 너 트위터 팔로워 몇 명이야?
B 한 50명 정도 돼.

단어 推特 tuītè 트위터 | 有 yǒu 있다 | 多少 duōshao 얼마나 | 大概 dàgài 대략. 대충 | 左右 zuǒyòu 가량

★ 粉丝는 "팬"이란 뜻으로 트위터 상에서의 "팔로워"를 뜻해요. 또 粉丝는 샤브샤브나 떡볶이 같은데 넣어 먹는 얇은 당면을 뜻하기도 하고요.

★ 중국에는 트위터가 차단됐기 때문에 중국사람들은 대부분 중국판 트위터인 웨이보 微博 wēibó를 쓴답니다. 그러니 중국사람한테는 "너는 웨이보 팔로워가 몇 명이야?"라고 물어야겠죠?

Tip 你的微博有多少粉丝? Nǐ de wēibó yǒu duōshǎo fěnsī? 너는 웨이보 팔로워가 몇 명이야?

12 PC방 网吧 wǎngbā

A 我们去网吧吧!
Wǒmen qù wǎngbā ya!

B 好的。
Hǎo de.

A 우리 PC방 가자!

B 좋지.

단어 我们 wǒmen 우리 | 去 qù 가다 | 好的 hǎo de 좋아, 그래

★ 网吧는 영어 인터넷 카페(internet café)를 중국식으로 번역한 거예요. "PC방에 가다"란 말은 去网吧라고 해요.
★ 중국어에도 우리가 잘 쓰는 "PC방에서 죽치다"란 말이 있어요. 바로 泡网吧 pào wǎngbā란 표현이죠. 泡는 "빈둥빈둥 시간을 보내다, 죽치다"란 뜻이에요.

Tip 这儿一小时多少钱? Zhèr yī xiǎoshí duōshǎo qián? 여기 1시간에 얼마예요?
来个方便面。Lái ge fāngbiànmiàn. 컵라면 하나 주세요.
来烟灰缸。Lái yānhuīgāng. 재떨이 좀 갖다 주세요.
我要吸烟区。Wǒ yào xīyānqū. 흡연석으로 주세요. (吸烟区 흡연석)
我要无烟区。Wǒ yào wúyānqū. 금연석으로 주세요. (无烟区 금연석)

13 온라인 게임 网络游戏 wǎngluò yóuxì

A 你喜欢玩儿什么网络游戏?
Nǐ xǐhuan wánr shénme wǎngluò yóuxì?

B 魔兽世界。
Móshòu shìjiè.

A 넌 어떤 온라인 게임 좋아해?

B 워크래프트.

단어 喜欢 xǐhuan 좋아하다 | 玩儿 wánr 게임을 하다 | 什么 shénme 무슨 | 魔兽世界 móhòu shìjiè 워크래프트 (게임 이름)

★ 网络는 "온라인", 游戏는 "게임, 오락"으로, 网络游戏는 "온라인 게임"을 말해요.
★ 중국어 "게임을 하다"란 말은 "놀다"란 뜻의 동사 玩儿을 써서 玩儿游戏 라고해요. 이때 행여나 "~하다"란 뜻의 做 zuò를 써서 做游戏 zuò yóuxì라고 하면 안 돼요. 做游戏는 "게임을 만들다"란 뜻이거든요.

> **Tip** 我不喜欢玩儿游戏。Wǒ bù xǐhuan wánr yóuxì. 나 게임하는 거 안 좋아해.
> 我喜欢玩儿星际争霸。Wǒ xǐhuan wánr xīngjì zhēngbà. 나 스타크래프트하는 거 좋아해.
> 我喜欢玩儿愤怒的小鸟。Wǒ xǐhuan wánr fènnù de xiǎoniǎo. 나 앵그리버드하는 거 좋아해.

14 중독되다 上瘾 shàngyǐn

A 你又玩儿游戏?
   Nǐ yòu wánr yóuxì?

B 我上瘾了。
   Wǒ shàngyǐn le.

A 너 또 게임하냐?

B 나 중독됐나봐.

단어 又 yòu 또 | 玩儿 wánr (게임을) 하다 | 游戏 yóuxì 게임

★ 上瘾은 "빠지다, 중독되다"의 뜻으로, 꼭 게임뿐만 아니라 음식, 담배, 술, 스포츠 등 모든 것에 깊게 빠져서 헤어나지 못할 때 써요.

★ 중국어에는 우리가 잘 쓰는 "게임폐인" 같은 말이 특별히 없어요. 그냥 예문처럼 我上瘾了(나 중독됐어)라고 표현해요.

> **Tip** 他游戏上瘾。Tā yóuxì shàngyǐn. 쟤는 게임중독이야.
> 他高尔夫球上瘾。Tā gāoěrfūqiú shàngyǐn. 쟤는 골프중독이야.

15 블로그 博客 bókè

A 你有博客吗?
   Nǐ yǒu bókè ma?

B 还没开。
   Hái méi kāi.

A 너 블로그 있어?

B 아직 개설 안 했어.

단어 还没 hái méi 아직 ~않다 | 开 kāi 열다, 개설하다

★ 博客의 글자 뜻을 풀이하면 "박식한 손님"이에요. 발음 또한 영어 BLOG와 비슷하니 참 잘 졌죠?

★ "블로그를 개설하다"란 말은 "열다"란 뜻의 동사 开를 써서 开博客라고 해요.

★ 참고로 "블로거"는 "블로그 주인"이란 의미의 **博主** bózhǔ라고 해요. 방문객은 **访客** fǎngkè라고 하고요.

Tip 我没开博客。Wǒ méi kāi bókè. 나 블로그 개설 안 했어.
我不玩儿微博。Wǒ bù wánr wēibó. 나 블로그 같은 거 안 해.
来访问我的博客。Lái fǎngwèn wǒ de bókè. 내 블로그에 놀러와

16 파워블로거 活跃博客 huóyuè bókè

A 我成活跃博客了。
Wǒ chéng huóyuè bókè le.

B 苦尽甘来。
Kǔjìn gānlái.

A 나 파워블로거 됐어.
B 고생한 보람이 있네.

단어 成 chéng ~이 되다 | 苦尽甘来 kǔjìn gānlái 고진감래 (고생 끝에 낙이 온다)

★ **活跃**는 "활기차다, 활발하다"란 뜻으로, **活跃博客**는 활기찬 블로그, 즉 "파워블로거"를 말해요.

17 댓글을 달다 回帖 huítiē

A 这个新闻有很多人回帖。
Zhège xīnwén yǒu hěn duō rén huítiē.

B 都是坏帖子。
Dōu shì huài tiēzi.

A 이 기사 댓글 진짜 많이 달렸다.
B 대부분 악플이네.

단어 新闻 xīnwén 뉴스기사 | 很多 hěn duō 매우 많다 | 坏 huài 나쁜 | 帖子 tiēzi 댓글

★ 중국어로 댓글은 "쪽지, 메모지"란 뜻의 **帖子** 라고 해요. **回帖**는 "쪽지를 돌려주다"로, 게시판 같은데 댓글을 다는 것을 말해요.

★ "중국어에는 우리말의 "악성 댓글"과 정확히 매칭되는 어휘가 없어요. 그냥 "나쁜 댓글"이란 뜻의 **坏帖子** huài tiēzi라고 해요.

★ 인터넷에 글을 올리는 "포스팅하다"란 말은 **发帖** fātiē라고 해요.

Part 14 인터넷 **481**

18 1빠 沙发 shāfā

A 呀！我沙发。
Ya! Wǒ shāfā.

B 我板凳。
Wǒ bǎndèng.

A 앗싸! 나 1빠다.

B 난 2빠.

단어 呀 ya 앗싸(기쁨을 표현하는 감탄사) | 板凳 bǎndèng 나무걸상(2빠의 의미)

★ 沙发는 핫한 인터넷 신조어로, 댓글을 달 때 제일 먼저 다는걸 말해요.
★ 沙发는 원래 앉는 "소파"란 뜻인데, 왜 뜬금없이 "1빠"란 뜻으로 쓰일까요? 소파란 영어단어 sofa와 중국어로 "글을 처음 게시하다"란 뜻의 首发 shǒufā가 서로 발음이 비슷하기 때문이랍니다. 중국 사이트 게시판에 들어가 보면 맨 꼭대기에 우리의 "앗싸! 1빠다"처럼 沙发란 말이 꼭 쓰여있어요.
★ 板凳은 "두 번째로 댓글을 달다". 즉 "2빠"란 뜻이에요.
★ 댓글을 3번째로 다는 것은 "마룻바닥"이란 뜻의 地板 dìbǎn라고 해요.

19 강추 顶 dǐng

A 这部电影好看吗?
Zhè bù diànyǐng hǎokàn ma?

B 顶!
Dǐng!

A 이 영화 재밌어?

B 강추!

단어 部 bù 편(영화를 세는 양사) | 电影 diànyǐng 영화 | 好看 hǎokàn 재미있다

★ 顶은 "꼭대기, 최고점"으로, 우리말의 "강추"에 해당하는 인터넷 신조어에요. 중국판 유트브인 "요우쿠"같은 사이트에 가보면 동영상에 평점을 매기는데 평점이 좋으면 顶이라고 쓰여진 댓글들이 주르륵 올라와요.

Tip 반대로 "비추"는 踩 cǎi라고 해요. 踩는 "발로 밟다"란 뜻이죠. 우리나라 네이트온의 신문기사를 보면 댓글란에 "올려, 내려"란 항목이 있는데. 중국 사이트의 댓글란에도 顶(강추), 踩 cǎi(비추)를 클릭하는 항목이 있어요.

20 대박 给力 gěilì

A 苹果的电脑怎么样?
Píngguǒ de diànnǎo zěnmeyàng?

B 很给力。
Hěn gěilì.

A 애플 컴퓨터 어때?

B 완전 대박이야.

단어 苹果 píngguǒ 애플 | 电脑 diànnǎo 컴퓨터 | 很 hěn 매우 | 怎么样 zěnmeyàng 어때

★ 给力는 최고를 가리킬 때 우리가 잘 쓰는 "대박, 죽음이야"같은 말로, 현재 중국에서 가장 핫한 최신 슬랭이에요. "노래가 좋다, 영화가 끝내준다, 음식이 죽여주게 맛있다, 여성의 몸매가 끝내준다" 등 모두 이 给力를 써서 표현할 수가 있어요.

★ 반대로 무언가가 "죽여주게 안 좋다"할 때는 앞에 부정사를 붙여 不给力 bù gěilì라고 해요.

Tip 这音乐很给力。Zhè yīnyuè hěn gěilì. 이 음악 진짜 죽인다.
这电影很给力。Zhè diànyǐng hěn gěilì. 이 영화 진짜 대박이다.
这菜太给力了。Zhè cài tài gěilì le. 이 요리 진짜 죽음인데.
他长得不给力。Tā zhǎng dé bù gěilì. 걔 생긴 거 완전 별로야.

21 님 亲 qīn

A 我订的货还没到。
Wǒ dìng de huò hái méi dào.

B 亲，请耐心等待。
Qīn, qǐng nàixīn děng dài.

A 제가 주문한 물건 아직 안 왔어요.

B 님! 조금만 참고 기다려주세요.

단어 订 dìng 주문하다 | 货 huò 물건. 상품 | 到 dào 도착하다 | 耐心 nàixīn 인내하다 | 等待 děngdài 기다리다

★ 亲이란 말은 중국 최고의 온라인 쇼핑몰인 "타오바오"에서 유행하기 시작한 신조어에요. "타오바오"에는 손님과 판매상이 온라인으로 서로 대화를 하는 창이 있는데, 판매상이 "고객"을 부를 때 항상 亲하고 부르거든요. 亲은 친근하면서도 귀여운 느낌을 줘요.

★ 예문의 请耐心等待는 "인내심을 갖고 기다려주세요"란 말로, 쇼핑몰에서 주문한 물건이 안 도착해 판매상을 재촉하면 그들이 꼭 하는 멘트에요. "님! 조금만 참고 기다려주세요."

22 어의없어 雷人 léirén

A 她的发型很奇怪。
Tā de fàxíng hěn qíguài.

B 真雷人。
Zhēn léirén.

A 저 여자 헤어스타일 진짜 이상하다.
B 완전 헐~!

단어 发型 fàxíng 헤어스타일 | 很 hěn 매우 | 奇怪 qíguài 이상하다, 요상하다

★ 雷人은 인터넷에서 번진 유행어로 우리가 황당할 때 자주 쓰는 "헐~, 완전 어이없어, 어이상실!"같은 어감을 주는 말이에요.
★ 雷人은 앞에 다양한 부사를 붙여 황당스러운 느낌을 다양하게 표현할 수 있어요.

Tip 太雷人了! Tài léirén le! 완전 어이없음!
好雷人啊! Hǎo léirén a! 완전 어이상실!
够雷人! Gòu léirén 헐~ 대박!

23 신상털기 人肉搜索 rén ròu sōusuǒ

A 有人在地铁里大便了。
Yǒurén zài dìtiě lǐ dàbiàn le.

B 人肉搜索一下。
Rén ròu sōusuǒ yíxià.

A 누가 지하철 안에서 똥 쌌어.
B 신상털기 한번 해야겠는 걸.

단어 有人 yǒurén 어떤 사람, 누군가 | 在 zài ~에서 | 地铁 dìtiě 지하철 | 里 lǐ 안 | 大便 dàbiàn 대변보다

★ 人肉搜索는 "인육을 수색하다"란 무시무시한 뜻으로, 우리말의 "신상을 털다"에 해당하는 표현이에요.

24 인터넷 쇼핑 网购 wǎnggòu

A 你经常网购吗?
Nǐ jīngcháng wǎnggòu ma?

B 偶尔。
Ǒuěr.

A 너 인터넷 쇼핑 자주 해?
B 가끔.

단어 经常 jīngcháng 자주 | 偶尔 ǒuěr 가끔

★ 网购는 "인터넷상의 쇼핑"이란 뜻의 网上购物 wǎngshàng gòuwù의 줄임말이에요.
★ 인터넷 쇼핑몰은 "인터넷 상점"이란 뜻의 网店 wǎngdiàn이라고 해요.

Tip 我喜欢网购。Wǒ xǐhuan wǎng gòu. 난 인터넷 쇼핑 즐겨해.
网购是我的爱好。Wǎnggòu shì wǒ de àihào. 난 인터넷 쇼핑하는 게 취미야.
这件衣服在网上买的。Zhè jiàn yīfu zài wǎngshàng mǎi de. 이 옷 인터넷에서 산 거야.
这件衣服在网店买的。Zhè jiàn yīfu zài wǎngdiàn mǎi de. 이 옷 인터넷쇼핑몰에서 산 거야.

25 인터넷 뱅킹 网银 wǎngyín

A 你汇钱了吗?
Nǐ huìqián le ma?

B 我用网银汇给你。
Wǒ yòng wǎngyín huì gěi nǐ.

A 너 돈 부쳤어?
B 내가 인터넷 뱅킹으로 쏴줄게.

단어 汇 huì 부치다, 송금하다 | 汇钱 huìqián 돈을 부치다 | 用 yòng 이용하다 | 给 gěi ~에게

★ 网银은 "인터넷상의 은행"이란 뜻의 网上银行 wǎngshàng yínháng의 줄임말이에요.
★ 예문의 我用网银汇给你를 직역하면 "내가 인터넷뱅킹을 이용해서 너에게 송금해주다"가 되죠.

26 인터넷 서점 网上书店 wǎngshàng shūdiàn

A 这本书在哪儿买的?
　　Zhè běn shū zài nǎr mǎi de?

B 在网上书店买的。
　　Zài wǎngshàng shūdiàn mǎi de

A 이 책 어디서 샀어?
B 인터넷 서점에서 샀어.

단어 本 běn 권(양사) | 书 shū 책 | 哪儿 nǎr 어디 | 在 zài ~에서 | 买 mǎi 사다 | 书店 shūdiàn 서점

★ 网上书店은 말 그대로 "网上 상의 서점". 즉 "인터넷 서점"을 뜻해요.
★ 주의! 网上书店은 앞에서 배운 网银 wǎngyín, 网购 wǎnggòu처럼 网书 wǎngshū라고 줄여 쓰지 않아요!!

Tip 哪个网上书店好? Nǎ ge wǎngshàng shūdiàn hǎo? 어느 인터넷 서점이 괜찮아?
　　　在网上书店买书便宜。 Zài wǎngshàng shūdiàn mǎi shū piányi. 책은 인터넷 서점에서 사는 게 싸.

27 인터넷으로 예약하다 在网上订 zài wǎngshàng dìng

A 你订饭店了吗?
　　Nǐ dìng fàn diàn le ma?

B 在网上订的。
　　Zài wǎngshàng dìng de

A 너 호텔 예약했어?
B 인터넷으로 예약했어.

단어 订 dìng 예약하다 | 饭店 fàndiàn 호텔 | 在 zài ~에서 | 网上 wǎngshàng 인터넷 상

★ 우리가 평상시 즐겨쓰는 "인터넷으로 ~을 예약하다"란 말은 〈在 zài+网上 wǎngshàng+订 dìng+예약대상〉형식으로 써요.

Tip 在网上订饭店。 Zài wǎngshàng dìng fàndiàn. 인터넷으로 호텔을 예약하다.
　　　在网上订机票。 Zài wǎngshàng dìng jīpiào. 인터넷으로 비행기표를 예약하다.
　　　在网上订火车票。 Zài wǎngshàng dìng huǒchēpiào. 인터넷으로 기차표를 예약하다.
　　　在网上订电影票。 Zài wǎngshàng dìng diànyǐngpiào. 인터넷으로 영화표를 예약하다.

28 컴맹 电脑白痴 diànnǎo báichī

A 这个怎么保存?
Zhège zěnme bǎocún?

B 你真是个电脑白痴。
Nǐ zhēnshì ge diànnǎo báichī.

A 이거 어떻게 저장하는 거야?
B 이런 컴맹같으니라고.

단어 怎么 zěnme 어떻게 | 保存 bǎocún 저장하다 | 真是 zhēnshì 정말이지

★ 电脑는 "컴퓨터", 白痴는 "백치, 바보"로, 电脑白痴는 컴퓨터에 문외한 "컴맹"을 뜻해요.
★ 예문의 你真是个电脑白痴는 직역하면 "너는 정말이지 컴맹이야"로, 우리말의 "이런 컴맹같으니라고"같은 어감을 줘요.

29 부팅하다 启动 qǐdòng

A 我的电脑启动很慢。
Wǒ de diànnǎo qǐdòng hěn màn.

B 换一个电脑吧!
Huàn yí ge diànnǎo ba!

A 내 컴퓨터 부팅 속도가 너무 느려.
B 컴퓨터 좀 바꿔!

단어 电脑 diànnǎo 컴퓨터 | 很 hěn 매우 | 慢 màn 느리다 | 换 huàn 바꾸다

★ 启动은 시동을 걸다란 말로, 컴퓨터 전원을 키는 "부팅하다"란 뜻이에요.
★ "부팅 속도가 느리다"를 중국어로 할 때 굳이 "속도"란 뜻의 速度 sùdù를 붙이지 않아요. 그냥 예문처럼 "부팅이 느리다"란 뜻의 启动慢처럼 표현해요.
★ 재부팅 하다란 말은 "다시, 재차"란 뜻의 重新 chóngxīn을 써서 重新启动 chóngxīn qǐdòng이라고 해요.

Tip 启动快。Qǐdòng kuài. 부팅 속도가 빠르다.
启动慢。Qǐdòng màn. 부팅 속도가 느리다.
重新启动。Chóngxīn qǐdòng. 재부팅하다.

컴퓨터 부품 관련 용어

본체 主机 zhǔjī	모니터 显示器 xiǎnshìqì	키보드 键盘 jiànpán	마우스 鼠标 shǔbiāo
마우스패드 鼠标垫 shǔbiāodiàn	데스크탑 컴퓨터 桌上电脑 zhuōshàng diànnǎo	메모리 内存 nèicún	그래픽카드 图像卡 túxiàngkǎ
사운드카드 声卡 shēngkǎ	램(RAM) 随机存储器 suíjī cúnchǔqì	스피커 扬声器 yángshēngqì	디스크드라이브 磁盘驱动器 cípán qūdòngqì
CD-ROM 光盘 guāngpán			

30 클릭하다 点击 diǎnjī

A 这个文件怎么保存?
Zhège wénjiàn zěnme bǎocún?

B 点击这个。
Diǎnjī zhège.

A 이 파일 어떻게 저장해?

B 이거 클릭해.

단어 这个 zhège 이것, 이거 | 文件 wénjiàn 파일 | 怎么 zěnme 어떻게 | 保存 bǎocún 저장하다

★ "더블 클릭하다"란 말은 앞에 "쌍"이란 뜻의 双을 붙여 双击 shuāngjī라고 해요.
★ 마우스 버튼이나 엔터키를 누르다 할 때 "누르다"란 말은 동사 按 àn을 써요.

Tip 按鼠标键。Àn shǔbiāojiàn. 마우스 버튼을 누르다.
按回车键。Àn huíchējiàn. 엔터키를 누르다.

마우스 & 키보드 용어 정리

마우스 鼠标 shǔbiāo	마우스버튼 鼠标键 shǔbiāojiàn	더블클릭 双击 shuāngjī	드래그 拖拉 tuōlā
스페이스바 空格键 kònggéjiàn	Enter키 回车键 huíchējiàn	Shift키 上档键 shàngdàngjiàn	Control키 控制键 kòngzhìjiàn
Alt키 可选键 kěxuǎnjiàn	Caps Lock키 大写锁定键 dàxiěsuǒdìngjiàn	Delete키 删除键 shānchújiàn	Insert키 插入键 chārùjiàn

31 타자치다 打字 dǎzì

A 你打字快吗?
Nǐ dǎ zì kuài ma?

B 还行。
Hái xíng.

A 너 타자 속도 빨라?

B 그저그래.

단어 快 kuài 빠르다 | 还行 háixíng 그저그래, 그럭저럭해

★ 打字는 "타자를 치다, 워드 작업을 하다"란 뜻이에요.
★ 중국사람들은 打字를 발음할 때 보통 뒤에 얼화음(儿)을 넣어 "다쯜~"이라고 많이 해요.

Tip 我打字特别快。Wǒ dǎzì tèbié kuài. 나 타자 엄청나게 빨라.
我打字特别慢。Wǒ dǎzì tèbié màn. 나 타자 엄청나게 느려.
你一分钟能打多少字? Nǐ yī fēnzhōng néng dǎ duōshǎo zì? 너 1분에 몇타쳐?
我一分钟能打300个字。Wǒ yī fēnzhōng néng dǎ sānbǎi ge zì. 나 1분에 300타쳐.

워드작업 관련 용어

파일 文件 wénjiàn	폴더 文件夹 wénjiànjiā	내 문서 我的文档 wǒ de wéndàng	복사 复制 fùzhì
붙여넣기 粘贴 zhāntiē	잘라내기 剪切 jiǎnqiē	미리보기 预览 yùlǎn	저장 保存 bǎocún
삭제 删除 shānchú	표 表格 biǎogé		

32 중문으로 타자치다 打中文 dǎ Zhòngwén

A 你能打中文吗?
Nǐ néng dǎ Zhòngwén ma?

B 能，但是慢。
Néng, dànshì màn.

A 너 중문으로 타자칠 수 있어?

B 어. 근데 느려.

단어 打 dǎ 타자치다 | 中文 Zhòngwén 중문 | 但是 dànshì 그러나, 그런데 | 慢 màn 느리다

★ 打中文은 우리말의 "중문으로 타자치다, 중문으로 워드 작업하다"란 뜻이에요. 그럼 "한글로 타자를 치다"란 말은 打韩文 dǎ Hánwén이라고 하면 되겠죠?

Tip 我不会打中文。Wǒ búhuì dǎ Zhòngwén. 나 중문으로 타자 못 쳐.
我打中文慢。Wǒ dǎ Zhòngwén màn. 나 중문 타자 느려.
我打中文快。Wǒ dǎ Zhòngwén kuài. 나 중문 타자 빨라.
我打中文比韩文慢。Wǒ dǎ Zhòngwén bǐ Hánwén màn. 나 중문 타자 한글 타자보다 느려.
我打中文比韩文快。Wǒ dǎ Zhòngwén bǐ Hánwén kuài. 나 중문 타자 한글 타자보다 빨라.

33 글씨가 깨지다 乱码 luànmǎ

A 全乱码了。
Quán luànmǎ le.

B 重新启动一下。
Chóngxīn qǐdòng yíxià.

A 글씨가 전부 깨져나오네.
B 다시 부팅해봐.

단어 全 quán 전부, 모두 | 重新 chóngxīn 다시, 재차 | 启动 qǐdòng 부팅하다

★ 乱码는 인터넷상의 페이지나 혹은 워드작업시 글자가 깨져나오는 걸 뜻해요. 보통 한 컴퓨터 안에 한글 윈도우와 중문 윈도우를 동시에 깔았을 때 이 乱码 현상이 잘 나타나요.

34 자료가 다 날라가다 资料全没了 zīliào quán méile

A 我打的资料全没了。
Wǒ dǎ de zīliào quán méile.

B 你没保存吗?
Nǐ méi bǎocún ma?

A 나 타자친 자료 다 날아갔어.
B 너 저장 안 해놨어?

단어 打 dǎ 타자치다 | 资料 zīliào 자료 | 全 quán 전부 | 没了 méile 없어지다 | 保存 bǎocún 저장하다

★ 예문의 我打的资料는 "내가 타자친 자료"이고, 全没了 quán méi le는 "전부 없어졌어, 전부 사라졌어"의 뜻이에요.

Tip 这个我没保存。Zhège wǒ méi bǎocún. 나 이거 저장 안 해놨어.
这个我已经保存了。Zhège wǒ yǐjing bǎocún le. 나 이거 이미 저장해놨어.

35 백업하다 备份 bèifèn

A 这资料你备份了吗?
Zhè zīliào nǐ bèifèn le ma?

B 没备份。
Méi bèifèn.

A 이 자료 너 백업 해놨어?

B 백업 안 했어.

단어 这 zhè 이 | 资料 zīliào 자료

★ 备份은 "여분을 준비하다"로, 자료를 안전하게 따로 보관해 놓는 "백업하다"의 뜻이에요.

Tip 资料我已经备份了。Zīliào wǒ yǐjing bèifèn le. 나 자료 이미 백업해놨어.
资料我没备份。Zīliào wǒ méi bèifèn. 나 자료 백업 안 해놨어.
资料我忘了备份。Zīliào wǒ wàng le bèifèn. 나 자료 깜빡 잊고 백업 안 해놨어.
我不知道怎么备份。Wǒ bù zhīdào zěnme bèifèn. 나 어떻게 백업하는지 몰라.

36 다운되다 死机 sǐjī

A 啊,又死机了!
À, yòu sǐjī le!

B 是不是有病毒?
Shì bu shì yǒu bìngdú?

A 앗! 또 다운됐다!

B 혹시 바이러스 먹은 거 아니야?

단어 啊 à 앗(감탄사) | 又 yòu 또 | 病毒 bìngdú 바이러스 | 是不是 shì bu shì 혹시 ~이지 않는가?

★ 死机는 말 그대로 "죽은 기계", 즉 컴퓨터가 갑자기 다운되는 것을 말해요.
★ 우리말의 "바이러스 먹다, 바이러스 걸리다"란 말은 "있다"란 뜻의 有를 써서 有病毒라고 해요.

37 바이러스 病毒 bìngdú

A 我的电脑有病毒了。
Wǒ de diànnǎo yǒu bìngdú le.

B 你有杀毒软件吗?
Nǐ yǒu shādú ruǎnjiàn ma?

A 내 컴퓨터 바이러스 걸렸어.
B 너 백신 있어?

단어 电脑 diànnǎo 컴퓨터 | 杀毒 shādú 바이러스를 죽이다 | 软件 ruǎnjiàn 소프트웨어

★ 病毒는 "세균, 병균"의 뜻으로, 컴퓨터의 바이러스를 뜻하기도 해요.
★ 예문의 杀毒软件은 말 그대로 "병균을 죽이는 소프트웨어". 즉 알약이나 V3같은 백신 프로그램을 말해요.

Tip 중국어로 "바이러스를 체크하다"는 查病毒 chá bìngdú라고 해요.

38 해커 黑客 hēikè

A 农业银行遭到黑客攻击。
Nóngyè yínháng zāodào hēikè gōngjī.

B 谁干的?
Shéi gàn de?

A 농업은행이 해커공격을 당했어.
B 누구 짓이래?

단어 农业银行 nóngyè yínháng 농업은행 | 遭到 zāodào 당하다 | 攻击 gōngjī 공격 | 干 gàn 하다, 저지르다

★ 黑客는 말 그대로 "검은 손님". 즉 해커의 뜻이에요.
★ 전 세계적으로 최고의 명성을 떨치고 있는 다국적 해커조직 "어나니머스(Anonymous)"는 "익명의 해커조직"이란 뜻의 匿名者黑客组织 nìmíngzhě hēikè zǔzhī라고 해요.

Tip 한국 선관위가 크게 공격받았던 해킹의 일종인 디도스(DDOS), 즉 분산서비스 공격은 중국어로 分布式拒绝服务 fēnbùshì jùjué fúwù라고 해요.

39 프린트하다 打印 dǎyìn

A 这个给我打印一下。
Zhège gěi wǒ dǎyìn yíxià.

B 没问题。
Méi wèntí.

A 나 이것 좀 프린트해줘.
B 오케이.

단어 这个 zhège 이것 | 给 gěi ~에게

★ 这个给我打印一下를 직역하면 "이걸 내게 복사 좀 해줘"로, 즉 "나 이것 좀 복사해줘"하고 상대방에게 부탁하는 표현이에요.
★ 프린터 : 打印机 dǎyìnjī / 레이저 프린트 激光打印机 jīguāng dǎyìnjī / 토너 墨粉 mòfěn / 복합 프린터기 一体机 yītǐjī

Tip 我没有打印机。Wǒ méiyǒu dǎyìnjī. 나 프린터기 없어.
没有墨水。Méiyǒu mòshuǐ. 잉크가 떨어졌어.
要加点墨水。Yào jiā diǎn mòshuǐ. 잉크 충전해야 돼.

40 종이가 걸리다 卡纸 kǎzhǐ

A 又卡纸了。
Yòu kǎzhǐ le.

B 让我看看。
Ràng wǒ kànkan.

A 또 종이가 걸렸네
B 내가 함 볼게.

단어 又 yòu 또 | 让 ràng ~하게 하다 | 卡 kǎ 끼다, 걸리다 | 纸 zhǐ 종이

★ 卡纸는 프린팅할 때 종이가 프린터기에 끼는 걸 말해요.
★ 예문의 让我看看은 직역하면 "나로 하여금 보게 하다"로, 우리말의 "내가 한번 봐볼게, 어디 좀 봐봐"같은 어감을 줘요.

41 스캔하다 扫描 sǎomiáo

A 这个打印机能扫描吗?
Zhège dǎyìnjī néng sǎomiáo ma?

B 能。
Néng.

A 이 프린터기 스캔도 돼?

B 어.

단어 这个 zhège 이것 | 打印机 dǎyìnjī 프린터기 | 能 néng ~할 수 있다

★ 스캐너는 중국어로 扫描仪 sǎomiáoyí라고 해요.

Tip 这个给我扫描一下。Zhège gěi wǒ sǎomiáo yíxià. 나 이것 좀 스캔해줘.
我不知道怎么扫描。Wǒ bù zhīdào zěnme sǎomiáo. 나 스캔 어떻게 하는지 몰라.

42 다운받다 下载 xiàzǎi

A 这个视频你哪儿弄的?
Zhège shìpín nǐ nǎr nòng de?

B 在网上下载的。
Zài wǎngshàng xiàzǎi de.

A 너 이 동영상 어디서 났어?

B 인터넷에서 다운 받았어.

단어 视频 shìpín 동영상 | 哪儿 nǎr 어디 | 在 zài ~에서 | 网上 zài wǎngshàng 인터넷상 | 弄 nòng 손에 넣다, 얻다

★ 예문의 在网上下载的는 "인터넷상에서 다운받은 것"이란 뜻이에요.

Tip 下载真慢。Xiàzǎi zhēn màn. 다운로드 진짜 느리다.
下载真快。Xiàzǎi zhēn kuài. 다운로드 정말 빠르다.
下载一首歌需要多久? Xiàzǎi yì shǒu gē xūyào duō jiǔ? 노래 하나 다운받는데 얼마나 걸려?
下载一部电影需要多久? Xiàzǎi yī bù diànyǐng xūyào duō jiǔ? 영화 한 편 다운받는데 얼마나 걸려?
下载一部电影需要20分钟左右。Xiàzǎi yī bù diànyǐng xūyào èrshí fēnzhōng zuǒyòu.
영화 한 편 다운받는데 20분정도 걸려.

下载一部电影不需要20分钟。 Xiàzǎi yī bù diànyǐng bú xū yào èrshí fēnzhōng.
영화 한 편 다운받는데 20분도 안 걸려.

43 인터넷에 올리다 上传 shàngchuán

A 这个视频怎么上传?
Zhège shìpín zěnme shàngchuán?

B 真笨!
Zhēn bèn!

A 이 동영상 어떻게 인터넷에 올려?

B 이런 바보!

단어 视频 shìpín 동영상 | 怎么 zěnme 어떻게 | 真 zhēn 정말 | 笨 bèn 멍청하다

★ 上传은 인터넷에 동영상이나 사진 등을 올리다. 즉 업로드하다란 뜻이에요.
★ 예문의 真笨은 우리말의 "이런 바보, 이런 멍청이"같은 뜻이에요.

Tip 上传视频。 Shàngchuán shìpín. 동영상을 인터넷에 올리다.
上传照片。 Shàngchuán zhàopiān. 사진을 인터넷에 올리다.
在推特上传视频。 Zài tuītè shàngchuán shìpín. 트위터에 동영상을 올리다.
在推特上传照片。 Zài tuītè shàngchuán zhàopiān. 트위터에 사진을 올리다.

44 퍼가다 挖走 wāzǒu

A 这个视频我可以挖走吗?
Zhège shìpín wǒ kěyǐ wāzǒu ma?

B 随便挖走。
Suíbiàn wāzǒu.

A 나 이동영상 퍼가도 돼?

B 마음대로 퍼가.

단어 视频 shìpín 동영상 | 可以 kěyǐ ~해도 괜찮다 | 挖 wā 파다 | 随便 suíbiàn 마음대로

★ 挖는 "파다, 후비다"고, 走는 "가다"로, 挖走는 인터넷상에 올라온 동영상이나 사진, 글 등을 "스크랩하다"란 뜻이에요.

> Tip　这照片我要挖走。Zhè zhàopiān wǒ yào wāzǒu. 나 이사진 퍼갈게.
> 　　　这视频我要挖走。Zhè shìpín wǒ yào wāzǒu. 나 이 동영상 퍼갈게.

45　굽다　拷 kǎo

A 这电影给我拷一下。
Zhè diànyǐng gěi wǒ kǎo yíxià.

B 没问题!
Méi wèntí!

A 이 영화 나 좀 구워서 줘.
B 알겠어!

단어 电影 diànyǐng 영화 | 没问题 méi wèntí 문제없어. 알았어.

★ 拷는 "카피하다, 굽다"란 뜻이에요. 예문의 给我拷一下는 "내게 좀 구워 줘"란 뜻이에요.

> Tip　给我拷一下A片。Gěi wǒ kǎo yíxià A piàn. 나 야동 좀 구워줘.
> 　　　我给你拷A片吧。Wǒ gěi nǐ kǎo A piàn ba. 내가 너 야동 구워줄 게.
> 　　　你能给我拷一下A片吗?Nǐ néng gěi wǒ kǎo yíxià A piàn ma? 너 나 야동 좀 구워줄 수 있어?

46　USB　优盘 yōupán

A 给我拷一下新歌。
Gěi wǒ kǎo yíxià xīngē.

B 你带优盘了吗?
Nǐ dài yōupán le ma?

A 나 최신가요 좀 구워줘.
B 너 usb가져 왔어?

단어 拷 kǎo 굽다 | 新歌 xīngē 최신 가요 | 带 dài 가지다. 지니다

★ 중국어로 USB는 优盘 또는 U盘이라고 말하는데 중국 젊은이들은 그냥 우리처럼 "유에스비"라고도 말해요.
★ 우리가 남에게 뭘 부탁하거나 요청할 때 쓰는 "나 ~좀 해줘라"같은 말은 〈给+我wǒ+동사+一下 yíxià〉형식을 써요.
★ 참고로 "이동식 하드디스크"는 移动硬盘 yídòng yìngpán이라고 해요.

> **Tip** 我带优盘了。Wǒ dài yōupán le. 나 USB 가져왔어.
> 我没带优盘。Wǒ méi dài yōupán. 나 USB 안 가져왔어.
> 你的优盘是几个G的？Nǐ de yōupán shì jǐ gè G de? 너 USB 몇 기가 짜리야?
> 我的U盘是4G的。Wǒ de U pán shì sì G de. 내 USB 4기가 짜리야.

47 압축하다 压缩 yāsuō

A 文件容量太大了。
Wénjiàn róngliàng tài dà le.

B 压缩一下吧。
Yāsuō yíxià ba.

A 파일 용량이 너무 크다.

B 그럼 압축해.

> **단어** 文件 wénjiàn 파일 | 容量 róngliàng 용량 | 太…了 매우 ~하다 | 大 dà 크다

★ 压缩는 파일 용량을 줄이는 "압축하다"란 뜻이에요.
★ 반대로 "압축을 풀다"란 말은 解压 jiěyā라고 해요.

> **Tip** 我不会压缩。Wǒ bú huì yāsuō. 나 압축할 줄 몰라.
> 这个怎么压缩？Zhège zěnme yāsuō? 이거 어떻게 압축해?
> 我不知道怎么解压。Wǒ bù zhīdào zěnme jiěyā. 나 압축 어떻게 푸는지 몰라.

48 메신저 聊天工具 liáotiān gōngjù

A 你用什么聊天工具？
Nǐ yòng shénme liáotiān gōngjù?

B QQ!
QQ!

A 너 무슨 메신저 써?

B 큐큐!

> **단어** 用 yòng 쓰다 | 聊天 liáotiān 수다떨다 | 工具 gōngjù 는 공구 | QQ QQ 중국 메신저

★ 聊天工具 liáotiān gōngjù는 말 그대로 "수다떠는 공구". 즉 네이트온이나 MSN같은 메신저를 뜻해요.
★ 온라인 : 在线 zàixiàn / 오프라인 : 离线 líxiàn / 자리비움 : 离开 líkāi / 다른 용무중 : 忙碌 mánglù / 숨음 : 隐身 yǐnshēn / 이모티콘 : 表情 biǎoqíng

Tip 你上QQ吗? Nǐ shàng QQ ma? 너 QQ 하니?
你上一下QQ。 Nǐ shàng yíxià QQ. 너 QQ로 들어와.
你有QQ账号吗? Nǐ yǒu QQ zhànghào ma? 너 QQ계정 있어?

QQ는 우리나라의 네이트온 같은 중국의 국민 메신저예요. 가입자 수만 무려 10억 명에 달해요. 그래서 동 시간대 최대 접속자가 1억 명을 기록하죠. 중국사람들과 원만하게 교류를 하시려면 요 QQ는 꼭 가입해야 해요. 중국사람들은 첫 만남에서 상대방에게 "저 QQ아이디가 어떻게 되세요?"라고 꼭 물어본답니다. 그때 "전 네이트온 하는데요"러면 대략난감 하답니다. QQ는 외국인도 실명인증 없이 손쉽게 가입할 수가 있어요. 한때 한국의 싸이월드가 중국에서 塞我 sāiwǒ 라는 이름으로 런칭을 했었지만, 중국의 국민 메신저 QQ 때문인지 아쉽게도 큰 성과를 내지 못했어요.

49 채팅하다 网上聊天 wǎngshàng liáotiān

A 你们俩怎么认识的?
Nǐmen liǎ zěnme rènshi de?

B 网上聊天认识的。
Wǎngshàng liáotiān rènshi de.

A 너희 둘 어떻게 알게 됐어?
B 채팅하다 알게 됐어.

단어 你们 nǐmen 너희 | 俩 liǎ 둘 | 怎么 zěnme 어떻게 | 认识 rènshi 알게 되다

★ 网上聊天은 "인터넷상에서 수다 떨다"란 말로, 인터넷 채팅을 가리켜요.
★ 참고로 화상채팅은 "화상으로 수다 떨다"란 의미의 视频聊天이라고 해요.

50 E-mail 邮箱 yóuxiāng

A 你的邮箱是什么?
Nǐ de yóuxiāng shì shénme?

B hero@naver.com
hero@naver.com

A 너 E-mail이 어떻게 돼?

B hero@naver.com이야.

단어 邮箱 yóuxiāng 우체통

★ E-mail을 중국어로는 "우체통"이란 뜻의 **邮箱**이라고 해요. 다르게는 "전자우편"이란 뜻의 **电子邮件** diànzǐ yóujiàn 이라고도 하고요. 근데 중국 젊은이들은 대부분 영어식대로 E-mail이라고 해요.

★ 중국식으로 사이트 주소 읽는 법 소개해 볼게요. "www"는 三W sānW(싼 더블유), "@"는 A 圈 A quān(에이 취엔), "닷"은 点 diǎn(디앤)이라고 발음해요.

Tip 发电子邮件 fā diànzǐ yóujiàn 이메일을 보내다
收到电子邮件 shōudào diànzǐ yóujiàn 이메일을 받다

51 로그인하다 登陆 dēnglù

A 怎么登陆不上?
Zěnme dēnglù bú shàng?

B 你没输密码呢。
Nǐ méi shū mìmǎ ne.

A 왜 로그인이 안 돼지?

B 너 비밀번호 안 쳤잖아.

단어 怎么 zěnme 어째서, 왜 | 输 shū 입력하다 | 密码 mìmǎ 비밀번호

★ **登陆**는 원래 "육지에 오르다, 상륙하다"란 뜻으로, 인터넷상에서는 "로그인하다"의 뜻으로 쓰여요.

★ 예문의 **登陆不上** dēnglù bú shàng은 비밀번호나 ID를 잘못 입력했을 때 "로그인이 안 되다"란 뜻이에요.

★ 아이디(ID) : 用户名 yònghùmíng / 로그아웃 : 退出 tuìchū / 회원가입 : 注册 zhùcè

Tip 请更改密码。Qǐng gēng gǎi mìmǎ. 비밀번호를 변경해주세요
密码输入错误。Mìmǎ shūrù cuòwù. 비밀번호가 일치하지 않습니다.
请重新输入密码。Qǐng chóngxīn shūrù mìmǎ. 비밀번호를 다시 입력해주세요.

52　스팸메일　垃圾邮件 lājī yóujiàn

A 又来了垃圾邮件。
Yòu lái le lājī yóujiàn.

B 屏蔽一下。
Píngbì yíxià.

A 또 스팸메일 왔어.

B 그거 차단시켜.

단어 来 lái 오다 | 屏蔽 píngbì 차단하다

★ 垃圾는 "쓰레기", 邮件은 "이메일", 垃圾邮件은 "스팸메일"을 뜻해요.
★ 스팸메일(문자)를 차단하다할 때 "차단하다"란 말은 屏蔽를 써요.

Tip 屏蔽垃圾邮件。Píngbì lājī yóujiàn. 스팸메일을 차단하다.
删除垃圾邮件。Shānchú lājī yóujiàn. 스팸메일을 삭제하다.
垃圾邮件真烦人。Lājī yóujiàn zhēn fánrén. 스팸메일 때문에 짜증나 죽겠어.

53　음란사이트　黄色网站 huángsè wǎngzhàn

A 你在看黄色网站吧?
Nǐ zài kàn huángsè wǎngzhàn ba?

B 我正看新闻呢。
Wǒ zhèng kàn xīnwén ne.

A 너 음란사이트 보고 있었지?

B 나 뉴스 보고 있었어.

단어 在 zài ~하고 있다 | 正 zhèng 마침, 한창 | 新闻 xi1nwén 뉴스, 신문

★ 黄色는 "야한, 음란한", 网站은 "사이트"로, 黄色网站은 19금 음란사이트를 말해요.

54 애플걸로 사 买苹果吧 mǎi píngguǒ ba

A 我想买台笔记本电脑。
Wǒ xiǎng mǎi tái bǐjìběn diànnǎo.

B 买苹果吧!
Mǎi píngguǒ ba!

A 나 노트북 한 대 살 거야.
B 애플걸로 사!

단어 买 mǎi 사다 | 台 대(양사) | 笔记本电脑 bǐjìběn diànnǎo 노트북 | 苹果 píngguǒ 애플

★ 买苹果는 "애플을 사다"로, "애플 제품을 사다"란 뜻으로 쓰여요. 뒤에 권유를 나타내는 어기조사 吧를 붙여 买苹果吧라고 하면 "애플 걸로 사"같은 어감이 되죠. 중국 젊은이들은 애플 제품을 너무나 사랑하는데, 그래서 "너 애플 걸로 사!"같은 말을 참 자주 해요.

Tip 苹果的好。Píngguǒ de hǎo. 애플게 좋아.
苹果的漂亮。Píngguǒ de piàoliang. 애플게 예뻐.
苹果的结实。Píngguǒ de jiēshi. 애플게 튼튼해.

China talk! talk!

중국에서도 애플의 인기는 하늘을 찔러요. 가격은 환율 차를 고려하면 동일한 제품이 우리나라보다 조금 비싸건만, 매번 신제품이 나올 때마다 애플매장 앞에는 "애플빠"들이 장사진을 친답니다. 저희 병원에서 일하는 한 간호사는 오랫동안 돈을 모아 아이폰을 샀다며 어찌나 좋아하던지…지하철이나 버스 안에서도 아이폰이나 아이패드로 영화를 보는 사람들이 참 많죠. 특히 베이징의 스타벅스에 가보면 아이패드 하나 안 들고 가면 머쓱할 정도로 애플빠들이 많답니다.

55 어플리케이션 应用软件 yìngyòng ruǎnjiàn

A 这个应用软件是免费的吗?
Zhège yìngyòng ruǎnjiàn shì miǎnfèi de ma?

B 不，收费的。
Bù, shōufèi de.

A 이 어플 공짜야?

B 아니, 돈 내야 돼.

단어 免费 miǎnfèi 공짜의, 무료의 | 收费 shōufèi 비용을 받다. 유료이다.

★ 应用软件은 "응용 소프트웨어"란 뜻으로, "어플리케이션, 어플"을 말해요.
★ 예문의 收费的는 "비용을 받는 것". 즉 "유료이다, 돈을 받는다"란 뜻이에요.

Tip 给我推荐一下好的应用软件。Gěi wǒ tuījiàn yíxià hǎo de yìngyòng ruǎnjiàn. 괜찮은 어플 좀 추천해줘.
这个应用软件从哪下载? Zhège yìngyòng ruǎnjiàn cóng nǎ xiàzǎi? 이 어플 어디서 다운받아?
这个应用软件很好用。Zhège yìngyòng ruǎnjiàn hěn hǎo yòng. 이 어플 진짜 쓸만해.
这个应用软件很方便。Zhège yìngyòng ruǎnjiàn hěn fāngbiàn. 이 어플 진짜 편리해.

56 태블릿 PC 平板电脑 píngbǎn diànnǎo

A 平板电脑好用吗?
Píngbǎn diànnǎo hǎo yòng ma?

B 特别好用。
Tèbié hǎo yòng.

A 태블릿 PC 쓸만해?

B 완전 쓸만해.

단어 好用 hǎoyòng 쓰기에 편하다. 쓸만하다 | 特别 tèbié 특히, 매우

★ 平板은 "평면", 电脑는 "컴퓨터"로, 平板电脑는 아이패드 같은 태블릿 PC를 뜻해요.
★ 애플 "아이패드"는 따로 중국어 명칭이 없어요. 그냥 영어대로 Ipad라고 읽어요.

Tip 你买 ipad 啦! Nǐ mǎi ipad lā! 너 아이패드 샀네!

57 몇 기가 짜리야? 多少G? duōshǎo G

A 你的MP3是多少G的?
Nǐ de MP3 shì duōshǎo G de?

B 10个G。
Shí ge G.

A 너 MP3 몇 기가 짜리야?
B 10기가.

단어 多少 duōshǎo 몇 | 个 ge 양사

★ "이거 10기가 짜리야"처럼 기기의 용량을 말할 때는 G앞에 양사 个를 써요.
★ MP3는 별다른 중국어 명칭이 없고, 읽을 때는 "엠피쌴"이라고 해요.
★ 중국어로 컴퓨터 용량 말할 때는 테라바이트(TB)는 그냥 영어로 T(티), 기가바이트(GB)도 그냥 G(쥐), 킬로바이트(KB)도 그냥 K(케이)로 발음해요. 단! 메가바이트(MB)는 兆 zhào라고 발음한답니다.

Tip 你的ipad是多少G的? Nǐ de ipad shì duōshǎo G de? 너 아이패드 몇 기가 짜리야?
我的ipad是16个G的。 Wǒ de ipad shì shíliù ge G de. 내 아이패드 16기가 짜리야.

58 화소가 몇 이야? 像素是多少? xiàngsù shì duōshǎo?

A 你数码相机的像素是多少?
Nǐ shùmǎ xiàngjī de xiàngsù shì duōshǎo?

B 1000万。
Yìqiānwàn wàn.

A 너 디카 화소가 몇 이야?
B 1000만 화소.

단어 数码相机 shùmǎ xiàngjī 디지털카메라 | 像素 xiàngsù 화소 | 万 wàn 만

★ 数码는 "디지털", 相机는 "카메라"의 뜻이에요. 디지털카메라는 数码相机라고 말해요.
★ 참고로 캠코더는 摄像机 shèxiàngjī라고 해요.

Tip 你的数码相机能拍视频吗? Nǐ de shùmǎ xiàngjī néng pāi shìpín ma? 너 디카 동영상 촬영도 돼?

59 사진 좀 찍어주시겠어요? 帮我照张相吗?
bāng wǒ zhào zhāng xiàng ma?

A 你能帮我照张相吗?
Nǐ néng bāng wǒ zhào zhāng xiàng ma?

B 好的。
Hǎo de.

A 사진 좀 찍어주시겠어요?

B 그래요.

단어 能 néng ~해도 된다 | 帮 bāng 돕다, 거들다 | 照相 zhàoxiàng 사진을 찍다 | 张 zhāng 장(양사)

★ 照相은 "사진을 찍다"로, 가운데 양사 张을 넣어 照张相이라고 하면 우리말의 "사진 좀, 사진 한 장만"같은 뜻이 돼요.
★ 你能帮我照张相吗? 은 직역하면 "당신은 나를 도와 사진을 찍어줄 수 있나요?"로, 누군가에게 사진촬영을 부탁할 때 쓰는 "사진 좀 찍어주시겠어요?"의 뜻이에요.

Tip 你站那边去。 Nǐ zhàn nà biān qù. 너 저기 가서 서봐.
给我照张相。 gěi wǒ zhào zhāng xiàng. 나 사진 좀 찍어줘.
我给你照张相。 Wǒ gěi nǐ zhào zhāng xiàng. 내가 너 사진 찍어줄게.
我喜欢照相。 Wǒ xǐhuan zhàoxiàng. 나 사진찍는 거 좋아해.
我不喜欢照相。 Wǒ bù xǐhuan zhào xiàng. 나 사진찍는 거 안 좋아해.
你照相照得真好。 Nǐ zhàoxiàng zhào de zhēn hǎo. 너 사진 진짜 잘 찍는다.
这照片照得很好。 Zhè zhào piàn zhào de hěn hǎo. 이 사진 진짜 잘 나왔다.
你照相照得怎么那么不好。 Nǐ zhàoxiàng zhào de zěnme nàme bù hǎo. 너 사진을 왜 이렇게 못 찍어.

60 사진이 흔들리다 照虚了 zhào xū le

A 别动，照了!
Bié dòng, zhào le!

B 照虚了。
Zhàoxū le.

A 움직이지마. 찍는다!

B 사진 흔들렸잖아.

단어 动 dòng 움직이다 | 别动 biédòng 움직이지마 | 照 zhào 사진을 찍다

★ 우리가 평소 잘 쓰는 "사진이 흔들렸어"란 말은 중국어로는 어떻게 할까요? 바로 照虚란 표현을 써요. 照는 (사진을) 찍다고, 虚는 "헛되이, 허위의"의 뜻으로, 照虚는 손이 떨리거나 해서 사진이 흐릿하게 나오는 걸 말해요.

> **Tip** 一、二、三、茄子! yī、èr、sān、qiézi! 하나, 둘, 셋 치에즈! (한국에서는 습관처럼 김치~하고 찍지만, 중국에서는 사진찍을 때 가지라는 뜻의 치에즈~ 하고 말해요)
> 重照。 Chóng zhào. 다시 찍어.
> 再照一张。 Zài zhào yī zhāng. 한 장 더 찍어줘.
> 好好照! Hǎohao zhào! 잘 좀 찍어봐!

61 사진발이 받다 上相 shàng xiàng

A 你本人比照片更好看。
Nǐ běnrén bǐ zhàopiān gèng hǎokàn.

B 我不太上相。
Wǒ bú tài shàng xiàng.

A 넌 실물이 사진보다 훨씬 낫다.
B 난 사진발 잘 안 받아.

단어 本人 běnrén 실물 | 照片 zhàopiān 사진 | 更 gèng 더욱 | 好看 hǎokàn 보기좋다 | 不太 bútài 별로

★ 上相은 우리가 평상시 사진 찍을 때 잘 쓰는 "사진발이 잘 받다"란 뜻이에요.
★ 예문의 不太上相은 "사진발이 그닥 잘받지 않다"란 뜻.
★ "넌 실물이 더 낫다"할 때 "실물"이란 말은 "본인"이란 뜻의 本人을 써요.

> **Tip** 我不上相。 Wǒ bú shàng xiàng. 난 사진발 안 받아.
> 我很上相。 Wǒ hěn shàng xiàng. 난 사진발 완전 잘 받아.
> 你太上相了。 Nǐ tài shàng xiàng le. 너 사진발 진짜 잘 받는다.
> 本人比照片好看。 Běnrén bǐ zhàopiān hǎokàn. 실물이 사진보다 낫다.
> 照片比本人好看。 Zhàopiān bǐ běnrén hǎokàn. 사진이 실물보다 낫다.

62 뽀샵(사진 보정하다) PS

A 你太上相了。
Nǐ tài shàng xiàng le.

B 这是PS过的。
Zhè shì PS guò de.

A 너 사진발 진짜 잘 받는다.

B 이거 뽀샵한거야.

★ 太…了 tài…le 매우 ~하다 | 上相 shàng xiàng 사진발이 받다 | 过 guò (어떤 처리를) 거치다
★ PS는 영어 포토샵(photo shop)의 줄임말로, 중국에서는 "뽀샵"을 PS라고 해요. 읽을 때는 그냥 "피에스"라고 발음해요.
★ "뽀샵처리 하다"란 말은 PS뒤에 "~과정을 거치다"란 뜻의 过 guò를 붙여 표현해요.

> **Tip** 这张照片是不是PS过? Zhè zhāng zhàopiān shì bu shì PS guò? 이 사진 뽀샵한거지?
> 这张照片没有PS过. Zhè zhāng zhàopiān méiyǒu PS guò. 이 사진 뽀샵 안 한거야.

63 셀카 自拍 zìpāi

A 我喜欢自拍。
Wǒ xǐhuan zìpāi.

B 自恋!
Zì liàn!

A 나 셀카 찍는 거 좋아해.

B 공주병!

단어 喜欢 xǐhuan 좋아하다 | 拍 pāi (사진을)찍다. 촬영하다

★ 自拍는 "스스로 (사진을) 찍다"로, 우리말의 "셀카 찍다"에 해당하는 표현이에요.
★ 自恋은 자기자신을 사랑하는 "나르시즘"의 뜻으로, 우리말의 "공주병, 왕자병"이란 말은 이 自恋을 써서 표현해요.
★ 주의! 중국어로 "공주병, 왕자병"은 우리식대로 公主病 gōngzhǔbìng, 王子病 wángzǐbìng이라고 하지 않아요!

> **Tip** 我爱好自拍。 Wǒ àihào zìpāi. 나 셀카찍는 게 취미야.
> 你又自拍了? Nǐ yòu zìpāi le? 너 또 셀카질이야?
> 你太自恋了。Nǐ tài zìliàn le. 넌 진짜 공주병이야.
> 你别装嫩。Nǐ bié zhuāng nèn. 너 예쁜척 하지마!
> 你别装可爱。Nǐ bié zhuāng kě'ài. 너 귀여운척 하지마!